기억의 장소 ①

공화국

나남
nanam

한국연구재단 학술명저번역총서
서양편 287

기억의 장소 ①

공화국

2010년 8월 15일 발행
2010년 8월 15일 1쇄

지은이_ 피에르 노라 외
옮긴이_ 김인중 · 유희수 외
발행자_ 趙相浩
발행처_ (주) 나남
주소_ 413-756 경기도 파주시 교하읍
출판도시 518-4
전화_ (031) 955-4600 (代)
FAX_ (031) 955-4555
등록_ 제 1-71호(79.5.12)
홈페이지_ http://www.nanam.net
전자우편_ post@nanam.net
인쇄인_ 유성근(삼화인쇄주식회사)

ISBN 978-89-300-8478-9
ISBN 978-89-300-8215-0 (세트)
책값은 뒤표지에 있습니다.

'한국연구재단 학술명저번역총서'는 우리 시대 기초학문의 부흥을 위해
한국연구재단과 (주)나남이 공동으로 펼치는 서양명저 번역간행사업입니다.

기억의 장소 ①

공화국

피에르 노라 외 지음
김인중·유희수 외 옮김

나남
nanam

한국어판 머리말

《기억의 장소》 한국어판 5권의 출판에 즈음하여 나는 지난 몇 년 동안 힘든 작업을 함께한 번역자와 편집인들에게 진심 어린 감사를 표합니다. 여러분의 값진 노고 덕에 나를 비롯한 많은 프랑스 역사가들의 연구성과가 한국의 독자와 역사가들을 만나게 되었습니다. 프랑스 역사가들로서는 커다란 자부심과 영예를 느낍니다.

프랑스에서 《기억의 장소》가 나온 이후 여러 나라에서 번역서가 출판되고 비슷한 연구가 잇닫는 것을 보고 나는 무척 놀랐습니다. 《기억의 장소》는 놀라운 국제적인 파급효과를 발휘했습니다.

고백하건대 나는 기억을 통해 역사에 접근하고자 하는 이러한 연구가 프랑스와 프랑스인에게 우선적으로 의미를 지닌다고 생각했습니다. 나는 '기억의 장소'(*lieu de mémoire*)라는 개념 자체가 다른 언어로는 적합한 번역어를 찾기 힘들 것으로 여겼습니다. '역사' 개념과 대립하는 것으로서의 '기억' 개념은 역사와 역사교육이 학교 공교육을 통해 공민의식 함양에 중요한 역할을 담당하는 프랑스에서 특히 힘을 발휘할 수 있다고 보았던 것입니다. 실로 프랑스는 그 유구한 역사에서 아주 특이한 순간을 겪었습니다. 드골주의의 종언, 좌파 전체에 충격을 준 맑스주의-공산주의의 쇠락, 지난 천년에 걸친 기독교적이고 농민적인 삶의 종언, 식민지 제국주의의 몰락, 강국 대오에서의 탈락과 통합유럽으로의 합류, 경제성장 시대의 종언 따위가 바로 그것입니다.

이로 인해 현재와 과거 사이의 관계가 뿌리째 흔들리고 프랑스인들은 '역사'에서 '기억'으로의 인식변화를 겪게 된 것입니다.

《기억의 장소》를 마무리할 무렵에야 비로소 나는 우리 프랑스 역사가들이 고민하고 포착하려던 것이 실은 지난 1980년대 무렵에 여러 다양한 형태로 전 세계를 뒤덮은 어떤 근원적인 기억의 파고의 프랑스 판본에 지나지 않았다는 것을 알게 되었습니다. 어떤 나라는 공산주의 체제에서 빠져나왔고, 어떤 나라는 식민주의 지배를 벗어났습니다. 거의 모든 나라들이 제 2차 세계대전의 여파를 겪었으며 현대 산업경제의 거친 파도에 휩쓸렸습니다. 변화의 순간을 경험한 모든 나라들이 저마다의 고유한 역사와 전통에 따라 지난 과거를 새롭게 보고자 합니다. 이제 기억의 도래는 범세계적 현상이 되었습니다.

물론 《기억의 장소》는 프랑스의 문화와 프랑스의 정체성을 보듬는 작업입니다. 하지만 프랑스와는 다른 역사와 문화전통을 지닌 나라들도 프랑스판 《기억의 장소》를 모델로 삼아 자기 고유의 '기억의 장소'를 탐색할 수 있습니다. 대한민국은 한국인의 '기억의 장소'를 필요로 합니다. 저로서는 언젠가 프랑스에서 프랑스인들이 《대한민국의 기억의 장소》를 읽을 수 있는 날이 오기를 기대해 봅니다.

2010년 5월, 파리에서

피에르 노라(Pierre Nora)

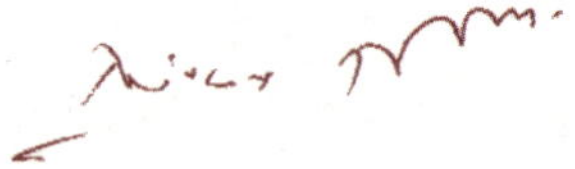

옮긴이 머리말

이 책은 1984년에 제 1부 《공화국》, 1986년에 제 2부 《민족》, 1992년에 제 3부 《프랑스들》의 제목으로 묶여 나온 피에르 노라의 《기억의 장소》(*Les Lieux de mémoire*)를 우리말로 옮긴 것이다. 프랑스어 원본은 120명에 달하는 역사가들에 의해 씌어진 136편의 논문 및 소개의 글들이 7권으로 묶여져 있으나, 이 번역본에서는 그 가운데 36편의 논문과 피에르 노라가 1, 2, 3부의 앞뒤에 실은 5편의 소개의 글들을 우리말로 옮겨, 《공화국》 1권, 《민족》 1권, 《프랑스들》 3권, 도합 5권으로 묶었다.

필자가 이 책을 구입한 것은 1993년도였다. 그때 필자는 연암재단의 지원을 받아 1년간 파리에 머물면서 프랑스를 처음으로 구경하고 있었는데, 분명하진 않지만 아마 당시 파리1대학 소속 연구소에서 박사학위과정 막바지에 있던 현 전북대 이용재 교수 집 서가에서 이 책을 보고 아 이런 책도 있구나 하고 구입했던 것 같다. 그러나 그때만 해도 이 책의 중요성을 잘 알지 못했고, 돌아와서도 한동안 그냥 책꽂이에 꽂아두고 있다가 나중에 가서야 이 책의 진가를 알게 되었다. 그 후 번역을 해야겠다는 생각이 들었으나 워낙 큰 책이어서 혼자서는 어렵다는 생각을 지울 수 없었다. 그러다가 2005년 12월 1일부터 2007년 11월 30일까지 2년 과제로 한국학술진흥재단(현 한국연구재단)에 지원을 요청하였고, 그래서 번역작업이 구체화되었다. 그 결과 형식적으로는 필자가 속해 있는 숭실대학교를 통해 학술진흥재단에서 지원을 받았지만, 사실상 한국 프랑스사학회의 일로 여겼고, 그래서 번역자의 선정도 학회 차원에서 이루어졌다. 즉 필자가, 이 책을 국내에 이미 소개도 하고 앞서 말했듯이 잘 알고 있던 이용재 교수 그리고 필자가 서양사학회 총무일 때 학회임원으로 일을 같이 하고 그 후부터 호형호제하는 강일휴 교수에게 중간책임자의 일을 부탁드렸고, 필자를 포함한 이 세 사람이 각각 2명의 번역자를 선택, 도합 9명이 각자 4편씩을 번역하는 방식을 취했다. 그 바람에 중간책임자 일을 맡은 두 분은 중간에서 이래저래 많은 고생을 했다. 우선 이용재 교수는 136편 가운데 36편을 고르고 일 전체를 기획하는 수고를 마다하지 않았고 또 각부 앞뒤에 실린 피에르 노라의 5편의 글의 번역작업과 이 책 말미에 실린 옮긴이 해제를 필자가 작성하는 데 직간접적으로 많은 도움을 주었다. 강일휴 교수는 번역자들 모임을 주선하고 이끌어 나가는 모임의 튼실한 허리 역할을 그야말로 묵묵히 소리 없이 해주었다. 또 유희수 교수는 프랑스사학회장으로서 이 일의 버팀목이 되어 주었고, 문지영 교수는 번번이 모임장소를 준비하고 뒤치다꺼리를 맡아 하는 수고를 감수해 주었다. 이분들의 노력과 자원봉사가 아니었다면 이 번역서가 나오기 어려웠을 것이다.

번역을 맡은 나머지 여섯 사람의 선택은 중간책임자에게 일단 일임하되, 번역능력, 전공시대, 출신학교, 연령, 팀워크 등을 고려해 주시라고 부탁하였고, 번역논문 선택에서도 전공과 난이도와 순서, 분량 등을 감안하였다. 번역어의 통일을 위해 필자가 나름대로 번역어용례집을 만들었으나 그 자체가 변변치 못한 데다 필자 자신도 수차례 번역어를 바꿔야 했으므로 결과적으로 큰 도움이 되진 못했다. 특히 번역어 가운데 nation을 '민족'으로 할지, '국민'으로 할지를 둘러싸고 오랜 기간 많은 논의와 토론이 벌어졌으나 필자의 고집으로 '민족'으로 일단 통일하고 경우에 따라 '국민' '국가'를 병용하였으니 이로 인해 나중에 문제가 생긴다면 그건 1차적으로 필자의 책임인 셈이다. 그리고 번역과정에서 각 부의 앞뒤에 실린 피에르 노라의 글들의 중요성을 뒤늦게 깨달아 이를 번역에 포함시켰다. 번역이 진척되어 각자 번역한 원고가 마련되었을 때, 각 원고의 책임 교정자를 정해 수정작업을 했고, 원고가 출판사로 넘어간 후 필자가 원고 전체를 읽고 총괄하는 일을 맡았으나 능력부족으로 제대로 하지 못했다. 참고로 9명의 공동작업인 이 책에서 선정한 논문 및 소개글과 그 글들의 번역자 명단을 다음에 밝혀 두기로 한다.

제 1 부 《공화국》

권두언	
기억과 역사 사이에서	김인중
삼색기	김인중
라마르세예즈	김인중
전사자 기념비	문지영
민족의 교사 라비스	유희수
《두 어린이의 프랑스 일주》	유희수
7월 14일 기념일	양희영
공화국에서 민족으로	김인중

제 2 부 《민족》

권두언	
비달 드라블라슈의 《프랑스의 지리적 모습》	강일휴
국가의 경계선에서 민족의 국경으로	박용진
국경의 기억: 알자스	강일휴
베르사유, 그 기능과 신화	이영림
병사 쇼뱅	김인중

제 3 부 《프랑스들》

끝으로 9명의 원고를 수합하여 전체적으로 정리하는 고달픈 일을 맡아주고 아울러 색인작업을 해준 박용진, 양희영 박사, 원고교정 작업과 각부 앞뒤에 실린 피에르 노라의 5편의 글의 번역작업에서 필자를 여러 번 도와준 성백용 교수, 은연중에 모임의 중추역할을 한 이영림 교수에게, 그리고 최종 원고교정 작업에서 놀라운 집중력과 능력을 보여줌으로써 우리 모두를 감동시킨 나남출판사 편집부의 이병무 씨에게도 감사의 말씀을 드리고 싶다. 원문의 난이도와 압축도가 높아 의미 파악이나 번역어 선정에 오류가 있거나 잘못된 부분이 없지 않을 것이다. 독자 제현의 넓은 아량과 아울러 혹독한 질책을 바란다.

2010년 7월
김 인 중

권두언

이 책은 내가 1978년부터 1981년까지 3년 동안 사회과학고등연구원에서 진행한 세미나의 산물이다. 우리의 민족적 기억(*mémoire nationale*)의 급속한 소멸은 내가 보기에 그 기억이 남달리 체현되어 있는 장소들, 말하자면 인간들의 의지나 여러 세기에 걸친 노고에 의해 가장 뚜렷한 상징들로 남아 있는 장소들에 대한 목록—축제들, 표장들, 기념물과 기념제들, 그리고 또한 송가(頌歌)들, 사전들, 박물관들—의 작성을 요청하는 듯하다.

왜 민족적 기억에 대한 일반론이 아니라 사례 연구를 선택하였는가? 기억의 장소들은 내가 보기에 그 존재 자체와 명백함의 무게로 인해 기억과 민족 그리고 이들 사이의 복잡한 관계들이 지니고 있는 모호함을 해결해 주기 때문이다. 기억의 대상, 수단 또는 제도들은 순수한 화학적 침전물이라고 할 수 있다.

이 장소들은 전사자 기념비나 국립기록보관소와 같은 가장 물질적이고 구체적인 것에서부터 혈통, 세대, 심지어 지역, '기억과 일체화된 인간'(*homme-mémoire*) 등의 개념과 같은 가장 추상적이고 지적으로 구성된 것에 이르기까지 그 단어가 가질 수 있는 모든 의미로 이해되어야 한다. 이 장소들은 랭스(Reims)나 팡테옹(Panthéon)과 같은 제도적으로 공인된 성지(聖地)에서부터 공화국 교육을 받은 우리의 유년 시절의 보잘것없는 교과서까지 포함한다. 그것은 또한 13세기에 기록된 생드니(Saint-Denis) 수도원의 연대기에서 루브르 박물관, 〈라마르세예즈〉, 《라루스 백과사전》을 거쳐 미완의 작품인 《프랑스 언어의 보고》까지 포함한다.

따라서 그것은 여러 차원들이 서로 만나는 교차로로서의 장소들(*lieux-carrefours*)이다. 그것은 우선 항상 현재성을 띠는 사학사(*historiographie*)[1]적 차원을 갖는데, 왜냐하면 역사학의 역사로서 그것들은 역사를 구성하는 재료, 즉 역사의 도구, 역사의 생산 및 그 과정의 역사이기 때문이다. 그러면서도 또한 민족지학적 차원을 갖는데, 왜냐하면 끊임없이 우리로 하여금 전통의 온기 속에서 체득된 친숙한 습속에서 벗어나게 만들어 주고 우리 고유의 정신적 지도를 제작하게 만들기 때문이다. 그리고 심리학적 차원을 갖는데, 왜냐하면 우리에게는 개별성=집단성이라는 등식을 상정하는 것이 필요하고, 개인차원에서는 명확하고 분명하게 정의될 수 없는 개념들—무의식, 상징화, 검열(*censure*),[2] 전이(轉移)—을 더듬거리며(*à tatons*)[3] 사회적인 것의 영역으로 이전시킬 필요가 있기 때문이다. 나아가, 만일 우리가 정치를 현실을 변형시키는 세력들 사이의 게임으로 이해한다면, 그것들은 또한 그리고 어쩌면, 다른 어떤 것보다도 정치적인 차원을 갖는다. 기억이란 사실상 내용물이라기보다는 하나의 틀(*un cadre*)이며, 언제나 가변적인 쟁점이고, 전략들의 집합이며, 존재하는 것으로서보다는 만들어지는 것으로서 더욱 가치가 있는 어떤 실재(實在, *être-là*)이다.

---

1) 〔역주〕 이 글의 저자인 노라는 historiographie를 "인물이든 사건이든 한 주제에 대한 평가와 서술이 시대의 흐름에 따라 달라지는 방식에 관한 고찰"이라고 그 나름대로 정의한다. 따라서 historiographie를 관례대로 '역사서술' 또는 '사료편찬'으로 번역하기도 했지만, 여기서는 주로 노라의 정의에 가깝게 '사학사'로 번역하였다.

2) 〔역주〕 무의식 속에서 본능적 욕구 따위가 초자아에 의해 걸러지는 것.

3) 〔역주〕 눈으로 볼 수 없는 것을 손으로 휘저어 느껴 보려고 애쓰는 것을 의미한다.

말하자면 여기서 우리는 기억의 장소들의 문학적 차원을 건드리는 셈이고, 그것이 주는 재미는 궁극적으로 역사가의 연출기술과 개인적 앙가주망(*engagement*)[4]에 달려 있다.

이 방대한 영역에서 영지 전체를 한 바퀴 돈다는 것은 어림도 없는 일이다. 그도 그럴 것이 이 영지에는 사자(死者) 숭배나 나날이 더욱 확장되는 전체 문화재뿐만 아니라 현재 속에서 과거를 구성해 주는 모든 요소들이 두루 포함되어 있기 때문이다. 나아가 여기서 논의하는 의미에서의 기억이란 망각의 반대말이 아니며(기억은 망각을 포괄한다) 회상의 동의어도 아니기(기억은 회상을 전제한다) 때문이다. 따라서 여기서 중요한 것은 아예 도달하기 불가능할 정도로 모든 것을 총망라하는 일이 아니라 유형별로 주제를 정하고, 수준 높은 안목을 갖고, 대상들을 선정하고, 풍요롭고 다양한 접근을 시도하며, 최종적으로 방대한 전체 — 4권 — 의 전반적인 균형을 취하는 일이다. 이 방대한 작업에 60명이 넘는 가장 뛰어난 역사가들이 참여하기로 수락했다. 프랑스의 재료는 실로 무궁무진하다.

*

우선 《공화국》에서는 공화국의 상징, 기념물, 교육학, 기념제 및 공화국에 대한 반(反)기억의 본보기가 되는 장소들을 다룬다. 다음에 두 권으로 된 《민족》은 민족의 표상을 담고 있는 주요 주제들을 중심으로 엮어질 것이다. 여기서는 오래된 유산, 민족적 기억에 관한 역사서술이 수정되는 중요한 순간들, 민족이 자신의 주권과 자신의 '전체

4) 〔역주〕 지식인이나 예술가가 단순한 관객의 입장을 버리고 사회나 세계에 자신이 소속되어 있다는 의식 아래 자신의 사상이나 작품을 어떤 대의명분에 바치는 행위를 말한다.

성(*être-enesemble*)'을 정의해 온 내부의 경계선들, 예술가로서 또는 학자로서 사람들이 자기 주변의 풍경과 공간을 해석해 온 방식뿐만 아니라 국가의 역할과 위대성, 군사적 · 시민적 영광, 기념비적 · 예술적 문화재, 문학작품들과 언어 등에 대해 민족 스스로가 만들어 낸 관념이 가장 잘 응축되어 있는 장소들을 다룬다. 마지막으로 프랑스의 정치 · 사회 · 종교 · 지역을 다룬 네 번째 권인 《프랑스들》이 나올 것이다.

《공화국》, 《민족》, 《프랑스들》. 공화국으로부터 민족과 프랑스들로 나아간 것은 논리적으로 필요불가결했다. 즉 그것은 가장 단순한 것에서 가장 복잡한 것으로, 내포된 것(내용 - 옮긴이)에서 외연적인 것(그릇 - 옮긴이)으로, 가장 손쉽게 연대가 측정되는 것에서 가장 위치를 정하기 어려운 것으로, 가장 국지적인 것에서 가장 일반적인 것으로, 가장 최근의 것에서 가장 오래된 것으로, 가장 정치적인 것에서 가장 물질적인 것으로, 가장 단일한 것에서 가장 다양한 것으로, 가장 명료한 것에서 가장 불확실한 것으로 나아가는 노정이다.

하지만 1부에서 2부, 2부에서 3부로 나아가는 길은 단선적인 것이 아니다. 《공화국》은 두 겹의 기억을 낳는데, 이는 정치체제가 우리의 제2의 천성이 된 까닭에 공화국이란 우리가 지닌 민족적 기억의 단순한 파편이 아니라 민족적 기억을 종합적으로 재정의하는 것이자 민족적 기억의 결말이기 때문이다. 공화국은 실제적으로 자신의 기억과 뒤섞여있는바, 말하자면 주체 속에 있는 주체와 같은 것이다. 따라서 공화국의 전통을 구성하고 있는 다양한 공화국들을 일일이 살펴보아야 하는 부담에서 벗어나, 공화국의 중심적이고 분할이 불가능한 전통을 제시하는 것이 정당해 보였다. 마찬가지로 다른 두 표적(위로는 프랑스혁명 시기, 아래로는 인민전선에서 레지스탕스에 이르는 시기)보다는 모든 프랑스인에게 유일한 공화국은 아니지만 진정한 공화국인 제3공화국에, 그중에서도 전략적으로 기억을 부과했던 제3공화국의 초창기에 역점을 두는 것이 정당해 보였다. 또한 공화국이란 전반적으로 하나의 도제수업(*apprentissage*)[5] 과정이며 공화국의 역사는 (프랑스혁명 이전과 이후 사이의 - 옮긴이) 문화접변의 역사라는 점에서 공화국 교육의 매개물들에 역점을 두는 것이 정당해 보였다. 지난 20여 년 동안 학교, 교과서, 교사 등이 폭넓은 연구의 대상이 되긴 했지만,[6] 《농촌마을의 공화국》과 대중을 향해 정치가 하강한 것에 대한 연구가 이루어지고 나아가 연구자들이 공화국의 이미지와 알레고리, 특히 마리안(Marianne)[7] 연구에 뛰어든 것은 최근의 일이다. 《혁명축제》에서 보여준 것[8]과 유사한, 공화국의 축제들에 대한 연구에 관심이 고조된 것도 아주 최근의 일이다. 마찬가지로 더 최근에야 《공화국 이념》[9]에 대한 비판적 연구가 이루어졌으며, 《제 3공화국의 정치생활》을 하나의 문화로 파악한 종합적 연구가 시도되었고,[10] 마침내 《만국박람회》에 관심이 집중되었으며, 공화국의 문화적 고고학을 위한 전반적 변론이 필요한 듯 보였다.[11]

---

5) 〔역주〕 본래는 도제가 마스터 집에서 일정기간 동안 기거하면서 직업교육을 받아 직인이 되는 과정을 말하며, 흔히 실패로 끝난 '첫 경험'을 의미한다. 이 글에서는 넓게는 프랑스혁명에서 제 3공화국 초기까지를, 좁게는 1848～1852년의 제 2공화국의 실패한 경험을 가리킨다.

6) 가장 최근의 연구로는 *Enseigner l'histoire, des manuels à la mémoire*, textes réunis et présentés par Henry Moniot, Berne, Peter Lang, 1984.

7) Maurice Agulhon, *La République au village*, Paris, Plon, 1970 ; *Marianne au combat*, Paris, Flammarion, 1979. 그리고 *Marianne au pouvoir*가 뒤를 이을 것이다.

8) Charles Rearik, "Festivals in Modern France : The Experience of the Third Republique", *Journal of Contemporary History*, 12, 1977, pp. 435～460 ; Mona Ozouf, *La Fête révolutionnaire*, Paris, Gallimard, 1977.

9) Claude Nicolet, *L'Idée républicaine en France*, Paris, Gallimard, 1982.

10) Jean-Marie Mayeur, *La Vie politique sous la Troisième République 1870-1940*, Paris, Ed. du Seuil, 1984.

11) Pascal Ory, *Les Expositions universelles de Paris*, Paris, Ramsay, 1982 ;

우리는 공화국에 대한 기억의 논박할 여지가 없고 필수적이며 따라서 자주 찾는 장소들에, 공화력(*calendrier révolutionnaire*)과 같은 덜 명료한 장소들과 마레(Marais)의 서민 도서관이나 페르디낭 뷔송(Ferdinand Buisson)의 《교육학 사전》과 같은 거의 알려지지 않은 장소들을 덧붙이려 애썼다. 우리가 보기에 기억의 장소가 무엇인가를 가장 잘 포착해 내고 그 특성을 가장 정확하게 깨닫게 해주는 것은 바로 연구자들이 잘 찾지 않고 거의 회자되지 않는 이 무명의 장소들이다. 왜냐하면 개념을 지나치게 확장한다면 기억의 장소가 아니라 정체성의 장소라는, 비슷하지만 종류가 다른 개념으로 슬며시 넘어갈 우려가 있기 때문이다. 따라서 〈라마르세예즈〉, 삼색기 등 집단적 승인이 이루어진 현란한 표장들 주변에 우리는 공화국의 기억이 별로 드러나지는 않지만 그런 까닭에 더욱 시사적으로 자리 잡고 있는 수수한 장소들을 배치하고자 했다.

제2부 《민족》에 이르면, 틀만 확장되는 것이 아니라 주제도 달라진다. 왜냐하면 가장 큼직한 품목들로만 한정하더라도, 우리가 완벽한 민족적 재산목록 작성을 바랄 수 없다는 것은 분명하기 때문이다. 기억의 장소들이란 사람들이 회상하는 '어떤 것'이 아니라 기억이 작동하는 '곳'이기 때문에, 달리 말하자면 전통 그 자체가 아니라 전통의 실험실이기 때문에 우리는 쉽게 그 일을 포기했던 것이다. 그리고 민족적 정체성 확인 행위를 구성하고 결정한 요소들을 따로 떼어내 다룬다는 것은 애당초 있을 수 없는 일이었다. 그것은 연대기 서술로 다시 돌아가는 것이며 베르나르 게네(Bernard Guenée)의 명쾌한 표현에 따

"Hypothèses de travail en histoire culturelle ; l'exemple de la France contemporaine", *Bulletine de la Société d'histoire moderne et contemporaine*, 2, 1982, 이 논문은 *Bulletin du Centre d'histoire de la France contemporaine de Paris X*의 제2호(1981년)에 실린 "Etat bibliographique"로 완결된다.

르자면 "국가(*état*)가 민족(*nation*)에 앞서는" 이 나라에서 민족정체성이 구체화된, 14~16세기, 프랑스혁명 시기, 공화국으로의 종합이라는 세 가지 계기에 탐조등을 들이대는 일이며, 이것은 이를테면 첫 번째 권의 자율성을 포기하는 것이 된다.

지금까지 민족 — 너무 오랫동안 익숙해져 온 나머지 우리가 새로운 눈으로 바라보지 못한, 근대 특유의 이 현상 — 에 대해서 이야기하는 세 가지 방식이 있었다. 사법적·역사적·감정적 방식이 바로 그것이다. 이 모든 방식은 민족적 독자성을 부각시킬 뿐, 독자성 그 자체에 대해 물음을 던질 수 없었다. 첫 번째 방식은 독자성을 원론적으로 연구하고, 두 번째 방식은 독자성을 인정하지 않으며, 세 번째 방식은 독자성을 기리는 것으로 만족한다. 방대한 문헌들 덕택에 우리는 특히 민족감정의 역사에 대해[12] 꼭 필요한 좌표와 넘쳐날 정도의 지식을 얻었다. 그럼에도 불구하고 이 문헌들은 극복할 수 없는 동어반복이라는 기묘한 느낌을 남긴다. 말하자면 이 문헌들에서는 민족에 의해 민족을 설명하고 민족적 사실의 한 측면을 다른 측면으로부터 설명할 뿐, 울타리를 벗어나 사물을 외부로부터 그 새로움과 기묘함 속에서 포착해 내지 못하는 것이다. 공화국은 설립 초기의 기억정책 덕에 강력한 인격성을 얻었다. 반면에, 민족은 우리가 호흡하며 생명을 유지하는 데 꼭 필요한 공기만큼이나 포착하기 어려운 하나의 소여(所與)로서 역사적으로 생겨났다. 민족적 사실의 태고성(太古性)(민족적 사실은 그 출발점을 일직선으로 설정할 수 없으며,[13] 그 기억도 "시간의 어

12) 특히 Alphonse Dupront의 훌륭한 성찰과 문헌목록을 참조하라. "Du sentiment national" in : *La France et les Français*, dir. par Michel François, Paris, Gallimard, Encyclopédie de la Pléiade, 1972, pp. 1423~1475. 그리고 Pierre Chaunu, *La France, histoire de la sensibilité des Français à la France*, Paris, Robert Laffont, 1982, rééd., Paris, Hachette, 〈Pluriel〉.

13) Ferdinant Lot, *La France des origines à la guerre de Cent Ans*, Paris,

둠" 속에 묻혀 버린다) 그 자체로 인해 어김없이 우리는 정치적 사실인 '민족'과 지적 개념인 '사회'를 동시에 생각하게 된다. 사회에 대해서 우리는 외부의 시선에 의해 그 내부구조를 포착해 낸다. 하지만 민족은 그 자체에 내재하는 '동시에' 외재하는 것이다. 요컨대 민족은 영적이지만 세속적인 것 안에 있고, 역사적이지만 지리적인 것 안에 있으며, 이념적이지만 물질적인 것 안에 있고, 막연하지만 한정된 것 안에 있으며, 보편적이지만 특수한 것 안에 있고, 영원하지만 연대기적인 것 안에 있다. 민족은 그 현상의 일반성에서는 외부로부터만 파악될 수 있으며 그 표현형태들의 다양한 독특성에서는 내부로부터만 파악될 수 있다.

따라서 민족적 사실의 외부로부터 그 겉모습의 이면을 관통하면서 그 신비를 우리에게 환히 드러낼 철학적 분석을 기다리는 동안,[14] 우리 민족사의 고유한 계기가 역사가에게 부여하는 과업은 무엇보다도 민족적 전통 즉 우리가 항상 우리의 것으로 인정하면서도 이제는 더 이상 그 자체로 체득할 수 없게 된 전통의 가장 대표적인 대상들을 분석하는 일이다. 《민족》에 할애한 두 권에서 선택과 구도에 지침이 된 것은 바로 이러한 정서적 가까움과 비판적 거리두기의 뒤섞임이다. 우리가 마지막 권의 제목을 《프랑스들》이라는 복수형으로 붙인 것도 바로 이러한 이유에서였다.

복수형을 사용한 것은 그저 멋 부리기 위해서가 아니다. 복수형은 원심적인 분열, 여러 가능한 개념들 사이의 충돌, 구성요소들의 다양성을 확인하는 것뿐만 아니라 단일한 정체성을 더 이상 확신할 수 없게 된 혼란을 표현하는 것이다.

Gallimard, 1948.

14) 마르셀 고셰(Marcel Gauchet)는 이미 에른스트 칸토로비츠(Ernst Kantorowicz)의 *The King's Two Bodies* (Princeton, 1957)에 대한 긴 논평에 착수했다. "Des deux corps du roi au pouvoir sans corps", *Le Débat*, n° 14/15.

표본선정 작업이 가장 필요하면서도 가장 미묘할 수밖에 없는 것은 바로 이 때문이다. 왜냐하면 기억의 장소에 대한 연구에 내재하는 위험은 그 정의상 위협받는 기억들의 자연적 도피처로서 주변집단과 소수집단을 우대하는 데에 있기 때문이다. 예컨대 종교적 프랑스들은 어떠한가? 만일 광야의 박물관이 프로테스탄트 기억의 남다른 장소로 당연히 부각된다면, 가톨릭의 경우에는 고유한 기억의 장소를 어떻게 선택할 것인가? 그리고 그 진정한 기억의 장소가 다름 아닌 기억 자체인 유대교의 경우에는 무엇을 선택할 것인가? 사회적 기억들, 특히 부르주아지의 기억에 대해서도 똑같은 어려움이 따른다. 부르주아지의 규범과 가치관이 자기 고유의 영토를 넘어서 지난 두 세기 동안 인민의 표상들과 귀족의 표상들을 점령해 버렸으니 말이다. 따라서 이러한 곤란을 덜기 위해 우리는 지면이 허락하는 한, 하지만 깊은 시선과 비스듬한 시각을 할 수 있는 만큼 최대로 교차시킬 수밖에 없다는 것을 의식하면서, 다수집단의 기억의 장소들의 수를 더 늘리는 방안을 택했다.

사회집단들의 복수성을 정밀하게 포착해 내는 거의 불가능한 작업을 단념하는 대신에 우리는 특히 부르주아, 농민, 노동자의 기억들을 하나로 묶어 제시하면서도 둘로 나누어 접근해야 한다고 생각했다. 즉 한편으로 남아 있는 기억들(*mémoires remanentes*)과 다른 한편으로 되찾은 기억들(*mémoires ressaisies*)로 나누는 것이다. 모리스 아귈롱(Maurice Agulhon)에 의해 역사영역에 들어온 전통적인 '집단사교성들'(*sociablilités*)을 통해 파악된 파업, 시장, 카페 등이 전자에 해당한다면, 민속공예박물관(musée des Arts et Traditions populaires)처럼 얼마 전에 생긴 기억의 제도들을 통해서, 아니면 중간계급들의 경우 출납부, 가족앨범, 공증인 문서 등을 통해서 되찾은, 즉 최근 들어 역사가들의 호기심을 자극하는 이러한 기억의 장소들은 후자에 해당한다.

이 마지막 부분(《프랑스들》이라는 제목의 제 3부 - 옮긴이)에서의 진정한 문제는 주제를 무한정 확장하는 데 있는 것이 아니라 기억의 장소라는 개념 자체를 더욱더 다듬어야 한다는 데 있다. 이러한 필요성은 정치의 영역에 접근할 때 가장 절실하게 나타난다. 여러 정치계보들—예컨대 보수주의자, 자유주의자, 진보주의자, 혁명주의자—을 죽 펼쳐 보이는 것이 사실상 불가능해져 버린 순간부터 우리는 적절한 관측소들을 찾아 나서지 않을 수 없었다. 이 관측소들은 기억의 장소들이라기보다는 차라리 회상과 망각의 끊임없이 요동치는 끈들이 서로 엮여 있는 기억의 매듭들이라고 할 만하다. 달리 말하자면 그것은 프랑스혁명과 그것이 상상공간에 투사된 모습, 좌·우파의 얼굴을 모두 가진 잔다르크(Jeanne d'Arc), 해방 이후 정치권력의 장으로서의 기억, 우리의 기억들이 지닌 최고의 토템으로 여겨지는 드골(de Gaulle), 꼭 필요하지만 허망한 개념인 세대(*génération*), 우리가 정치에 관해 가지고 있는 지식의 전통적 장소들의 현대적 변환(*métamorphose*)[15] 등과 같은 현대의 우리의 정치적 기억의 모태들이다. 기억의 장소는 여기서 임시적으로(*au second degré*) 사용된다.

*

이 장소들에 대한 다각적인 연구가 낳은 역사는 아주 색다른 것이다. 그것은 겸허하면서도 야심적이고 전통적인 동시에 아주 새롭다. 그것은 결코 하나의 프랑스사가 아니라 기억과 역사 사이의 탐구, 즉 우리의 집합적 유산에 대한 선택적이고 학술적인 탐구이고, 이러한 탐구는 거의 잊혀가는 이 상징들을 조금이라도 몸소 체험하게 되면 지금도 우리 누구나 감동을 느끼게 된다는 사실에서 자신의 정당성을 도출한다.

---

15) 〔역주〕 부분적 변화가 아니라 완전히 다른 것으로의 변화를 의미하며, changement이나 transformation과 구별하기 위해 '변환'으로 옮긴다.

이 책은 일종의 표상의 역사(*histoire des représentations*)이다. 그것은 지난 세기에 군림한 실증주의적 민족사(*histoire nationale positiviste*)와는 완전히 다른 것이다. 비록 그것이 다시금 관심사가 되고 있기는 하지만 말이다. 나아가 그것은 심성사(*histoire des mentalités*)와도 완전히 다르다. 비록 심성사의 후예이긴 하지만 그것은 심성사를 넘어서 또는 심성사를 벗어나서 순수하게 상징적인 진리 안에 자리 잡는다.

이 책의 독창성은 바로 이러한 회귀(*retour*)와 단절(*rupture*)에 있고, 그것은 실재(*réalité*)의 원리에 대한 절대적인 고수(固守), 즉 랑케(Ranke)의 유명한 표현을 빌리자면 "그것이 실제로 어떠했는가"를 알고자 하는 확고한 의지를 더욱 요청할 뿐이다. 새로운 것일수록 더욱 옛것을 요구한다. 우리 역사에서 기억의 포로이기도 했던 시기는 확실히 별로 많지 않지만, 민족적 과거의 논리적 연관성과 그 연속성을 각별한 문제의식을 가지고 경험한 시기 또한 별로 많지 않다. 표상적인 것, 상징적인 것, 해석적인 것은 그것들대로 자체의 사건들과 연대기와 연구서를 가지고 있다. 기억의 연구대상들은, 어떤 의미에서 그리고 대부분의 경우, 가장 고전적이면서 동시에 가장 시대에 뒤진 역사가 스스로를 기억의 연구대상으로 삼을 수 있는 바로 그런 것들이다. 그러나 엄밀히 말해 그런 역사가 곧바로 기억의 연구대상인 것은 아니다. 그도 그럴 것이 그 대상들은 무관심이나 망각 때문에 연구대상이 된 것이 아니라, 그 대상들이 정의상 이러한 역사의 이면이자 그 인식론적 사각(死角)이었으며 그 존재의 기반이자 가능성의 고유한 조건이었기 때문에 이 책의 연구대상이 된 것이다.

따라서 겉보기에 대상들이 진부하다는 점에 그리 저어할 필요가 없다. 아무리 명백할지라도, 아니 차라리 너무 명백하기 때문에 대상들은 널리 알려져 있지 않은 것이다. 이 첫 번째 권에서만 보더라도, 삼색기는 어떠한가? 최근에 아무도 삼색기를 연구할 생각을 하지 않았다는 것은 그리 놀라운 일이 아니다. 적색기(赤色旗)는 자신의 역사를 가지고 있으며, 백색기(白色旗)와 흑색기(黑色旗)도 마찬가지이다. 그러나 우리에게 상징 구실을 하며 우리가 매일같이 그 색조를 눈여겨보지는 않더라도 우리의 눈에 띌 수밖에 없는 삼색기에 대해서는 거의 아무런 연구도 이루어지지 않았다. 공화력〔革命曆〕에 대한 유일한 연구는 미국 역사가에 의해 이루어졌으나 아직 출판되지 않았다. 그렇다면 〈라마르세예즈〉는? 아직 단편적이기는 하지만 그나마 알려져 있는 유일한 연구들은 공화 방위군 출신의 음악사가에게서 나왔다. 팡테옹(Panthéons)에 모셔진 위인들은 아직 자신들의 역사가를 만나지 못했다. 자치단체들(*mairies*)의 유형에 대해서는? 개괄적인 언급이나 조사가 있을 뿐이다. 어느 자치단체에나 있기 마련인 전사자 기념비들에 대해서도 아직껏 아무도 그 목록을 작성할 생각을 하지 않았다. 프랑스혁명 백주년 기념제나 빅토르 위고 사망 백주년 기념제는? 그것들을 자세히 고찰해 보기 위해서는 2백주년 기념제에서 얻은 전망이 필요했다. 브루노(Bruno)라는 서명으로 나온《두 어린이의 프랑스 일주》의 저자에 대해서는, 아무도 그 수수께끼와 그 연유를 꿰뚫지 않았다. 연맹병의 벽에 대해서는 시구와 노래가 만들어졌을 뿐 아직까지 역사가 쓰이지 않았다. 이 책에 실린 거의 모든 논문들에 대해 우리는 이와 마찬가지로 말할 수 있다.[16] 틀림없이 수많은 중요한 장소들이 부름을 받지 못했다. 하지만 그 장소들이 이 책에 빠져 있다는 데서 오는 아쉬움—그 책임은 물론 편집자의 몫이다—이야 어떠하든 간에, 이 책에 실려 있는 장소들에 대해서는 그 유용성을 인정해야만 할 것이다.

---

16) 유일한 예외는 Rosemonde Sanson의 *14-Juillet, fête et conscience nationale 1789-1975*, Paris, Flammarion, 1976이다. 같은 저자가 쓴 다음 논문도 흥미롭다. "La fête de Jeanne d'Arc en 1894", *Revue d'histoire moderne et contemporaine*, juillet-septembre 1973.

이것이 이 책에 실린 논문들의 최소한의 장점이다. 왜냐하면 우리는 이 시론들을 책 전체가 노리는 바와는 별도로 자체로서 읽을 수 있으며, 설명을 요구하기에 앞서 그것들과 대면하는 데서 즐거움과 흥미를 맛볼 수 있기 때문이다. 이 둔중한 논문모음집은 복잡한 문제들을 제기한다. 기억의 장소의 정확한 경계들, 기념제들에 관한 이론, 역사적 기억과 집단기억 사이의 연관성, 이데올로기와 정치 사이의 관계, 기억과 권력 사이의 관계, 공화국과 민족의 관계 등이 바로 그것이다. 이 문제들은 접어 두도록 하자. 주제들의 선택은 비록 필요한 유형분류, 문제에 대한 연구현황 및 문제를 다룰 전문가의 동원가능성 등에 비추어 충분한 심사숙고를 거쳤다고 할지라도, 어느 정도 독단적인 부분이 있다. 이 점도 받아들이자. 편애를 담은 우리만의 상상세계에 자족하는 것은 의심할 여지 없이 현대의 사학사(*historiographie*)가 다행스럽게도 넘어서고자 노력하는 지적 퇴행이나 프랑스중심주의(*gallocentrisme*)로의 복귀라는 위험을 안고 있다. 우리는 그것을 알아야 하며 그것을 경계해야 한다. 그러나 지금으로선 그것을 잊어버리자. 그리고 이 책에 실린 몇 편의 글들과 곧 그 뒤를 이을 한 아름 다른 글들이, 그 신선함과 즐거움 덕에 우선은 마음을 비우고 읽을 수 있는 것이 되기를 바라자.

피에르 노라

[1992년 후기] 저작의 전반적 계획은 저술 중에 수정되었다. 이 책은 원래 네 권으로 계획되었지만 일곱 권으로 끝을 맺었다. 늘어난 이유를 알고자 하는 독자는 둘째 권 《민족》의 권두언과 셋째 권 《프랑스들》의 도입 글인 〈프랑스 역사를 어떻게 쓸 것인가?〉를 참조하기 바란다.

기억의 장소 ①
공화국

차
례

기억의 장소 ② 민족 차 례

기억의 장소 ③ 프랑스들 1 차 례

기억의 장소 ④ 프랑스들 2 차 례

기억의 장소 ⑤ 프랑스들 3 차 례

기억과 역사 사이에서

기억의 장소들에 관한 문제제기 1)

1. 기억과 일체화된 역사의 종말

역사의 가속(加速). 이는 단순한 은유적 표현이 아니라 그러한 표현이 의미하는 바를 깊이 천착(穿鑿)해 볼 필요가 있는 중요한 문제다. 모든 것이 점점 더 급속하게 확정적으로 죽은 과거로 변해 버리는 것, 모든 것이 사라진 것 같은 총체적 인식 — 하나의 (과거와 현재 사이의 - 옮긴이) 균형의 단절. 전통의 뜨거움 속에, 관습의 침묵 속에, 조상 전래의 반복 속에 아직 살아남아 있었던 것들이 밑으로부터의 역사적

---

1) 〔역주〕 번역어에 관해 미리 이야기하는 것이 좋을 것이다. 본문에도 지적되어 있듯이 불어에는 독일어에서처럼 '일어난 사실로서의 역사'(*Geschichte*)와 '기록된 이야기로서의 역사'(*Historie*)의 구분이 없다. 따라서 이 글에서 '역사'(*histoire*)는 사실로서의 역사와 이야기로서의 역사 양자를 동시에 가리킨다. 그래서 histoire는 '역사' 또는 '역사학' 또는 이 양자를 동시에 나타낼 경우에는 '역사(학)'으로 번역하였다. 한편, historiographie의 사전적 의미는 "① 자기 시대의 역사서술을 공식적으로 책임진 문필가나 작가(*historiographe*)의 작업, 기술 ② historiographe의 저작물 전체"이지만, 이 글을 쓴 노라는 historiographie를 "인물이든 사건이든 한 주제에 대한 평가와 서술이 시대의 흐름에 따라 달라지는 방식에 관한 고찰"이라고 그 나름대로 정의한다. 따라서 historiographie를 관례대로 '역사서술' 또는 '사료편찬'으로 번역하기도 했지만, 여기서는 주로 노라의 정의에 가깝게 '사학사'로 번역하였다. 끝으로, nation은 주로 '민족'으로 번역하였고, 경우에 따라 '국민' 또는 '(민족)국가'로 번역하였다. 따라서 national(e)과 nationalisme도 주로 '민족적' '민족주의' 또는 '민족국가 만들기'로 번역하였음을 밝혀둔다.

자각(*sentiment historique*)[2]의 압력 아래 뿌리 뽑혀 나간 것이다. 즉, 오래전에 시작된 무언가가 끝나 버리고 말았다는 분위기 속에서 자아(自我)에 대한 의식이 획득된 것이다. 요즘 우리가 기억에 관해 그토록 이야기를 많이 하는 것은 바로 기억이 더 이상 존재하지 않기 때문이다.

기억의 결정체(結晶體)이면서 동시에 기억이 거기에 파묻혀 있는 장소들에 대한 호기심은 우리 프랑스인들의 역사의 이 특별한 순간과 연관이 있다. 과거와 단절되었다는 의식과 기억이 찢겨 나갔다는 자각이 혼재된, 그러나 찢겨 나갔기 때문에 기억을 되살리는 문제를 제기할 수 있을 만큼은 아직 기억이 남아 있는 전환점이 바로 지금이다. 과거가 연속되고 있다는 연속성에 대한 자각이 어떤 장소들에 아직 남아 있다. 기억의 장소(*lieux de mémoire*)가 존재한다는 것은 바로 살아 있는 기억(*milieux de mémoire*)[3]이 더 이상 존재하지 않기 때문인 것이다.

농민의 소멸이 이 살아 있는 기억을 영원히 절단해 버렸다는 사실을 생각해 보면, 기억과 일체화된 집단의 대표라 할 수 있는 농민이 역사연구의 대상으로 큰 인기를 끌었던 시기가 바로 공업성장의 절정기였다는 것이 어렵지 않게 이해된다. 우리의 기억중심의 이러한 붕괴는 그러나 하나의 예에 불과하다. 전 세계는 세계화, 민주화, 대중화, 미디어화라는 매우 잘 알려진 현상들에 휘말려 들어가 있다. 주변부에서 새로운 민족들의 독립은 식민화의 폭력성에 의해 민족학적인 잠에서 진작에 깨어난 사회들을 역사(성)(*historicité*) 안으로 인도하였다. 그리고 내부의 탈식민화라는 동일한 운동에 의해, 기억 재산은 아주 많으면서 역사학적 재산은 아주 적은 모든 종족(*ethnie*), 집단, 가족 등이 역사(성) 안으로 들어왔다. 반면 가치들을 확실하게 보존하고 전달

---

2) 〔역주〕 구체적인 시간과 공간에 대한 자각. 여기서는 요즘은 과거와는 아주 다르다는 자각을 말한다.

3) 〔역주〕 직역하면 '기억의 환경', 즉 기억을 만들어 내는 사회적 환경이지만, 내용상 '살아 있는 기억'으로 의역한다.

해 주던 모든 것들, 이를테면 교회나 학교, 가족이나 국가 같은, 기억과 일체화된 사회들(*sociétés-mémoires*)은 종말을 고했다. 과거를 규칙적으로 미래로 이행시켜 주거나 미래를 준비하기 위해 간직해야 필요가 있는 과거가 무엇인지를 확실하게 지시(指示)해 주던 기억과 일체화된 이데올로기들(*idéologies-mémoires*)도 종말을 고했다. 그 이데올로기가 반동을 문제 삼든 진보를 문제 삼든 아니면 혁명을 문제 삼든 관계없이 말이다. 거기다가, 역사인식의 방법 자체가 미디어의 도움을 받아 엄청나게 확장되었고, 그 결과 자기 자신과 밀착되어 있었던 유산 속에 켜켜이 쌓여 있던 기억이 사건을 찍어놓은 덧없는 필름으로 대체되었다.

가속(加速)이라는 이 현상으로 우리가 느닷없이 직면하게 되어버린 것, 그것은 이른바 원시사회나 상고(上古)사회가 그 전범을 보여주고 그 비밀을 없애버린 사회적이고 불가침적인 진짜 기억(*mémoire vraie*)과 — 역사(*histoire*), 즉 변화에 휩쓸릴 수밖에 없기 때문에 망각할 수밖에 없는 우리 사회가 과거로부터 만들어 낸 것 사이의 엄청난 거리이다. 하나로 통합되어 있고, 독재(獨裁)적이면서 자기 자신을 의식하지 않고, 유기(有機)적이면서 전능하고, 자생(自生)적으로 현재(現在)적인 기억, 조상의 과거를 영웅과 기원과 신화라는 미분화(未分化)된 시간으로 되돌려 보냄으로써 과거로부터 물려받은 유산을 영원한 것으로 만들어 버리는 과거가 없는 기억과 — 역사, 즉 과거의 흔적과 분류에 지나지 않는 우리의 기억 사이의 엄청난 거리. 이 거리는 근대 이후에 인간이 변화를 하나의 권리, 능력, 심지어는 의무로 인식하게 됨에 따라 점점 더 커졌다. 그리하여 오늘날 그 거리는 폭발 임계점에 도달하였다.

기억을 정복하고 제거하려는 역사의 압력으로 인해 기억이 이처럼 뿌리째 뽑혀 나갔다는 것은 일종의 폭로효과 같은 것을 지닌다. 그것은 아주 오래된 정체성의 끈이 끊어져 나가고, 역사 = 기억이라는 등식을 당연시하던 삶이 이제 종결되었다는 것을 폭로하고 있는 것이다. 프랑스어에서 체험된 역사와 그것을 인식가능하게 만드는 지적 행위를 가리키는 단어가 하나뿐이었다는 사실(독일어에서는 Geschichte와 Historie를 구분한다[4])은 흔히 강조되는 언어적 결함인데, 그것은 여기서 그것의 깊은 진실을 보여준다. 즉 우리를 바꾸어 놓는 변화는 우리가 그것을 표상(表象)하는 방식의 변화와 동일한 성질을 갖는다는 것이다. 우리가 아직도 우리의 기억에 살고 있다면, 우리는 그 기억의 장소들을 축성(祝聖)할 필요가 없을 것이고, 기억의 장소들은 아예 존재하지조차 않을 것이다. 왜냐하면 역사에 의해 빼앗긴 기억이라는 것이 존재하지 않을 터이니까 말이다. 우리가 아직도 우리의 기억에 살고 있다면, 모든 행동거지는 아주 일상적인 것에 이르기까지, 행위와 의미의 육체적 동일시 속에서, 오래전부터 행해져 왔던 것들의 종교적인 반복으로 경험될 것이다. 흔적, 거리, 매개가 생겨나면서부터 우리는 더 이상 진짜 기억 속에 있는 것이 아니라 역사 속에 있게 되었다. 전통적인 의례(儀禮)를 매일매일 준수하는 유대인들을 생각해 보라. 그들은 '기억의 민족'이어서 근대세계에 개방되면서 역사가에 대한 필요성을 느끼게 될 때까지 역사에 대해 관심이 없었다.

이처럼 기억과 역사는 동의어이기는커녕 정반대라는 것을 우리는 이제야 깨닫는다. 기억은 삶이고, 언제나 살아 있는 집단에 의해 생겨나고 그런 이유로 영원히 진화(進化)되어 가며, 기억력과 건망증의 변증법에 노출되어 있고, 의식하지 못한 채 끊임없이 왜곡되며, 활용되거나 조작되기 쉽고, 오랫동안 잠자고 있다가 갑자기 회복되기도 한다. 반면 역사는 더 이상 존재하지 않는 것에 관한 미완성의 그리고 언제나 새로운 문제를 제기하는 재구성(*reconstruction*)이다. 기억이 언제나 현재 일어나고 있는 현상이고 우리를 영원한 현재에 묶는 끈이라면, 역사는 과거에 대한 하나의 표상이다. 기억은 감정적이고 전(前)논리적이기 때문에 기억은 그것을 공고하게 만들어 주는 세부사항만을 받아

---

4) 〔역주〕 Geschichte는 일어난 사실로서의 역사를 뜻하며 Historie는 기록된 이야기로서의 역사를 뜻한다.

들인다. 그래서 기억은 흐릿하고 서로 포개지고 포괄적이거나 유동적이고, 개별적이거나 상징적이고, 전이(轉移)되거나 차폐(遮蔽)되거나 검열(檢閱)되거나 투사(投射)되기 쉽다. 역사는 지적(知的)이고 비(非)종교적인 작업이기 때문에 분석과 비판적 담론을 요구한다. 기억이 성스러운 것 속에다 추억을 심는다면 역사는 거기서 추억을 내몰고, 언제나 속화(俗化)시킨다. 기억은 기억이 결속시킨 집단으로부터 솟아나고, 그래서 모리스 알브박스(Halbwachs)가 말한 것처럼, 집단들이 있는 것만큼 많은 기억들이 존재하고, 본질적으로 다수이면서 파급적이고, 집단적이고 복수적이면서 동시에 개별적이라고 할 수 있다. 반대로, 역사는 모두에게 속하면서 또한 아무에게도 속하지 않으며, 그래서 역사에는 보편적인 사명이 부여된다. 기억은 구체적인 것, 공간, 행동거지, 이미지, 물체 속에 뿌리를 내린다. 역사는 오로지 시간적 연속, 사물의 진화와 관계에만 몰두한다. 기억은 하나의 절대자이고 역사는 오직 상대적인 것만을 중요시한다.

역사의 핵심에는 자생적 기억을 파괴하는 하나의 비판(批判)이 작동한다. 기억은 역사에게 언제나 의심스러운 존재이고, 역사의 진짜 사명은 기억을 파괴하고 격퇴하는 것이다. 역사는 경험된 과거의 정당성을 박탈하는 것이다. 역사를 지닌 사회의 지평선에는, 완전히 역사화한 세계의 끝에는 최종적이고 결정적인 탈신성화가 있는 것 같다. 역사학을 움직이는 힘(*le mouvement de l'histoire*), 역사가의 야심은 실제로 일어난 것들을 찬미하는 것이 아니라 그것을 무화(無化)시키는 것이다. 일반화된[5] 역사학적 비판은 박물관, 메달, 기념물들, 즉 역사 연구에 필요한 병기고를 보존하겠지만, 우리가 보기에, 그것은 어떤 것을 기억의 장소들로 만들어 주는 것을 그 어떤 것으로부터 앗아가 버린다. 전적으로 역사를 지표로 삼으면서 살아가는 사회는 궁극적으로 전통적인 사회만큼 자신의 기억의 닻을 내린 장소들을 가지고 있지

5) 〔역주〕 개별적이고 특수한 사실들을 개념으로 일반화한다는 의미.

않다.

역사에서 기억이 이처럼 뿌리째 뽑혀 나갔다는 것을 보여주는 가장 확실한 기호(*signe*)의 하나는 아마도 역사학의 역사(*une histoire de l'histoire*)의 시작, 즉 최근 프랑스에서의 사학사적 의식(*conscience historiographique*)의 각성일 것이다. 역사, 보다 구체적으로 민족의 발전의 역사는 우리의 가장 강력한 집단적 전통이었고, 아주 대표적인 우리의 살아 있는 기억(*milieu de mémoire*)이었다. 중세의 연대기 작가들로부터 '전체'사를 쓰는 현대의 역사가들(아날학파를 의미함 - 옮긴이)에 이르기까지, 모든 역사적 전통은 기억과 그 기억의 자생적 심화를 위한 규칙적인 훈련으로, 빈틈도 균열도 없는 과거의 재구성으로 발전해 왔다. 프루아사르 이래 어떤 위대한 역사가도 자신이 단지 특수집단의 기억만을 재현할 뿐이라고 스스로 생각한 사람은 없었다. 코민은 단지 왕조의 기억만을 수집할 뿐이라고 생각하지 않았고, 라포플리니에르는 단지 프랑스인의 기억, 보쉬에는 단지 기독교왕국의 기억, 볼테르는 단지 인류의 진보의 기억, 미슐레는 오로지 '인민'의 기억, 그리고 라비스는 오직 프랑스 민족에 대한 기억만을 수집할 뿐이라고 생각하지 않았다. 정반대로, 그들은 그들의 과업이 그들의 선배들보다 더 실증적이고 더 포괄적이고 더 큰 설명력을 지닌 기억을 확립하는 데 있다는 자각으로 가득 차 있었다. 지난 세기에 역사학이 구비한 과학적 무기는 진짜 기억을 구축하는 비판적 방법으로서의 역사학을 확립시킨 것에 다름 아니었다. 모든 위대한 역사학적 수정은 집단기억의 토대를 확대하는 데에 있었다.

프랑스와 같은 나라에서 역사학의 역사는 단순한 수술일 수 없다. 그것은 기억과 일체화된 역사(*histoire-mémoire*)를 비판적 역사학(*histoire-critique*)[6]에 의해 내적으로 전복(顚覆)하는 것을 의미한다. 모든 역사

6) 〔역주〕 '비판으로서의 역사'로 옮길 수도 있다.

학은 본질적으로 비판적이고, 그래서 모든 역사가들은 그들의 선배들의 기만적인 신화들을 폐기해야 한다고 주장해 왔다. 그러나 역사학이 자기 자신의 역사를 쓰기 시작하면 무언가 근본적인 것이 시작된다. 사학사적 관심이 생겨나는 것은 역사학이, 자신이 기억의 희생물임을 발견하고 스스로를 기억으로부터 해방시키려고 노력하면서, 역사학에서 역사가 아닌 것을 몰아내는 것을 자신의 임무로 삼을 때이다. 역사학에 민족의식의 지도자와 교육자의 역할을 맡기지 않았던 나라에서, 역사학의 역사는 이러한 논쟁적 내용을 떠맡지 않는다. 예컨대, 단수가 아닌 복수(複數)의 기억과 다양한 지참물을 지닌 나라인 미국에서는 역사학의 역사라는 분과학문이 오래전부터 있었다. 미국독립이나 남북전쟁에 관한 다른 해석들은, 매우 무거운 쟁점이긴 했지만, 미국의 전통을 위협하진 않았는데, 왜냐하면 미국은 어떤 의미에서 전통이 없었고 설령 있다 해도 그것은 역사를 통해서 주로 만들어진 것이 아니었기 때문이다. 반면, 프랑스에서 사학사(*historiographie*)는 우상파괴적이고 불손하다. 그것은 아주 잘 구성된 전통 속의 대상들 — 부빈(Bouvines)[7] 같은 핵심적 전투, 《아동용 라비스》(*Petit Lavisse*)[8] 같은 표준교과서 — 을 탈취해서 그것의 메커니즘을 분해하고 그것들을 만들어낸 조건들을 아주 정확하게 재구성하는 데 목표를 둔다. 그것은 의심을 품는 것, 기억이라는 나무와 역사라는 껍질 사이에 비판이라는 칼날을 꽂는 행위이다. 프랑스혁명에 대한 사학사를 논하고, 프랑스혁명의 신화와 프랑스혁명에 대한 해석들을 재구성하는 것은 우리가 우리 스스로를 더 이상 우리의 유산과 완벽하게 동일시하지 않는다는 것을 의미한다. 아무리 훌륭하더라도 하나의 전통을 의문시하는 것은 우리가 그 전통의 담지자임을 더 이상 인정하지 않는다는 것을 의미한

7) 〔역주〕 프랑스 왕 필리프 2세가 영국 왕 존에게 승리함으로써 영토를 크게 확장시킨 1214년의 전투.

8) 〔역주〕 수많은 초등학생들에게 공화국의 구성원으로서 애국심을 갖게 했던 교과서. 초판은 1876년, 개정판은 1884년에 나왔다.

다. 그런데 사학사가 의문시하고자 하는 것은 우리의 민족적 전통(*tradition nationale*) 가운데서 아주 신성한 대상들에만 국한되지 않는다. 역사학의 물질적·개념적 수단들, 역사학의 생산과정과 그것의 사회적 전파수단, 역사학 자체가 전통이 되는 것 등에 의문을 던짐으로써 역사학 전체는 사학사의 시대로 돌입하였고, 기억과 역사학의 탈(脫) 동일시가 완성되었다. 기억이 그 자체로서 역사학의 대상이 되는 일이 가능해진 것이다.

역사학을 통해 그리고 민족공동체를 중심으로 기억의 한 전통이 제3공화국의 종합 속에서 자신의 결정체(結晶體)를 찾아낸 듯이 보였던 때가 있었다. 오귀스탱 티에리의 《프랑스사에 관한 편지》(1827)로부터 샤를 세뇨보스의 《프랑스 민족의 참된 역사》(1933)까지가 그것의 대체적인 연대기를 이룬다. 역사학, 기억, 민족은 당시에 자연스러운 순환(循環) 관계 이상의 관계를 유지하고 있었다. 그것들은 상호보완적 순환성을, 모든 수준에서 즉 과학적·교육적 수준에서 그리고 이론적·실천적 수준에서 하나의 공생관계를 유지하고 있었다. 그래서 현재에 대한 민족적 정의(定義)는 과거에 대한 해명을 통해 스스로를 정당화하는 것을 강력하게 요구하였다. 그러나 혁명의 충격으로 약화된 현재는[9] 과거 왕조시대에 대한 전반적 재평가를 강요하였다. 또 1870년의 (프랑스-프로이센 전쟁의 - 옮긴이) 패배에 의해 약화된 현재는 사도바(Sadowa)[10]의 진짜 승리자(독일 군대 - 옮긴이)와 독일의 과학과 교육보다는 오히려 고증학적 지식의 발달과 학교교육을 통한 기억의 전달을 더 시급한 과제로 만들어 버렸다. 반(半)은 성직자, 반(半)은 군인이었던 역사가의 민족적 책임의 목소리에 필적할 수 있는 것은 없었다. 역사가는, 예컨대 〈역사학보〉 창간호(1876)의 창간사에서 가브리엘 모노가 "지금부터 행해지는 느리고, 집단적이고 일정한 방법에 따른 과학

9) 〔역주〕 예컨대 프랑스혁명은 경제적으로는 일종의 재앙이었다.

10) 〔역주〕 프로이센 군대가 오스트리아 군대를 격파한 보헤미아 지방의 도시.

적 연구"는 "은밀하고 확실한 방식으로 조국의 위대함과 동시에 인류의 위대함"에 기여할 것이라고 당당하게 선언할 만큼, 큰소리를 냈다. 이와 같은 텍스트 및 그와 유사한 백여 개의 텍스트를 읽어보면, 실증주의 사학이 누적적이지 않았다는 사상(역사는 개개의 주제를 서로 어떤 관련성도 없이 다룬다는 사상 - 옮긴이)이 어떻게 널리 퍼질 수 있었는지 의아하게 생각된다. 민족의 건설이라는 목적론적인 관점에서, 정치, 군대, 전기물(傳記物), 외교는 모두 민족의 역사적 연속성을 지탱시켜 주는 지주였다. 아쟁쿠르의 패배(*défaite d'Azincourt*)[11]나 (앙리 4세를 암살한 - 옮긴이) 라바이야크의 단도, 뒤프의 날(*journée des Dupes*)[12]이나 (30년전쟁을 종결시킨 - 옮긴이) 베스트팔렌 조약의 저 추가조항[13]은 (민족의 역사적 연속성을 입증하는 - 옮긴이) 하나의 엄밀한 회계장부에 속해 있었다. 고도로 전문적인 고증학적 지식은 민족자본에 어떤 세부사항을 첨가하거나 삭제했다. 이러한 기억의 공간은 강력한 단일성(*unité*)을 지니고 있었다. 그리스-로마의 요람기로부터 제3공화국의 식민제국까지의 거리는, 새로운 정복물을 민족의 문화재에 첨가시킨 높은 수준의 고증학과 새로운 도그마를 강요한 학교교과서 사이의 거리보다 더 크지 않았다. 역사는 성스러웠는데 왜냐하면 민족이 성스러웠기 때문이다. 우리의 기억이 성스러운 것 위에서 스스로를 유지할 수 있었던 것은 민족을 통해서였다.

왜 이러한 (역사학과 기억과 민족 사이의 - 옮긴이) 결합이 새로운 탈신성화의 압력 아래 해체되었는지를 이해하는 것은 결국 1930년대의 위기 속에서 국가 = 민족(*État-Nation*)이라는 짝이 어떻게 국가 = 사회(*État-société*)라는 짝으로 점차 대체되었는지를 보여주는 것이 될 것이

---

11) 〔역주〕 프랑스 군대가 영국의 헨리 5세에게 패배, 프랑스가 남쪽으로 퇴각하게 된 1415년 10월 25일의 전투.

12) 〔역주〕 독신자(篤信者, *dévots*)파의 정치집단이 마리 드메디치와 함께 리슐리외를 제거하려다 실패한 1630년 11월 19일의 사건. 이 사건으로 인해 리슐리외는 정적들을 물리치는 데 성공한다.

13) 〔역주〕 프랑스가 알자스, 로렌의 일부를 획득한 1648년의 조약내용을 말한다.

다. 그리고 역사학이 어떻게 같은 순간에 그리고 같은 이유로, 기억의 전통으로부터 사회가 자기 스스로를 문제 삼는 사회에 대한 지식으로 변화되었는지를 보여주는 것이 될 것인데, 그런 변화는 특히 프랑스에서 두드러졌다. 이런 이유로, 역사학('새로운 사회사'를 의미한다 - 옮긴이)은 특수집단들의 기억들을 대대적으로 조명하고, 역사학 자체가 심지어는 과거의 망탈리테(*mentalité*, 심성)를 조사하는 실험실로 변형될 수 있었다. 그러나 역사는 스스로를 민족과 동일시하는 것으로부터 해방됨으로써 발전을 주도하는 문제에 사로잡히지 않게 되었고 동시에 역사학은 가치의 전달자라는 교육적 사명을 상실하였다. 당시의 학교의 위기가 그것을 증명한다. 민족은 더 이상 집단의식을 규정하는 유일한 틀이 아니었다. 민족을 정의하는 것은 더 이상 문제가 되지 않았고, 평화, (경제적 - 옮긴이) 번영 그리고 프랑스의 열강으로서의 지위하락이 이런 해체작업을 마무리하였다. 역사는 위협의 부재에 의해서 위협받는 경우를 제외하고는 더 이상 위협받지 않았다. 민족공동체의 자리를 사회가 대신하게 됨에 따라, 과거에 의한 정당화, 그러니까 역사에 의한 정당화는 미래에 의한 정당화에게 길을 양보하였다. 과거는 오직 인식되고 존경되어야 하고, 민족공동체는 봉사되어야 하는 것이었다면, 미래는 준비될 필요가 있는 것이었다. 그리하여 민족, 역사, 기억이라는 세 용어는 그것들의 독립성을 회복하였다. 민족은 더 이상 투쟁이 아니라 소여(所與) 즉 쟁취해야 할 것이 아니라 주어진 것이 되었고, 역사학은 사회과학이 되었으며, 기억은 순전히 사적(私的)인 현상이 되었다. 이렇듯 기억과 일체화된 민족은 기억과 일체화된 역사의 마지막 현현(顯現)이었던 것이다.

기억의 장소들에 관한 연구는 이렇듯 오늘날 프랑스에서 기억의 장소들에 제자리와 의미를 부여하는 두 운동의 교차점에 놓여 있다. 하나의 운동은 순전히 사학사적 운동, 즉 역사학 자체에 대한 역사학의 내적인 반성이 일어난 순간이고, 다른 하나는 기억전통의 종말이라는 문자 그대로 역사적인 변화이다. 기억의 장소의 시기는(즉 이 책을 쓰고 있는 지금은 - 옮긴이) 우리가 기억의 내면성 속에서 살아가던 그 엄청난 기억재산이 사라지고 단지 재구성된 역사학의 시선 아래서만 살게 된 바로 그 순간이다. 한편으로는 역사연구가 결정적으로 심화되고, 다른 한편으로는 과거의 유산이 고정화되기 시작했다. 비판적 원리의 내적 역동성으로 인해 정치적이고 정신적인 우리의 역사학적 틀은 극도로 약화되었다. 그 틀은 완전히 무시해 버릴 정도로 힘이 약화된 것은 아니지만 점점 힘이 떨어져서 그중 가장 강력한 상징들만이 겨우 생명력을 유지하고 있을 뿐이다. 두 운동(사학사적 운동과 기억전통의 종말이라는 역사적 변화 - 옮긴이)이 합쳐지면서 그것은 우리에게 역사연구의 기본도구들과 우리의 기억 가운데서 가장 상징적인 것들을 동시에 그리고 똑같은 열정을 가지고 재검토하라고 요구한다. 기록보관소와 삼색기, 도서관, 사전, 박물관과 기념제, 축제, 파리의 팡테옹(Panthéon)[14] 또는 개선문. 요컨대 《라루스 백과사전》과 연맹병의 벽(mur des Fédérés)[15]을 똑같은 자격으로 재검토하라고 말이다.

기억의 장소들, 그것은 본질적으로 잔해(殘骸)이다. 역사학이 그동안 무시해 오다가 이제 와서야 불러낸 그 역사학 안에 존재하는 추모의식(意識)의 최종적 형태인 것이다. 기억의 장소라는 개념이 출현한 것은 우리가 사는 세계가 의례(儀禮)에서 이탈했기 때문이다. 기억의 장소라는 개념은 근본적으로 자신의 변화와 자신의 갱신에 몰두하고 있는 사회의 의지와 책략에 의해 분비되고, 작성되고, 수립되고, 건설되고, 공포(公布)되고, 유지된다. 그러한 사회는 본래 낡은 것보다 새로운 것에, 늙은이보다 젊은이에, 과거보다 미래에 더 높은 가치를 부

---

14) 〔역주〕 과거 생트주느비에브 성당이었으나 프랑스혁명 때 명칭이 팡테옹으로 바뀌고 지금은 프랑스에 지대한 업적을 남긴 역사적 인물들이 영면하는 성스러운 사당으로 쓰인다.

15) 〔역주〕 '연맹병'은 1871년 파리코뮌에 가담한 국민방위군 내지 병사를 가리키며 '연맹병의 벽'은 1871년 5월 28일 정부군이 이들 봉기자들을 처형한 장소를 말한다.

여한다. 박물관, 기록보관소, 공동묘지와 소장품, 축제, 기념일, 조약, 의사록, 기념물, 신전, 결사체(*associations*), 이런 것들은 다른 시대의 유물이고, 영원불변성에 대한 환상이다. 거기에서 경건하고, 비극적이고, 차가운 이 사업의 향수 어린 측면이 생겨난다. 그것은 의례 없는 사회의 의례들이요, 탈(脫)신성화된 사회 속에서 잠시 스쳐가는 신성(神聖)성이요, 특수한 것들을 없애 버리는 사회 속에서의 특수한 것들에 대한 충성이요, 원칙적으로 평준화시키는 사회 속에서의 사실상의 차별화요, 평등하고 동일한 개인만을 인정하려고 하는 사회 속에서의 집단에 대한 소속과 집단적 인식의 기호이다.

기억의 장소는, 자생적 기억이란 존재하지 않고, 기록보관소를 만들 필요가 있고, 기념일을 유지하고, 식의 거행을 조직하고, 추도사를 해야 할 필요가 있다는 자각으로부터 태어나고 그것으로 살아간다. 그 때문에 소수집단이 특별한 곳에 파묻혀 있는 기억을 지키고 열심히 보호하는 것은 모든 기억의 장소들에 대한 진실을 확연히 드러낸다고 할 수 있다. 기념하려는 노력이 없다면, 역사는 그것들을 즉각 청소해 버릴 것이다. 그것들은 우리가 의지하는 보루이다. 그러나 그것들이 보호하는 것이 위협받지 않는다면, 그것들을 더 이상 건설할 필요가 없을 것이다. 기억의 장소들이 갈무리하고 있는 추억들대로 정말 우리가 살아간다면, 기억의 장소들은 불필요할 것이다. 그리고 반대로 역사가 그것을 왜곡하고 변형시키고 조작하고 화석화하기 위해서 그것들을 독점하지 않는다면, 그것들은 기억을 위한 장소들이 되지 못할 것이다. 기억의 장소를 구성하는 것은 이와 같은 (기억과 역사의 - 옮긴이) 왕복운동이다. 역사를 움직이는 힘을 빼앗긴 그러나 그것으로 되돌아간 역사적 순간. 더 이상 완전히 살아 있지는 않지만 그렇다고 완전히 죽은 것도 아닌, 마치 살아 있는 기억의 바다가 물러갔을 때 해변에 남아 있는 조개들같이 말이다.

예컨대, 〈라마르세예즈〉(*La Marseillaise*)[16]나 (제 1차 세계대전 - 옮긴이) 전사자 기념비는 소속감과 무관심이 뒤섞인 자각으로 반죽된,

이런 중층적 삶을 살아간다. 1790년에 (바로 한 해 전에 바스티유 점령 사건이 일어난-옮긴이) 7월 14일은 이미 기억의 장소이면서 그러나 아직은 기억의 장소가 아니었다. 1880년에 7월 14일이 국경일로 제정되자 그것은 공식적인 기억의 장소가 되었으나 공화국의 정신은 그것에 그치지 않고 그것의 참된 원천으로 되돌아가게 만들었다.[17] 그렇다면 오늘날은 어떤가? 살아 있는 우리의 민족적 기억의 소멸은 우리에게 그것에 대해 더 이상 원래의 모습 그대로도 아니고 그렇다고 아예 무관심하지도 않은 시선을 강요한다. 우리의 기억은 우리를 고통스럽게 하지만 이미 더 이상 우리의 것이 아니며, 급속한 탈신성화와 잠정적으로 연장된 신성성 사이의 어딘가에 있다. 우리는 현재의 우리를 만든 것들에 대해 애착심을 느끼지만 우리로 하여금 유산을 냉정한 눈으로 바라보게 하고 (그것을 기억하는 것이 아니라 단지-옮긴이) 그것의 재산목록을 작성하게 만드는 역사적 거리감도 아울러 느낀다. 우리가 더 이상 거기에 거하지 않는 기억의 살아남은 장소들, 반(半)공식적·제도적이면서 반(半)감정적·감상적인 기억의 장소들, 더 이상 전투적인 열의나 열정적인 참여를 불러일으키지는 않지만 무언가 상징적인 삶이 아직도 고동치는, 만장일치의 감정이 없는 만장일치의 장소들. 기억으로부터 역사적인 것으로, 조상(祖上)을 가지고 있던 세계로부터 우리를 만든 것들과의 우연적인 관계만을 가진 세계로, 토템적인 역사로부터 비판적 역사로 옮겨 가고 있다. 지금은 기억의 장소들의 순간(*moment*)인 것이다. 우리는 더 이상 민족을 찬양하지 않지만 그것의 축하의식의 거행을 연구해야 하는 것이다.

---

16) 〔역주〕 공병장교 루제 드릴에 의해 스트라스부르에서 작곡된 군가로 프랑스 혁명기에 일종의 민족찬가로 애창되고 나중에 프랑스 국가(國歌)가 된 프랑스 혁명기의 노래.

17) 〔역주〕 1790년 7월 14일의 90주년 기념일인 1880년 7월 14일이 1789년 7월 14일의 의미를 되새기는 기념일이 되었다는 의미.

2. 역사에 의해 장악된 기억

그러므로 오늘날 기억이라고 불리는 모든 것은 기억이 아니라 이미 역사이다. 기억의 폭발이라 불리는 모든 것은 역사라는 불 속에서 기억이 사라지면서 피워내는 마지막 불꽃이다. 기억에 대한 요청은 역사에 대한 요청인 것이다.

아마 (기억이라는 - 옮긴이) 이 단어가 없어지지는 않을 것이다. 그러나 우리가 기억이라는 단어를 사용하려면, 우리는 오늘날 행동거지와 습관, 침묵의 지식이 몸에서 몸으로 전달되는 장인의 솜씨, 몸으로 익힌 지식, 몸에 배어 있는 기억과 반사작용 등등에 파묻혀 있는 진짜 기억과 그것의 거의 정반대인 변형된 기억, 즉 역사로 이행하는 과정에서 변해버린 기억 사이의 차이를 분명히 의식해야 한다. 다시 말해 의도적인 기억과 숙고적인 기억, 의무로 체험된 기억과 더 이상 자생적이지 않은 기억, 심리적·개별적·주관적인 기억과 더 이상 사회적이지도 집단적이지도 포괄적이지도 않은 기억 사이의 차이를 분명히 의식해야 한다. 그렇다면 첫 번째의 직접적인 기억으로부터 두 번째의 간접적인 기억으로의 이행은 어떻게 일어났는가? 현대에 일어난 엄청난 변환(*métamorphose*)의 결과에서 그 답을 찾을 수 있다.

두 번째 기억은 우선 첫 번째 기억과는 달리 기록에 의한 기억이다. 그것은 전적으로 아주 정확한 흔적, 아주 물질적인 유물, 아주 구체적인 기록, 아주 가시적인 이미지에 근거한다. 문자와 더불어 시작되었던 운동(*le mouvement*, 역사를 기록하는 일 - 옮긴이)이 하이파이 시스템과 녹음테이프로 완성된 것이다. 기억이 내부에서 체험되지 않으면 않을수록, 기억은 외부로부터의 지원과 그것들을 통하지 않고서는 더 이상 존재하지 않는, 어떤 존재의 확실한 지표를 필요로 한다. 바로 여기에서 우리 시대를 특징짓고 또한 모든 과거를 완벽히 보존하면서 동시에 모든 현재를 완벽히 저장하려고 하는 기록보관소에 대한 강박관념이 나타난다. 모든 것이 급속히 그리고 확실하게 소멸한다는 자각이 현재의 정확한 의미와 미래의 불확실성에 대한 불안과 결합되어 아주 하찮은 유물과 아주 보잘것없는 증언에조차도 기억해야 할 만한 것이라는 잠재적 존엄성을 부여하는 것이다. 우리는 (잘만 보존했으면 - 옮긴이) 우리가 알 수 있었을 것들이 우리의 선대(先代)에 파괴되거나 사라져 버린 것을 일을 놓고 얼마나 개탄해 왔으며 우리의 후손들에게서 동일한 비난을 받지 않으려고 얼마나 노력하는가? 추억은 아주 자세한 재구성의 대상이 되었다. 기억은 기록되기 시작하였으며 그러한 기억은 자기 자신에 대한 기억의 책임을 기록보관소에 위임하고, 뱀이 자신의 허물을 남기듯이 기억의 기호들을 확대시킨다. 과거에는 수집가들, 학자들, 베네딕트 수도사들이, 문서들 없이 나아가던 사회와 문서들 없이 씌어졌던 역사의 주변인으로서, 문서를 축적하는 일에 몰두하였다. 그런 연후에 기억과 일체화된 역사는 이 보물을 자신의 연구의 중심기반으로 삼았고 자신의 연구결과를 침투시키기 위한 무수한 사회적 중계망(주로 학교를 말함 - 옮긴이)을 통해 널리 확산시켰다. 역사가들이 문서 숭배를 경시하는 오늘날 사회 전체는 보존의 종교 속에서 그리고 문서보관학적 생산제일주의 속에서 살아간다. 우리가 기억이라고 하는 것은 사실상 우리가 도저히 기억할 수 없는 것의 물질적 재료의 거대하고 엄청난 조성이요, 우리가 기억할 필요가 있을지도 모르는 것들의 무한한 수집목록이다. 라이프니츠가 말한 바 있는 '종이로 된 기억'은 박물관, 도서관, 창고, 문헌센터, 자료은행이라는 자율적 제도가 되었다. 공공기록보관소의 경우 전문가들은, 지난 몇 십 년간 보관량이 천배로 늘어나는 혁명이 일어났다고 평가한다. 어떤 시대도 오늘날처럼 기록보관소를 자발적으로 생산했던 적이 없는데 이는 근대사회가 자생적으로 분비하는 엄청난 양의 문서에 의해서뿐만 아니라, 그리고 근대사회가 이용할 수 있는 문서 재생산 및 보존기술 수단에 의해서뿐만 아니라, 흔적에 대한 존중과 미신에 의해서 그렇게 된 것이다. 전통적 기억이 사라지면서 우리는 존재했던 것들의 자취, 증언, 문서, 이미지, 담론, 시각적 기호들을, 마치 점점 늘어나는 이 관계자료들이 역사라는 미지의 재판정에 제출될 미지의 증거라도 되는 것처럼 종교적일 정도로 축적해야 한다고 느낀다. 흔적은 성스러운 것을 부정하지만 흔적 속에는 성스러움이 깃든다. 앞으로 기억할 필요가 있는 것이 무엇이 될지는 미리 판단할 수 없다. 여기에서 파괴금지, 모든 것을 기록보관소에 집어넣기, 기억할 만한 것들의 범위가 미분화상태에서 팽창하는 것, 기억이 사라진다는 자각과 기억에 관한 모든 제도가 강화되면서 생겨난 기억기능의 이상비대증 등이 나온다. 과거에 보존 마니아라고 비난받던 전문가들이 기록보관소의 자연스런 기억의 생산자들로 바뀌는 이상한 역전이 일어났다. 오늘날 기록보관자에게 모든 것을 보관하라고 명령을 내리는 자는 사적기업과 공공행정부이며, 오늘날 전문가들은 자기 직업의 본질이 통제된 기록파괴 기술임을 알고 있다.

이렇듯 기억의 물질화는 불과 몇 년 동안에 엄청나게 팽창되고, 파급되고, 지방분권화되고, 민주화되었다. 고전시대 기록보관소의 3대 제공자는 대(大)가문과 교회와 국가로 국한되어 있었다. 오늘날 자신의 추억을 기록하고 자신의 회고록을 쓰고 역사에 중요하지 않은 행위자뿐만 아니라 그 행위자와 그의 배우자와 주치의의 증언마저도 보관되어야 한다고 생각하지 않을 사람이 누가 있을까? 증거가 평범하면 할수록 그것은 그만큼 더 평균적 망탈리테를 예시하기 마련이다. 기억에 관한 문제해결은 결국 모든 것을 기록하려는 일반의지로 나타났다. 한 세대 만에 기록보관소의 가상의 박물관은 엄청나게 커졌다. 문화재의 해인 1980년은 문화재의 개념을 불확실한 것의 경계선까지 밀고나감으로써 이에 관한 선명한 예를 보여주었다. 그 10년 전인 1970년에 《라루스 백과사전》은 문화재를 아직도 "아버지나 어머니로부터 온 재산"에 국한시켰다. 1979년의 《프티 로베르 사전》은 그것을 "조상에 의해 전달된 재산, 한 나라의 문화재"라고 썼다. 문화재의 개념은 역사적 기념비라는 아주 제한적인 개념으로부터 1972년의 격언에 따른 관례와 함께 아주 급격하게 그 어느 것도 이론적으로는 거기에서 벗어날 수 없는 광범위한 개념으로 바뀌었다.

비록 그것이 가리키는 것이 어떤 기억인지 정확히 알지 못할지라도 모든 것을 보관하고, 기억을 가리키는 지표들을 모두 보존해야 할 뿐만 아니라, 기록보관소를 만드는 것, 그것이 이 시대의 명령이다. 사회보장에 관한 기록보관소가 그에 관한 적절한 예인데, 그것은 오늘날 길이 300킬로미터에 달하는 유례없는 미(未)가공 기억의 덩어리, 즉 컴퓨터의 도움을 받아 면밀히 검토해 보면 프랑스 사회에 대해 식단에서 생활양식에 이르기까지 정상적인 것과 병적인 것의 모든 것을 지역별 직업별로 이상적으로 읽어낼 수 있는 자료의 총망라이다. 그러나 동시에 이 엄청난 자료를 마음대로 이용하고 보존하는 것은 강력하지만 실행 불가능한 선택을 하는 것이다. 기록보관소에 넣고 또 넣어도 언제나 무언가는 거기서 빠지게 될 것이다! 아니 다른 예를 들어, 구술조사에 관한 최근의 아주 당연한 관심이 낳은 결과는 어떤가? 실제로 프랑스에만 "과거로부터 우리에게 오는 이 목소리들"(필리프 주타르) 수집에 몰두하는 300여 개의 집단이 존재한다. 뭐 좋다. 그러나 잠시 생각해 보면 이것은 아주 특별한 종류의 기록보관소로서 여기서 한 시간짜리 녹음테이프를 만드는 데 36시간이 요구되고 또 전체를 다 들어야만 그 의미를 알 수 있기 때문에 그 이용은 일회적이 될 수 없으며, 따라서 그것의 가능한 효용성에 대해 자문하지 않을 수 없다. 그것들이 만들어낸 기억은 궁극적으로 앙케트 조사자의 의지인가 아니면 앙케트 조사대상자의 의지인가? 기록은 그것의 단순한 무게만으로 의미와 지위가 변한다. 그것은 더 이상 체험된 기억의 다소 의도적인 잔여물이 아니라 잃어버린 기억 가운데서 많든 적든 특별히 살아남은 것이 아니라 고의적이고 계획된 분비물이다. 그것은 제 2의 기억 즉 인공적인 기억을 체험에 덧붙이는데, 그 체험은 종종 기록되고 있다는 그 사실에 의해 영향을 받는다 — 생방송이 그것이 다루고 있는 사건에 미치는 효과를 생각해 보라. 기록의 무한한 생산은 새로운 의식의 산 증인이요, 역사화된 기억(*mémoire historisée*, 역사기록으로만 남아 있는 기억 - 옮긴이)의 테러리즘의 가장 분명한 표현이다.

이 역사화된 기억은 밖으로부터 우리에게 오고, 우리는 그것을 개인적 억압으로 여기면서 내면화하는데 왜냐하면 그것은 더 이상 사회적 실천이 아니기 때문이다.

기억으로부터 역사로의 이행은 각 사회집단으로 하여금 자기 자신의 역사를 활성화함으로써 자신의 정체성을 재규정하는 것을 의무로 삼게 만든다. 기억의 의무는 각자를 자기 자신에 대한 역사가로 만든다. 역사의 절대적 필요성은 이렇게 해서 제한된 전문 역사가 서클의 범위를 크게 넘어섰다. 파묻힌 그들의 과거를 회복시킬 필요성에 사로잡힌 사람들은 공식적인 역사로부터 소외되어 있던 노인네들만이 아니다. 지적이든 아니든 학식이 있든 없든 모든 사회단체들이 인종집단과 사회적 소수집단을 본보기로 삼아 자신들의 기원을 되찾고 그들만의 정체성 추구를 시작할 필요성을 느끼고 있다. 최근에는 가문의 어떤 구성원이 자신의 선조의 숨겨진 과거를 가능한 한 완벽하게 재구성하려고 시도하지 않는 가문이 없다. 족보연구의 갑작스러운 증가는 최근의 그리고 대규모적 현상이다. 국립기록보관소의 연간보고서는 1982년에 연구의 43%가 족보(族譜) 연구이고 대학인이 연구차 이곳을 방문한 경우는 38%였다고 말한다. 또 다른 놀라운 사실은 생물학, 물리학, 의학 또는 음악에서 가장 의미 있는 역사는 직업역사가들이 아니라 생물학자, 물리학자, 의사, 음악가에 의해서 씌어졌다는 것이다. 체육교육에서 철학교육에 이르기까지 교육의 역사를 맡고 있는 것은 교육자들 자신이다. 학문체계가 흔들림에 따라 각 개별학문은 자기 자신의 성립에 관한 회고적 역정(歷程)을 통해 자신의 근본을 확인하는 것을 의무로 삼고 있다. 사회학은 사회학의 창시자들에 관한 연구를 시작했고, 민족학은 16세기의 연대기작가로부터 식민지의 행정가에 이르기까지 자기 자신의 과거를 탐험하고 있다. 심지어는 문학비평조차도 그것의 기원과 전통을 재구성하는 일에 몰두하고 있다. 역사가들이 오래전에 포기했던 아주 실증주의적이고 또 고문서 연구중심적인 역사는 (과거를 소생시켜야 한다는 - 옮긴이) 이러한 절박성과 이러한 필요성 때문에 과거에 결코 알지 못했던 인기를 누리고 있다. 기억과 일체화된 역사의 종말은 그들 자신의 역사를 요구하는 사적인 기억들을 증가시켰다.

요즘의 십계명은 기억하라는 것이지만, 기억은 내가 하는 것이고, 기억의 대상도 바로 나다. 기억의 역사적 변환(*métamorphose*)은 개인심리로의 결정적인 전환이라는 대가를 치렀다. 두 현상이 너무도 밀접하게 연관되어 있어서 그것들이 발생한 시점이 일치한다는 것조차 지적하기 어려운 그런 현상들이 있다. 전통적인 평형이 결정적으로 깨졌다고 느낀, 특히 농촌세계가 붕괴되었다고 느낀 지난 세기(19세기 - 옮긴이) 끝 무렵에 베르그송과 함께 철학적 반성의 중심쟁점이었고, 프로이트와 함께 심리학적 인격의 중심쟁점이었으며, 프루스트와 함께 자서전문학의 중심쟁점이었던 것이 바로 기억이 아니었던가? 토지에 뿌리박은 기억이라는 프랑스적 이미지가 와해된 것과 기억이 갑자기 개인의 정체성의 핵심이 되어버린 것은 동일한 지각변동의 두 얼굴이며, 오늘날 폭발단계에 이르게 된 어떤 과정의 시작이었다. 우리가 잘 아는 그러면서도 보편적인 두 기억의 장소, 즉 (프로이트의 - 옮긴이) 원초적인 장면과 유명한 마들렌 과자조각(*petite madeleine*)[18]을 기억의 장소로 갖게 된 것은 프로이트와 프루스트 덕이 아닌가? 이 기억의 전이(轉移)는 역사적인 것에서 심리학적인 것으로, 사회적인 것에서 개인적인 것으로, 전달가능한 것에서 주관적인 것으로, 되풀이되는 것에서 회상하게 만드는 것으로의 결정적인 이동이다. 그것은 기억의 새로운 체제의 시작이었고, 그때부터 기억은 사적(私的)인 일이 되었다. 현대인의 기억의 완전한 심리화로 인해, 자아는 이제 기억 및 과거와 새로운 관계에 놓이게 되었다.

기억의 구속이 집요하고 미분화된 방식으로 힘을 가하는 대상은 결국은 개인이고 오직 개인일 뿐이다. 자신이 새롭게 다시 태어날 가능성도 마찬가지로 자기 과거와의 개인적 관계에 달려 있다. 전체적 기

18) 〔역주〕 프루스트의 《잃어버린 시간을 찾아서》에 나오는 조가비 모양의 티 케이크로, 작가의 기억을 되살려줌.

억의 사적 기억으로의 원자화는 기억의 율법에 내적강제의 강력한 힘을 부여한다.[19] 그것은 각자에게 기억하고 소속감을 회복해야 할 의무를 정체성의 원칙과 비밀로 만든다. 이러한 소속감은 그 대신 그를 완전히 구속한다. 기억이 더 이상 모든 곳에 있지 않으므로 그것은 혼자서 내리는 결정이 없으면, 즉 개인의식(意識)이 그것을 다시 책임지겠다고 결정하지 않으면, 어디에도 존재하지 않을 것이다. 기억이 집단적으로 경험되지 않으면 않을수록 기억은 자기 자신을 의식적으로 '기억과 일체화된 인간'(*hommes-mémoire*)으로 만드는 개개의 인간을 필요로 한다. 그것은 코르시카인에게 "너는 코르시카인이 되어야 한다"고, 그리고 브르타뉴인에게 "브르타뉴인이어야 한다!"고 말하는 내적인 목소리와 같다. 이러한 부름의 호소력은 유대인의 관습을 버린 유대인들 가운데 많은 사람들이 근자에 유대인의 기억을 되살려 내고 있는 현상에서 분명하게 나타난다. 자신의 기억 이외에 다른 역사를 가지고 있지 않은 이러한 전통 안에서 유대인이 된다는 것은 유대인으로서의 기억을 갖는 것이지만, 일단 내면화되면 이러한 기억은 점점 한 인간의 전 존재에 자신을 관철시킨다. 이것은 어떤 종류의 기억인가? 극단적인 경우에 그것은 기억의 기억이다. 기억의 심리화는 모든 개인에게 자신의 구원은 궁극적으로 갚을 수 없는 빚의 청산에 달려 있다는 자각을 부여하였다.

지금까지 기록으로서의 기억과 개인의 의무로서의 기억을 논했다면, 기억의 현대적 변환이라는 그림을 완성하려면 세 번째 특징인 거리를 갖게 된 기억(*mémoire-distance*)[20]을 논할 필요가 있다.

왜냐하면 아주 의미 있는 역사책을 통해 해독되는 것과 같은 우리와 과거와의 관계는 우리가 기억에서 기대하는 우리와 과거와의 관계와는

19) 〔역주〕 기억의 원자화가 각 개인에게 기억할 의무를 강하게 부과한다는 뜻.
20) 〔원주〕 살아 있는 기억이 아니라 우리와 멀리 떨어진 낯선 기억을 말함.

전혀 다르기 때문이다. 우리는 더 이상 과거와 회고적인 연속성을 유지하고 있는 것이 아니라 불연속성을 드러내고 있다. 지난날 기억과 일체화된 역사에서 과거에 대한 참된 인식은 과거가 진짜로 끝나지 않았다는 것을 깨닫는 데에 있었다. 그리고 회상하려는 노력은 그것(과거 - 옮긴이)을 소생시킬 수 있었다. 어떤 점에서 현재 그 자체는 되살아난, 현재화한 과거로 여겨졌고, 과거가 현재에 용접되어 있고 뿌리내림으로써 과거와 현재는 겹쳐져 있었다. 과거에 대한 자각이 존재하려면 현재와 과거 사이에 있는 균열, '전'과 '후'로 보이는 것이 아마도 필요할 것이다. 그러나 그것은 근본적인 차이를 지닌 분리가 아니라 복구될 수 있는 친자관계와 같은 성격의 간격이었다. 적어도 근대 이후 이해하기 쉬운 역사학의 두 개의 큰 테마인 진보와 쇠퇴는 모두 연속성에 대한 이러한 숭배, 현재의 우리가 누구 덕인지 그리고 무엇 덕택인지에 관한 지식의 확실성을 표현한다. 여기에서, '기원'이라는 관념 — 민족적 세속화 과정 속에 있던 프랑스 사회에 성스러움의 개념과 필요성을 부여했던 신화의 세속화된 형태 — 의 위력이 나왔다. (프랑스의 - 옮긴이) 기원이 거대하면 거대할수록 그것은 우리를 더욱더 거대하게 만들었다. 왜냐하면 과거를 통해 우리가 존경한 것은 바로 우리였기 때문이다. 그런데 이제 이러한 관계는 깨졌다. 한때 가시적이고, 예측할 수 있고, 조정할 수 있고, 표지설치가 가능했고, 현재의 투영이었던 미래가 비(非)가시적이고, 비(非)예측적이고, 제어할 수 없는 것이 되었던 것과 똑같은 방식으로, 즉 대칭을 이루며, 과거에 대한 가시적 관념은 과거에 대한 비(非)가시적 관념으로 바뀌었다. 현재와 동일한 차원의 과거로부터 우리가 하나의 단절(斷絶)로 경험하는 과거로, 기억의 연속 속에서 자신의 모습을 찾으려고 애쓰던 역사로부터 역사의 불연속(不連續) 속에 자신을 투영하는 기억으로 바뀐 것이다. 우리는 더 이상 '기원'에 대해서가 아니라 '탄생'에 대해서 이야기하게 될 것이다. 과거는 우리에게 현재와는 근본적으로 다른 것으로 주어지고, 과거는 우리가 그것으로부터 영원히 떨어져 나온 세계이다.

그래서 우리를 과거로부터 분리시킨 거리를 아주 명확하게 알아야만 우리의 기억의 진실이 밝혀진다. 마치 단 한 번의 칼질로 (과거를 현재의 우리로부터 분리시킨 - 옮긴이) 거리(距離)를 없애는 수술을 받고 기억을 되찾는 것처럼 말이다.

그렇다고 과거와 단절되었다는 자각이 밤(과거 - 옮긴이)의 몽롱함과 흐릿함에 만족해한다고 생각해서는 안 된다. 역설적으로, (단절된 과거와 현재 사이의 - 옮긴이) 거리는 밤을 쫓으면서 동시에 밤에게 그것의 비브라토(*vibrato*, 진동음)를 부여하는 (과거와 현재와의 묘한 - 옮긴이) 상호접근을 요구한다. 언제 우리가 장화에 묻은 흙의 무게, 서기 1000년의 악마의 손, 그리고 18세기 도시의 악취[21]를 그렇게 감각적으로 원했던가. 하지만 과거에 대한 인위적인 환각은 정확히 과거와 단절된 상태에서가 아니면 상상하기 어렵다. 우리가 과거와 갖는 관계의 역학은 모두 이 (과거와 현재 사이의 - 옮긴이) 단절과 (파괴되어 없어진 - 옮긴이) 상실감의 미묘한 작용에서 만들어진다. 표상(*représentation*)이라는 단어가 첫 번째로 문제 삼는 것은 지난날 재생(再生, *résurrection*)[22]이 추구하던 것과는 근본적으로 다르다. 아무리 완벽해도 재생은 실제로는 어떤 목적을 가진 현재의 시선 아래서 과거에 대한 시각을 정리하기 위해 빛과 그림자를 조작하기 마련인 기억의 위계서열을 낳는다. 그러나 지금 우리는 단일한 설명원칙을 상실했기 때문에 파편화된 세계에 살고 있는 우리를 발견하며, 동시에 그러한 상실감은 어떤 대상이 아무리 비천하고, 가능성이 낮고, 이해할 수 없는 것일지라도 모든 대상을 역사적 신비의 높은 위치에 놓인 존재로 만들어 준다. 예전에 우리가 알고 있던 것이 우리는 누구의 자손인가? 이었다면, 오늘날 우리는 아무의 자손도 아니면서 또한 모두의 자손이다. 과거가 무엇이 될는지 아무도 모르기 때문에 조마조마한 불확실성이 모든 것을 흔적 내지 가능한 상황증거로

---

21) 〔역주〕 이것들은 최근 프랑스 역사학 저서들의 중요한 연구테마들이다.

22) 〔역주〕 지난날 역사학이 목표로 삼은, 과거를 있는 그대로 재현하는 것.

변화시키고, 역사의 혐의를 씌워 사물의 순수성을 오염시키고 있다. 우리가 더 이상 우리 것이 아님을 알고 있는 것들에 대한 격렬한 전유(專有)가 바로 과거에 대한 우리의 인식이다. 과거에 대한 우리의 인식은 사라진 대상에 대해 정확히 초점을 맞출 것을 요구한다. 표상(表象)은 프레스코화도 거부하고 단편적인 그림도 거부하고 전경(全景)도 거부한다. 그것은 집중조명을 통해 선택적 추출, 즉 대표적인 견본(見本)을 증가시킨다. 우리의 기억은 아주 망막(網膜)적이고 대단히 텔레비전적이다. 예컨대, 아주 최근의 역사 쓰기에서 각광을 받고 있는 유명한 '이야기로의 귀환'과 현대문화에서의 영상(映像)과 영화(映畵)의 절대권력 간에 어떻게 연관성이 없을 수 있겠는가? 요즘의 이야기는 실상 전통적 이야기와는 달리 자기폐쇄적이고 시나리오적(*découpage syncopé*)[23]이다. 자신의 눈으로 직접 서류를 보는 기록보관소의 문서에 대한 세심한 존경과, 당사자를 직접 인용하고 그들의 목소리를 듣는 구술사의 기이한 대두가 우리가 달리 익숙해져 버린 생중계 방송의 신뢰성과 어떻게 무관할 수 있겠는가? 과거의 일상생활을 알려고 하는 요즘의 취향이 일상의 느림과 사물의 향기를 우리가 회복하는 유일한 방법이라는 것을 어떻게 못 본단 말인가? 그리고 요즘의 익명의 자서전들이, 바로 대중에 대한 연구는 대중을 통해서가 아니면 안 된다는 것을 우리에게 알려주는 방법이라는 것을 어떻게 못 본단 말인가? 그 많은 미시사연구에서, 우리에게 알려준 과거에 대한 기억소자(素子)들이 우리가 재구성한 역사와 우리가 겪은 역사를 똑같게 만들려는 의지임을 어떻게 읽지 않는단 말인가? 거울로서의 역사를 이야기할는지 모른지만, 거울이 똑같은 모습을 비춘다면 우리가 거기서 찾고자 하는 것은 반대로 차별이다. 그리고 이러한 차별적 광경 속에서 우리가 그동안 찾아내지 못한 우리의 정체성이 돌연히 나타난다. 우리가 찾는 것은 더 이상 창세기가 아니다. 그것은 더 이상 우리가 아닌 것(과거)에 비추어 볼 때 현재의 우리

---

23) 〔역주〕 토막 난 에피소드들로 구성된 시나리오상의 이야기 같다는 뜻.

는 무엇인지를 해독하는 것이다.

본질에 대한 이러한 연금술이 묘하게도, 미래를 향해 나아가는 난폭한 힘이 우리에게 불필요한 것으로 만들어 버렸어야 할 역사연구를 현재에 관한 비밀의 저장소로 만드는 데 이바지하였다. 사실 이런 마술을 부린 것은 역사가 아니라 역사가였다. 역사가의 이상한 운명을 생각해 보자. 예전에 그의 역할은 단순했고 그의 사회적 지위는 명확했다. 그는 과거의 대변인이자 미래의 안내자였다. 그런 존재로서 역사가의 개성은 그가 하는 일의 중요성에 비해 중요성이 낮았다. 그는 단지 물질적으로 조악한 참고자료와 기억 속에 각인되어 있는 것 사이에 있는 학자적 투명성, 전달수단, 있을 수 있는 가벼운 연결선이었다. 극단적인 경우에 역사가의 부재는 객관성의 문제를 일으킬 뿐이었다. 그러나 기억과 일체화된 역사의 붕괴로 인해 새로운 종류의 역사가가 나타났는데, 그는 선배들과는 달리 자신의 주제와 자신이 맺고 있는 밀접하고 친숙하고 개인적인 관계를 기꺼이 인정한다. 뿐만 아니라 그는 그 관계를 선언하고 심화시키고 그것을 방해물이 아니라 그것에 대한 이해의 지렛대로 여긴다. 그의 주제는 전적으로 그의 주관성, 그의 창조와 재창조에 달려 있다. 그는 그 자체로는 그리고 그가 없으면 의미도 생명력도 없을 것들에 의미와 생명력을 부여하는 신진대사의 도구역할을 한다. 전적으로 지금 여기에만 몰두해 있는 사회를 상상해 보자. 그러한 사회는 역사가를 분비하지 못할 것이다. 완전히 미래를 위해서만 사는 그 사회는 자기 자신에 관한 자동기록 절차에 만족하고 자기 자신을 이해하는 일을 무한히 미래에 맡기면서 자동통계장치에 만족해할 것이다. 반대로, 엄청난 변화로 자신의 기억을 빼앗겼으나 그만큼 더 역사적으로 자신을 이해하는 데 몰두하고 있는 우리 사회는 역사가를 점점 더 중요한 인물로 만들게 될 것인데, 왜냐하면 그가 원하는 것 그리고 그것 없이는 지낼 수 없는 것이 그를 통해 행해질 것이기 때문이다. 즉 역사가는 역사가 그저 역사에 지나지 않는 것을 막아내는 사람인 것이다.

그리하여 우리가 과거를 클로즈업해서 자세히 들여다보는 이유가 우리가 과거에 대해서 갖게 된 거리 때문이고, 과거에 대해 아주 이상한 인위적 초현실성을 부여하는 것이 과거로부터 결정적으로 소외되었기 때문인 것과 마찬가지로, (역사에 대한) 인식방법의 변화는 역사가로 하여금 그가 관심을 가지지 않았던 전통적 대상, 즉 우리의 민족적 기억이라는 일상적인 것들을 악착같이 되돌아보게 만든다. 우리는 우리가 태어난 집, 사람이 살지도 않고 알아볼 수도 없는 낡은 저택의 입구에 다시 서 있다. 똑같은 가재(家財)들을 아주 다른 시각으로 보려는 것이다. 똑같은 작업장에서 일하지만 거기서 나오는 작품은 아주 다르다. 똑같은 방이지만 그 방의 역할은 아주 다르다. 사학사(史學史)는 불가피하게 스스로에 대한 인식론의 시대로 돌입하였다. 정체성의 시대는 확실하게 끝나고, 기억은 어쩔 수 없이 역사에 의해 붙잡혔다. 이제 더 이상 기억과 일체화된 인간은 존재하지 않고 이제 인간 그 자체가 하나의 기억의 장소가 되어버린 것이다.

3. 기억의 장소—또 다른 역사

기억의 장소들은 두 세계(*deux règnes*)에 속하는데, 이것이 기억의 장소들에 관심을 갖게 만들고 또한 기억의 장소들에 복잡성을 부여한다. 즉 기억의 장소들은 단순하면서 중의적(重義的)이고, 자연스러우면서 인위적이고, 가장 감각적인 경험에 즉각적으로 주어지면서 동시에 가장 추상적인 정신적 작업영역에 속한다.

장소라고 할 때 그것은 장소라는 단어의 세 가지 의미, 즉 물질적, 상징적, 그리고 기능적 의미를 다 지니지만, 동시에 각각의 정도는 서로 다르다. 기록보관소처럼 분명히 순수하게 물질적인 장소라도 상상력이 거기에 상징적인 어떤 독특한 분위기를 주지 않으면 기억의 장소가 되지 않는다. 학교교과서, 유언장, 퇴역군인협회처럼 순수하게 기능적인 장소라도 그것이 의례(儀禮)의 대상이 되지 않으면 기억의 장소의 범주에 들어가지 않는다. 상징적 의미의 극단적인 예처럼 보이는 묵념의 시간조차도 어떤 시간적 통일성을 물질적으로 단절시키고 주기적으로 어떤 추억을 집중적으로 떠올리게 한다. 이 세 측면은 언제나 공존한다. 세대라는 개념만큼 추상적인 기억의 장소가 있을까? 그것은 그것의 인구학적인 내용을 기준으로 보면 물질적이고, 그것이 추억의 결정화(結晶化)와 추억의 전달작용을 동시에 수행하기 때문에 기능적이라고 가정할 수 있고, 그것은 또 하나의 사건이나 소수의 사람들이 겪은 하나의 체험을 가지고 거기에 참여하지 않은 다수의 사람들을 특징짓기 때문에 본질적으로 상징적이다.

기억의 장소들을 기억의 장소로 만드는 것은 기억과 역사의 작용, 즉 상호다원(多元)결정으로 귀착되는 기억과 역사라는 두 요인의 상호작용이다. 애당초부터 기억하려는 의지가 있어야 한다. 이 가장 중요한 원리를 포기한다면, 가능성이 아주 많은 (기억의 장소에 대한-옮긴이) 엄밀한 개념정의로부터 벗어나 기억할 만한 거의 모든 대상을 그 범주에 집어넣어야 할 만큼 헐거운 개념정의를 향해 즉각 표류하게 될 것이다. '직접적 사료'(예컨대, 법이나 예술작품처럼 한 사회가 그와 같은 것들이 재생산되게끔 의도적으로 생산한 것들)와 무한히 많은 '간접적 사료'(미래에 역사가들에 의해 사용될지 모르는 상태에서 그 시대가 남겨 놓은 모든 증거)를 현명하게 구분했던 지난날의 역사적 고증의 훌륭한 규칙들을 생각해 보라. 기억하려는 이러한 의지가 없다면 기억의 장소들은 역사의 장소들이 될 것이다.

반대로, 역사, 시간, 변화가 개입하지 않는다면 기념물에 대한 단순한 연대기적 설명에 만족해야 할 것이다. 그러므로 기억의 '장소들'은 삶과 죽음, 시간과 영원이 밀접히 연결된, 잡종이고 돌연변이를 일으킨, 두 가지 성분이 혼합된 장소들이다. 집단적인 것과 개인적인 것, 진부한 것과 성스러운 것, 불변의 것과 끊임없이 변하는 것이 나선(螺旋)을 이루며 뫼비우스의 끈처럼 하나가 되어 있는 것이다. 왜냐하면, 기억의 장소의 근본적인 존재이유가 시간을 멈추게 하고, 망각을 차단시키고, 사물의 상태를 고정시키고, 죽은 것을 불멸의 것으로 만들고, 비물질적인 것을 물질적인 것으로 만드는 것 — 금은 돈의 유일한 기억이다 — 이고, 최소한의 기호 속에 최대한의 의미를 집어넣는 것이라면, 기억의 장소들은 그것들의 의미가 끊임없이 새롭게 변하고 그것들의 가지가 예측불허로 마구 자라나는, 변화되기 쉬운 바로 그 속성 때문에 비로소 살아 있다(*vivre*)는 것도 분명하고, 바로 이런 점이 기억의 장소들을 흥미진진하게 만들기 때문이다.

서로 다른 영역에 속한 두 가지 예를 들어보자. 첫째는 공화력이다. 그것이 기억의 장소라면, 그 이유는 그것이 달력으로서 가능한 모든 기억의 선험적인 틀을 마련해 주기 때문이고, 또한 혁명적인 그것은 그것의 주요 제작자가 야심적으로 말했듯이, 그 명명법과 그 상징을 통해 "역사에 새로운 페이지(*livre*)를 열고", 또 다른 취지 설명자에 따르면 "전적으로 프랑스인을 그 자신으로 돌아가게 만들" 것을 제안했기 때문이다. 그리고 이러한 목적에서, 미래의 월(月), 일(日), 세기(世紀), 년(年)을 혁명적 서사시의 이미지와 연동시킴으로써 혁명의 순간에 역사를 정지시켰기 때문이다. 공화력은 이것만으로도 기억의 장소가 되기에 충분하다! 그러나 우리가 보기에 그것이 더욱더 기억의 장소인 것은 그것이 그것의 창시자들이 바랐던 것이 되는 데 실패했기 때문이다. 우리가 실제로 오늘날까지도 공화력의 리듬에 맞춰 산다면, 그것은 그레고리우스력(曆)처럼 우리에게 매우 익숙해졌을 것이고, 기억의 장소로서의 미덕을 잃었을 것이다. 그것은 기억의 풍경 속에 녹아 들어갔을 것이고, 상상할 수 있는 다른 모든 기억의 장소들의 날짜들을 알려주는 것 이상의 역할은 하지 못했을 것이다. 그러나 그 실패는 완전한 것이 아니었다. 방데미에르(Vendémiaire),[24] 테르미도르(Thérmidore),[25] 브뤼메르(Brumaire)[26]

24) 〔역주〕 공화력 4년 포도의 달(vendémiaire) 13일(1795년 10월 5일), 나폴레옹이 왕당파를 누르고 권력을 장악한 날.

25) 〔역주〕 공화력 2년 열의 달(thérmidore) 9~10일(1794년 7월 27~28일), 공포

처럼 거기에 영원히 붙어 있는 사건들, 중요한 날짜들이 이 달력에서 나왔다. 이렇듯 기억의 장소는 스스로에게 되돌아가게 만드는 거울이고 자신의 진실을 변형시키는 거울로 스스로를 복사한다. 어떤 기억의 장소도 이 근본적인 윤색을 피할 수는 없다.

이번에는 유명한 제 3공화국 시기의 교과서인 《두 어린이의 프랑스 일주》라는 책을 예로 들어보자. 이 책은 공화력과 마찬가지로 논의의 여지가 없는 기억의 장소인데, 왜냐하면 《아동용 라비스》(*Petit Lavisse*)가 그랬던 것처럼, 이 책은 공교육부 장관이 아침 8시 5분에 자기 조끼 호주머니에서 시계를 꺼내 "모든 학생들은 알프스를 넘고 있다"고 선언했던 시기에(제 3공화국 초기에 - 옮긴이) 수백만의 어린 프랑스인들의 기억을 만들어 냈기 때문이다. 그것이 기억의 장소인 것은 그것이 또한 프랑스에 관해 알아야 할 것의 목록, 즉 프랑스인으로서의 정체성을 심어주는 이야기요 으레 거쳐야 할 통과여행이었기 때문이다. 그러나 사태는 생각보다 복잡하다. 주의 깊게 읽어보면 1877년에 이 책이 출판된 후, 이 책은 이미 더 이상 존재하지 않는 프랑스를 마치 존재하는 것처럼 묘사했고 그래서 제 3공화국을 공고하게 만든 그해 5월 16일에 그 책은 과거라는 묘한 마법에서 자기의 매력을 끌어냈다는 것을 즉각 알 수 있기 때문이다. 어린이용 도서인 이 책을 성공하게 만든 것은 흔히 그렇듯이 부분적으로 어른들의 기억이었다. 이것이 이 기억의 상류라면, 하류는 어땠을까? 출판된 지 35년 후인 제 1차 세계대전 직전에도 이 책은 아직 군림하고 있었지만, 그것은 하나의 회상, 즉 이미 향수 어린 전통으로 읽혔음이 분명하다. 그 증거로 들 수 있는 것은, 이 책의 수정판이 나왔는데도 불구하고, 구판이 신판보다 더 잘 팔렸던 것 같다는 사실이다. 그 후 이 책의 인기는 사그라졌고 멀

정치의 격화를 두려워한 반(反)로베스피에르파가 중간파와 손잡고 쿠데타를 일으켜 로베스피에르와 그 일파를 체포, 처형한 사건.

26) 〔역주〕 공화력 8년 안개의 달(brumaire) 18~19일(1799년 11월 9~10일), 나폴레옹이 쿠데타로 총재정부를 넘어뜨리고 정권을 장악한 날.

리 떨어진 시골의 벽지에서만 계속 읽혔다. 그리고 망각되었다. 《프랑스 일주》는 점점 희귀해졌고, 창고 속의 보물 또는 역사가들을 위한 자료가 되었다. 그것은 집단기억임을 그만두고 역사적 기억 그리고 나중에는 교육학적 기억 안으로 들어갔다. 그 100주년인 1977년, 즉 〔브르타뉴 출신 작가인 피에르자케 엘리야(Pierre-Jakez Hélias)의 자서전인 - 옮긴이〕《자존심 센 말》이 백만 부를 기록하고, 지스카르 데스탱 치하의 공업화된 그러나 이미 경제위기의 타격을 받은 프랑스가 자신의 구전(口傳)적 기억과 농민적 뿌리를 발견했을 때, 그 책은 재(再)출판되었고 그래서 《일주》는 다시 집단기억 안으로 되돌아왔으나 이미 과거의 그것은 아니었다. 그것은 새로운 망각과 새로운 환생을 기다리고 있는 것이다. 그렇다면 기억의 장소들의 이 인기스타에게 기억의 장소로서의 자격증을 준 것은 무엇일까? 그 책의 최초의 의도일까 아니면 프랑스인의 기억 주기(週期)로의 끝없는 복귀일까? 분명히 이 양자 모두일 것이다. (이렇듯 - 옮긴이) 모든 기억의 장소들은 액자 구조[27]를 지닌 대상들인 것이다.

이 이중소속의 원리는 끝없이 많은 기억의 장소들에게 하나의 위계서열, 그것들의 영역의 경계, 그것들의 분류목록 작성을 가능케 한다. 다음과 같은 장르에 속하는 대상들이 큰 범주를 이루지만 — 전사자 숭배 영역에 속하는 모든 것, 문화재에 속하는 모든 것, 현재 속에 과거의 존재를 제시하는 모든 것 — 어떤 것들은 엄격한 개념정의에 들어맞지 않음에도 불구하고 포함되어야 하고, 반대로 원칙에 따라 포함되어야 할 것 같은 많은 것들이 실제로는 거기서 제외되는 일도 분명히 있다. 예를 들어 어떤 지리학적 · 고고학적 선사유적을 기억의 장소로 그리고 심지어는 중요한 기억의 장소로 만드는 것은 흔히 기억하려는 의지의 절대적 부재라는 결격사유에도 불구하고, 그 인간들의 시간과

27) 〔역주〕 '이야기 속의 이야기', '영화 속의 영화'와 같은 구조를 가진 것.

과학과 꿈과 기억들이 가지고 있는 압도적인 무게에 의해 보상된다. 반대로, 모든 국경선이 라인 강이나 예컨대 미슐레의 유명한 책이 귀족의 작위를 부여한 "땅 끝"인 피니스테르(Finistère)[28] 만큼 중요하지는 않다. 모든 헌법, 모든 외교조약은 기억의 장소들이지만, 1793년 헌법[29]은 기본적인 기억의 장소인 (1789년 8월 26일의 - 옮긴이) 〈인권선언〉을 포함하고 있는 1791년 헌법과 동일한 지위를 갖지 못한다. 그리고 니메게 평화조약(paix de Nimègue)[30] 은 유럽사의 처음과 끝에 위치한 베르됭의 분할 조약[31] 과 얄타회담[32] 과 동일한 지위를 갖지 못한다.

서로 뒤섞여 있지만 (사람들에게 이래라저래라 - 옮긴이) 명령을 하는 것은 기억이고 기록하는 것은 역사이다. 그렇기 때문에 사건들과 역사책들은 (기억의 장소로서 - 옮긴이) 주의를 기울일 만한 가치가 있는 두 분야인데, 왜냐하면 그것들은 기억과 역사의 혼합이 아니라 역사 속의 기억의 전형적인 도구여서 역사 속의 기억의 영역을 분명하게 규정해 주기 때문이다. 모든 위대한 역사서와 역사학 장르 그 자체는 기억의 장소의 한 형태인가? 모든 위대한 사건과 사건 개념 그 자체는 본질적으로 기억의 장소인가? 이 두 질문은 정확한 답변을 요구한다.

역사서 가운데서 근본적으로 기억을 새롭게 하거나 교육학적 지침서가 된 것들만 기억의 장소들이다. 새로운 역사적 기억이 정해지는 위대한 순간은 프랑스에서 그렇게 많지는 않다. 13세기에 《프랑스 대(大) 연대기》는 왕조의 기억을 요약하고 그 후 수세기에 걸쳐 사료편찬 작업의 모

---

28) 〔역주〕 브르타뉴 서쪽 끝에 있는 지역의 명칭.

29) 〔역주〕 1792년 8월 10일의 민중혁명 이후 권력을 장악한 산악파 국민공회가 제정하였으나 실행되지는 않은 헌법. 이 헌법에는 1793년 6월 24일에 통과된 산악파의 〈인권선언〉이 전문으로 들어가 있다.

30) 〔역주〕 루이 14세가 1672년에 일으킨 홀랜드 전쟁을 종식시키기 위해 1678~1679년에 프랑스와 유럽동맹국 간에 체결된 조약.

31) 〔역주〕 843년 베르됭에서 체결된 카롤루스 제국의 분할조약. 오늘날 프랑스, 독일, 이탈리아 분할의 역사적 기원으로 간주된다.

32) 〔역주〕 제2차 세계대전의 전후처리 문제를 위해 루스벨트, 처칠, 스탈린이 1945년 2월에 행한 회담.

델이 되었다. 종교전쟁 시기인 16세기에 "완벽한 역사"(*histoire parfaite*) 라고 불린 학파가 프랑스 왕정의 기원이 트루아(Troyes)[33]에 있다는 전설을 파괴하고 고대 갈리아(*l'antiquité gauloise*)[34]를 복원하였다. 에티엔 파스키에(1599)의 《프랑스 탐구》(*Les Recherches de la France*)라는 책 제목의 근대성이 하나의 상징적인 예시일 것이다. 역사학의 새로운 근대적 개념을 급격하게 도입한 것은 복고왕정기 말의 역사서술인데, 오귀스탱 티에리의 《프랑스사에 관한 편지》(1820)가 그 시작을 알렸고 1827년에 그 결정판이 나왔다. 그리고 그 몇 달 후 유명한 신인(新人, 여기서는 새로운 근대적 역사가라는 의미 - 옮긴이)의 책인 미슐레의 《근대사 개설》의 첫 번째 권이 나왔고, '유럽과 프랑스 문명사'에 관한 기조의 강연이 시작되었다. 끝으로 실증주의적 민족사학은 〈역사학보〉(*Revue historique*)에 실린 선언서(1876)와 함께 시작했고, 라비스가 편집한 27권의 《프랑스사》가 그 기념비를 이루었다. 회고록이라는 이름 자체가 말해주듯 몇몇 회고록은 기억의 장소가 될 수 있고, 몇몇 자서전과 사적인 일기도 기억의 장소가 될 수 있다. (샤토브리앙의 - 옮긴이) 《사후 회고록》, (스탕달의 - 옮긴이) 《앙리 브륄라르의 생애》, 《아미엘의 일기》는 크거나 좋아서가 아니라 단순한 기억작용을 기억 그 자체에 관한 질문으로 복잡하게 만들기 때문에 기억의 장소들이다. 정치인의 회고록에 대해서도 마찬가지 이야기를 할 수 있다. 쉴리로부터 드골에 이르는 그리고 리슐리외의 《유언장》에서 (나폴레옹의 - 옮긴이) 《세인트헬레나의 회상록》과 푸앵카레의 《일기》에 이르는 이 장르는, 텍스트들의 서로 다른 가치와는 별개로, 이 장르만의 상수(常數)와 특성을 지닌다. 회고록 작가는 다른 회고록들을 알아야 하고, 문필가이면서 동시에 행동인(行動人)이어야 하고, 개인의 이야기와 집단의 이야기를

33) 〔역주〕 센 강변에 위치한 오래된 도시.

34) 〔역주〕 기원전 500년경 라인 강, 다뉴브 강 쪽에서 이주한 켈트인이 갈리아 즉 라인 강, 대서양, 지중해 사이 지역에 건설한 고대문화로서 프랑스역사의 기원으로 여겨짐.

일체화하고, 개인의 이성을 국가이성에 병합시켜야 한다. 요컨대 정치인의 회고록은 민족적 기억의 파노라마 속에서 우리에게 그것들을 기억의 장소들로 간주하게끔 요구하는 많은 이유들을 갖고 있다.

'위대한 사건들'은 어떨까? 그것들 중 단 두 유형만이 기억의 장소에 속하는데, 그것은 결코 그것의 크기에 좌우되지는 않는다. 한편으로 당시에는 별 주목을 받지 못한 미미한 사건이지만, 그와는 대조적으로 미래가 기원의 중요성, 즉 첫 시작을 알리는 급격한 변화의 엄숙성을 회고적으로 부여하는 사건들이 있다. 다른 한편, 극단적인 경우 아무것도 일어나지 않았지만 즉각 상징적인 무거운 의미를 부여받고 그것이 일어난 그 순간에 그 자체가 기념의 대상인 것처럼 여겨지는 사건들도 있다. 현대사는 미디어의 중재로 태어날 때부터 실패한 두 번째 유형의 사건들을 매일 양산해 낸다. 첫 번째 유형의 예로는 위그 카페의 선출(987)을 들 수 있는데, 별로 대단한 사건은 아니었지만 10세기 후의 한 후손(프랑스혁명으로 단두대에서 죽은 루이 16세를 말함 - 옮긴이)이 단두대에서 죽는 바람에 처음엔 없었던 중요성이 부여된 사건이 되었다. 두 번째 유형의 예로는 레통드의 객차(*wagon de Rethondes*),[35] 몽투아르의 악수[36] 또는 프랑스해방 시의 (드골 장군의 - 옮긴이) 샹젤리제 행진을 들 수 있다. 첫 번째 유형의 사건을 창립사건(*événement fondateur*), 두 번째 유형의 사건을 공연사건(*événement spectacle*)이라고 부르기로 하자. 두 경우 모두 사건 그 자체는 중요치 않다. 요컨대, 기억의 장소라는 개념 속에 사건을 포함시키면 결국 기억의 장소의 특성을 부정하는 결과가 된다. 기억의 장소의 성격을 규정하는 것은, 반대로, 사건의 배제이다. 역사가 사건에 매달리듯이 기억은 장소에 매달린다.

반면, 기억의 장소의 범주 안에 들어오는 것들에 대해서는 온갖 종

35) 〔역주〕 1918년 11월 11일에 체결된 독일과 연합군 사이의 제1차 세계대전 휴전조약. 레통드 역 근처의 기차 안에서 체결되었기 때문에 붙여진 명칭.

36) 〔역주〕 제2차 세계대전 시 독일과 프랑스의 협력을 확인하는 히틀러와 페탱의 회담이 1940년 10월 24일 몽투아르시에서 행해졌기 때문에 붙여진 명칭.

류의 배열과 분류가 가능하다. 공동묘지, 박물관, 기념일처럼 구체적인 경험에 의해 주어지는 가장 자연스러운 장소로부터 이미 언급한 세대나 가문이나 '기억과 일체화된 지역'(*région-mémoire*) 개념뿐만 아니라 프랑스 국토에 관한 모든 인식의 토대가 되는 '(영토)분할' 개념(예컨대, 파리 대 지방, 연안지방 대 내륙지방 따위 - 옮긴이), 또는 우리가 코로(Corot)나 생트빅투아르 산을 그린 세잔의 그림을 생각하면 곧 떠오르는 '그림으로서의 풍경'이라는 개념 같은 지적(知的)으로 매우 정교한 포기할 수 없는 기억의 장소들까지, 매우 폭넓은 기억의 장소들이 있다. 장소들의 물질적 측면을 강조하는 것은 그 자체로서 (기억의 장소들에 관한 - 옮긴이) 또 다른 배열의 폭을 드러낸다. 먼저 휴대가능한 기억의 장소가 있는데, 기억의 민족(이스라엘 민족 - 옮긴이)이 율법서(〈모세5경〉 - 옮긴이)를 통해 대표적인 예를 보여주었듯이 그 중요성이 결코 적지 않다. 지형학적인 기억의 장소도 있으며, 그것의 모든 중요성은 그것의 명확한 위치와 그 장소에 자리 잡고 있다는 사실에서 나온다. 예컨대, 한때 마자랭의 저택이었던 국립도서관, 한때 수비즈(Soubise) 공의 저택[37]이었던 국립기록보관소 같은 온갖 구경할 만한 장소들이 있다. 건축학적인 장소들과 혼동해서는 안 되는 기념비적 장소들도 있다. 예컨대, 기념상이나 전사자 기념비는 그것들의 고유한 존재로부터 그 의미가 도출된다. 비록 그것들의 위치가 아무 의미가 없는 것은 아니지만, 다른 위치에 놓여도 그것들의 의미는 변하지 않고 유지된다. 그러나 오랜 시간에 걸쳐 건설된 건물들은 다르다. 그것들은 그 의미를 그 구성요소들 간의 복잡한 관계에서 끌어내며, 샤르트르 대성당[38]이나 베르사유 궁처럼, 한 시대나 세계의 거울이다.

---

37) 〔역주〕 수비즈 공인 프랑수아 드로앙(François de Rohan)을 위해 들라메르(Delamair)가 1705~1709년에 건설한 파리의 저택. 1808년 나폴레옹 1세가 국립기록보관소로 만듦.

38) 〔역주〕 파리 남서쪽 외르 강변에 위치한 샤르트르에 있는 고딕양식의 대성당. 주로 18세기 초에 건설되었으며 스테인드글라스로 유명하다.

반대로 기능적인 차원을 중시한다면 어떻게 될까? 퇴역군인협회처럼 전달할 수 없는 체험을 보존할 목적만으로 세워진 그리고 그 체험을 겪는 사람들과 함께 사라질 장소들로부터 교과서, 사전, 유언장, 고전시대에 가장이 후손을 위해 작성한 '가정일기'(*livre de raison*)[39] 처럼 그 역시 일시적이지만 그 존재이유가 교육학적인 것에 이르기까지, 또 다른 폭넓은 배열이 펼쳐질 것이다. 끝으로 상징적 요소를 가장 중시한다면 어떻게 될까? 예를 들면, 지배한 측의 기억의 장소들과 지배당한 측의 기억의 장소들이 대립할 것이다. 첫 번째 것들은 화려하고, 자신감이 넘치고, 당당하고, 일반적으로 국가당국이나 공식조직에 의해 항상 위로부터 부과되고, 대개는 공식적인 의식의 차가움과 엄숙함을 지닌다. 사람들은 그곳에 가기보다는 그곳에 소집된다. 두 번째 것들은 피난처, 자발적 헌신의 신전 및 침묵의 순례지 등이다. 이곳은 기억의 살아 있는 심장이다. 한쪽엔 사크레쾨르(Sacré-Coeur) 성당[40] 다른 쪽엔 루드(Lourdes)[41]의 민중 순례지가 있고, 한쪽에 폴 발레리의 국장(國葬)이 있다면 다른 쪽엔 장폴 사르트르의 (조촐하고 서민적인 - 옮긴이) 장례식이 있으며, 한쪽에 노트르담 대성당의 드골 장례식이 있다면, 다른 쪽엔 콜롱비 공동묘지[42]가 있다.

이런 분류는 무한히 세분될 수 있을 것이다. 공공장소들과 사적인 장소들을 대비시킬 수 있고, 장례식의 조사(弔辭), 두오몽(Douaumont),[43] 연맹병의 벽(mur des Fédérés)처럼 순전히 기념적 기능만을 지닌 순수

---

39) 〔역주〕 가장이 가사나 가계를 기록한 것.

40) 〔역주〕 파리코뮌의 종식을 기념하기 위한 기념물로서 1873년 법으로 결정하고 1876~1910년에 건설됨.

41) 〔역주〕 1858년 한 젊은 시골처녀가 성모 마리아를 보았다고 이야기한 이후 많은 사람들이 즐겨 방문하는 성지.

42) 〔역주〕 말년에 드골이 머물던 콜롱비에 있는 드골의 매장지. 드골의 고향사람들이 만든 조촐한 무덤.

43) 〔역주〕 1916년 베르됭 전투 시 독일군의 공격에 의해 점령당했다가 탈환되고 포격을 당한 두오몽 요새를 말하는데, 이곳에 유골안치소가 세워졌다.

한 기억의 장소들과 국기(國旗), 축제일주, 성지순례 등등처럼 그것의 기억의 차원은 그것의 상징적 의미들 가운데 하나에 지나지 않는 기억의 장소들을 대비시킬 수도 있다. 이러한 예비적인 유형론(類型論)적 고찰은 너무 엄격하거나 너무 철저하거나 나아가 연상시키는 바가 너무 많아서도 안 되고, 실제로 가능한 것이어야 한다. 그것은 눈에 보이지 않는 끈이 분명한 관계가 없는 대상들을 연결하고 있다는 것과, 페르라셰즈 공동묘지와 프랑스 일반통계를 동일한 항목 아래 묶는 것이 우산과 다리미의 초현실주의적 만남이 아니라는 것을 보여준다. 이 서로 다른 정체성들의 복잡한 연결망, 즉 집단기억에 대한 하나의 무의식적인 조직을 자각하는 것은 우리에게 달려 있다. "기억의 장소들"은 프랑스 민족사에서 우리가 뭔가를 해야 하는 중요한 순간이다.

하나의 간단한 그러나 결정적인 특징이 우리가 이 책에서 시도하고 있는 역사학과 신구(新舊)를 불문하고 우리에게 익숙한 모든 종류의 역사학을 구분해 준다. 기억에 관한 모든 역사적·과학적 접근은, 그것이 민족적 기억에 관한 것이든 사회적 망탈리테에 관한 것이든, 레알리아(*realia*)[44] 즉 사물 그 자체를 문제 삼으며, 그러한 접근은 현실을 아주 생생하게 포착하려고 애쓴다. 역사학의 모든 연구대상과는 달리, 기억의 장소는 현실 속에서 그것이 지시하는 연구대상이 없다. 차라리 그것들은 그 자체가 그 자신의 지시대상이요, 자신 이외에 다른 것을 가리키지 않는 순수한 상태의 기호들이다. 내용이 없고, 물질적 현존이 없고, 역사가 없기 때문이 아니다. 정반대이다. 그러나 어떤 것을 기억의 장소로 만드는 것은 정확히 바로 그것 때문에 그것들이 역사를 벗어난다는 것이다. 템플룸(*Templum*)[45]: 기억의 장소는 세속적인 것—시간 또는 공간, 시간과 공간—의 불확정성으로부터, 즉

44) 〔역주〕 '비언어적 현실'을 가리키는 언어학 용어.

45) 〔역주〕 temple(신전)의 라틴어 어원.

그 안에서 모든 것이 계산되고 상징되고 의미를 갖는 어떤 원(圓)으로부터 벗어난 존재이다. 어떤 의미에서 기억의 장소는 이중적(二重的) 장소이다. 그 자체로 완결되고, 자신의 정체성을 완성하고 자기 이름으로 요약되는, 여분의(즉 세상 밖의 - 옮긴이) 장소이지만, 항상 자신의 의미의 영역이 열려 있는 그러한 존재이다.

이것이 기억의 장소의 역사를 아주 진부하면서 또한 특별한 것으로 만든다. 그 주제는 분명하고, 그 재료는 아주 고전적이며, 그 자료들은 이용가능하고, 그 방법들은 난해하지 않다. (어제도 아닌 - 옮긴이) 그저께(*avant-hier*)의 역사로 돌아가는 것이 아니냐고 생각할 수도 있을 것이다. 그러나 그것은 아주 다른 문제이다. 기억의 장소라는 이 대상은 그것들에 대한 가장 직접적인 경험성이 아니고서는 포착할 수 없지만, 한편 그 쟁점은 전통적인 역사학의 범주로는 표현되지 않는다. 역사학적 비판은 완전히 비판적 역사학이 되어 버렸고, 그 비판은 역사학 고유의 작업도구에만 해당되지 않는다. 그것('기억의 장소'에 대한 성찰 - 옮긴이)은 역사학에 생명을 되돌려 주고, 역사학에 제 2의 삶을 살게 해준다. 이 새로운 역사학은 순전히 전이(轉移)의 역사학이고, 전쟁처럼 온갖 수행기술에 좌우된다. 새롭게 되살아난 연구대상과 그것을 연구하는 역사가와의 관계는 역사가의 재량에 달려 있고 그래서 자신의 주제 속에 역사가가 몰입해 들어갈 수 있는 깊이는 같지 않을 것이다. 궁극적으로 그것은 만질 수 없고, 말로 표현할 수 없는 아주 가느다란 실을, 즉 우리에게 남아 있는 퇴색한 이러한 상징물들에 대한 끈질긴 육체적 애정을, 역사가가 어떻게 동원해 내는가에 전적으로 달려 있는 역사학이다. 그것은 미슐레식 역사학의 부활이요, 프루스트가 매우 잘 묘사한 잃어버린 사랑의 잠 깨우기를 어쩔 수 없이 생각나게 만든다. 강박관념적인 열정의 지배가 마침내 끝났으나, 진짜 슬픔은 우리가 그토록 아파하던 것을 더 이상 아파하지 않는다는 것, 그래서 이제부터는 더 이상 마음의 비(非)이성이 아니라 머리의 이성만 가지고 이해하리라는 것이다.

매우 문학적인 언급이지만, 그것을 유감스럽게 생각하거나 반대로 그것을 완전히 정당화하려고 노력할 필요가 있을까? 그 답 역시 시대가 쥐고 있다. 기억은 사실상 두 가지 형태의 정통성밖에 모르는데, 하나는 역사적 정통성 다른 하나는 문학적 정통성이다. 하지만 양자는 평행선을 그어왔고 오늘날까지 분리되어 있었다. 오늘날 양자의 경계선은 흐려지고 기억과 일체화된 역사와 픽션으로서의 기억이 거의 동시에 사망하자, 과거와의 새로운 관계로 인해 전혀 다른 과거, 명성, 정통성을 지닌 한 유형의 역사학이 태어났다. 오늘날 역사는 우리의 대안적 상상계(想像界)다. 역사소설의 르네상스, 개인기록의 유행, 역사드라마의 문학적 활성화, 구술사에서의 이야기의 성공을 무기력해진 픽션과 연결 짓지 않는다면 달리 어떻게 설명할 것인가? 우리의 집단기억의 고갈된 자본이 거기에 뿌리를 박고 압축되어 있고 표현되어 있는 기억의 장소들에 대한 관심은 이 새로운 감성(*sensibilité*)에 속한다. 역사는 깊이를 잃은 시대에 깊이를 부여하고, 참된 소설이 없는 시대에 참된 소설을 부여한다. 역사의 중심의 지위로 올라선 기억, 그것은 문학을 잃은 애절한 슬픔이다.

삼색기

흰색도 아니고 붉은색도 아닌

시간적으로는 130년이나 떨어져 있지만 그것들이 암시하는 바에서는 동일한 대중적 양식에 속하고 아울러 동일한 교훈적 성격을 지닌 두 이미지가 있다. 그것들의 배열의 대칭성, 그것들의 구성의 유사성, 동일한 상징적 모습—프랑스의 상징적 모습—이 두 이미지에 모두 들어 있다는 사실이 어쨌든 양자의 비교를 강요한다.

첫 번째 이미지는 카르나발레 박물관(musée Carnavalet)[1]에 전시되어 있는, 〈인권선언〉을 직접 손으로 쓴 텍스트의 머릿그림으로서 이 그림과 〈인권선언〉이 동시대의 것임은 분명하다. 그 그림의 한가운데에는 눈〔目〕과 삼각형이 그려져 있고, 그것은 지고하신 존재(*l'Être suprême*)의 내재성을 증언한다. 지고하신 존재의 왼쪽에 있는 날개 달린 정령(精靈)은 계몽주의 정신의 상징인 횃불을 들고 있다. 그리고 그 오른쪽에 있는 프랑스는 자기 손으로 예속과 전제정치(專制政治)의 사슬을 끊었다. 그녀(프랑스-옮긴이)는 왕관을 쓰고 금색 백합문장으로 장식된 푸른색의 긴 망토를 늘어뜨리고 있다. 그녀의 치마 역시 푸른색이며 그것은 발목까지 그녀를 뒤덮고 있다. 그러나 그녀의 상의는 붉은색이고 그것의 끝부분은 흰색 천으로 장식되어 있다. … 〈인권선언〉이라는 이 문서의 날짜와 성격을 감안할 때 이 세 가지 색의 병렬이 우연

1) 〔역주〕 1880년 이래로 파리 시 박물관. 판화, 데생작품을 많이 소장하고 있으며 16세기 이후의 파리의 역사 특히 프랑스혁명사 관련 자료가 많다.

1. 지고하신 존재가 응시하는 가운데, 자유의 젊은 여신으로 묘사된 프랑스가 예속의 쇠사슬을 끊고 있다. 〈인간과 시민의 권리선언〉, 혁명기의 목판 위에 그려진 그림.

2. 여전히 왕관을 쓰고 있고, 아직도 삼색으로 이루어진 프랑스가 다시 교회의 맏딸이 되었다. 베리에레 드그라프 작, 1912~1920, 트리앙쿠르앙아르곤에 있는 생니콜라 성당.

이라고 믿기는 어렵다. 삼색의 존재가 새로운 시대의 예고와 일치한다는 것을 어찌 알아차리지 못하겠는가? 지난 세기의 낡은 질서가 무너지고, 아직 맺어지지 않은 하나의 동맹관계가 이제부터 민족공동체(*la Nation*)와 법(*la Loi*)과 왕(*le Roi*)을 하나로 만들 것이었다. 프랑스가 미래를 향해 나아간 것은 바로 삼색(三色)의 옷을 입고서였다. 이 끊어진 쇠사슬, 이 이성(理性)의 횃불, 정령들이 이미지로 보여주는 이 성스러운 텍스트는 프랑스의 갱생의 기호이자 새로운 운명의 약속이었다.

두 번째 이미지는 트리앙쿠르앙아르곤(Triancourt-en-Argonne)에 있는 — 그리고 정확히 1919년에 세워진 — 생니콜라 성당의 창문그림인데 이번에는 지고하신 존재가 아니라 그리스도가 그 그림의 중앙을 차지하고 있다. 서 있는 그리스도는 자기 발치에 위치한 두 여인이 자기의 성스러운 심장〔聖心〕을 바라보게끔 성심을 드러내 보이고 있는데, 한 여인은 잔다르크이고 다른 여인은 프랑스이다. 잔다르크는 하얀 깃발을 들고 있으나 그녀의 옷은 붉은색이고 그녀의 갑옷 위로 파란색 현장(懸章)이 감겨져 있다. 이제 프랑스에 관해 말하자면, 프랑스는 의당 왕관을 쓰고 의당 흰 담비 털로 가장자리를 두른 파란색 망토(그러나 거기에는 백합문장이 없다)를 입고 있지만, 그녀는 참 이상하게도 손에 삼색기를 들고 있고 그 삼색기의 깃대는 그녀의 어깨에 걸쳐져 있다. 게다가 역시 삼색의 넓은 띠가 그녀의 가슴을 가로지르고 있는데 이는 확실히 공무수행 중의 코뮌의 관리들이 흔히 걸치던 삼색띠와 상당히 유사하다. … 그러므로 사방으로 삼색을 발하는 프랑스는 그 자체가 파랑 하양 빨강의 대조적인 광채에 의해 거지반 지배되는 전체 구성에서 가장 눈에 띈다. 그러나 프랑스는 한편으로는 여전히 여(女)전사의 이미지를 연상시키면서도 다른 한편으로는 오래된 민중신앙의 전통적인 틀에 다시 들어가 있다. 프랑스의 이 우의(寓意)적 모습은 외양에 있어서는 여전히 과거와 거의 똑같지만 그녀가 포함되어 있는 그 전설의 전체적 의미가 바뀌어 버린 것이다. 새로 획득된 자유의 젊은 여신은 이제 다시 교회의 맏딸이 되었다. 무엇보다도 혁신, 시간의 쇄신, 새로운 치세의 도래의 기호였던 것이 연속성, 지속, 역사 속에 뿌리내리기의 기호로 대체된 것이다.

물론, 트리앙쿠르 성당이 재건축된 제1차 세계대전 직후까지도, 성심(聖心)은 삼색의 독점권을 확보하지 못했다. 인권의 아들들, 즉 혁명의 거대한 희망의 상속자들은 삼색을 전혀 포기하지 않았다. 그러나 그 시점에 삼색이 서로 다른 가치체계 안에 동시에 통합되고, 서로 다른 유형의 이데올로기적 복합체에 융합되는 상태에 놓이게 되었다는 것은 주목할 만한 사실이다. 시골성당의 창문이 삼색으로 번쩍이는 것과 투쟁적인 정교(政教) 분리주의 집회에서 삼색기가 휘날리는 것이 얼마든지 공존가능케 된 것이다. 그렇다면 이러한 의미의 확장이 어떻게 일어났는지를 묻는 일만이 남았다. 달리 표현하자면 집단적 열정과 모순적 정열의 한 세기를 거치면서 하나의 상징이 어떤 도정(道程)을 겪는지, 정체성과 참여의 기호인 하나의 이미지가 얼마만큼 사람의 마음을 사로잡는 힘을 갖게 되는지를 검토할 것이다.

7월의 3색 휘장에서 제마프의 깃발까지

어떤 상징의 역사이든 그것은 언제나 동일한 수수께끼로부터 시작되는데, 그 수수께끼란 상징의 기원은 언제나 신비에 둘러싸여 있다는 것이다.[2] 가장 널리 받아들여지고 교과서에 의해 수용되고 전설에 의

2) 놀랍게도, 삼색기에 관해 근자에 쓰인 제대로 된 역사연구가 존재하지 않는다. 1900년 전후로 이 주제에 관해서 출판된 비교적 풍부한 문헌들은 거의 대부분이 교육적 관심이나 애국심을 고취시키기 위한 것이었다. 그러나 비교적 유익한 두 권의 책이 읽을 만한데, 하나는 Georges Virenque, *Nos couleurs nationales*, Tours, Mame, 1902이고 다른 하나는 Jules Henriet, *Les Origines et les transformations des couleurs nationales de la France*, Comptes rendus de l'Association française pour l'avancement des sciences,

해 널리 퍼진 해석에 따르면 삼색표장(標章)은 아주 정확히 1789년 7월 17일에 태어났다. 바스티유가 함락된 지 3일 만에 파리에 도착한 국왕 루이 16세는 시청에서 라파예트가 임석한 가운데 파리 시장인 바이이(Bailly)의 영접을 받았고, 바이이의 요구에 따라 국왕은 화해의 제스처로 자기 모자에 부착되어 있었다고 추정되는 흰색의 휘장 옆에 파리 시의 색깔인 파란색과 붉은색의 리본을 달았다. …사실, 삼색의 표장은 이미 며칠 전부터 존재하고 있었던바, 그것은 새로 창설된 국민방위군(*la garde nationale*)[3] 사령관 라파예트가 이제 그 선두에 서게 된 군대(즉, 국민방위군 - 옮긴이)를 식별할 수 있는 공통의 기호를 마련해야 할 필요성에서 태어났다. 그리하여 그는 봉기운동에 가담한 프랑스 근위대 유니폼의 흰색과 파리 민병대의 파란색과 붉은색을 결합시켰다. 역시 카르나발레 박물관에 보존되어 있으며, 바스티유의 책임자인 로네가 체포되는 장면을 재현한, 그리고 바스티유 점령사건이 일어나고 얼마 안 있어 그려진 샤를르 테브냉의 그림을 보아도, 봉기자 하나가 흔들고 있는 백색기의 깃대 끝에는 삼색 리본으로 된 술이 장식되어 있었고, 그 봉기자의 전투 동료 여러 명의 모자에도 파란색 흰색 붉은색 휘장이 그려져 있었다.

어쨌든 확실한 것 두 가지가 남는데, 그것의 가치는 단순히 일화적인 것을 크게 넘어선다. 첫 번째로 확실한 사실은, 불행한 루이 16세가 삼색을 받아들이면서 양심의 고통을 받지는 않았던 것 같다는 것이다. 1789년 여름에는 흰색을 오래된 왕권의 대의명분과 결합시키려고

"Congrès de Grenoble", 1904, pièce, 20p. 이다.
또 학회발표문인 Maurice Agulhon, "La Place des symboles dans l'histoire d'après l'example de la République française", *Bulletin de la Société d'histoire moderne et comtemporaine*, 16e série, n° 7, 1980을 보라. 전반적인 참고문헌은 Louis Baron, chef de Bataillon, *La symbolique militaire en France. Bibliographie*, Service historique de l'armée, 1969, multigraphié를 보라.

3) 〔역주〕 왕조국가가 아니라 민족국가(*nation*)를 지키기 위해 결성된 군대이므로 민족방위군이라고 직역할 수 있지만 관례에 따라 국민방위군으로 번역한다.

했던 전설이 아직은 태어나지 않았고 이는 몇 달이 지나서도 마찬가지였다. 카페 왕조는 청색 바탕에 금색의 세 송이 백합문양이라는 가문의 문장(紋章)을 제외하고는 고유의 표식이 없었다. 당시 통용되던 역사적 전통에 따라 통치하던 군주의 가장 오래된 선조, 즉 이 경우 메로베우스 조(朝)의 왕들은 갈리아 사제 성 마르탱의 파란색 '제의'(祭衣, *chape*)의 보호 아래서 싸웠다. 그리고 카롤루스 대제의 대관식 때 나부끼던, 교황에 의해 제공되고 축성(祝聖)된 깃발도 파란색이었다. 위그 카페와 그의 직계 후손들은 그들대로 왕국의 수호자로 알려진 성 드니의 붉은색 깃발을 채택하였다. 백합문양의 깃발과 뒤섞여 그것은 부빈(Bouvines) 전투[4]와 백년전쟁의 초창기 전투에 이르기까지 존속하였다.

흰색에 관해 말하자면, 종교전쟁 시에 위그노파의 인물들에 의해 흰색이 일시적으로 독점되었다는 사실은 3세기가 지나서 기묘한 논쟁을 불러일으켰다. (그 논쟁에서 자기 군대에게 그의 "흰색 깃털장식"을 따르라고 독려하던 앙리 4세의 유명한 구절에 대한 다양한 해석이 나왔다.[5]) 사실 구(舊)프랑스 군대의 기(旗), 국왕기, 군기(軍旗), 향도기(嚮導旗), 기병대 깃발의 형태, 색깔, 데생은 놀라울 정도로 다양했고, 그 가운데서 흰색은 16세기 말부터 군 지휘권의 특징적인 표시였다는 것 이외의 다른 의미를 결코 가져본 일이 없었던 것 같다. 자기 이름으로 군대를 지휘하는 모든 사람의 표장인 '흰색 깃발'은 예컨대 국왕이 몸소 전쟁터에 나가지 못할 때 일종의 군주의 전권 위임처럼 느껴졌다. … 더욱이, 발루아(Valois) 조[6]에 의해 확립된 관례에 따라, 왕실의 '시종',

---

4) 〔역주〕 1215년 프랑스의 존엄왕 필리프와 영국의 존 왕 사이의 전투, 이 전투로 존 왕은 프랑스 내의 영토를 거의 상실하여 실지(失地)왕이란 별명을 갖게 되었고, 프랑스인들은 이로 인해 최초로 민족감정을 느꼈다고 함.

5) 이 문제에 관한 논쟁은 샹보르 백작이 왕정을 복고시키려고 했고 그가 "앙리 4세의 깃발"에 관해 언급했던 시절에는 드물지 않았다. 브로이 공작은 "위그노 지도자의 깃털"에 관해서 언급한 적이 있다. Jean-Paul Garnier, *Le Drapeau blanc*, Paris, Perrin, 1971을 참조하라.

관리, 하인이 관습적으로 파랑, 하양, 빨강의 삼색 제복을 입었다는 것은 하나의 놀라운 역설이라 하겠다.

이런 사정으로 보아 새로운 삼색휘장은 내전(*la guerre civile*)[7]의 상징이라기보다는 당연히 재발견된 통일성의 증거, 동맹과 화합의 상징으로 보일 수 있었다는 것—이것이 확인된 두 번째 사실이다. 심지어 어떤 해석학자들은 파랑은 제 3신분을, 빨강은 귀족을, 하양은 성직자를 표상한다고 여겨지므로 삼색의 결합은 세 신분의 화해를 기념하는 것이었다고 해석하기도 한다.[8] 다른 한편, 삼색이 바이이의 말처럼 실제로 '프랑스인의 독특한 기호'와 같은 것이 되기 전에도 족히 1년 동안 삼색은 무엇보다도 한 제도 특유의 표장이었을 것인바, 국민방위군이라는 바로 그 제도가 삼색이 등장하는 계기를 마련하였다는 것을 잊어서는 안 된다. 1789년 7월 30일 이후, 라파예트는 그의 명령 하에 있고 이제는 왕국 전역에 걸쳐 조직되어 있던 '시민군' 전체에게 파리민병대의 유니폼과 표지(標識)를 채택하게 하였다. 그리하여 병사들의 모자에 장식되어 있던 휘장은 아주 자연스럽게 국민방위군 대대의 선두 깃발이 되었다. … 그리고 그중 하나가 국민방위군 제도 전체의 깃발이 되고, 연맹제(*la fête de la Fédération*)는 그것의 신격화를 확고하게 해주었다. 흐린 날씨와 비에도 불구하고 연맹제가 치러진 1790

---

6) 〔역주〕 카페 조의 방계로 1328～1589년 프랑스 왕들을 배출한 가문. 이 시기에 영국과 백년전쟁이 벌어짐.

7) 〔역주〕 '내전' 또는 '시민전쟁'으로 번역되는 이 단어에는 계급 간의 전쟁이라는 의미가 들어 있음

8) 삼색기의 대의명분을 가톨릭 보수주의의 대의명분과 화해시키려는 노력을 경주하는 가운데 일부 19세기 말의 저자들은 삼색기에 일종의 종교적 상징의 의미를 부여하려고까지 했다. 즉 파란색은 성부를, 흰색은 성자를, 빨간색은 성신을 나타내는 것으로 간주되었다. Romegal, *L'Étendard national considéré au triple point de vue révolutionnaire, historique et chrétien*, 1895, pièce를 참조하라. "오, 프랑스여, 그렇다면 삼중으로 신성한 신이 … 너의 손에 적절한 깃발을 넘겨주도록 하기 위해서 여러 국민들 가운데서 네가 해야 할 임무는 무엇인가? 너를 신의 깃발의 운반자로 삼았다면 신이 네게 남겨준 위대한 것은 무엇이란 말인가?"(예컨대 p. 25)

년 7월 14일을 그린 판화와 회화를 비롯한 당시의 모든 그림은 샹드마르스(Champ-de-Mars)[9]가 삼색기로 뒤덮였음을 보여준다. 왕의 가족들이 의식에 참여한 것도 제단을 덮고 있는 삼색의 천개(天蓋) 아래에 서였고, 라파예트가 조국의 제단에 와서 선서했던 것도 삼색기를 들고 있는 기수들로 에워싸인 단(壇) 위에서였다.

여기서도 또다시 삼색기의 상징적 의미가, 적어도 당시의 상황에서 직접적으로 인식될 수 있었던 삼색기의 정치적 의미의 강도를 분명히 능가한다. 전설에는 많은 뉘앙스가 따라붙기 마련이다. 주지하다시피, 삼색기에 대한 첫 번째 공식 기념행사가 전개된 바로 그날(연맹제의 날 - 옮긴이)의 유래와 의식(儀式)에는 당파게임, 파벌투쟁, 야망의 경쟁의 불확실성이 없지 않았다.[10] 그러나 그것의 도덕적 영향력과 그것의 역사적 메시지의 내용은 전혀 다른 차원에 속한다. 마찬가지로 새로운 삼색표장의 의미는 사람, 이 경우엔 아마 그것의 창조자이자 그것의 주창자임에 틀림없는 라파예트라는 그 사람과 그의 운명을 이미 넘어섰거나 아니면 곧 넘어섰을 것이다. 왜냐하면 그것은 또한 모든 사람 즉 라파예트는 물론이요 그와 함께 삼색기를 그들의 희망과 그들의 염원의 구체적 기호로 만들었던 사람들의 운명을 넘어서 버렸으니 말이다. 또한 그들이 그 도래를 준비하고 또 지키려고 했던 그 정치체제의 제도적 형태들을 넘어서 버렸으니 말이다. 확실히 그때까지만 해도 삼색기와 관련해 결정적으로 확정된 것은 아무것도 없었다. 그해 5월 28일자 왕의 결정사항을 확인하면서 "국왕의 포고령에 의해 개혁된 민족국가의 휘장 이외의 다른 모든 휘장"의 금지를 선포한 1790년 6월 18일의 국민의회의 법령에도 불구하고, 여러 다른 표장들

---

9) 〔역주〕 파리 사관학교와 센 강 사이에 있는 광장. 이곳에서 연맹제가 열렸음.

10) Mona Ozouf, *La Fête révolutonnaire*, Paris, Gallimard, 1976을 보라. 연맹제에 관해서는 카르나발레 박물관에 보존되어 있는 풍부한 판화들을 참조할 필요가 있는데, 그 판화들에서 삼색기는 아주 뚜렷한 역할을 담당하고 있다. 특히 조국의 제단처럼 보이는 것 옆에서 삼색기를 들고 있는 라파예트의 초상화를 보라.

3. 삼색은 세 신분의 결합의 상징인가? 혁명기의 목판화.

4. 삼색기의 봉헌. 연맹제에서의 라파예트의 서약, 1790년 7월 14일.

이 거리와 군대에서 삼색기와 여전히 경쟁하고 있었다. 그리고 삼색기의 이미지 그 자체도 불확실했던 것으로 보인다. 즉 삼색기를 구성하는 띠의 배열이 수평일 수도 수직일 수도 있었고, 경우에 따라 깃대에 매는 부분이 파란색이 아니라 붉은색일 수도 있었다. 그렇기는 하지만 중요한 것은 '민족의'(*nationale*) 휘장, '민족의'(*national*) 깃발, '민족의'(*national*) 표장이라는 개념이 확고해지고 점점 널리 확산되었다는 사실이다. 요컨대 이 모든 일은, 민족개념의 역사의 이 결정적인 순간에, 마치 민족이 하나의 시각적 표상, 즉 정체성과 승인의 확실한 기호를 요구하고 있었던 것처럼 일어났다. 의식적이건 무의식적이건 간에 사건의 부침(浮沈)에 묶여 있으면서도 그것을 넘어서는 하나의 새로운 공동체의 예식(禮式)이 발달하고 그것은 모든 예식과 마찬가지로 그 자체의 의례(儀禮)와 이미지를 요구하였다.

삼색표장과 은밀히 결합되어 있었던 입헌왕국체제가 붕괴되었음에도 불구하고, 그와 동시에 삼색표장이 먼저 그들의 의지, 희망, 이익을 구현하였던 당파[11]가 정치적으로 파산했음에도 불구하고 삼색표장이 살아남을 수 있었던 것은 의심의 여지없이 삼색표장이 '민족의' 상징으로 인정되었기 때문이고, 민족이라는 용어가 이미 갖게 된 감정적 동원능력 때문이었다. 혁명의 역사의 첫 단계와 단호히 결별해야 한다고 생각했던 일부 의원들의 분명한 망설임에도 불구하고, 삼색표장을 최종적으로 공인한 것은 산악파 국민공회였다. 다비드의 데생에 고무되어 1794년 2월 15일의 법령은 "국기(國旗)는 파랑은 깃발의 왼쪽에, 하양은 가운데에 그리고 빨강은 바람에 펄럭이게끔 수직으로 배열된 똑같은 세 개의 띠로 구성된 민족의 삼색으로 구성될 것"이라고 분명하게 밝혔다.

이러한 배열은 엄격함과 간결함을 좋아하던 당시의 미학에 딱 들어맞는 것이었다. 다비드의 깃발 데생에 의해 유명해진 줄무늬—또는

11) 〔역주〕 프랑스혁명 초기에 입헌왕국을 지지하던 세력을 말함.

띠무늬 — 방식이 유난히 루이 16세 치세 말년에 유행하였다는 것도 무시할 수 없다. 벽지, 실내장식용 직물과 여성의류에서 흔히 볼 수 있었던 파랑, 하양, 빨강의 배색에서도 그것을 알 수 있다. 다음 세기에 세계에 등장한 대부분의 신생국들이 모방하게 될 이 모델은 전통적인 문장(紋章)의 상징을 본받으려는 경향이 있었던 국왕기의 선행(先行) 양식과는 그래도 대조를 이루었고, 그것은 테르미도르(Thermidore)[12]와 총재정부(Directoire)[13] 사람들에 의해 재고의 여지없이 국기로 유지되었다. 이전 정부와 아주 명확하게 구분되기를 바랐던 황제 나폴레옹은 한때 그 나름대로 삼색기의 포기를 고려했던 것 같다.[14] 최소한 나폴레옹은 그것을 수정하려고 애썼다. 금색(金色) 문자로 글을 새긴 초록색의 새로운 국왕기라는 그 이상한 프로젝트는 즉각 포기되었지만, 수많은 규제조항들이 국기의 배열을 여러 차례 바꾸는 혼란이 일어났다. 그것은 아마도 제1제국이 호화롭고 요란스러운 스타일로 되돌아가면서 생겨난 취향과 유행의 변화를 단지 다시 한 번 공인한 것으로 보아야 할 것이다. 그러나 청동 독수리가 깃대 꼭대기의 창끝 모양의 철제장식을 대체하려는 경향이 나타났고, 제국의 의지에 따라, '독수리'라는 바로 그 용어가 국왕기나 기(旗)라는 용어를 대체하는 일이 일어나면서, 그것이 표장(標章)의 가장 중요하고도 영속적인 요소가 되었다. 그러나 이 (상징의 - 옮긴이) 영역에서는 으레 일종의 도덕적 금기가 작용하여 너무 결정적이거나 너무 큰 변화를 일어나지 않게 한다는 특징이 있다. 그래서 나폴레옹 군대 내부나 적어도 그 중 프랑스인으로 구성된 군대 내부에서는 본능적인 충성심이 제국정부의 변덕으로부터 삼색기를 계속해서 보호했던 것 같다. 암묵적으로 그어진 하

12) 〔역주〕 1793년 6월부터 혁명정부와 공포정치를 주도했던 로베스피에르가 몰락하고 온건 공화파가 정권을 잡은 1794년 7월 27의 사건을 말함.

13) 〔역주〕 1795년 9월에 제정된 헌법에 입각하여 테르미도르 국민공회와 나폴레옹 시대 사이인 1795년 10월 28일~1799년 11월 9일에 존재했던 정부를 말함.

14) Général Jean Regnault, *Les Aigles impériales et le drapeau tricolore, 1804-1815*, Paris, J. Peyronnet, 1967을 참조하라.

나의 경계선이 있었고 제국정부는 그것을 결코 넘지 않으려고 했다. 무수한 정치적 격변과 극명히 대비가 되는 영속성이라는 아주 중요한 요인이 있었다. 그래서 그 색깔의 배열에 관한 세부사항을 제외한다면 아우스터리츠(Austerlitz)[15]와 워털루(Waterloo)[16]의 기(旗)는 플뢰뤼스(Fleurus)[17]와 제마프(Jemmapes)[18]의 기(旗)와 여전히 동일한 상태로 남아 있었다.

사실, 프랑스혁명으로부터 제1제국에 이르는 약 25년이라는 비교적 짧은 시간 동안 삼색표장은 점점 더 무거운 추억과 지시기능과 충성의 무게를 갖게 된 것 같다. 무엇보다도 1789년 7월의 파리의 운동(바스티유 점령 - 옮긴이)에 대한 참여의 단순한 지표였던 그것은 1년 후 연맹제라는 대규모 제례(祭禮)에서 특권적 자리를 차지하였다. 프랑스인의 의지를 통해 민족의 하나 됨을 확인할 수 있게 해준 것은 어쨌든 삼색기의 모양 그 자체에 못지않게 엄청나게 많은 삼색기의 존재였다. 그리고 1792년 4월에 시작된 전쟁의 거대한 에피소드는 삼색기에 또 다른 사명을 부여하였다. 삼색기는 이제 앞으로 몇 년 동안 프랑스인의 상상 속에 나타날 놀라운 군사적 서사시의 바로 중심에 자리 잡게 되었다. 그리고 그것은 프랑스혁명과 제1제국의 전쟁터에서 살아남은 수십만 명의 옛 병사들에 의해 마을의 철야축제 과정이나 교외의 술집에서 무수히 반복된 이야기와 기억 속에 등장하였다. 이 경이로운 전설 속의 인물들과 분리되지 않는, 감동과 꿈의 고갈되지 않는 원천은

---

15) 〔역주〕 1804년 12월 2일 나폴레옹이 알렉산드르 1세와 프란츠 2세가 이끄는 오스트리아-러시아 연합군을 격파한 전투.

16) 〔역주〕 엘바 섬을 탈출한 나폴레옹이 영국과 프로이센군에게 패배함으로써 이른바 백일천하가 종식된 1815년 6월 18일의 전투.

17) 〔역주〕 벨기에 코뮌의 명칭. 주르당 장군이 이끄는 프랑스군이 오스트리아군을 격파함으로써 프랑스가 벨기에를 점령한 1794년의 전투.

18) 〔역주〕 과거에 있었던 벨기에 코뮌의 명칭. 이곳에서 1792년 11월 6일 뒤무리에가 지휘하는 프랑스군이 작스-테셴(Saxe-Teschen) 공이 이끌던 오스트리아군을 격파했으며 이 전투로 벨기에가 프랑스에 병합됨.

수많은 형태로 그리고 수 세대 동안 도상(圖像), 역사, 샹송, 시, 소설에서 계속 유지될 것이었다. 베랑제에서 위고, 스탕달에서 바레스, 미슐레에서 페기, 라페에서 드타유에 이르기까지 수많은 목소리와 수많은 이미지로 형상화되어 우리에게까지 전달된 것이다. … 그리고 우리의 시민투쟁(*luttes civiles*)[19]의 부침(浮沈)은 서로 다른 두 표장(標章)과 삼색기를 맞부딪치게 만듦으로써, 즉 삼색기와 다른 두 상징을 대립하게 만듦으로써 궁극적으로는 삼색기에 더 큰 정통성을 가져다주었으며—더 정확히 말하자면 삼색기의 내용과 의미를 아주 분명하게 만들어주었다.

흰색도 아니고 붉은색도 아닌

나폴레옹 황제가 첫 번째로 퇴위하고 연합군이 파리에 입성한 1814년을 이야기하고 있는 부아뉴 백작부인의 《회고록》을 읽어볼 필요가 있다.[20] "프랑스 여성으로서 다음에 일어난 일을 말하려니까 얼굴이 붉어진다"고 부아뉴 부인은 썼다. 다음에 일어난 일이란 최초의 러시아 파병부대가 샹젤리제 거리에서 환호를 받으며 수도를 가로지르고 있을 때의 장면을 말하는데, 그때 명문가문 출신의 일단의 젊은이들이 환희에 차서 그 뒤를 좇고 있었으며, 이들 젊은이들은 "그들의 손수건을 흔들면서", 흰색 휘장을 보란 듯이 달고 주변사람들에게 그것을 나누어주었다. 또 그날 저녁 오페라 극장에 러시아 황제 알렉산드르와 프로이센의 왕이 나타났을 때 두 사람은 객석으로부터 박수갈채로 환영을 받았다. "백합꽃으로 장식된" 멋진 여인들이 몰려 있던 귀빈석에

---

19) 〔역주〕 19~20세기의 프랑스의 여러 정치혁명과 사회적 대립과 갈등을 의미한다.

20) Comtess de Boigne, *Mémoires*, Paris, Mercure de France, 1982, vol. I, pp. 22 sq.

서도 그녀들의 머리나 블라우스에 부착된 동일한 흰색 휘장은 '정통성'의 대의명분에 대한 그녀들의 회복된 애착심을 보여주었다. 부아뉴 부인은 계속 이야기하기를, "외국인 장교들이 극장에 많이 들어올수록, 우리는 더 밀착되었고, 우리는 더 만족해했다". 그러나 덧붙여 말하기를 "나는 마음이 편하지 않았다고 말할 수밖에 없다. 정확히 규정할 수는 없지만 나를 괴롭히는 무언가를 느꼈다". "실토하건대, 아주 유감스럽게도 조국(*patrie*)[21]에 대한 사랑이 가장 적었던 사람들이 바로 왕당파였다 〔…〕"고 그녀는 회고적으로 결론지었다.

이 이야기는 티에보 장군이 그의 회고록에서 이야기한 에피소드와 비교가 되는데 — 그 에피소드는 앞의 에피소드와 거의 같은 순간에, 당시 연합군에 의해 포위되었으나 아직 다부(Davout)의 프랑스 군대에 의해 장악되어 있었던 함부르크의 참호에서 발생하였다.[22] 티에보는 말하기를 "우리는 부르봉의 지배를 제외한 나머지 모든 일을 예견할 정도로 아주 담담했다, 〔…〕 5월 9일 동틀 무렵에 함부르크 전선에 있던 적들이 흰색 깃발로 장식하고 우리에게 나타났다". 다부 장군의 반응은 격렬했다. 그는 즉시 이 예기치 않은 표장에 대해 발포를 명했고, 그 표장들은 "15분도 안 되어 대포사격에 의해 박살이 났다. 〔…〕" 그리고 아마 수비대는 얼마 후 항복하였고, 다부와 티에보를 우두머리로 하는 수뇌부는 그렇게 많이 주저하지 않고 복고된 부르봉 체제에 가담하였다. 그러나 함부르크에서 포위당한 사람들에게 백색기의 출현은 그것이 정치질서의 상징인 것과 마찬가지로 아니 그 이상으로 항복에 대한 권유로 이해되었다. 그들은 무기를 내려놓음과 동시에 하나의 다른 정통성을 받아들이게끔 요구받은 셈이었다. 삼색기를 백색기로 대체하는 것은 그들에게는 바로 패배의 기호이자 굴욕의 표시가 아닐 수 없었다.

---

21) 〔역주〕 원래는 '고향'의 의미임.

22) Général baron Thiébault, *Mémoires*, Paris, Plon, 1895, vol. V, pp. 188 sq.

이 두 이야기는 그 저자들 중 어느 누구도 프랑스혁명과 제국에 대해 남다른 공감을 지니고 있었다고는 할 수 없는 사람들인 만큼 당시의 독특한 상황을 잘 보여준다. 부아뉴 부인은 망명이라는 비극과 슬픔 속에서 젊은 시절을 보냈다. 티에보에 관해 말하자면, 공화국 군대에 충성스럽게 봉직했지만 그의 가족적 배경, 자코뱅 독재에 대한 그의 혐오 그리고 군대 내부의 그의 교우관계 등을 감안할 때 그는 절대로 과거 부르봉 왕조에 대해 적대심을 가지고 있었던 사람이 아니었다. … 이렇게 볼 때 그들의 증언은 이 백색기의 공교로운 운명을 아주 잘 보여주는바, 백색기의 역사는 이 시기 내내 삼색기의 역사와 평행선을 긋고 있었고, 백색기는 삼색기와 부정적 관계에 있었으며, 삼색기가 점차로 구현하려고 했던 것과 정반대되는 가치체계와 표상체계의 상징이었다.

흰색은 카페 조(*dynastie capétienne*)의 운명과 역사적으로 아무런 관계도 갖고 있지 않았다는 것을 거듭 강조할 필요가 있다.[23] 그러나 베르사유에서 다소 시끌벅적한 연회가 끝난 후에 라파예트, 바이이, 파리 봉기자들의 삼색휘장이 루이 16세의 측위대의 한 그룹에 의해 짓밟히는 일이 있었던 1789년 10월 1일의 저 유명한 밤 이후로, 초창기의 반(反)혁명세력은 7월의 승리자들의 그것과 반대로 여겨질 수 있는 결집의 기호를 찾고 있었다. 몇 달 후에 루이 16세가 "자신의 모든 신민에게 그리고 왕국의 모든 곳에서 민족의 휘장 이외의 다른 휘장의 사용"을 금지시킨 것도 1792년 8월 10일 사건[24]과 국왕의 체포 이후에는 명백히 근거를 잃고 말았다. 왕의 군대나 왕의 이름으로 권력을 행사하는 자들에게 지휘권의 색깔인 흰색 깃발은 자연스럽게 방데 봉기와 봉건제후 군대의 의용군의 선두를 차지하였다. "귀족은 하나이고

23) J.-P. Garnier, *Le Drapeau blanc*, *op. cit*.

24) 〔역주〕 외국군이 침공하고 입법의회가 조국이 위기에 빠졌다고 선언하고, 파리 시민을 협박하는 브라운슈바이크 공작의 선언문이 알려지자, 파리민중이 튈르리 궁을 습격하고 왕과 왕의 가족을 입법의회에 넘긴 민중혁명.

5. 워털루의 깃발은 제마프의 깃발과 동일하다.
퐁텐블로의 고별식. 호라스 베르네 원본에 입각한 A.-A. 드몽포르. 1825년(세부).

내가 옹호하는 것은 모든 제후들과 모든 귀족의 대의명분이다. 그들은 그들의 선두에서 내가 펼치게 될 국왕기 아래 결집할 것이다 〔…〕." 그러나 흰색 깃발은 동시에, 그것이 불러일으킨 종종 놀라운 헌신, 그것의 이름으로 수락된 수많은 희생 이외에도 내전과 외국군의 침입의 상징이 되었다. 흰색 깃발은 구체제로의 복귀와 군사적 패배, 1789년의 원칙에 대한 거부와 위대한 민족공동체(*Grande Nation*)의 파괴를 동시에 의미하고 있었다. 그것은 첫 번째 혁명이 쟁취해낸 것에 대한 프랑스인 대다수의 애착심과 동시에 가장 기본적인 민족적 자존심을 건드렸다. 삼색기 앞에서 삼색기에 반대하여 세워졌다는 단순한 사실로 인해 백색기는 삼색표장의 권위와 위신을 증가시켰고, 삼색기가 명성을 얻고 뿌리를 내리는 데 힘을 보태는 역할을 하였다.

흰색 휘장을 착용하고 승리한 "외국군"의 파리 입성 시에 환호성을 올린 젊은 친구들을 "반(反)민족적 도당"이라고 말한 부아뉴 부인은 그러한 사실을 아주 잘 말하고 있다. 그들에게 충성하는 사람들 가운데 가장 비타협적인 사람들이 선호하는 흰색 깃발을 받아들이고 (그것을 복권시킨 것은 아니지만 - 옮긴이) 그것을 공식화함으로써, 복고된 부르봉 조는 "나라의 자존심을 건드리고 군대의 자존심에 엄청난 상처를 주었다". 이 상처는 나폴레옹 전설을 계승한 온갖 소설문학이 그 후에 과장하는 경향이 있었으므로, 그 상처의 크기를 측정하기 어렵다는 것은 분명하다. 그래도 확실한 것은 올빼미당(*chouannerie*)[25]과 망명자들(*l'émigration*)[26]의 국왕기(旗)의 예정에 없던 승리는 1815년 체제에 대한 원한을 증가시키고 그것에 대한 이중의 혐의를 유지시키는 데 크게 기여하였다는 것이다. 즉 프랑스혁명이 "쟁취한 것"(과 이러한 쟁취

---

25) 〔역주〕 1793년 이후 프랑스 서부지방에서 등장한 반혁명 왕당파로 경제적 어려움과 반가톨릭적인 혁명정부와 국민공회의 30만 명 징집령에 대한 반발을 배경으로 이른바 방데 반란을 일으킴.

26) 〔역주〕 프랑스혁명에 반대하여 해외로 도피한 사람들을 가리킴. 이들 가운데 귀족은 소수에 불과했음으로 '망명귀족'보다는 '망명자'가 적절함.

물과 연결된 이익)에 대해 가해지는 아직도 존재하는 위협이라는 혐의와 굴욕적 상황을 맥없이 수용하고 외국의 강대국에 복종한다는 혐의. … 그리하여 오를레앙 가(家)의 루이필리프는 1830년 7월 29일 시청에서, 전설로부터 다시 수면 위로 떠오른 늙은 라파예트 손에서 삼색의 표장을 전달받음으로써, 샤를 10세의 몰락(1830년 7월혁명 - 옮긴이)은 진정한 '민족의'(*nationale*) 혁명이었다는, 금세 당연한 것으로 인정된 개념에 확인도장을 찍었다. 라파예트, 시청, 승리한 민중봉기, 새로운 왕에 의해 그 이튿날 선포된 말("민족은 자신의 색깔을 되찾았다. 삼색표장 이외의 다른 표장은 더 이상 착용되지 않을 것이다"), 이 모든 것은, 무언가를 위대하게 만드는 추억의 힘에 의해 고착화된 이미지와 거의 똑같은 모습으로 과거를 소생시켰다. 1789년의 위대한 꿈은 (1830년 7월혁명으로 - 옮긴이) 부활되었고 반혁명의 망령은 영원히 퇴출된 것처럼 보였다. 〈르글로브〉(*Le Globe*, 지구)[27]는 "우리는 신권(神權)이라는 추악한 원리에 반대해서, 1789년 도그마의 포기에 반대해서, 끝으로 정당성 없이 사회 속에 던져진 구 이익의 상징인 흰색 깃발에 반대해서 무기를 들었다"라고 썼다. 나중에 〈인터내셔널가〉의 저자가 되는 외젠 포티에는 '자유의 깃발'의 부활을 자기 나름으로 노래하였다.

이미 나는 삼색기를 보네.
내 나라의 보호의 상징
우리의 성채 위를 영광스럽게 장식하는
그것은 우리에게 행복의 신호이리니.

그때부터 흰색 깃발은 하나의 유물, 일개 신앙심의 대상과 같은 것 이상의 것이 되지 못하는 불운을 겪었고 이는 돌이킬 수 없는 일이 되

27) 〔역주〕 1824년 9월에 창간된 정치, 철학, 문학지, 1830년 이후 생시몽주의자들의 기관지였다가 1832년 폐간됨.

고 만다. 이 신앙심은 어떤 사회계층에서는 아직도 살아 있으며, 왕정복고와 더불어 태어난 그 계층의 사람들에게 이 정치적·종교적 낭만주의는 아직도 그 꿈의 힘을 잃지 않고 있는데, 그 꿈이란 거룩한 순교자들의 봉헌물(*ex-veto*)[28]의 이미지, 충성과 명예와 기사도라는 덕목의 신성화, 올빼미당의 전쟁의 추억, 기사와 성주의 부인과 예배당과 초가집이 등장하는 전설적인 앙시앵 레짐에 대한 노스탤지어, 백성들과 왕좌들을 기적을 통해 좌지우지하는 섭리에 대한 믿음, 신으로부터 온 정통성의 비밀에 대한 언제나 되풀이되는 확인 등이다. 그러나 점차 양심의 깊은 곳에 파묻혀 버린 이 신앙심은 움직이는 역사의 엄혹한 현실과 점점 더 분리되었다. 1873년 샹보르 백작이 흰색 깃발의 복권을 왕정복고의 조건으로 내걸었을 때, 가장 열렬한 그의 지지자들은, 하원의 다수파인 왕정주의자들 가운데서 극우파마저도, 그러한 요구는 정치적으로 그리고 이데올로기적으로 유지될 수 없다고 판단하였다. 샹보르 백작은 과거에 탕플(Temple)[29]에 수감된 적이 있었던 그의 아주머니인 앙굴렘(Angoulêm) 공작부인의 비타협적이고 언제나 고통스러워하는 어두운 그늘 속에서 성장하였다. 샹보르 백작 자신은 1830년 그가 어린 나이에 프랑스를 떠나던 바로 그 순간에 셰르부르 항구 위에 삼색기가 펄럭이는 것을 본 기억을 지니고 있었다. "나는 나의 원칙과 나의 깃발 없이는 되돌아갈 수 없다"고 그는 주장하였다. "군대(*Chassepots*)[30]는 이의 없이 (샹보르의 곁을 - 옮긴이) 떠날 것이다"라고 확고한 왕당파이지만 삼색기 아래서가 아니면 전투를 해본 적이 없는 마크마옹 원수는 대답하였다. 의원으로서 앙리 5세의 왕정복귀를 아주 열렬히 기다렸던 신앙심 깊은 수많은 귀족들이 다른 한편으

---

28) 〔역주〕 기도가 이루어짐에 감사하면서 교회에 바치는 상징적 물건.

29) 〔역주〕 12세기에 건립된 파리의 수도원. 프랑스혁명 시기인 1792년부터 왕의 가족들이 이곳에 수감됨.

30) 〔역주〕 1866~1874년에 프랑스군이 사용한 샤스포식 소총은 이 시기 프랑스 군대를 의미함.

로는 1870년의 프랑스 대 프로이센의 전쟁기간 동안 기동대대의 대열 속에서 또는 선두에 서서 아주 충실히 전투를 했던 것처럼 말이다.

제 3공화국은 흰색 깃발의 임종과 마지막 단말마 속에서 태어났다. 그러나 제 3공화국은 또한 파리코뮌의 적색기라는 또 다른 표장에 대해 거둔 더 지독하고 더 피비린내 나는 승리 속에서 태어났다.[31] 전통적으로 폭동이 일어났을 때 폭도들 면전에서 진압군이 휘둘러 대는 신호기였던 이 붉은색 표장은 상징의 역설적인 반전을 통해 1832년 6월 봉기[32]의 거대한 물결이 쳤을 때 파리의 바리케이드 위에서 제 2의 혁명을 위한 신호로 등장하였다. 《레미제라블》에서 빅토르 위고는 그것을, 샹브르리 가의 바리케이드 위에서 펄럭였는데, "엄청나게 큰 붉은색 랜턴"의 조명을 받아 "깃발의 진홍색에 얼마나 불길한지 모를 자줏빛"이 합쳐져 있었다고 묘사하였다. 폭동의 첫째 날 이후로 정부는 설명하기를, "그 폭동은 폭동에 걸맞은 표지인, 우리의 영광스런 삼색기와 대비되는 붉은색 깃발 아래 모습을 나타냈다. 얼마 전에 방데에서 반혁명의 깃발을 무찌른 삼색기는 무정부의 깃발에 훨씬 쉽게 승리할 것이다. 〔…〕" '붉은 공화국'의 이미지는 과거의 자코뱅에 대한 믿음과 새로운 사회질서의 꿈에 대한 믿음을 선언하면서 그때부터 7월왕국 체제뿐만 아니라 온건하고 화해적이고 평화적인 '삼색 공화국' 체제에 대해서도 반대하였다. 폴 베를렌은 훗날 이 절대혁명의 의지를 아주 아름다운 시로 썼다.

> 그들은 의무와 절대적 권리를 원했다,

---

31) Maurice Dommanage, *Histoire du drapeau blanc. Des origines à la guerre de 1939*, Paris, Éditions de l'Étoile, 1967을 참조하라. 내가 적색기에 관해 이야기한 모든 것은 이 중요한 책에서 나왔다. 이하의 인용문들도 모두 이 책에서 빌려온 것이다.

32) 〔역주〕 라마르크 장군의 장례식을 계기로 파리의 노동자 거주지역인 동부지역에서 일어나 약 800명의 사상자를 낸 1832년 6월 5~6일의 민중봉기. 빅토르 위고의 《레미제라블》은 이 봉기 때 건설된 바리케이드를 자세히 묘사함.

6. 1830~1848년: 왕국이냐 공화국이냐, 삼색기가 승리하다. 라파예트가 1830년 7월 31일 루이필리프에게 깃발을 주고 있다.
7. 1848년 2월 25일 라마르틴이 시청에서 삼색기를 채택하도록 권유하고 있다.

> 결코 지지 않는 태양, 썰물이 없는 대양
> 공화국, 그들은 무시무시하고 아름다운 공화국을 원했다,
> 삼색도 아닌 붉은색을 〔…〕

삼색 공화국은 1848년에 붉은 공화국에 승리하였으나 어려움과 위험이 없지 않았다. 적색기가 시청의 정문 위와 근처의 모든 지붕 위에서 나부꼈던 2월 25일의 파리의 날들을 기억할 필요가 있다. 임시정부가 자리 잡은 방 안으로 무장한 군중이 밀고 들어왔고, 오랫동안 혁명을 지지해온 한 봉기자(*un insurgé de la veille*)[33]가 발언하였다. "우리는 혁명이 또다시 도둑맞는 것을 원하지 않는다.[34] 우리에게는 당신들이 우리와 함께한다는 증거가 필요하다. 우리의 가난의 상징이자 과거와의 결별의 상징인 적색기를 공포함으로써 당신들은 이러한 증거를 우리에게 주어야 한다. 〔…〕" 아울러 라마르틴이 — 적어도 그가 이야기하는 바에 따르면 — 여론의 방향을 바꿔 삼색표장을 구원한 담론의 원문도 기억해야 한다.

> 〔…〕 당신들은 정부에 폭력행사를 할 수 있고, 당신들은 정부에 민족의 깃발과 프랑스의 이름을 바꾸라고 명령할 수 있다, 만약 당신들이 나쁜 마음을 먹고 정부에 파벌 공화국과 공포의 깃발을 강요하는 당신들의 오류를 고집한다면 말이다. 〔…〕 나로서는 이러한 법령에 결코 서명하지 않겠다.
> 〔…〕 나는 죽을 때까지 이러한 피의 깃발을 거부할 것이고, 또 당신들은 나보다 더 그것을 거부해야 한다, 왜냐하면 적색기는 1791년과 1793년에 인민의 피에 젖어 샹드마르스를 일주했을 뿐이기 때문이다. 반면 삼색기는 조국의 이름, 조국의 영광, 조국의 자유와 함께

33) 〔역주〕 2월혁명 이전부터 오랫동안 공화국을 지지해온 사람들과 혁명 이후 하루아침에 공화주의자가 된 사람을 당시 républcains de la veille와 républcains au lendemain으로 구분했음.

34) 〔역주〕 당시 민중들은 1830년 7월혁명을 민중들이 성공시켰으나 부르주아에게 도둑맞은 혁명(*la révolution éscamoté*)이라고 말했다.

> 세계를 일주하였다.
>
> 〔…〕 만약 당신들이 삼색기를 내게서 빼앗아간다면, 잘 아시겠지만, 당신들은 프랑스의 대외적 힘의 절반을 빼앗는 것이다, 왜냐하면 유럽은 공화국과 제국의 깃발을 바로 자신들의 패배의 깃발이자 우리의 승리의 깃발로 인식할 것이기 때문이다. 적색기를 보면 유럽은 그저 한 파벌의 깃발을 본 것으로 생각할 것이다. 유럽 앞에 게양될 필요가 있는 것은 바로 승리한 우리 군대의 깃발, 바로 우리의 승리의 깃발이다. 프랑스와 삼색기, 그것은 하나의 동일한 사상, 하나의 동일한 명성, 우리의 적들에게 필요한 하나의 동일한 공포이다.

그러나 23년 후인 1871년 3월 18일에는 똑같은 시청 앞에서 적색기를 내걸면 안 된다고 승리한 봉기자들을 설득하기 위해 일어서는 라마르틴 같은 사람이 없었다. 그 며칠 전에 〈르페르뒤셴〉(*Le Père Duchêne*)[35] 신문은 벌써 이렇게 요구하였다.

> 우리는 당신들의 수치스러운 공화국 — 자칭 정직하고 온건한 공화국 — 의 기만적인 깃발, 그 밑에서 루이필리프의 배불뚝이들이 수다를 떨고 마셔댔던, 그 밑에서 12월[36]의 병사들이 진수성찬을 먹고 사람들을 학살했던 그 깃발을 더 이상 원하지 않는다. 우리는 더 이상 너, 트랑스노냉[37]의 깃발, 망타나[38]의 깃발, 스당[39]의 깃발을 원치

---

35) 〔역주〕 프랑스혁명 시기 에베르가 창간한 민중지향적 저널. 1848년과 1871년에 같은 제목의 저널이 간행됨.

36) 〔역주〕 대통령이었던 루이 나폴레옹 보나파르트가 쿠데타를 일으켜 정권을 재장악하고 황제로서 제2제국을 세우는 데 결정적 역할을 한 1851년 12월의 쿠데타를 말함.

37) 〔역주〕 1832년 6월 파리에서 민중봉기가 일어나자 정부군이 봉기자들을 무자비하게 진압한 동네의 이름.

38) 〔역주〕 1867년 제2제국의 프랑스군이 교황을 도와 가리발디의 군대를 격파한 전투가 벌어진 곳.

39) 〔역주〕 1870년 9월 2일 나폴레옹 3세의 프랑스군대가 프로이센에 패하여 제2제국 붕괴의 원인이 된 전투가 벌어진 곳.

> 않는다! 민족의 깃발이 그와 같은 수치 속에서 나뒹군 이상 깃발의 천을 일신하고 색깔을 바꿀 필요가 있다. 반동에 의해 뿌려진 인민의 피로 붉게 물든 적색기가, 오슈(Hoche)의 피가 르크뢰조[40] 광부들의 깨진 골과 파이이, 프로사르, 바젠의 더러운 침 아래 사라져 버린 그 깃발을 대체해야 한다.

"인민의 프랑스는 (파리코뮌이 선포된 1871년 - 옮긴이) 3월 18일에 태어났다. 귀족의 프랑스는 흰색 깃발과 함께 1789년에 죽었고, 부르주아의 프랑스는 삼색기와 함께 1871년에 죽었다"고 펠릭스 피야는 파리코뮌이 수립된 직후에 여러 다른 사람들과 함께 자기 나름으로 선언하였다. 영국의 〈타임〉지가 파리의 봉기자와 베르사유의 의회 간의 투쟁을 "적색기와 삼색기의" 투쟁으로 묘사했던 것은 아마도 잘못된 것이 아닌 것 같다. 그러나 그 상황에서 승리한 것은 삼색기의 프랑스였다. 베르사유와 사토리에 있는 그들의 숙영지로 돌아온 티에르의 군대는 피의 일주일 후에 바리케이드의 폐허 위에서 회수된 진홍색 표장 조각들을 전리품으로 가지고 왔다. 그리고 아마도 파리코뮌의 패배자의 후예들에게, 적색기에 대한 충성심은 그들의 고통에 대한 기억과 그들의 정복자의 깃발인 삼색기에 대한 끈질긴 저주 속에서 아주 오랫동안 유지될 것이었다. 그러나 국민 대다수의 견지에서 볼 때 전설적인 삼색기는 위협을 당했다가 구출된 질서의 상징이라는 하나의 새로운 추가요소로 인해 풍요로워진 셈이었다. 제3공화국으로서는, 자신이 유산으로 받아들인 삼색기가 제3공화국이 선포된 지 몇 년 후에 그 존재가 마침내 사후적으로 확고해진 셈이었고, 삼색기는 제3공화국을 지지하는 이중(二重) 확신의 증거가 되었다. 즉 한편으론 반동(*réaction*)에 반대하고 다른 한편으론 새로운 혁명(*une nouvelle révolution*)에 반대한다는 확신, 즉 신수권(神授權) 주창자들의 마지막 왕정복고 시도에 대해서는

---

40) 〔역주〕 슈네데르 형제에 의해 대규모 광산과 제철소가 설립된 19세기 프랑스의 대표적인 공업도시 및 그 도시의 회사를 말함.

8. 삼색의 배치가 수평적인가 수직적인가, 파랑-하양-빨강인가 파랑-빨강-하양인가?
깃발의 이미지는 오랫동안 불확실했다. 1792년 공민축제에서 깃발을 들고 있는 남자.

8. 삼색의 배치가 수평적인가 수직적인가, 파랑-하양-빨강인가 파랑-빨강-하양인가?
깃발의 이미지는 오랫동안 불확실했다. 1792년 공민축제에서 깃발을 들고 있는 남자.

9. 최초의 공화파 복장, 1848년.

1789년에 획득된 '자유들'을 고수하고, 아울러 언제나 존재하는 국가전복의 위협에 대해서는 안정과 균형과 연속성의 원칙을 고수한다는 것.

민족적 정통성과 공화국의 정통성

그러나 역사는 복잡한 법이고 그래서 잊어서는 안 될 또 다른 차원에서 동시에 탐구되어야 할 과제가 있다. 이 경우 과제란 — 이 단어의 가장 엄격한 의미에서 — '민족적' 정통성이 명백하게 증가했다는 것인데, 이런 정통성은 군대에서의 프랑스인의 기억과 거기에 함축되어 있는 윤리가 삼색기에 점점 더 폭넓은 지위를 부여함에 따라 삼색기가 제3공화국 시기를 죽 거치면서 획득한 것이라고 할 수 있다. 실상 라마르틴이 시청 연설에서 최후의 논거로 "프랑스의 대외적 힘", 즉 "승리한 우리 군대"의 과거의 영광에 대한 요구를 언급한 것이 말짱 헛일이었던 것은 아니다. 알제리 전쟁, 크림 전쟁, 프로이센 전쟁과 같은 프랑스의 군사원정에 관한 이미 전설이 된 이야기 속에서 군사작전의 중심에 삼색기가 나타난다는 사실을 점점 더 자주 목격하게 된다면 그것은 더 이상 헛일이 아닌 것이다. 적에게서 빼앗은 지점 위에 삼색기를 꽂고, 삼색기를 지키고, 삼색기를 구출하고, 삼색기를 가슴으로 끌어안고, 삼색기 밑에서 죽는다면 말이다.[41] 그런 점에서 1870년 프랑스-프로

---

41) 예컨대 스당 전투에 관한 에피소드에 대해 언급한 에밀 졸라의 *La Débâcle*의 다음과 같은 문장을 보라. "그들이 숲 가장자리에 도달했을 때 별안간 부르는 소리가 울려 퍼졌다. '내게로 오라.' 그는 방금 왼쪽 폐에 총알을 맞은 기수인 육군소위였다. 〔…〕 그리고 아무도 멈춰 서지 않는 것을 보자 그는 힘을 내어 정신을 차리고 외쳤다. '삼색기로.' 단번에 로샤가 되돌아와 깃대가 부러진 삼색기를 잡았고, 그 소위는 피거품을 입에 물고 몇 마디 말을 중얼거렸다. '나는 내 몫을 해냈다. 빌어먹을! … 삼색기를 구해 내시오.'"
제2제국 시기는 군사적 신화 속에서 삼색기에 점점 더 큰 자리를 부여한 중요

이센 전쟁에 관한 도상(圖像)이 전형을 보여준다. 10월의 밤에 메츠의 성벽 아래서 불타고 있는 이 깃발들처럼 자주 그리고 아주 신랄하게 패배의 치욕을 예시하고 있는 장면은 결코 없을 것이다. 그리고 엄청나게 많은 전쟁영웅 문학에서 '국기에 대한 종교'라고 칭해도 좋은 것을 얼마나 많이 환기시켰던가? 예컨대, "왜냐하면 이 국기 안에는 화약으로 시커메진 그리고 총알로 구멍 난 비단조각 이상의 것이 있기 때문이다. 프랑스는 바로 이 표장 안에 살아 있다. 〔…〕 국기가 지나갈 때 경례하자. 지나가는 것은 바로 프랑스이다"[42] 등 말이다.

똑같은 국기를 둘러싸고, 똑같은 숭배의식이 거행되면서, 7월왕국과 두 개의 제국과 세 개의 공화국 사이의 통합과 역사적 연속성이 그렇게 해서 확립된 것이다. 삼색표장은 — 삼색표장의 상징이 존경을 받고 그것에 대한 숭배의식이 거행되는 한 — 유일한 조국의 상징, 즉 조국을 다스리고 운영하는 권력의 계속적인 변화와는 무관한 하나의 조국의 상징으로 등장하는 경향이 있다. 삼색기는 이제 — 흰색은 신수권(神授權)의 흰색이요 붉은색은 사회혁명의 붉은색이라고 표방하지 않는 한 — 정치적 충성의 다른 모든 형태를 넘어서고 그것 밖에 존재하는 가장 높은 정통성의 구현으로 등장한 것이다. … 민족적 정통성이자 공화국의 정통성인가? 그러므로 이런 맥락에서 그리고 1875년경 제 3공화국이 자신의 지속과 자신의 안정의 조건들을 마침내 확보하게 된 바로 그 순간부터 그것들의 상호관계에 대한 질문은 제기되지 않을 수 없다. 하지만 이 질문이 아주 자신 있게 그리고 아주 투명하게 답변될 수 있는지는 결코 분명치 않다.

한 시기였다. 특히 크림 전쟁에 관한 이야기 가운데서 졸라가 상세히 이야기하고 있는 것과 같은 유형의 영웅적 죽음들을 보라.

42) Firmin de Croze, *Le Drapeau tricolore*, Paris, 1899을 참조하라. 또 *Marches et sonneries*, Paris, 1881에 들어 있는 폴 데룰레드(Paul Déroulède)의 시 〈1881년 7월 14일의 연대 기수에게〉를 참조하라.
연대 기수, 나의 동지
너는 네 손에 프랑스를 쥐고 있네.

10. 삼색표장은 정치체제를 넘어서서 유일한 조국 프랑스의 상징이 되었다.
메소니에 작, 〈파리의 포위공격〉, 1870년(세부).

1876년에 출판된 《새로운 병사의 노래》에 수록된 폴 데룰레드의 장시(長詩)는 이런 점에서 나쁜 출발점은 아니다. 데룰레드는 당시 강베타를 추종하고 모방하고 찬미하는 진짜 공화주의자였다는 것을 상기시킬 필요가 있다. 그렇지만 그가 젊은 나이에 이미 아주 큰 명성을 얻을 수 있었던 것은 '민족'시인, 즉 지난 (프랑스-프로이센 - 옮긴이) 전쟁에 관한 비극적 서사시와 병사에 대한 예찬자로서의 그의 평판 때문이었다. 〈콜로크〉라는 제목의 시에서 이 작가는 평화가 되돌아온 가운데 새롭게 수립된 징병제로 충원된 젊은 농민과 이 농민이 소속된 중대를 지휘하는 한 장교를 출현시킨다. 군대생활의 가혹함과 농촌마을과 집에서 무자비하게 뿌리 뽑혀 나온 것에 대해 그 병사가 긴 불평을 늘어놓자 장교는 삼색기를 병사에게 보여주면서 이렇게 대답한다.

그래서 네가 보는 이 낡은 깃발은,
너희 동네 시골처녀의 옷이란다.

군대는 "국기의 위대한 학교"에 다름 아니고 그 학교의 목표는 "훈련시키고 가르치는 것"이라고 그 장교는 분명히 말한다. 이처럼 군대는 상승과 해방의 도구, 자유를 처음으로 맛보고 시민의 존엄성을 획득하는 수단과 같은 것으로 나타난다. 군대제도에 대한 이미지는 해방과 진보를 낳는 교육이라는 공화국의 이상의 이미지와 뒤섞인다. 그 대위의 말은 그 점을 분명하게 표현한다.

네가 애석해하는 것이 무엇인지 아는가?
그것은 네가 아무것도 아니었던 시절,
병사도 시민도 아닌,
네가 축하연에서 찌꺼기만 먹으면서,
의무도, 권리도, 후원도 없이,
농노제로 머리를 조아리기만 했던 그 시절.

아주 폭넓은 관점에서 볼 때 1880년 7월 14일의 첫 번째 민족적 축제의식 거행에 깊은 의미를 부여했던 것은 이와 같이 서로 다른 두 체계의 통합, 즉 국기에 대한 군대의 숭배의식과 공화국에 대한 열정을 국기에 대한 종교 속에서 융합하려는 이와 같은 의지였다. 그날은 조국의 제단의 상징을 군대의 상징으로 대체했던 연맹제의 일종의 복제품 — 아마도 더 자발적이고, 더 만장일치의, 더 정말로 민중적인 복제품 — 이었다고 볼 수 있다.[43] 롱샹 경마장에서 끝없이 이어지는 사열을 받으면서 재구성된 연대에 새로운 군기들을 수여한 그 순간이야말로 사실 위대한 순간이었다. 대통령 그레비는 선언하였다. "공화국 정부가 이 깃발들을 여러분에게 수여하려는 것은 바로 이런 감정 속에서입니다. 군대에 대한 공화국 정부의 깊은 친근감의 담보로 그것들을 받아주십시오. 여러분의 용맹, 의무에 대한 여러분의 충성심, 이 고귀한 기장(旗章)과 함께 자신의 명예와 영토와 법의 수호를 여러분에게 맡긴 프랑스에 대한 여러분의 헌신의 증거로 그것들을 받아 주십시오." 프랑스의 군사적 르네상스에 대한 이러한 신격화는 그것에 대한 여론의 아주 전폭적인 지지를 설명해 준다 — 그때의 일을 기억하도록 해주는 클로드 모네의 그림을 보면, 파리의 모든 거리와 동네는 아마 이전에도 없었고 이후에도 없을 만큼 온통 각양각색의 삼색기로 장식되었다. 그러나 군대에 수여된 이 새로운 깃발에 프랑스 공화국의 약자(略字)가 찍혀 있었다는 것과 마리안(Marianne)[44] 상(像)이 모든 사거리에서 팔렸다는 것과 엄청나게 큰 캔버스와 카드보드에 흔히 대의를 위해 헌신한 위대한 인물들의 초상과 함께 공화국을 상징하는 초상을 그려 그것을 광장에 설치했다는 것을 잊어서는 안 된다. 삼색기로서는 다행스런 모호성이라고나 할까! 최근에 수립된 군대제도가 도덕적·이데올로기적으로 프랑스-프로이센 전쟁 패배 직후의 애국심의

43) Rosemonde Sanson, *Le 14 juillet, fête et conscience nationale, 1789-1975*, Paris, Flammarion, 1976.

44) 〔역주〕 프랑스 공화국을 상징하는 여인. 대개 코뮌청 입구나 안에 설치된다.

부활의 수혜자로 등장한 것, 민족적 정통성이 회복되면서 공화국의 정통성이 생겨나고 공화국의 정통성이 민족적 정통성 속에 포섭되고 그리하여 서로 뒤섞여버린 것은 바로 그 모호성 덕택이었다.

이러한 융합과 종합의 긴 과정을 보여주는 수많은 증거들 가운데 하나가 19세기 말에 죱(Job)이 그림을 그리고 조르주 몽토궤이가 글을 써서 출간한 청소년용 화보집인데 그 화보집의 제목이 아주 정확하게 《삼색기》였다. 그것은 세 권으로 된 시리즈의 마지막 권인데 첫 권의 제목은《프랑스, 그녀의 역사》 두 번째 권의 제목은《종군 밥(을 해서 병사들에게 먹이는 - 옮긴이) 엄마》이고, 책 전체가 그 기원으로부터 1870년 전쟁 직후까지의 프랑스의 역사에 관한 일종의 신화적 이야기로 구성되어 있다. "귀여운 갈리아의 예쁜이"인 어린이 프랑스는 떡갈나무 이파리 속에서 드루이드(druids)[45]에 의해 발견된다. 오랜 시간이 흐르는 동안 그녀는 자라서 "카롤루스 대제 시절에는 나이 어린 소녀", "루이 성왕 시절에는 하얀 옷의 성체배령자", "루이 15세 시절에는 얼굴에 분을 바른 세련되고 변덕스러운 처녀"로 큰다. 프랑스혁명의 대규모 군사적 모험에 이끌린 그녀는 종군 밥 엄마가 되어 마지막 전투까지 따라다니는데 이때 보나파르트가 "그녀의 이마에 걸려 있는 아주 아름다운 월계관을 자신의 칼로 베어낸다". 그리고 그녀는 외모의 변화 없이 19세기 혁명들을 거쳐 3권 마지막 부분에서는 상복을 입고 잃어버린 알자스로렌에 대한 기억으로 괴로워하는 "시련에 빠진 엄숙하고 슬픈" 여인의 모습으로 나타난다. 그러나 죱과 몽토궤이의 어린 독자들에게 제시된 — 두 페이지에 걸친 — 마지막 이미지는 훨씬 차분한 인상을 남긴다. 즉 단(壇) 위에서 프랑스는 롱샹의 군대행진을 보고 있는데, 새로운 연대의 기들이 일렬횡대로 지나가면서 그녀 앞에서 깃발을 내려 경례를 한다. "병사들이여, 여기에 여러분의 새로운 깃발

45) 〔역주〕 고대 로마가 지배하기 전에 갈리아, 브르타뉴, 아일랜드 등지에 두루 거주하던 켈트인의 성직자계급. 귀족 가운데서 호선으로 선출되며 종교는 물론 교육과 재판을 담당했고 매년 숲에서 모임을 가졌음.

11. 공화국 프랑스가 롱샹의 군대사열을 받고 있다.
1890년 조르주 몽토궤이가 쓴 《삼색기》에 들어 있는 좁의 삽화에서 가져온 데생.

이 있다. 그것들은 여러분의 옛 영광을 오려 붙여 만든 것이다. 내가 여러분을 위해 수세기 동안 여러분이 그 밑에서 싸우고 그 밑에서 죽은 그 깃발들의 고귀한 천 조각들로 짠 것이다. 그것들을 단단히, 높이, 똑바로 잡으라. 병사들이여 이 얼마나 아름다운 색인가."

그러나 즉시 하나의 질문이 제기된다. 자신만만한 눈빛으로 갑옷을 입고 월계관을 쓰고 삼색으로 몸을 뒤덮고, 그 앞에서 "근엄하고 멋지고 소리 없는" 군대가 행진하는, 이 위엄 있는 젊은 여인은 예전과 다름없는 그 프랑스인가? 아니면 이제 막 생겨난 프랑스인가? 당시의 조각상과 도상(圖像)에서 수없이 재생산된 공화국의 이미지와의 유사성[46]은 의도적이 아니라고 하기에는 너무도 확실하고 인상적이다. 20세기가 넘는 긴 여정의 끝에 이르자 프랑스라는 인물은 사실상 자신의 자율성을 이미 상실해 버린 것 같다. 그녀의 얼굴에서 그녀의 주인 즉 그녀의 군주나 그녀의 대표의 얼굴과 그녀의 얼굴을 구별케 해주었던 특징이 사라진 것이다. 프랑스를 비유하는 인물과 공화국을 비유하는 인물은 모습이 서로 똑같아졌다. 서로서로 뒤섞이고, 서로서로 분간할 수 없게 된 것이다.

공화국을 프랑스 역사의 피할 수 없는 완성, 즉 프랑스 역사의 논리적이고 결정적인 결론으로 제시하는 것은 프랑스 민족관념의 모든 역사가에게 진부한 것으로 보일 것이다. 그렇지만 삼색기의 그늘 아래에서 실현된 프랑스와 공화국의 공생관계는, 묵시적이든 명시적이든 그것이 함축하고 있는 민족의 운명이라는 어떤 단일적이고 화해적인 관념 없이는 상상할 수 없고 또 지속적인 것으로 간주될 수도 없다는 사실에 주목할 필요가 있다. 좁의 화보집 마지막 페이지에서 "노동자, 귀족, 부르주아"가 나란히 행진하는 이 새로운 군대가 환기시키고 있는 그 열정 앞에서, 우리는 언제나 삼색기 아래서 세 신분의 대표들이 마침내 형제애로 재통합된 모습을 보여주는 프랑스혁명 초기의 몇 달간

46) Maurice Agulhon, *Marianne au combat. L'imagerie et la symbolique républicaines de 1789 à 1880*, Paris, Flammarion, 1979를 참조하라.

의 판화들을 떠올리게 된다. 그리하여 공화국의 신화는 자신의 일관성과 영속성을 확보하려고 꽤 놀라운 연대기적 융합에 도달한 상태에 놓이게 된다. 즉 1792년(민중혁명 - 옮긴이)이 1789년(시민혁명 - 옮긴이)과 위치를 바꾼 것으로 생각되고, 혁명사의 중요한 단절들이 희미해지는 경향이 생기고, 공화국이 자신의 뿌리를 가장 깊게 내린 것으로 여겨지는 시기가 사실상 입헌왕국 시기였다는 생각이 들게 된 것이다.

이런 현상을 기억의 교란이라고 할 수도 있고 건국신화(*myth de fondation*)라고 할 수도 있지만, 사실상 혁명 제1세대의 꿈과 원칙이었던 그 꿈과 원칙을 고수하는 것이라고 이처럼 믿는 것을 한마디로 터무니없이 무모한 짓이라고 할 수 있을까? 그것은 차라리 형제간의 불화의 고통을 없애려는 의지, 그야말로 잠깐 존재했던 어떤 형태의 균형에 대한 노스탤지어가 아닐까? 영속성과 결속이라는 가치가 시민투쟁과 제도의 격변이라는 과거 및 현실과 모순을 일으키기 때문에 더욱더 열렬히 표출된, 즉 경험한 것이라기보다는 간절히 바라는, 프랑스의 운명에 대한 특권적 이미지가 아닐까? 어쨌든 1983년 여름, 프랑스혁명기의 인물 중 "가장 호감이 가는" 사람의 이름을 지적해 보라는 여론조사[47]에서 1등을 차지한 것은 바로 라파예트였다. 즉 이 "두 세계의 영웅"에 대한 호감이 조사대상자의 43%, 반감은 6%였던 데 반해, 보나파르트는 겨우 39%(반감은 21%)를 얻었고, 로베스피에르는 역사적 기억의 지옥에서 끝까지 마지막 자리를 차지하였다(반감은 21%, 호감은 8%). 1789년 7월에 삼색기를 선택하고, 1790년 7월에 삼색기를 프랑스인의 통합에 대한 최초의 공식행사와 연결시키고, 1830년 7월에는 삼색기를 공식적으로 되살려 냈던 사람을 지지하는 이 회고적 국민투표의 의미를 정확히 짚어내는 것은 쉽지 않은 일이다. 그러나 이 여론조사 결과는 거의 2세기가 경과했고 아직 끝나지 않은 역사에서, 〈인권선언〉에 그려진 날개 달린 정령처럼, 트리앙쿠르 성당 창유

47) "Les Français jugent leur histoire", *L'Express*, 19-25 août 1983을 보라.

리에 등장하는 프랑스처럼, 삼색기가 차지하는 위치를 분명하게 보여 준다.

라마르세예즈

전쟁이냐 평화냐

〈라마르세예즈〉의 모험은 묻는다. 그것은 하나의 민족찬가(*hymne national*)[1]가 어떻게 태어났느냐는 아주 진부한 물음을 제기할 뿐만 아니라 1792년 4월 스트라스부르에서 작사 작곡된 〈라인 강 부대를 위한 군가〉가 어떤 과정을 통해 그런 중요성을 갖게 되었는지를 묻는다. 다시 말해 이 노래가 어떻게, 절대주의 시대의 군주제적 유럽이 자신의 정체성을 확인하던 이와 비슷한 노래들과는 달리, 최초의 근대적 민족찬가, 즉 민족의식의 자발적 표현이 되었는가?

〈라마르세예즈〉에는 두 개의 얼굴이 있다. 그것은 자유를 통해서 새로운 세계의 가치들을 찬미하는 혁명의 노래이면서 동시에 투쟁하는 한 민족의 애'향'심(*patriotisme*)[2]을 "피비린내 날" 정도로 강하게 표현

1) 〔역주〕 흔히 국가(國歌)로 번역되지만 여기서는 정확한 의미전달을 위해 민족찬가로 직역한다.

2) 〔역주〕 흔히 애국심으로 번역되지만, 정확히 patrie에 대한 사랑을 의미하며 patrie는 거기에 사는 사람들이 애착을 느끼는 사회적·정치적 공동체, 또는 공동선(*common good*)을 뜻한다. 요컨대 18세기 중엽에 불어사전에 수록된 patriotisme은 사람들이 고향으로 여기는 장소에 대한 애착심, 더 정확하게는 공동선을 지향하는 도덕적 태도를 가리키며 따라서 '애국심'보다는 차라리 '애향심'이 더 원뜻에 가깝다. 그러나 이 애향심을 17~18세기의 왕들은 국왕이 다스리는 왕국 전체에 대한 애향심으로 확대시키려고 노력했고(patriotisme royal, 즉 국왕을 중심으로 왕국 전체를 애착의 대상으로 삼은 patriotisme을 애'향'심으로 번역하여 그 이전의 애향심과 구분하는 것이 필요할 것 같다), 그것은 그 후 민족적 애'향'심으로 변화된다(*patriotisme national*). 그리고 19세기

하고 있는 군가이다.

따라서 이 노래는, 내부적으로 사용될 때에는 영국의 국가인 〈신이여 왕을 구하소서〉가 국외로 수출되지 않아서 영국 밖에서 들을 수 없는 것처럼 프랑스인들 간의 자기확인의 기호였지만, 19세기에는 세계 각처에서 자유주의적이고 민족적인 모든 혁명운동의 표현매체로 채택되고 인정되기에 이르렀다. 〈라마르세예즈〉의 운명은 이 노래를 전 인류에 속하는 노래의 하나로 만들었다고 사람들은 흔히 말한다. 이와 비슷하게 널리 퍼진 예를 찾으려면 — 〈인터내셔널가〉의 탄생과 더불어 — 거의 한 세기를 기다려야 했다.

저자와 작품에 대해 살펴보자. 저자가 별 볼일 없다는 사실에 놀라게 되는데 — 공병장교이자, 아마추어 작곡자인 이 저자의 작품 중에서 살아남은 작품은 이것이 유일하다. 게다가, 이 노래의 가사는 놀라울 정도로 단순하다. 〈라마르세예즈〉는 위대한 문학적 영감이 있는 작품이 아니다. 적어도 아카데믹한 기준에서 보면 그러하다. 그리고 고세크에서 베를리오즈에 이르는 저명한 음악가들이 이 작품에 없지 않은 멜로디선의 미숙함을 고치려고 애썼다.

지나친 반대에 빠지지는 말자. 〈라마르세예즈〉는 순수한 예술적 기념물이 아니고, 루제 드릴은 프랑스의 천재성에 자신의 펜을 빌려주었을 뿐인 의식 없는 필사생이 아니다. 우리는 거기에서 신비를 찾으려고 하지 말고 설명을 찾아야 한다. 그 기원에 있어서도, 왜 〈라마르세예즈〉가 그 시점과 그 장소에서 만들어졌는지를 물어야 하고, 그런 다음에 아직 끝나지 않은 그 놀라운 모험의 단계들을 따라가야 한다.

말의 nationalisme은 이 애'향'심을 배타적이고 종족적 성격의 편협한 애국심으로 변질시켰다. 그러므로 patriotisme은 내용적으로 애향심→애'향'심→애국심이라는 역사적 변화를 거쳤다고 할 수 있다. 이 글에서는 이런 변화를 염두에 두고 patrie는 고향 또는 조국으로, patriotisme은 시기에 따라 애향심, 애'향'심, 애국심으로, patriote도 애'향'파 또는 혁명파로 번역하였다.

마르세유 병사들의 찬가, 프랑스혁명의 찬가

한 걸작의 탄생은 그것을 탄생시킨 환경에 의해 결정된다고 감히 주장하는 사람은 오늘날 더 이상 존재하지 않는다. 그럼에도 불구하고, 〈라마르세예즈〉가 감동을 준 바로 그 순간을 고려하지 않고 〈라마르세예즈〉를 이해할 수 없다는 것은 확실하다.

1792년 4월 20일 혁명 프랑스는 "보헤미아와 헝가리 왕"에게 전쟁을 선포하였다. 〈라인 강 부대를 위한 군가〉는 공병대위인 조제프 루제 드릴에 의해 4월 25일~26일 밤에 스트라스부르에서 작곡되었는데(이 날짜에 대해서는 더 이상 논의의 여지가 없다), 그것은 이 주둔도시에 이러한 결정이 통지된 바로 그 순간이거나 아니면 그다음 날이었다. 요컨대, 전쟁이 선포된 그 순간의 힘이 즉각적으로 불끈한 군인의 애'향'심이라는 응답을 낳았던 것이다.

그러나 이러한 단순한 설명 이외에도 문제가 되는 것은 민족적이면서 지역적인 상황 바로 그것이었다. 전쟁의 선포로부터 왕정(王政, *royauté*)이 붕괴된 8월 10일까지의 기간, 즉 1792년 봄과 여름은 민족적이면서 또한 혁명적인 동원(動員)이 아주 집중적으로 이루어지는 양상을 보였다. 우리가 앞으로 배워서 알게 될 한 인물의 한계와 때로는 편협함 속에서 루제 드릴, 즉 모든 목소리를 들은 대로 되풀이하는, 메아리 같은 존재인 루제 드릴은 자기 나름으로 집단적 앙가주망(*engagement*)을 표현하였다. 즉 여기서의 집단적 앙가주망이란 인민 전체의 앙가주망이 아니라 혁명을 살았던, 즉 혁명에 투신했던 사람들의 앙가주망을 말한다. 왜냐하면, 그 순간에 앙가주망에 대한 무제한적 요구 앞에서 사람들의 일체감이 결정적으로 깨져 버렸기 때문이다.

일어난 지 채 2년도 안 되었지만 혁명은 민중의 에너지를 유지하기 위한 음향과 후렴구를 이미 가지고 있었다. 민중적인 카드리유 춤곡을 각색한 노래들에 그때그때 바꿔 부를 수 있는 간단한 가사들이 붙여졌다. 예컨대, 1790년 7월 이전에 등장하여 7월 14일 연맹제의 전투적인 환희의 분위기 속에서 널리 퍼진 〈싸이라〉(*Ça ira*)가 바로 그런 노래인데, 단순하고 직접적인 폭력과 희망의 외침인 〈싸이라〉는 그때부터 혁명의 날들의 반주곡이 되었으며 일체감의 환상이 사라지기 시작했을 때에도 여전히 그러했다. 그 후 또 다른 카드리유 춤곡인 〈라카르마뇰〉이 서서히 인기를 얻고 8월 10일의 상퀼로트 집회의 노래가 되었다. 〈라카르마뇰〉은 갖가지 버전과 여러 절로 이루어져 있었고, 그래서 순간순간의 앙가주망을 반영하기에 적합했다. 튈르리 궁이 함락된 직후 이 노래는 전투적이면서 승리를 나타내는 표현을 찾아냈다. "마담 베토(Madame Veto)[3]는 약속했었지/파리의 모든 시민들의 목을 자르겠다고 말이지. …" 〈싸이라〉와 〈라카르마뇰〉의 간단한 리듬은, 서로 상호작용을 일으키며, 국내외의 전쟁터에서 무장한 혁명적 인민을 표현하게 되었다. 음악학자이건 아니건 다수의 논평자들은 다소 교만하게 〈라마르세예즈〉를 반쯤은 즉흥적이고, 그들이 보기에 사실상 민족의 노래(*chant national*)가 될 자격이 없고, 존경을 받기에는 너무도 '천한'(*canailles*) 이러한 노래들과 비교하였다. 이 관련자료들은 당연히 재검토되어야 한다. 왜냐하면 〈라카르마뇰〉과 〈싸이라〉는 그것들이 프랑스 혁명기에 행했던 역할 말고도 1830년과 1848년의 역사적 집회장소에서, 그리고 그 이후의 노동운동에서도 잊히지 않고 다시 등장하니까 말이다.

아무튼 프랑스혁명은 보다 높은 영역에서 자신의 리듬과 자신의 새로운 정통성을 찬양할 찬가를 찾고 있었다. 혁명의 충격은 모든 예술분야에서처럼 이 음악분야에서도 창작자들 — 작곡가들과 작사가들 — 의 커다란 부침을 만들어 냈다. 그리하여 어떤 사람들은 침묵하고, 다른 사람들은 그들 나름의 표현방법을 찾아내고, 독학자나 준(準) 독학자를 포함한 또 다른 사람들은 자신들의 진가를 드러냈는데, 루제 드릴은 이 세 번째 그룹에 속했다. 작곡가들이 공적(公的) 행사 때 연주하던 전통

---

3) 〔역주〕 마리 앙투아네트를 말함.

적인 종교적 표현법으로부터 벗어난 것은 단계적이었다. 예컨대, 고세크는 7월 14일의 연맹제를 위해 〈테데움〉(*Te Deum*)[4]을 1790년에 작곡했으며, 당대의 또 다른 대가인 카텔은 구비옹 장군을 위한 〈데프로푼디스〉(*De Profundis*)[5]를 1792년에 작곡하였다. 만약 우리가, 그 날짜를 계기로 해서, 민중으로부터 자발적으로 태어나고 편곡된 노래들로 넘쳐난 그 순간의 필요성에 딱 들어맞는 공적(公的) 음악이 태어난 날짜를 마음대로 고른다면, 아마 볼테르의 시신이 팡테옹으로 이장된 1791년 7월 11일에 맞춰, 볼테르의 시에 곡을 붙여 작곡한 고세크의 경탄할 만한 〈인민이여 깨어나라〉를 들 수 있을 것이다. 당시는 바렌도주사건[6]과 샹드마르스의 학살[7] 사이의 엄청난 위기의 순간으로, "상황에 맞는" 음악, 즉 혁명음악의 황금기인 1793년과 1794년을 특징짓는 대규모 합창미사곡의 사용과 솟구치는 음악 스타일이 펼쳐진 첫 번째 기회였다. 고세크는 이미 1790년에 "낭시사건에서 사망한 시민들의 진혼곡"으로 작곡된 〈장송곡〉을 작곡하였고, 이 곡은 실제로 미라보가 죽었을 때 연주되었는데, 그것은 아주 혁신적이었다. 1791년에 합창이 도입된 것은 혁명적 화성(和聲)이라는 새로운 흐름을 예고하는 것이었다.

이 두 종류의 음악 — 한편의 민중음악과 다른 편의 공적 예술 — 과 비교할 때, 〈라마르세예즈〉는 그 나름의 독창성을 가지고 있다. 그것은 기존의 노래를 개작하거나 거의 개작한 작자미상의 작품도 아니요, 자격을 갖추고 훈련을 받은 작곡자의 작품도 아니다. 그러나 여러 장르의 교차점에 위치한 이 노래만큼, 비록 음악이 매우 빠르게 작가의

4) 〔역주〕 가톨릭에서 사용하는 라틴어로 된 감사와 찬송의 노래.

5) 〔역주〕 라틴어 역 성서의 〈시편〉 129편을 노래한 애도가.

6) 〔역주〕 루이 16세가 궁정하인으로 변장하고 가족과 함께 외국으로 탈출하려던 사건. 1791년 6월 20일 밤에서 21일 사이에 일어남.

7) 〔역주〕 코르들리에파가 주도한 공화국 건설 청원서에 서명하고자 모여든 군중에게 국민방위대가 발포, 50여 명이 사살된 사건. 1791년 7월 17일에 발생.

손을 벗어날 운명일지라도, 시대는 음악을 찾고 음악은 작가를 찾는 시대의 요구들을 더 잘 표현할 수는 없을 것이다.

이 노래의 탄생의 조건은 한 인간과 하나의 주변환경 내지 순간의 이러한 만남을 실현시켰다. 1760년 5월 10일 롱르소니에(Lons-le-Saulnier)에서 태어난 작가 조제프 루제 드릴은 스트라스부르 주둔군의 공병대위였다. 그의 부계가족은 프로테스탄트 출신이 겪어야 했던 파란만장한 삶의 과정에 따라, 푸아투에서 랑그도크로 이사를 다니다가, 최근에 프랑슈콩테에 정착한 소(小)명사(*notable*) 집안이었고, 그가 자기 이름(de Lisle 또는 de L'Isle)에 '드'라는 관사를 붙일 수 있었던 것과 중학교를 졸업하자 군사학교를 다니고, 그 후에는 카르노와 프리외르처럼 메지에르 공병학교를 다닐 수 있었던 것은 특별한 배려 덕택이었다. 1784~1789년에 그는 몽도핀에서 주(Joux) 요새에 이르는 여러 곳의 주둔군 장교로서 직업군인 생활을 했고, 앙브룅 등지의 주둔군 생활을 이용해서 아마추어 시인과 작곡자로서 재능을 발휘했으나 정식으로 화성학을 배우지 않은 상태에서 직감에 따라 작곡하는 정도였다. 그러므로 아마추어였으나 식견은 있었고, 그래서 혁명이 일어나자 당시 일어나고 있는 일에 대한 호기심과 작사 및 작곡자로서 이름을 알려야겠다는 욕망에서 파리로 갔다. 그는 약간의 성공을 거두었다. 그가 작곡한 〈브레시아의 바이야르〉는 잠시 공연무대에 올려진 '트루바두르'(*troubadour*)[8] 오페라 가운데 유일한 것이었으며, 그레트리와 함께 계획한 〈세실과 에르마낭스, 두 수도사〉는 1792년 초에 공연된 〈수도사의 위선과 분노〉의 주제를 빌려온 것이었다. 혁명파이고 편견의 적인 그는 또한 〈자유에 대한 찬가〉를 썼고, 1790년 7월 14일의 연맹제의 환희를 경험하였다.

그러므로 그가 1791년 4월 1일 스트라스부르의 자기 부대로 되돌아갔을 때, 그는 작가이자 음악애호가이자 애'향'적인 장교로서 그에게

8) 〔역주〕 18세기 말 프랑스에서 시작되어 낭만주의 시대에 꽃을 피운, 중세 로마네스크양식과 고딕양식이 절충된 예술양식.

딱 들어맞는 환경에 동화될 온갖 채비가 되어 있었던 셈이었다. 스트라스부르는 이냐스 플레옐이 오케스트라 하나를 지휘하는 음악도시이자, 아직도 자유주의 귀족장교들 — 드브로이, 데기용, 뒤샤틀레, 카파렐리, 드제, 클레베, 말레 — 의 지배를 받는 주둔군과 확고하지만 온건하고 순수한 애'향'심을 지닌 부르주아지가 있는 사교도시였다. 사람들의 만남은 부유한 공업가에 야금업자이면서 1791년에나 가능한 교양 있고 애'향'적(*patriote*)인 계몽주의의 인간이자 아카데미 회원이었던 디트리슈를 중심으로 이루어졌는데, 그는 일정 기간까지 적이 전혀 없지는 않았으나 적어도 인기가 좋았고, 누구에게나 식사를 대접하고 음악과 애'향'심(*patriotisme*)으로 가득 찬 살롱을 운영하였다.

전쟁의 충격이 〈라마르세예즈〉를 태어나게 만든 바로 그 맥락에는 지역적 조건들의 영향도 있었다. 스트라스부르에는 1790년 낭시사건과 그 후의 바렌 도주사건의 충격에 대한 아직도 생생한 기억에 의해 일찍이 무르익은 국경도시의 애'향'심이 있었고, 또 스트라스부르에서는 망명자들과 "부예의 공범자들"[9]이 엄중히 감시당했고, 반혁명세력은 그들대로 "애'향'적 만찬"(*dîners patriotiques*)을 조직하여 독일어 또는 프랑스어로 된 아주 선동적인 노래를 부른다는 혐의를 받고 있었다. 그러므로 1915년에 티에르소가 썼듯이, "선량한 프랑스인 하나가 와서 다른 서정적 요소를 가져다줄 필요가 정말이지 있었다". 그러나 브로이나 데기용이나 디트리슈에 의해 표현된 이 애'향'심은, 루제 드릴이 〈자유에 대한 찬가〉를 작사하게 만든 — 그리고 플레옐이 거기에 곡을 붙인 — 계기가 된 헌법승인을 기념하는 1791년 9월 25일의 스트라스부르 축제에서 꽤 성대하게 표현되었을 경우에도, 여전히 세련되고 우아한 형태를 띠었다. 부유한 부르주아 또는 자유주의 귀족이었던 이 온건한 혁명파들은, 1792년 봄이 되자, 더 이상 모두에게 인정받는 집단은 아니었다. "확실히 알 수는 없지만 독일에서 온"이라고 티에르소

9) 〔역주〕 프랑스 장군. 부예(Bouillé, 1739~1800)는 루이 16세를 국외로 도주시킨 후 파리로 진격하여 왕권을 다시 세우려고 했던 인물.

는 썼지만, 그는 절반만 옳았다. 즉 유로지 쉬네데르와 라보 같은 새로운 자코뱅들이 스트라스부르에 생겼는데, 이들은 디트리슈를 공격했고, 루제 드릴은 지역신문에서 이들과 싸웠다.

〈라마르세예즈〉는 무너지기 쉬운 합의로부터 불쑥 튀어나왔다. 바로 그날 사람들은 공식행렬을 이루어 도시를 돌아다녔고 이때 〈싸이라〉와 〈라카르마뇰〉의 노랫소리가 들렸으나 시장과 그 친구들은 이 민중적인 노래의 천박성에 가슴 아파했고, 그래서 스트라스부르의 헌법의 벗 협회가 자기의 동지들을 상대로 보다 고상한 노래를 불렀다. 즉 '조국의 자식들'의 대대가 열을 지어 행진할 때, "시민이여 무기를 들어라! 전쟁의 깃발이 펼쳐졌다네 … 싸워서 승리하든가 아니면 죽어야 한다네 … 그러니 왕관을 쓴 전제군주들을 떨게 만들자 … 승리를 위해 달려가라 … 전진하자! 마지막 숨까지 자유롭자 …"라고 노래를 불렀다.

4월 25일 스트라스부르에서 〈라마르세예즈〉의 테마는 이미 인구에 회자되었다. 이것은 루제 드릴의 업적을 감소시키는 것도 아니고, 기대되는 이미지에 어긋나게 하는 것도 아니다. 왜냐하면, 60년 후인 1849년 살롱에서 화가인 필스는, 사실 여부에 큰 관심을 가지지 않은 채, 디트리슈 시장(市長)의 살롱에서 루제 드릴이 〈라마르세예즈〉를 노래하는 이미 역사적인 것이 되어버린 장면을 불후의 것으로 만들어 버렸기 때문이다. 우리는 이것이 사실이 아니라는 것(그러나 이것이 그렇게 중요할까?)과 시장 집에서 도시 주둔군의 엘리트들이 모여서 식사를 할 때, 사람들이 루제에게 상황에 합당한 노래를 작곡해 달라고 요구하였다는 것을 안다. 흥분과 샴페인의 도움을 받아, 열광의 밤의 작품은 그다음 날 밤 저자가 아니라 노래를 안다고 자부하던 디트리슈 자신에 의해 불려졌다. 이리하여 장차 〈라마르세예즈〉가 될 〈라인 강 부대를 위한 군가〉의 도정이 시작되었다.

왜냐하면 이 노래는 무엇보다도 다음과 같은 후렴을 지닌 6절로 된 군가이기 때문이다.

시민이여 무기를 들어라!
당신들의 부대를 편성하라!
전진하라, 전진하라,
더러운 피가
우리의 밭고랑을 적실지니.

이 노래는 무엇보다도 외국의 적을 규탄한다. 즉 이 "노예들, 반역자들, 음모에 가담한 왕들의 무리", "돈으로 좌우되는 군대"와 운(韻)을 같이하는 이 "외국의 군사 집단"을 말이다. 그리고 이 노래가 대상으로 삼은 것은 무장한 인민 — 차례로 "자존심이 강하고" 또 "관대한" 병사들, 영웅들, 군인들 — 이고, 처자식을 지키기 위해 그들을 조국의 깃발 아래 재집결하도록 촉구하는 것이었다. 힘과 단순성을 가지고, 〈라마르세예즈〉는 앞으로 오랫동안 무장한 조국(*la patrie en armes*)이라는 상투적 이념을 정착시킬 것이었다. 무기를 들라는 피의 선동인가? 사람들은 그렇게 말해왔고, 때로는 개탄했으며, 적의 깃발을 더럽히고 그들의 토지를 지키는 자들의 밭고랑을 적시면서 이 "더러운" 찬가 속에서 많은 피를 흘렸다. 그렇지만, 이 대량학살은 맹목인 것도 증오에 찬 것도 아니었고, 잘못을 저지른 사람들을 구별할 줄 알았다.

프랑스인들은, 관대한 군인으로서,
당신들을 치거나 억류하리니,
이 가련한 희생자들을 살려주라
마지못해 우리를 상대로 무장한 그들을…

이는 〈라마르세예즈〉가 민족의식의 폭발이라기보다는 혁명의 노래였기 때문이다. 즉 그것이 목표로 한 것은 외국의 군사집단만이 아니라 전제군주, 반역자들, "부예의 공범자들", "그들의 어머니의 가슴을 무자비하게 찢는 호랑이들"이었고, 그래서 쟁점이 명확히 밝혀져 있다.

위대한 신이시여! … 사슬에 묶인 손으로
우리의 이마에 멍에를 씌워 굴복시키렵니까?
비열한 전제군주들을
우리 운명의 주인으로 만드시렵니까?

그리고 이 노래가 화려한 피날레로 끝날 때, 자유의 특권적 안식처인 조국에 대한 성스러운 사랑의 보증이자 정당화인 자유(*la Liberté*)를 기원한다는 것, 바로 그것이 이 노래가 얼마 후 공화국(*la République*)과 조국(*la Patrie*)의 노래가 되기에 적절한 이유였다.

단순하고 일반적인 문구로 또박또박 표현되어 있는(비록 "부예의 공범자들"이란 언급이 한 번 있기는 하지만) 격정과 열광의 이러한 혼합에 의해, 그러면서도 꾸밈이 없고 풍부한 군대식 리듬에 의해, 이 노래는 1792년 봄에 일어난 애'향'적 엘리트—부르주아건 아니건—와 대중 운동 사이의 이 깨지기 쉬운 만남의 성격을 지닌, 다시 말해 엘리트의 표현과 민중적 격정 사이의 예외적인 만남을 표현한다. 교양 있고 글쓰기를 자랑하지만 그래보았자 절반은 독학자이고 별로 다작가도 아니고 문인 공화국 밖에 존재하던 루제 드릴의 처지가 전문가들에 비해 역설적으로 유리했다는 것은 바로 이런 의미에서이다. 아마도 이것이 메윌과 마리조제프 셰니에의 합작품인 〈출정가〉가 아니라 〈라마르세예즈〉가 민족찬가가 된 이유일 것이다. 이러한 이점은 불리한 데가 없지 않다. 루제 드릴은 화성학에 대한 지식이 없었고 그래서 이 노래를 수정하고 화음을 붙이는 작업이 디트리슈 부인에 의해 시작되어 고세크에 의해 속행되었고, 그 결과물은 나중에 베를리오즈에 의해 다시 손질되었다. 그러나 우리는 적어도 음악이론의 두 쟁점, 즉 〈라마르세예즈〉의 독창성 문제와 루제 드릴의 저작권 문제는 그때 이후 완전히 해결되어서 더 이상 재론할 필요가 없다고 말할 수 있다. 우리가 그것의 중요성을 과소평가하기 때문이 아니라, 그 쟁점들이 너무나도 폭넓게 그리고 너무나도 철저하게 다루어졌기 때문에 그 쟁점들로 되돌아갈 필요가 없어졌기 때문이다. 그 문제들은 특히 19세기 후반에 제기되었고, 20세기 실증과학이, 시사하는 바가 많은 정치적 또는 민족적 배경 속에서, 그 문제들을 명확히 해결하기 위해 엄청난 사료연구에 정력을 소비하였고, 그래서 프랑수아 로베르(Fr. Robert) 같은 현재의 음악학자들은 더 이상 그 문제들을 제기하지 않는다. 한마디로 말해, 〈라인 강 부대를 위한 군가〉가 널리 퍼지면서 거의 즉각적으로 성공했다는 사실 그 자체가 애당초부터 문제를 모호하게 만드는 데 기여했다. 그레트리는 자신의 친구인 루제에게 누가 그 음악을 만들었는지를 묻는 편지를 썼고, 〈크로니크드파리〉(파리시평)는 그 곡이 어떤 독일인의 것이라고 함으로써, 훗날 독일인들 사이에서 엄청난 논쟁을 불러일으키지 않았던가? 그러나 우리가 나중에 확인하게 되듯이, 프랑스혁명기에는 이 곡의 저자가 공병장교라는 사실이 결코 심각하게 논박된 적이 없다. 그 곡의 독창성에 대해서도, 비록 첫 소절의 아주 흔한 전개방식(G, C, D, E)이, 모차르트 피아노 협주곡 25번 C장조 같은 것으로부터 온갖 종류의 음악에 이르기까지 즉 대중음악과 난해한 음악 모두에서 어렵지 않게 찾을 수 있는 것이긴 해도, 무언가를 표절했다는 결론을 끌어낼 수는 없다. 〈라마르세예즈〉의 진행과 전반적인 리듬은 다른 것과는 다른 하나의 앙상블을 만들어 내고 있고, 방금 언급한 표절된 부분—아미앵 출신 오르가니스트 그리송의 오르간 작품과 포스터와 라이하르트에 의해 라인란트에서 작곡된 소품—도 사람들의 주장과는 달리 루제 드릴 자신의 곡에서 차용한 것임이 밝혀졌다.

1792년 4월에 스트라스부르에서 불리었던 작품이 어떤 의미에서 그 저자의 손을 벗어나게 된 것은 다른 방식에 의해서였다. 그것이 〈라마르세예즈〉, 즉 우리의 공동재산이 될 때까지 그것은 계속 불리고 메아리처럼 반향을 불러일으켰던 것이다. 우리는 〈라인 강 부대를 위한 군가〉가 어떤 경로를 밟아 몇 주일 만에, 끊임없이 명칭이 바뀌면서, 전 프랑스에 퍼져나가게 되었는지를 비교적 정확하게 안다. 최초의 탄생지인 알자스에서 뤼크네 원수에게 바쳐진 이 음악은 복사되어 바젤 또는 셀레스타로 보내졌고, 그 후엔 스트라스부르 신문 인쇄업자인 단박(Dannbach)이 다른 판본을 찍어 퍼뜨렸으며, 동시에 4월 29일부터는 스트라스부르에서 공적인 연주가 행해졌다. 파리는 위냉그가 〈라트롱페트 뒤페르뒤셴〉(페르뒤셴의 나팔)지에 쓴 칼럼을 통해 7월 23일에 그 가사를 알게 되었고, 그래서 바스티유의 폐허 위에서 열린 무도회에서 이 노래가 연주되었다. 그러나 파리는 마르세유에서 온 연맹군에 의해 이 노래가 유행되는 7월 말까지 이 노래를 정말로 환영하지는 않았다.

〈라마르세예즈〉가 겪은 두 번째의 우여곡절을 살펴보려면, 그 출생 장소인 스트라스부르에서 프로방스로 사실상 관심을 옮겨야 한다. 티에르소처럼 신중한 음악학자가 "투르타이오스(Turtaios)[10]의 주석가 타르타랭"과 남프랑스의 태양의 효용에 대해 말하면서, 남들처럼 즐겨 사용했던 장황한 설명은 그만두자. 정말이지 문제는 완전한 재적응, 즉 장교들과 온건한 애'향'적 부르주아의 계층 안에서 태어난 애'향'적인 노래가 아주 다른 상황—(마르세유에서 몽펠리에에 이르는) 아주 정치화된 남프랑스 혁명운동의 상황, 군주정을 타도하고 반혁명에 승리하려는 국내전선(戰線)이 즉각 필요해진 상황—에 재적응한 것이었다. 그 결과 〈라마르세예즈〉의 혁명적 면모가 강화되었다.

알자스에서 남프랑스에 이르는 〈라마르세예즈〉의 여로는 불분명하지만 그 시대를 특징짓는 교차되는 교환의 흐름 속에서는 크게 신비스러울 것도 없는 일이었다. 〈라마르세예즈〉를 운반한 것은 누구인가?… 어떤 '헌법을 옹호하는 신문'인가 아니면 단순한 상업적 여행객인가? 사실인즉 국왕의 반대에도 불구하고 7월 말에 소집된 파리 연맹군 캠프에 가기 위해 마르세유에서 온 동료들과 함께 진군하던 몽펠리에 연맹군이 루제 드릴의 노래를 운반하였다. 즉 몽펠리에 연맹군의 일원인 E.-F.

---

10) 〔역주〕 스파르타인의 용기와 영웅적 죽음에 대한 애국적 비가와 전쟁에 관한 노래를 지은 기원전 7세기의 서정시인.

12. 마르세유 병사들의 찬가, 1792년.

미뢰르가 자신들을 환영해 준 것에 대한 답가로 이 노래를 마르세유식으로 불렀던 것이다. 리카르와 미쿨랭의 〈남프랑스 도(道)들의 신문〉이 〈국경주둔군의 군가〉가 된 이 노래를 전재(全載)하였고, 그래서 수도를 향해 떠나던 마르세유 연맹군은 각자 이 노래의 악보를 하나씩 받았다. 그들은 진군하다가 쉴 때마다 이 노래를 불렀고, 그래서 그들 군대의 특징적 이미지를 그들이 확산시킨 이 노래와 결합시켰다.

이 노래와 이 노래를 부른 사람들과의 동일시가 확실하게 이루어진 것은 파리에서였다. 마르세유에서 온 병사들은 파리에 도착한 7월 30일에 그리고 8월 4일과 그 이후에 이 노래를 불렀다. 〈크로니크드파리〉는 그들의 활약을 이렇게 언급하였다. "흔히 그들은 팔레루아얄에서, 가끔은 두 연극 사이의 공연 중에 이 노래를 부른다." 그리고 다른 신문들이 이 사실을 증언하였다. 그때부터 으레 '마르세유 병사들의 찬가'라고 지칭된 이 노래는, 특히, 8월 10일의 튈르리 궁 습격 시에 불렸고, 이것은 이 민족의 노래를 왕정의 몰락, 그리고 프랑스혁명의 새로운 단계와 뗄 수 없는 관계로 결합시켰다.

루제 드릴의 작품은 이때부터 그 저자와 그것을 탄생시켰던 최초의 집단의 관할을 벗어나게 되었다. 드브로이, 데기용, 디트리슈는 8월 10일의 '제 2의 혁명'을 인정하기를 거부했던 사람들일 것이고 그래서 그 후 몇 주일 안에 죽거나 망명했을 사람들이었다. 루제 드릴 자신도 그와 같은 공병장교인 카르노와 프리외르의 종용에도 불구하고 사태의 새로운 흐름을 인정하기를 거부하다가 정직당하고 한동안 군대를 떠났다가 아주 잠깐 동안 북군에 복귀하였다. 그는 군대를 떠난 후 파리로 가서 불확실한 무대에서 경력을 쌓으려고 했고, 우리는 1793년 9월에 생제르망앵레에 반혁명 용의자로 억류되어 있는 그를 다시 볼 수 있다. 그러나 그의 삶에 큰 위협이 닥치자 그는 감옥에서 〈이성에 대한 찬가〉를 썼고 메윌이 거기에 멜로디를 붙였다. 그리고 그는 자신이 〈라마르세예즈〉라고 칭하기를 거부한 작품의 저자로 보호를 받았고, 그때부터 〈라마르세예즈〉의 운명은 자기 길을 걷게 되었다.

9월 28일 육군장관이 자기 나름으로 〈마르세유 병사들의 찬가〉라고 제목을 붙인 이 노래는 1792년 말에서 공화력 2년 사이에 이중의 정당화 과정을 겪었다고 말할 수 있다. 즉 국외에서는, 첫 전투를 치르면서 공격을 받았으나 승리한, 전투 공화국의 노래가 되었고, 국내에서는 그 적들에 대항하는 혁명의 노래로 인정받는 이중의 정당화 과정을 겪었다.

군대에서의 〈라마르세예즈〉는 민족적 열광을 떠받치고 북돋우었다. 물론 가장 유명하고 또 논평의 대상이 된 것은 민족적 자부심을 미화하는 이 노래의 주제였다. 그레트리는 루제에게 이렇게 썼다. "당신의 〈라마르세예즈〉는 대포발사용 음악이다." 그리고 실제로, 1792년 가을에 민족의 영토를 최초로 지켜낸 전투들은 〈라마르세예즈〉의 노랫소리를 배경으로 전개되었다. 그것은 발미 전투에서 〈라카르마뇰〉, 〈싸이라〉와 함께 불렀으며, 9월 29일 육군장관 세르방은 뒤무리에에게 이렇게 썼다. " 〈라마르세예즈〉라는 이름으로 알려진 민족찬가는 공화국의 〈테데움〉입니다. 이 노래는 자유 프랑스인에게 가장 감동을 주는 노래입니다." 그의 제안에 따라, 의회는 승리의 노래로 〈테데움〉 대신에 〈라마르세예즈〉를 연주하기로 결정하였다. 10월 14일, 〈라마르세예즈〉는 프랑스인의 사부아 입성을 기념하기 위해 자유의 조각상 밑에서 행해진 공민축제 시에 연주되었다. 그리고 마멋 왕[11]의 왕국에서 몽테스퀴우 군에게 베푼 아주 호의적인 민중의 환영식 현장에서도 마르세유 병사들의 찬가에 대한 변주들이 곁들여졌고, 그 변주에는 "성(城)에는 전쟁, 초가집에는 평화"라는 프랑스혁명의 슬로건을 조정한 "평화로운 인민 사부아 사람"과 같은 구절이 첨가되었다.

6절로 된 〈라마르세예즈〉를 토대로 한 이러한 최초의 변주들이 우연히 만들어진 것이었다면, 혁명이 처음으로 확대된 바로 이때 이른바 "자식들"(*Des enfants*)이라고 불리는 제 7절이 추가되면서 지속적인 추가작업이 이루어지는데, 그것은 이렇게 시작된다.

---

11) 〔역주〕 사르데냐 왕국의 비토리오 아마데오 3세의 별명.

우리는 경력을 시작할 것이다
우리보다 나이 많은 이들이 집에 안 계실 때…

이 7절의 저자가 누구인지에 관한 논의가 있었다. 그 저자가 페소노(Pessoneaux)라는 사제였나, 자기 학생들에게 그것을 노래하게 만든 비엔(Vienne)이라는 애'향'적 선생이었나, 아니면 티에르소가 설득력이 더 높다고 본 논거(論據)에 입각해 주장했던 뒤부아라는 노르망디 사람이었는가? 어쨌든 7절을 가져다 붙인 것은 성공을 거두었는데, 왜냐하면 무장한 조국의 계승자인 젊은이들이 공민축제에서 점점 더 중요한 자리를 차지하게 되었기 때문이다.

1792년 말에 〈라마르세예즈〉의 여정은 승리의 여정이었다. 10월엔 브라운슈바이크가 베르됭을 떠났고, 11월에는 프랑스군이 벨기에를 정복하였다. "제마프의 아침에 〈라마르세예즈〉는 브랜디를 대신한다"고 미슐레는 썼다. 하나는 영광스럽게 죽고, 또 하나는 명예롭게 행동한 루제 드릴의 두 친척이 이 노래의 존재를 입증하였다. 몽스에서 브뤼셀 또는 리에주로 가는 동안 병사들은 〈라마르세예즈〉를 불렀다. 12월 2일에는 리에주에서 자유의 나무를 심을 때 이 노래가 연주되었다. 일단의 예술가들과 음악가들 — 오페라의 라이스, 셰롱, 르노, 고세크 — 이 브뤼셀에서 앙베르 또는 강(Gand)까지 청중에게 "자유의 성스러운 노래"를 널리 알리는 애'향'적인 순회여행을 하라는 임무를 부여받았다.

좋은 시절 군대의 동반자였던 〈라마르세예즈〉는 안 좋은 시절에도 또한 군대의 동반자였다. 1793년 봄의 패전 시에도 우리는 〈라마르세예즈〉를 다시 만나게 되는바, 3월 18일 네르빈덴(Neerwinden)[12]에서 만날 수 있고, 전세가 가을부터 회복되기 시작했을 때에도 옹트스코트(Hondschoote)[13]에서 만날 수 있는데, 이곳에서 주르당은 군대에 활기

12) 〔역주〕 벨기에의 옛 코뮌. 1793년 3월 18일 이곳에서 프랑스군과 기에 사이에 전투가 벌어졌다.

를 불어넣기 위해 이 노래를 불렀고, 10월에는 와티니(Wattignies)[14]에서 이 노래를 불렀다. 사실 군대에서 〈라마르세예즈〉에 대한 언급을 열거하는 것은 공화력 2년의 병사들의 승리를 일일이 열거하는 것이 된다. 즉 비셈부르크(Wissembourg),[15] 슈페예르(Speyer),[16] 보름스(Worms),[17] 가이스부르, 그리고 마지막으로 플뢰뤼스(Fleurus).[18] 당대인들은 〈라마르세예즈〉와 그들의 승리의 투쟁 사이의 밀접한 연관에 대해 생생한 느낌을 갖고 있었다. 그들은 그것을 장황한 그리고 때로는 천진난만한 언어로 표현하였다. "내게 1,000명을 보내든지, 아니면 〈라마르세예즈〉 악보 하나를 보내 주시오"라고 한 장군은 썼고, 또 다른 장군은 "나는 전투에서 이겼소, 〈라마르세예즈〉가 나와 함께 지휘했다오"라고 썼다. 카르노는 다음과 같이 말함으로써 시야를 넓혔다. "〈라마르세예즈〉는 조국에 10만 명의 수호자들을 보내 주었다." 그러나 이런 판단은 편협한 프랑스적 관점만은 아니었다. 외국의 관찰자들도 이 노래의 힘에 놀랐다. 그중 유명한 것만을 골라도, 〈라마르세예즈〉의 노랫소리를 배경으로 전쟁의식(儀式)이 치러진 1793년 7월 25일에 마인츠의 프랑스 주둔군의 출발을 언급했던 여러 이야기 가운데서 "무시무시하고 감동적인" 이 장면에 관한 (발미 전투 이후로) 아주 특별한 증인이었던 괴테의 묘사가 남아 있다. 그리고 수많은 증언들이 이 새로운 프랑스 찬가가 적의 사령부에서 누렸던 뜻밖의 인기 — 그것이 호기심이건 또는 새로운 것을 가지고 노는 취향이건 간에 — 를 증

13) 〔역주〕 벨기에 국경선 가까이에 있는 플랑드르 지방의 도시. 프랑스군이 1793년 9월 6~8일 영국, 홀란트, 오스트리아군에 승리한 곳.

14) 〔역주〕 릴에서 남쪽으로 8km 떨어진 곳에 위치한 코뮌. 이곳에서 1793년 10월 16일 주르당 장군이 승리를 거두었다.

15) 〔역주〕 독일 국경선에 있는 도시. 1793년에 전투가 벌어짐.

16) 〔역주〕 라인 강변에 위치한 독일의 도시. 1793년에 전투가 있었음.

17) 〔역주〕 독일의 도시. 1972년 프랑스군에 점령되고 1801년에 프랑스 영토가 되었다가 1815년에 빈 회의의 결정에 따라 헤세-다름슈타트 공국령이 되었다.

18) 〔역주〕 주르당 장군이 영국·홀란트 연합군을 격파하고 벨기에를 병합한 1794년 6월 26일의 전투가 벌어진 곳.

언한다. 그래서 한 적장은 자신의 명령 아래 있었던 프랑스 망명자들의 부대를 골탕 먹이기 위해 그것을 물리도록 연주케 했다는 기록도 있다.

이런 예들을 증가시키려면, 우리의 시선을 바다로 돌려, 설사 그것이 현실이든 신화이든, 공화력 2년 목초의 달(prairial) 13일 브레스트 앞바다에서 벌어진 '인민의 복수하는 자'(Vengeur du Peuple)[19]의 영웅적 희생에 관한 사건을 언급하고 나서, 우리 자신에게 질문을 던질 필요가 있다. 제1차 세계대전 시 글을 써서 이러한 이야기들을 우리에게 알려준 저자들, 즉 J. 피요 또는 티에르소 같은 학자들의 표현이 때때로 과장된 것이었음은 분명하다. 피요에게 〈라마르세예즈〉는, 다른 관점에서, 프랑스인의 전사기질에 딱 들어맞는 자연국경(自然國境)에 대한 찬가가 되었다. 그러나 더 높은 통찰력을 가지고 그는 이 찬가의 중요성을 당시 전쟁터에서 즉흥적으로 만들어낸 새로운 전쟁기술과 연결시켰다. 〈라마르세예즈〉는 병사들에게 무경험을 열광으로 보완해 주는 총공격의 노래였다. 그것은 또한 그 나름의 방식으로 새로운 의용군 대대를 기존의 부대와 융합시켜 이질적인 것을 하나로 만드는 보완제였다. 비록 문체는 구식이지만, 다음과 같은 피요의 말이 그 점을 잘 보여준다. "그것(〈라마르세예즈〉-옮긴이)은 모든 지방민들을 자신의 청동주물 속에서 하나의 몸으로 만들어 냈다."

우리가 앞에서 언급한 저자 중 하나가 썼던 것과 같은 '국경(國境)의 〈라마르세예즈〉'와 '사거리의 〈라마르세예즈〉'(국내의 〈라마르세예즈〉-옮긴이)를 내가 지금까지 교육상 의도적으로 구분하는 기교를 부렸다는 사실을 용서해 주셨으면 한다. 파리와 지방에서 마르세유 병사들의 찬가가 널리 퍼진 것은 그 자체로 하나의 모험이었다. 1794년 11월 4일 루제 드릴에게 편지를 썼던 그레트리로 되돌아가 보기로 하자. "당신의 마르세유 병사들의 노래 〈가자, 조국의 자식들아〉는 모든 공

---

19) 〔역주〕 Vengeur는 혁명정부가 공화력 2년 목초의 달 13일의 해전에서 항복하지 않고 모두 죽음을 선택한 선원들이 탔던 해군선박의 이름임.

연과 파리의 모든 길모퉁이에서 노래되고 있고, 훌륭한 가수들이 매일 노래하는 것을 사람들이 듣기 때문에 모든 사람이 그 곡조를 아주 잘 안다." 〈라마르세예즈〉는 혁명과정의 핵심에 있다고 말할 수 있는 '문화혁명'의 한 요소였고, 문화혁명의 양식을 분명하게 보여준다는 것은 이를 두고 하는 말이다. 사거리의 〈라마르세예즈〉라고? 이 말에서 경멸적인 뉘앙스를 지워 버리면, 사거리의 〈라마르세예즈〉라는 표현은 잘못된 것이 아니다. 〈라마르세예즈〉는 야외에서 들을 수 있었고, 사람들은 아주 일찍부터 튈르리 궁에 있는 자유의 조각상 앞에서 이 노래를 불렀으며 또 1793년 1월 21일 루이 16세가 처형당한 단두대 아래에서도 사람들은 이 노래를 불렀다. 비록 적지 않은 사람이 기억하고 싶어 하진 않지만 말이다. 그리고 처형이 이루어진 후 민중들은 즉흥적으로 춤을 추었다. 이것은 분명히 8월 10일의 〈라마르세예즈〉의 메아리였다. 이제 널리 알려진 〈라마르세예즈〉의 곡조는 혁명적 창조성 그 자체를 표현하는 음향이 되었다. 음악학자인 콩스탕 피에르는 자신의 카탈로그에 수록된 3천 개의 노래 중 2백 개가 〈라마르세예즈〉의 곡조를 사용하고 있다고 밝혔다. 민족의 노래에는 그때그때 임시적으로 여러 개의 절—12절까지—이 붙었다. 바쿠스 신을 찬미하는 〈쿠르티유의 마르세예즈〉가 일찍이 1792년 11월에 등장했지만, 민족찬가를 패러디한 개작곡이 거의 없었다는 사실은 지적될 필요가 있다. 그러나 (비농과 그 후에 구종이 1793년에 유행시킨) 우리가 지금 알고 있는 7절로 된 거의 결정적인 판본이 나왔으며, 동시에 〈라마르세예즈〉라는 간략한 제목이 실질적으로 점차 승리를 거두었다.

아무튼 극장이 아주 중요한 배경이었음은 틀림없는 사실이지만, 우리가 그것을 평가하기는 어렵다. 당시 온갖 장소에 세워진 이 애'향'적 극장에서, 관객은 공연에 적극적으로 개입하였고, 막과 막 사이의 휴식시간에는 막간극이나 노래가 끼어들었다. 공화력 2년에 〈라마르세예즈〉는 흔히 〈제국의 안전을 지키자〉, 〈출정가〉와 더불어, 〈공화국의 화약제조 노동자들〉, 〈완전한 평등〉, 〈흑인의 자유〉, 〈항복한 툴롱〉이나 〈국경선의 수도사들〉과 같은 제목을 지닌 연극들의 막간에 불리었다. 몽탕시에, 페이도, 팔레몰리에르, 테아트르이탈리앵과 같은 파리의 극장들은 감독에 따라 자발적 또는 비자발적으로 〈라마르세예즈〉 합창을 그들의 연극에 곁들였다. 당국의 독려도 이러한 관행을 진작시켰는데, 예컨대 1793년 8월에는 의회가 파리의 극장에서 일련의 무료공연을 계획하는 법령을 발표하였다.

이런 맥락에서 볼 때, 1792년 9월 30일 이후에 〈라마르세예즈〉가 공연을 완성시키는 역할을 했다는 사실은 놀랄 일이 못 되는데, 이때 오페라극장은 고세크가 음악을 맡고 시민 가르델이 대사를 맡은 오페라극을 상연하였다. 실제로, 고세크는 이 오페라극을 '연출'하면서 〈제국의 안전을 지키자〉와 〈라마르세예즈〉를 한꺼번에 무대공연에서 활용하였다. 서막은 루소[20] 식이다. 즉 인민이 축제에서 자신의 자유를 기념하는데, 이 자유가 적에 의해 위협을 당한다. "시민들이여, 당신들의 놀이를 중단하시오"라고 한 독주자(獨奏者)가 닥쳐오는 위험을 알린다. 〈제국의 안전을 지키자〉를 합창으로 연주하는 가운데 전쟁을 묘사하는 무언극이 "프랑스인이 존경하는 유일한 신"인 자유의 조각상 밑에서 벌어진다. 이 연극은 라이스가 독창으로 부르는 〈라마르세예즈〉로 끝을 맺는데, 이 노래의 첫 4절은 하얀 사제복을 입은 아이들이 무대에 등장하면서 중단되고, 이 아이들은 다음과 같이 노래함으로써 '아이들의 절(節)'을 예고한다.

> 그들이 우리의 젊은 영웅들을 쓰러트린다면,
> 대지는 그 영웅들을 새롭게 생산한다…

그 행위, 아니 차라리 그 제례(祭禮)는 매우 종교적인 성격의 속송(續誦)으로 이어지고, 여기서 자유의 조각상 앞에서 무릎을 꿇은 여

---

20) 〔역주〕 장 자크 루소는 1745년 〈친절한 뮤즈들〉(*les Muses galantes*)이라는 오페라를 무대에 올린 바 있다.

인들의 합창으로 '조국에 대한 신성한 사랑'이 연주된다. 그러나 이 예배행위에 이어지는 침묵은 전쟁의 떠들썩한 소리들, 즉 북소리, 트럼펫소리, 무장한 의용군부대의 도착을 알리는 대포소리를 흉내 낸 소리 등에 의해 중단된다. 무대 위에서는 집단적인 열광의 장면이 전개되고 객석에서는 관객들이 합창으로 후렴구를 되풀이해서 불러대는 가운데 이 〈자유에 대한 봉헌〉은 끝이 난다. 이제 그것의 독창성을 평가해 보자. 그것은 극장무대에서 벌어진, 즉 극장무대에 침입한 축제로서, 평화적인 만남의 도취 속에서가 아니라 혁명 전체가 요약되어 있는 집단적 무언악극의 정신치료 속에서 배우들과 관객들 사이의 온갖 경계를 없애는 루소주의적 이상(*l'idéal rousseauiste*)을 실현시키고 있다.

이런 상황에서, 둘러싸인 장소의 벽 속에 여전히 갇혀 있었던 〈자유에 대한 봉헌〉보다는(즉 극장 안에서 하는 연극보다는 실외에서 대규모로 벌이는 - 옮긴이) 혁명적 축제가 훨씬 더 〈라마르세예즈〉의 신격화의 독특한 틀을 제공했다는 것은 전혀 놀라운 일이 아니었다. 티에르소를 제외한 거의 모든 〈라마르세예즈〉의 역사가들이 이 점을 별로 중요시하지 않았다는 사실은 적어도 지적될 만하다. 그렇지만 마리조제프 셰니에의 가사를 붙인 〈라마르세예즈〉의 곡조는 공화력 2년 목초의 달(prairial) 20일(1794년 6월 8일 - 옮긴이)의 최고 존재 축제[21] 안에서 아주 중요한 자리를 차지하였다. 그런데도 이 전거(典據)를 파헤치고 싶어 한 역사가는 한 명을 넘지 않았던 것 같다. 샹드마르스에 세워진 언덕 주변에서 행해진 이 제례는, 200개의 북이 울려대는 소리와 대포발사 소리에 맞춰 30만 명의 목소리가 민족찬가의 후렴구를 합창하는 가운데, 원주(圓柱) 꼭대기에 위치한 트럼펫주자들이 다음과 같이 합창하라고 신호를 보낼 때 절정에 이르렀다.

---

21) 〔역주〕 1794년 5월 7일 법으로 제정되어 1794년 6월 8일에 거행된 이신(理神) 숭배 제례.

우리의 승리의 검을 내려놓기 전에
범죄와 폭군들을 없애버릴 것을 맹세하자.

그러므로 〈라마르세예즈〉가 플뢰뤼스 전투(1794년 6월 26일 - 옮긴이)와 최고 존재 축제(1794년 6월 8일 - 옮긴이) 사이에 민족찬가로서 이 이중의 정통성을 마침내 획득했던 것은 바로 자코뱅 또는 산악파 혁명 시기였다. 그리고 공화력 2년 서리의 달(frimaire) 14일(1793년 11월 24일 - 옮긴이)에 국민공회는 앞으로 "자유의 찬가가 매 공화력 휴일마다 그리고 인민이 요구할 때마다 매번 모든 공화국의 구경거리에서 노래될 것"이라고 명령하였다.

그러나 〈라마르세예즈〉가 공화국의 공식찬가가 된 날로 가장 많이 언급되는 것은 이날이 아니라 바로 (20세기 역사가들에게 산악파 국민공회보다 더 존경을 받았던) 테르미도르파 국민공회 시기인 공화력 3년 수확의 달(messidore) 26일인데, 테르미도르파 국민공회는 바젤 평화조약[22] 직후에 격렬한 반동의 시기가 끝나자, 잠시 인기가 추락했던 민족의 노래의 장점들을 재발견하였다. 의회 앞에서 마르세유 병사들의 찬가를 연주하는 것은 "얼마 전부터 망각상태에 있었던 이 예상치 못했던 소리"에 대한 열광을 불러일으켰다. 이에 존경받던 대변인 장 드브리는 다음과 같은 발언으로 당시의 집단감정을 표현하였다. "내 요구는 우리가 혁명의 행복한 시절에 민족정신이 가졌던 이 에너지, 이 열기, 즉 6년 전 오늘인 7월 14일에 전제정(專制政)에 첫 타격을 가했고, 8월 10일에 우리가 방금 들었던 이 시민의 노래로 전제정의 전복의 서막을 알렸던 이 에너지를 민족정신에 되돌려주어야 한다는 것이다."

이 발언을 계기로 제정된 이 법으로 인해 〈라마르세예즈〉는 팔레나 쇼날에 올라오는 방위군에 의해 매일 연주되었고, 또 국민방위군과 정

---

22) 〔역주〕 프랑스가 프로이센 및 에스파냐와 1795년 4~7월에 맺은 평화조약.

규군의 군악대에 의해 연주되었다. 그리고 몇 달간의 인기추락 이후에 〈라마르세예즈〉의 첫 번째 명예회복처럼 보이는 것은 얼마 안 있어 루제 드릴의 우수상 수상으로 이어지는데, 그에게 의회는 "민족적 사고방식을 조국 공화국에 심어준 데 보답하기" 위해 바이올린 두 대를 증여하기로 표결하였다. 요컨대, 루제 드릴은 보수적 혁명의 흐름과 상통했고, 그 흐름은 그를 감옥에서 석방시키고 그는 그 흐름을 〈로베스피에르의 음모와 테르미도르 9일 혁명에 관한 디오니소스적 찬가〉를 통해 축하하였다. 그렇다고 해서 그가 왕정파 반혁명 지지를 선택한 것은 아니었는데, 왜냐하면 우리는 얼마 후 키브롱(Quiberon)[23] 포위공격 — 이에 관해 그는 서면기록을 남겼다 — 시에 공병부대에서 그를 다시 볼 수 있기 때문이다.

〈라마르세예즈〉를 민족의 노래로 제정한 공화력 3년 수확의 달 26일의 법은 애'향'적 찬가와 공화국의 결합을 봉인하는 결과를 낳았다. 〈라마르세예즈〉가 혁명을 방어하고 혁명에 가담하는 기호의 성격을 처음으로 갖게 된 것은 사실 테르미도르와 총재정부 시기라는 반혁명적 반동의 맥락 속에서였고, 반면 그 체제의 반대자들은 〈인민의 부활〉이라는 경쟁적 노래를 중심으로 재집결했는데, 즉시 명확해진 이 노래의 사명은 반(反) 〈라마르세예즈〉임을 자처하는 것이었다. 다른 노래를 채택함으로써 투쟁하는 방식, 그것을 우리는 장차 다른 에피소드에서 얼마든지 보게 될 것이다.

어떤 편견을 드러내는 위험을 무릅쓰면서까지 이 두 작품의 미적 · 도덕적 가치에 대해 아주 분명한 평가를 내리는 것은 우리의 소관이 아니다. 그렇지만 페이도 극장의 통속희극작가인 수리기에르(Souriguières)가 운을 맞춰 가사를 쓰고 가보(Gaveau)가 곡을 붙인 노래가 고작 반혁명적 복수를 격렬하게 외치는 수준에 머물러 있었음을 인정하지 않을 수 없다.

---

23) 〔역주〕 1795년 6월 왕정파 망명자들이 영국의 지원을 받아 봉기를 일으킨 도시의 이름.

서둘러라, 주권 인민이여,
테나르(Ténare)[24]의 괴물들에게
인간의 피를 좋아하는 이 모든 흡혈귀들에게 앙갚음하는 일을…
그렇다, 우리는 우리의 무덤 위에서 맹세하리니
우리의 불행한 주민의 손으로
대량살상을 계속하리라
이 끔찍한 식인종들에 대한…

대학살을 벌이라는 외침은 공화력 3년의 이 첫 번째 백색테러의 몇 달 동안 정말 효과적이었고, 이때 리옹, 마르세유, 엑스, 타라스콩(Tarascon)[25]의 혁명가들은 '예후'(Jéhu)[26]나 '태양왕'(Soleil)[27] 부대의 왕정파 살육자들에 의해 처형되었다. 후에 1814년의 왕정파로 활약하게 되는 샤를 노디에의 말을 들어 보자. 아직은 아주 젊었던 그는 당시 남부가 그 무대였던 구(舊) '테러리스트'의 대학살 현장에서 맞대결하던 〈라마르세예즈〉와 〈인민의 부활〉이라는 노래들에 관해 언급하는 책임을 맡았다.

> 이 모든 일은 기묘하게도 식인종의 살인행위를 닮았고, 식인종의 집에서처럼 끔찍한 희생이 노랫소리와 함께 행해졌다. 살해자의 입에서는, 점점 더 큰 소리로, 그리고 시뻘겋게 달아오른 잔인한 표정으로, 〈인민의 부활〉이 흘러나왔고, 죽어가는 사람의 입에서 숨을 거두어 가던 것은 〈라마르세예즈〉의 후렴구였다. …

이런 상황에서, 반동에 의해 압도되는 것을 막으려는 테르미도르파의

---

24) 〔역주〕 고대에 테나르의 동굴은 지옥의 입구로 간주되었음.

25) 〔역주〕 알퐁스 도데가 그의 소설에서 프로방스의 상징으로 삼은 유서 깊은 남부의 도시.

26) 〔역주〕 구약성서에 나오는 왕의 이름. 대량학살자임.

27) 〔역주〕 태양왕 루이 14세를 의미.

방어책인 수확의 달 26일의 법이 탈리앵과 로베르가 반자코뱅적 응징 원정에서 격렬한 반동을 이끌어 내던 '부자 청년단'(*la jeunesse dorée*)[28]의 반발을 불러일으킨 것은 놀랄 만한 일이 아니었다.

카페, 가두, 그리고 특히 극장에서 〈인민의 부활〉과 〈라마르세예즈〉 간에 공개적인 싸움이 벌어졌다. 탈마, 라이스, 뒤가종 같은 혁명파 배우 및 가수들과 몰레, 레네, 가보당 같은 왕정파가 대결하였다. 왕정파 '특공대'(*commandos*)와 자코뱅, 또는 단순한 방어적인 혁명파들이 치고받고 싸웠다.

이 법으로 야기된 소용돌이는 국민공회에까지 영향을 미쳤다. 그리하여 의회방위군이 왕정파 무리들의 공격을 받았고, 〈인민의 부활〉을 연주하라는 독촉을 받았다. 이러한 압력 앞에서 테르미도르파는 주저하였다. 입법을 취소하라고 요구했던 랑쥐네에게 장 드브리는 "우리의 승리의 영웅들이 노래했던 참된 민족의 노래"라고 변명하는 것으로 답변했고, 며칠 후 부아시 당글라는 테르미도르 9일을 축하하고 리옹과 남부지방에서 '도살(屠殺)의 신호'였던 〈인민의 부활〉을 용감하게 부정하였다. 국민공회 의원들은 극장공연 시에 노래 부르는 것을 금지함으로써 싸움을 종식시키려고 했으나 성공하지 못했다. 쓸데없는 노력이었다. 극장에서의 집단 패싸움, 흔히 공화파 투사들을 공격한 가두집회는 공화력 3년 포도의 달(vendémiaire) 13일에 파리 왕정파의 패배로 대단원의 막을 내린 위기에서 절정을 이루었다.

그러나 왕정파에 대한 진압은 소요사태를 종식시키지 못했고 〈인민의 부활〉과 〈라마르세예즈〉를 둘러싼 싸움은 총재정부 시기에도 계속되었다. 극장에서 노래 부르는 것을 다시 허락하자 혁명파 극장〔라이스가 활동하던 오페라극장(l'Opera)〕과 반혁명파 극장(페이도 극장) 사이의 대립이 격화되었을 뿐이었다. 공화력 4년 눈의 달(nivôse)에 총재정부는 "공화파가 애창하는" 4개의 노래의 명단을 법으로 정하고 그

---

28) 〔역주〕 테르미도르 이후 공포정치에 대한 반동의 물결을 주도했던 부유한 부르주아지의 젊은이들.

노래들만 허용하고 관람 중에 부를 노래 선택을 의무화함으로써 싸움을 결정적으로 종식시키려고 하였다. 즉 〈라마르세예즈〉, 〈싸이라〉, 〈출정가〉, 〈제국의 안전을 지키자〉를 허용하고 〈인민의 부활〉은 금지되었다. 그러나 이러한 규제는 시행하기가 쉽지 않았다. 바라스는 자신의 회고록에서 파리에서 이 명령을 준수하게 만들 책임을 진 장군—보나파르트라는 이름의—이 밤에 직접 극장에 가서 관객에서 다음과 같이 부탁했다고 언급하였다. "자, 시민들이여, 〈라마르세예즈〉를 노래합시다, 그리고 올빼미당을 징계합시다."

이와 같이 파리와 지방이 한동안 〈라마르세예즈〉를 둘러싼 전쟁터였다면, 총재정부 시기 말에 이르러 〈인민의 부활〉은 그 공격성을 상실하고 점차 망각되었다. 반면 축제들에서 발휘된 온갖 교수법은 〈라마르세예즈〉의 전파에 도움이 되었다. 그것은 별별 일에 다 사용되었고 이 일반화된 곡조에 맞춘 애국적 가사가 수없이 늘어났다. 내무부장관 프랑수아 뇌프샤토는 농업축제용으로 마르세유 병사들의 찬가의 번안곡을 만들었다.

> 무기를 들어라, 경작자들이여, 당신들의 소를 몰아라,
> 전진하라, 전진하라, 온순한 황소가 넓은 밭고랑을 만들지니.

민족의 노래에 대한 이와 같은 범용화에 대해 일부 사람들은 불만을 표시하지만, 그럼에도 불구하고 사람들이 이 노래에 길들여지는 데에 그리고 어느 정도 깊숙이 확산시키는 데에 기여하였다. 다소 과장해서 말하자면 당시 프랑스인들은 〈라마르세예즈〉를 배우고 그것을 기억하기 시작했고, 그 후 그것을 결코 잊지 않았다.

민족찬가가 군대에서 여전히 동원력을 가지고 있었기 때문에 그리고 여전히 군사적 승리를 연상시켰기 때문에 그만큼 잊히지 않았을 것이다. 그것은 첫 번째 이탈리아 원정 시에 불리었고, 공화력 2년의 오슈(Hoche)의 장례식과 공화력 7년 노비 전투에서 사망한 주베르 장군

의 장례식에서 연주되었다. 대사들은 프랑스 찬가를 듣는 데 익숙해졌다. 그것은 바타비아 공화국에서 스위스, 즉 보(Vaud)가 1798년 〈라마르세예즈〉를 부르며 베른에 대항해서 궐기했던 나라 스위스에 이르는 전 유럽의 자코뱅에게 그 힘을 발휘했으며, 이런 일은 훗날 제노바에서도 일어날 것이었다. 피렌체, 로마, 그리고 전 이탈리아 반도에서 자코뱅들은 〈라마르세예즈〉를 그들의 결집의 노래로 삼았다.

그러나 공화력 8년 안개의 달(brumaire) 18일 밤에 500인의 회의 최후의 저지자들(보나파르트 반대자들 - 옮긴이)이 재집결을 시도했으나 실패했을 때 부른 것도 바로 〈라마르세예즈〉였고, 보나파르트의 쿠데타가 공화국을 종식시키면서 불렀던 것도 바로 이 노래였다. …

밀물과 썰물: (지나치게) 혁명적인 노래의 모험

거의 1세기 즉 80년 동안, 프랑스 역사에서 〈라마르세예즈〉의 운명은 전진과 후퇴, 즉 오랜 침묵이 갑작스런 출현 내지 재발견으로 깨지는 시대구분의 특징을 보인다. 일정 기간 공기를 들이마셨다가 일정 기간 내뱉는 이러한 호흡은 자신의 혁명적 내용도 그리고 민중동원력도 상실하지 않은 한 노래의 본성 바로 그것과 일치하며, 그것은 행운이자 동시에 불운이었다. 〈라마르세예즈〉와 프랑스혁명의 중심개념 내지 기억 사이의 이와 같은 동일시로 인해 민주주의 사상을 불신하는 모든 권위주의적 정부 — 제1제국에서 재산제한선거제 왕국(재산제한 조건에 있어서 복고왕국과 7월왕국은 서로 달랐지만 말이다)을 거쳐 제2제국과 도덕질서 정권(régime de l'Ordre moral)[29]까지 — 들이 이 노래를 금지했다는 점에서 보면 그것은 불운이었다. 그러나 이 노래는

29) 〔역주〕 왕정파와 보수파의 연합세력이 정권을 장악한 1873~1879년의 정권을 말함.

계속되었고, 그리하여 집단기억 속에서 은밀히 살아남아 망각되기는 커녕 그 내용이 풍부해졌다는 것은 행운이었다.

바로 여기에서 한 시대와 다른 시대와의 조금은 비슷하면서도 일신(一新)된 이러한 관계회복의 모호성이 생겨난 것이 틀림없다. 상부에서는 이 노래의 민중동원능력을 잘 알고 있었고, 그래서 고난 내지 위기의 시기에 그것을 되살려 내려고 했다. 1814년 제국이 패배했을 때, 또는 100일천하 시에, 그리고 1840년대의 국제적 위기 시에, 그리고 1870년 프랑스-프로이센 전쟁으로 치닫던 시기에 그것을 되살려 내려는 시도가 이루어졌다. 그러나 〈라마르세예즈〉의 모험은 때로는 성공하고 때로는 실패로 끝난 이러한 재사용 내지 조작 시도에만 국한되지 않았다. 그것은 1830년, 1848년과 1870년, 그리고 끝으로 임시정부와 파리코뮌 시기에는, 그 어느 때보다도 더 인민으로부터 시작된 혁명의 불꽃의 받침대 내지 그것에 수반된 기호 역할을 하였다.

이와 같이 프랑스에서는 얼핏 불연속적인 역사가 교착되는 면모를 보였다면, 이와는 대조적으로 프랑스 밖에서는 프랑스 찬가가 꾸준히 그리고 변함없이 혁명의 시대의 결집점(結集點)으로서의 역할을 수행하였다. 어느 정도의 환상이 없지는 않았다. 왜냐하면 19세기가 경과하면서 1840년대의 어디쯤에선가 하나의 전환점이 생겨났고, 이때 자유주의적 부르주아지의 국제주의가 불안한 민족주의를 대체했기 때문인데, 그럼에도 불구하고 유럽과 유럽 밖에서 〈라마르세예즈〉는 체제전복의 힘을 빼앗기지 않았고 아울러 여전히 혁명운동의 식별기호였다.

브뤼메르[30] 직후 보나파르트는 혁명의 노래의 성가신 유산을 없애려고 하였다. 따라서 몽스니(Mont-Cenis)[31]와 마렝고 평야를 향해 진군할 때 〈라마르세예즈〉가 연주된 것을 마지막으로 그것이 연주되었다는 기록은 나타나지 않는다. 통령체제와 그 후의 제국체제 하에서의

30) 〔역주〕 1799년 11월 9일의 나폴레옹의 쿠데타를 말함.

31) 〔역주〕 리옹에서 토리노로 가는 도중에 있는 산악지방. 알프스를 넘는 2,083m의 고개가 있다.

질서의 회복은 체제전복의 불길을 연상시키는 것을 용납하지 않았다. 사열이나 공식행사에서 불린 〈황제 만세〉나 〈프랑스 정예병의 노래〉는 〈라마르세예즈〉의 빛바랜 대체물이었고, 그 멜로디는 집단기억 안에 각인되지 못했다. 비록 〈마렝고 전투에서의 통령군의 진군〉, 〈아우스터리츠 진군〉과 같이 정복전쟁의 여정을 구획 짓는 데 적합했던 공민음악이라기보다는 문자 그대로 군대음악이 생겨났지만 말이다. 그리고 이 여러 음악은 나폴레옹의 전쟁술이 프랑스혁명 원정에서 얻은 것을 잊지 않았던 것과 마찬가지로 어떤 점에서 혁명의 진군을 연상시키는 면이 없지 않았다. 그러나 정치적 영역에서 사태는 그렇게 간단하지 않았다. 제국체제가 1791년에 라인 강 부대의 외과군의관인 A. 부아가 〈제국의 안전을 지키자〉라는 제목으로 달라이라의 멜로디에다가 가사("모험에 빠진 당신…")를 붙여 만든 노래를 재사용한 것은 일종의 핑계였다. 고세크는 이미 〈자유에 대한 봉헌〉에서 이 노래를 〈라마르세예즈〉와 결합시키는 일을 했다. 나폴레옹 정권은 국가나 조국이라는 일반적 의미를 지닌 소문자 e로 시작되는 '제국'(*empire*)을 대문자 E로 시작되는 '제국'(*Empire*)으로 대체함으로써 프랑스혁명의 유산을 큰 비용을 들이지 않고 자기 것으로 만들었다. 다른 술책과 마찬가지로 이러한 술책은 프랑스혁명의 유산을 하찮은 것으로 만들지는 않았지만 그것을 아주 모호한 것으로 만들어 놓는 효과를 발휘하였는데, 예컨대, 이 노래의 후렴에서 자유는 이렇게 묘사되었다.

> 자유여, 죽을 수밖에 없는 모든 존재가 너에게 경의를 표하는 자유여,
> 전제군주들아 떨어라, 당신들은 당신들의 죄를 속죄하게 되리니 …

달리 무슨 방도가 있었겠는가? 제1통령은 아주 일찍이 루제 드릴에게 '전투의 노래'를 작곡하라고 명령하였고 그는 그것을 1800년 1월에 작곡하였는데, 이것은 마르세유 병사들의 찬가를 결코 제칠 수 없는 시시한 작품이었다. 그러나 이때부터 〈라마르세예즈〉의 저자는 사실

상 제국의 반대자 진영에 들어갔고 이러한 개인적 변화는 단순한 일화의 영역을 벗어나는 충분히 의미 있는 일이었다. 이 공병장교는 총재정부 시절에 어떤 작전 — 예컨대 키블롱 사건 — 에 참여한 다음, 총재정부의 나머지 시기에는 잠시 군대생활을 하는 등 무위도식하다가, 이유야 어떻든 카르노의 반감을 사게 되었고, 아울러 문인사회에서 알려지지 않은 데 대해 앙심을 품게 되었다. 그 후 그는 총재정부 말기에 바타비아 공화국에서 이중직을 얻는 등 외교관으로서의 경력을 뚫으려고 시도하였다.

그러나 그는 자유로운 인간이었고, 공화력 8년 눈의 달 6일(1799년 12월 15일 - 옮긴이)에 그가 여러 차례 만난 적이 있던 보나파르트에게 공화주의자로서의 솔직함이 그대로 담겨 있는 편지를 썼다. "통령, 만족하십니까? 나는 그것을 믿을 수 없군요.…" 그러고 나서 그가 이미 알아차린 막 수립된 정권의 결함을 비난하였다. 루제 드릴은 나중에 나폴레옹의 종신통령 찬반을 묻는 국민투표에서 반대표를 던졌고, 1804년에는 글을 통해 전보다 더 근엄한 어조로 정권을 공격하였다. "보나파르트, 당신은 당신을 망치고 있다. 그리고 더 나쁜 것은 당신이 당신으로 인해 프랑스를 망치고 있다는 것이다. … 당신은 자유에 대해 어떤 짓을 했는가? 공화국에 대해 어떤 짓을 했는가? …" 루제 드릴은 제국 시기에 감시를 받으며 살았고, 파리와 프랑슈콩테에 있는 가족의 고향집 사이를 오가며 가난한 생활을 영위하였다. 또 그는 경찰의 감시를 받았으며 먼 친척인 말레 장군 같은 공화파 음모자와 접촉했다는 의심을 받았다. 제국 시기에 루제 드릴이 겪은 바는 독특한 점은 없지만 자신들의 신념을 버리지 않으면서 침묵을 지켰던 공화파 소그룹이 겪은 바의 전형이었다.

제1제국 시기의 연대기는 1812년 베레지나(Bérézina)[32] 도강(渡江)이라는 비극적이면서 불쾌한 에피소드에서 〈라마르세예즈〉를 재등장

32) 〔역주〕 1812년 11월 27~29일에 나폴레옹이 러시아에서 퇴각하다가 건넌 러시아의 강 이름.

시킨다. 다수의 사망자가 발생한 혼잡 속에서, 군사들에게 힘을 주기 위해 "가자 조국의 자식들아 …"라는 〈라마르세예즈〉의 첫 소절을 부른 것은 바로 황제 자신이었다고 기록되어 있다. 일부 병사들이 황제의 뒤를 따라 불렀으나 중단되었다. 9, 10보병대대로 알려진 두 부대가 절망에 빠져 빈정대는 어조로 거의 잊힌 100년 전의 노래지만 마리 앙투아네트가 혁명 직전에 유행시켰던 〈말브룩 너 전쟁에서 사라져라〉(*Malbrough s'en va-t-en guerre*)[33]의 후렴으로 그에 응답을 했기 때문이었다. 자신들의 사령관에게 주는 병사들의 통렬한 징계였다. 그럼에도 불구하고 부르봉 왕가가 파리에서 도망치고 독수리(*l'Aigle*)[34]가 날아오른 백일천하 시기에 〈라마르세예즈〉는 프랑스혁명기의 격렬함을 가지고 다시 살아났다. 결코 유머가 있는 인간이 아니었던 루제 드릴의 말이 이를 증명한다. 지방에서 파리로 되돌아와 사건을 예의주시하던 그는 고향친구에게 이렇게 썼다. "일이 잘못되고 있다. … 저들이 〈라마르세예즈〉를 부르다니!"

그 나름의 믿음직한 방식으로, 샤토브리앙은 도주한 왕에 관한 이야기에서 이런 평가를 확연히 확인해 준다. "인민은 〈라마르세예즈〉를 부르고, 붉은 모자를 다시 등장시키고, 나폴레옹 흉상에 붉은 모자를 씌웠다. … 프랑스혁명이 소생한 것이다." 이것은 왕당파의 공포를 보여주는 것 이외에도 〈라마르세예즈〉와 프랑스혁명의 이미지 사이의 깊은 관계를 증언하며, 사람들은 양자를 혼동한다.

백일천하 시에 그를 환영한 자발적 시위대가 〈라마르세예즈〉를 부르는 것을 참아야 했던 나폴레옹이 그것을 계속 불신했던 것은 이런 이유에서였음이 틀림없다. 샹드메(Champ-de-Mai)[35] 다음 날 그는 공

---

33) 〔역주〕 프랑스군이 영국군에게 고전을 면치 못한 에스파냐 계승전쟁 시 영국의 총사령관이었던 말버러(Marlborough) 공작이 1722년 죽은 이후에 생겨난 노래로 1781년부터 아주 유행했다. '말브룩'은 '말버러'의 프랑스식 발음이다.

34) 〔역주〕 독수리는 나폴레옹 1세를 상징한다.

35) 〔역주〕 중세 초 카롤루스 왕조에서 왕을 선출한 전사들의 회합. 여기서는 나폴레옹이 왕으로 추대됨을 의미한다.

적(公的)인 음악 프로그램에서 그것을 지워 버렸다. 그럼에도 불구하고 〈라마르세예즈〉는 그다음 주에 있었던 벨기에 원정 시에도 계속 불렸다. 알렉상드르 뒤마 2세는 병사들이 그 노래를 부르는 것을 들었다고 기록하였다. 그 후의 리니 전투에서도 이 노래가 불렸다고 전해지며, 워털루에서도 나이 든 근위병들은 사각형의 진(陣)을 편성하면서 이 노래를 부르기 시작하였다. 나폴레옹의 모험의 마지막 에피소드 — 프랑스혁명의 이상에 대한 옹호가 제국의 마지막 픽션 뒤에서 재발견된 바로 그때 — 가 〈라마르세예즈〉를 재등장시킨 것이었다. 워털루 이후 파리 성문 밖에서 전투를 했던 그루쉬(Grouchy) 부대도, (백일천하 시에 프로방스로 파견되어 - 옮긴이) 툴롱 밑에서 싸웠던 브륀(Brune)의 병사들도 〈라마르세예즈〉를 불렀다.

복고왕국은 〈라마르세예즈〉를 부르는 것을 금지했을 뿐만 아니라 그 존재 자체를 잊게 만들려고 노력하였다. 1820년대의 어떤 군사(軍史) 서적을 보면, 제마프를 언급하면서 사람들은 "당시의 군대찬가"를 불렀다고 조심스레 기록하고 있다. 상징적 영웅인 루제 드릴의 고난은 이 노래에 대한 쌓이고 쌓인 증오의 힘을 잘 보여준다. 어떤 사람들은 그가 제국의 많은 반대자들처럼 복고왕국은 자유주의적이어야 한다는 희망을 한때 품었다고 그를 비난하였다. 그러나 그는 복고왕국에 대한 환상에서 곧 깨어났고, 약간의 가족유산을 잃은 후 1817년에 아주 파리에 정착한 이 불쌍한 사내는 모든 타협을 거부하였는데, 타협의 기회는 결코 많지 않았다. 국립도서관도 금지되고, 파리의 무대도 금지되었다. 심지어 아무도 재정적 어려움에 빠진 그를 도와주려고 하지 않았고 제국에 반대했던 옛 동지로서 그에게 우정을 보였던 노디에, 그리고 심지어 오를레앙 공(公)도 자신에게 누가 될 수 있는 관대한 행동을 감히 하지 못했다. 그렇게 해서 루제 드릴은 1826년 66세 때에 채무로 인해 수감되고 말았다. 그는 친구들의 뒤늦은 호의 덕택에 감옥에서 나왔으나 뇌졸중으로 쇠약해졌고, 절망에 빠져 자살을 시도하였다. 그러나 그를 포기하지 않았던 몇몇 친구들 — 그레구아르 신부,

13. 〈라마르세예즈〉의 탄생, 1792년 4월 25일.
스트라스부르 시청 앞에 있는 〈'라마르세예즈'를 부르는 루제 드릴〉, 필스 작, 1849년.

라피트, 베랑제, 블랭이 그에게 숙소를 제공하였다 — 의 헌신으로 목숨은 건지게 되었다. 그리고 풍향이 바뀌었다. 복고왕국의 마지막 몇 년간 자유주의자들은 대담해졌다. 그래서 루제 드릴의 역사는 〈라마르세예즈〉의 역사와 재회하게 되었는데, 이때 〈라마르세예즈〉는 루제 드릴이 펴낸 《프랑스 노래 50곡》이라는 책을 통해 대중 앞에 다시 나타났다.

절반은 박애주의에서 절반은 좋은 의미의 선전에서, 다비드 당제는 혁명의 음악가의 흉상과 대형 메달을 만들어 1830년 6월에 판매하였다. 루제 드릴은 〈라마르세예즈〉가 1830년 7월의 영광의 3일에 샤를 10세 정권을 흔들어 놓은 바리케이드 위에서 불림에 따라 다시 한 번 인정을 받는 바로 그 순간에 다시 한 번 공적 인물이 되었다. 《풍자시집》(*Iambes*)[36]의 저자인 낭만 시인 바르비에는 〈쟁탈전〉이라는 시에서 〈라마르세예즈〉를 배경으로 한 7월의 무거운 열기를 이렇게 언급하였다.

> 〔그때〕 파리 전체에서, 솟구치는 바다처럼,
> 들고 일어난 인민은 들끓었고,
> 낡은 대포의 음울한 소리에
> 〈라마르세예즈〉는 대답하였네 …

얼마 후 분명한 의도를 지닌 그의 작품집에 수록된 들라크루아의 그림, 〈7월의 전투에서 인민을 이끌고 바리케이드 위에서 '라마르세예즈'를 부르는 자유〉는 그것을 그림으로 표현하였다.

아무튼 분명한 사실은 사람들이 이 노래를 망각하지 않았다는 것이다. … 브뤼메르[37] 이후 30년이 지났어도 파리의 대중은 혁명의 노래

---

36) 〔역주〕 1830~1831년에 바르비에가 출판한 풍자시집, 7월혁명에서 득을 본 기회주의자들을 비판하는 시들로 채워져 있다.

37) 〔역주〕 1799년의 나폴레옹의 쿠데타를 말한다.

를 여전히 알고 있었다. 물론, 요 몇 년 전에 부활한 사실을 언급해야 겠지만, 많은 사람들에게 〈라마르세예즈〉의 기억이 결코 사라지지 않았다는 것은 분명해 보인다. 벨기에에서도 마찬가지였는데, 브뤼셀의 자유주의자들은 프랑스 망명자들(복고왕국에 의해 추방된 국왕살해자들)의 집 창문 아래 모여 그들의 민족의 노래를 불렀다. 브뤼셀의 혁명에서 군중을 불타오르게 만든 〈포르티시의 벙어리 여인〉과 거의 마찬가지로 〈라마르세예즈〉는 자기 역할과 몫을 다하였다. 그리고 대서양 넘어 뉴욕에서 영광의 3일의 소식을 듣고 이를 축하하고자 했을 때에도 〈라마르세예즈〉는 절대적으로 필요했다. 1830년에 혁명이 일어난 여러 곳에서의 자유주의의 물결은 뉴욕, 폴란드, 이탈리아에서 프랑스의 예를 따라 인민의 자유에 대한 열망을 표현하고 있는 한 노래가 청중들에게 얼마나 보편적이고 주저 없이 불리게 되었는지를 측정케 해준다.

프랑스로 되돌아와, 그 정권을 비난하는 사람들의 말처럼 바리케이드에서 태어났으나 바리케이드에서 태어난 정권치고는 비(非)민중적 정통성을 추구했던 루이필리프 정권이 〈라마르세예즈〉에 대해 애매한 태도를 취했다는 것은 놀랄 일이 아니다. 루이필리프 정권은 〈라마르세예즈〉를 거부할 수 없었고 그래서 사람들은 도처에서 이 노래를 불렀다. 그리고 루이필리프는—적어도 이 시기에는—프랑스혁명의 특정한 이미지 즉 삼색기로 몸을 휘감고 있는 라파예트로 상징되는 프랑스혁명의 이미지와 당시를 다시 연결하려고 애쓰면서 거듭해서 이렇게 말하지 않았던가? "나는 그때 발미에 있었고, 그때 제마프에 있었다"고 말이다. 1792년에 중단된 이 부르주아혁명의 이미지는, 별 불협화음 없이 〈라마르세예즈〉의 노랫소리로 마무리될 수 있었다. 게다가 이 음악은 화약 냄새가 나고 전복의 불길을 생각나게 했다. 7월왕국은 카시미르 들라비뉴의 가사에 곡을 붙여 1830년에 태어난 〈라파리지엔〉의 곡조를 〈라마르세예즈〉보다 더 선호하였고, 우리가 이미 살펴보았듯 〈제국의 안전을 지키자〉로 〈라마르세예즈〉를 대체하려고 했던 제1제국 시기의 관행을 또 시도했다. 그리고 우리는 정권이 위험하지 않은 맞불을 놓아 〈라마르세예즈〉와 대결하게 만드는 것을 앞으로 계속 보게 될 것이다.

그렇지만 잠시 그 흐름에 역행하는 흐름이 있었다는 것은 의문의 여지가 없다. 7월의 날들 바로 직후에 가수인 누리(Nourrit)는 혁명의 전통을 다시 이으면서 오페라극장에서 〈라마르세예즈〉를 불렀다. 청중은 합창으로 응답했고, 사람들이 죽었다고 믿고 있던 루제 드릴이 호명되면서 터져 나온 감동의 물결 속에서 소식을 잘 알고 있던 한 관객이 그가 비참하게 살고 있다는 사실을 밝혔다. 그리고 이 즉흥적인 사이코드라마는 잊힌 저자를 위한 모금운동으로 끝을 맺었고, 사람들은 그 돈을 수아시르루아에 있는 그의 집에 전달하였다. 이 도식적인 이야기를 끝맺기 위해, 가난하지만 의연한 이 노인이 그 돈을 7월혁명 희생자의 미망인과 부상자들을 위한 7월투사들의 기금에 기부했다는 사실을 꼭 집어 이야기할 필요가 있을까? 행운은 결코 혼자 오지 않았다. 복고왕국 시기에 오를레앙 공작은 〈라마르세예즈〉의 저자에게 호의를 베풀 용기가 없었지만, 7월혁명으로 왕이 된 루이필리프는 "그가 나의 옛 군대동료였다는 사실을 잊은 적이 없다"고 쓰면서, 루제에게 연 1,500프랑의 연금을 주었다. 대단치 않은 보조금이었지만—부르주아 왕(루이필리프 - 옮긴이)은 씀씀이가 헤프지 않았다—그의 관대한 보호자인 베랑제의 사려 깊은 탄원과 운동으로 몇 년 뒤 금액은 2배로 늘어났다. "드디어 당신은 좋은 겨울 프록코트를 가질 수 있게 되었다"고 인기 있는 상송작가는 그의 늙은 친구에게 편지를 썼다. 프랑스혁명기 이후 떼어놓을 수 없는 루제 드릴과 〈라마르세예즈〉의 이야기, 작가와 작품의 이야기는 우리에게 거대함과 사소함과 누추함의 중첩을 익숙하게 만든다. (들라크루아가 그린 - 옮긴이) 바리케이드의 자유의 여신이 너그럽게 드러내 놓은 젖가슴으로부터 수아시르루아의 작은 늙은이의 프록코트에 이르기까지. 생각보다 오래 살았던 루제 드릴은 1836년 6월 26일 76세로 사망하였다. 그러나 그의 이야기가 여기서 끝난 것은 아니었다. 죽은 후의 그의 운명은 20세기까지 다시금 〈라마르세예즈〉와 뒤얽혔는데, 왜냐하면 죽은 영웅을 관리하는 것이 산 자를 관리하는 것보다 더 용이했기 때문이다. 요컨대, 지금이야말로 그를 평가하기에 좋은 때인 것 같다. 그는 사람들이 그 상(像)을 세우려고 했던 거대한 창조신, 즉 공화국의 투르타이오스도 아니고, 정치적으로 왔다 갔다 한, 자기 작품에 추월당하고 자신이 세상에 태어나게 만든 후손들에 의해 나중에 만들어진 기회를 잘 잡은 별 볼일 없는 천재도 아니었다. 그는 실은 불행한 그리고 망각된 시인이라는 최후의 이미지를 넘어서, 자기 식으로 당대의 감성(*sensibilité*)에 부합한 인물로서, 계속 시와 소설을 쓰면서 자신을 드러냈고, 마이어베어(독일 작곡가 - 옮긴이)와 서신을 교환했고, 생시몽주의에 관심을 갖고 있었다. 사실 그는 아카데믹한 세계에 알려진 위대한 작가들의 서클에 들어가지 못한, 그래서 위고와 다른 작가들이 그의 가사를 수정하려고 시도했던, 그런 사람이었다. 아마도 고작 그 정도였을 것이다.

잠시, 1830년 7월혁명 직후의 파리로 되돌아가 보자. 〈라마르세예즈〉는 도처에서 불렸고 이 유행은 1832~1833년까지 계속되었다. 사람들은 루이필리프가 자식 및 가족을 대동하고 튈르리 궁의 발코니에 오를 때 발코니 밑에서 그 노래를 불렀고, 왕은 후렴구를 따라 불렀다. 서민적 친숙함을 드러내면서 1789년의 유산을 지킨다는 공적인 표시인 셈이었다. 이 교활한 친구(루이필리프 - 옮긴이)가 시늉만 하고 실제로 노래를 부르지는 않았다는 것을 알려면 훨씬 나중에 그의 측근 고관들의 가차 없는 회고록이 나올 때까지 기다려야 했다. 이 일화가 무의미한 것인지 아니면 진실을 드러내는 것인지는 결정하는 것은 독자의 몫이다.

1830년 여름 튈르리에서 〈라마르세예즈〉를 부른 것은 다른 장소들에서도 반응을 일으켰다. 우리가 프랑스혁명 시기에 보았던 관행이 계승되어 1831년 그리고 1832년에도, 극장에서는 도처에서 〈라마르세예즈〉가 불렸다. 그러나 1833년 7월의 날들의 기념일 직후 분위기가 달라졌다. 7월 28일 방돔 광장에서 나폴레옹 상(像)을 원주 위에 설치하는 것을 기념하는 성대한 의식이 거행되었다. 그러나 그다음 날인 29일, 〈라마르세예즈〉는 같은 신앙이나 애'향'심을 표명하기 위해서가 아니라 바로 마치 전쟁선포처럼 혁명적인 열기를 가득 담은 채 튈르리궁의 왕의 창문 아래서 불렸다.

1834년 재판으로 정치범을 가득 채운 루이필리프의 감옥에서 또다시 삼색기와 더불어 거의 반란의 노래가 된 〈라마르세예즈〉는 제례(祭禮)라고 할 수도 있는 조직적인 집단시위의 핵심적 존재가 되었다. 수감생활을 기록한 라스파이유의 회고록은 〈라마르세예즈〉를 '저녁기도'라고 명명하였다. 감옥 안마당에서 수감자들은 저녁에 삼색기 주변에 모여 〈라마르세예즈〉를 불렀다. 열정의 순간이자 명백한 교감의 순간이었다. 간수와 감독관도 프랑스혁명 이후 준(準) 공식적이 된 의례에 따라 "조국에 대한 신성한 사랑"이라는 가사가 나올 때 땅에 무릎을 꿇었으니까. 체제전복의 의도를 드러내게 하기 위해, 존경을 강요하는 애'향'적 노래에 이어 〈라카르마뇰〉과 〈싸이라〉를 부르도록 선동하는 '끄나풀들'을 심어놓는 일을 무릅써 가면서 말이다. 공화파 수감자들은 가짜 형제들을 찾아내 그들을 감방에서 나오지 못하게 함으로써 이러한 함정을 피했다. 그러나 바로 여기에 이 일화의 의미가 있다. 〈라마르세예즈〉를 정면으로 공격할 용기를 내지 못하고 그것과 타협하려고 했던 정권과 그 경찰의 이중성 이외에도 이 일화는 프랑스혁명을 계승하는 수많은 애'향'적 노래들 가운데서 혁명 이후에 〈라마르세예즈〉가 차지했던 자리를 보여준다. 아직 살아남았던 〈라카르마뇰〉과 〈싸이라〉가 여전히 체제전복적이고 정말로 혁명적인 노래였다면, "조국에 대한 신성한 사랑"의 애'향'적 표현으로 여기지 않을 수 없었던 〈라마르세예즈〉는 민족의 노래가 될 준비가 되어 있었다.

그렇지만 주저되는 바가 없지는 않다. 회고록의 저자들이 우리에게 1835년 이후 마르세유 병사들의 찬가가 또다시 반란의 노래가 되었다고 말했다면, 뤼드가 개선문에 유명한 집단조각상인 〈출정〉을 완성한 것이 1836년이었으니까 말이다. 고대영웅처럼 누드로 조각된 1792년의 의용군을 승리의 상(像)이 자신의 외침, 아니 노래로 이끌고 있다. 분명히 들라크루아의 자유가 승리로 대체되었는데, 그 승리는 프리지아 모자를 쓰고 그 위에 골의 수탉을 얹고 있다. 그리고 프록코트와 바지 대신에 로마인… 아니 갈리아인의 옷을 입고 있다. 그리고 〈출정〉의 이 집단조각상이 마리조제프 셰니에의 〈출정가〉가 아니라 〈라마르세예즈〉를 가리키고 있다는 사실(이는 명확하지는 않다)을 지적하는 것이 중요하다.

이러한 모호성은 루제 드릴의 기억에 대한 정권의 태도를 보여준다. 공공장소에 "조각상을 마구 세우는" 시기의 전주곡에 해당되는 시기인 1838년에 파리에 작곡가의 기념물을 세우자는 계획은 거부되었으나, 루제 드릴은 어쨌든 개선문의 벽 위에 거의 익명의 영웅으로, 그리고 집단 속에 파묻혀 잘 알 수 없는 모습으로 그려졌던 것이다.

1840년에 〈라마르세예즈〉는 티에르 내각(1840년 2월~10월)이라는 국내적 상황 속에서 그리고 더 정확하게는 동방문제(오스만 제국의 부패와 연관된 문제 - 옮긴이)로 야기된 위기라는 국제적인 상황 속에서 복귀하였다. 프랑스가 후원하는 이집트의 파샤 무하마드 알리와 영국과 유럽대륙의 보수강대국인 러시아, 프로이센, 오스트리아가 지지하는 오스만의 술탄이 대립한, 그리고 대결의 규모가 단지 지중해가 아니라 유럽으로 커진 이 싸움의 자초지종을 여기서 상기시킬 필요는 없다. 영국의 장관 파머스턴의 공격적인 정책도 이 사태에 일정 부분 책임이 있지만, 민족적 자존심에 아부하는 동원을 통해 자유주의적 선거개혁에 대한 자신의 완강한 거부를 여론에서 상쇄시키면서 동시에 중요한 역할을 하려고 애썼던 티에르의 뒤죽박죽의 무분별한 행위도 책임이 있다. 저들은 전쟁의 상상을 가지고 놀았고, 군대를 강화했고, 파리에 축성작업을 벌였으며, 나폴레옹의 유해가 되돌아왔을 때 나폴레옹의 기억이 되살아났던 것처럼, "프랑스혁명의 가장 비천한 자식"으로 자처했던 티에르는 호전적이고 겉으로는 자신만만해하던 프랑스에 맞서 연대한 유럽에 대해, 1792년의 거대한 그림자를 환기시키는 데에 주저하지 않았다. 얼마간은 쇼비니스트적인 슬로건을 기축으로 동원된 여론의 자생적 표현으로서, 그리고 정부에 의해 행해진 조작으로 인해 〈라마르세예즈〉는 오랜 공백 끝에 다시 나타났다. 군대식 유머로 유명한 뷔고는 그것을 "지하창고에서 오래 묵힌 아주 뛰어난 찬가"라고 정의하였다. 파리에서는 전통에 따라 오페라극장과 여타의 극장에서 그리고 지방에서는 루앙, 포, 아라스, 르망 등지에서 〈라마르세예즈〉의 공개연주가 장려되었다. 민족찬가는 애국적 장면과 제국병사들을 전문적으로 그린 샤를레가 그림을 그리고 펠릭스 피야가 서문을 쓴 대중판 그림책을 지니게 되었다.

민주적이거나 혁명적이라기보다는 민족적인 성격이 훨씬 강한 감정의 분출—비록 정부는 애매한 태도를 취했지만—은 일시적이면서도 동시에 훗날을 위해서 매우 중요했다. 일시적이라 함은 티에르 내각이 곧 실각했기 때문이다. 왕은 사태를 예의 주시했고 그가 "좋지 않은 기억을 가지고 있었던"(S. 샤를레티) 1792년을 다시 보고 싶어 하지 않았다. 그는 이 신중하지 못한 내각을 10월에 끝장내고, 영국과 협상하였다. 1841~1842년 이후 〈라마르세예즈〉는 그 반작용을 겪었고, 또다시 (정부에 - 옮긴이) 밉보이게 되었다. 그러나 놀랍게도 그 반동으로, 당대인들은 유럽대륙 특히 독일에서 프랑스의 〈라마르세예즈〉에 해당되는 새로운 노래가 생겨나는 것을 목격했다. 쾰른의 하급관리이자 아마추어 시인인(그러나 이것 때문에 그를 무시해 버릴 필요는 없다—루제 드릴도 아마추어, 요컨대 한 작품밖에 없는 인간이었다) 니콜라우스 베커는 "그들은(프랑스인들은 - 옮긴이) 자유로운 독일의 라인 강을 갖지 못하리라"("*Sie sollen ihn nicht haben, den freien deutschen Rhein*")를 주제로 〈라인 강의 노래〉(*Rheinlied*)를 작곡했고, 이 노래는 프로이센에서 바이에른에 이르는 전 게르만 세계에서 눈부신 그리고 대단한 환영을 받았다. 그 노래 하나만 있었던 게 아니었다. 슈네켄부르거는 자신의 노래 〈라인 강의 수비〉(*Die Wachte am Rhein*)[38]에서 이렇게 외쳤다.

"라인 강으로, 라인 강으로, 누가 그 강의 지킴이가 되려고 하나?" 〈라마르세예즈〉만큼의 열정은 없지만 공격성은 가지고 있는 이 호전적인 선언에 맞서, 프랑스의 자유주의적이거나 민주적인 여론은 동요되었고 두 개의 담론으로 응답하였다. 라마르틴은 〈라마르세예즈〉를 개사(改詞)할 필요성을 느꼈고, 그래서 〈라마르세예즈〉를 〈평화의 라마르세예즈〉 그리고 좋은 감정의 라마르세예즈로 대체하기 위해 그것의 '유혈적인' 차원을 제거하였다(1841년 5월).

> 너의 드넓은 양안(兩岸) 사이를 자유롭게 그리고 당당하게 달리는,
> 라인 강, 서양의 나일 강, 민족들을 나누고,
> 너의 살아 있는 물을 마시는 (양안에) 자리 잡은 인민들을 나누고,
> 시련과 야망을 날려 보내네 …

분명히 서양의 부르주아지에게 가능한 전략의 하나를 대변하는 평화주의적 담론이었다. 그러나 쥘 피요처럼 1914~1918년(제1차 세계대전 - 옮긴이)에 글을 썼던 〈라마르세예즈〉의 역사가들은 이러한 서정시를 결코 높이 평가하지 않았다는 것은 말할 필요도 없다. 그들은 몇 달 뒤의 알프레드 드뮈세처럼 프랑스인의 성격에 맞게 거침없고 무뚝뚝한 응답을 더 좋아하였다.

> 우리는 당신들의 독일의 라인 강을 가졌고,
> 그것은 우리의 잔 안에 들어 있네.
> 하나의 행진곡이
> 도도한 발자취
> 당신들의 핏속에 새겨진 우리의 말발굽의 자취를 지울 수 있을까?

이것은 술집의 노래라고, 겉보기보다 덜 평화주의적이었던 라마르틴

---

38) 〔역주〕 독일의 옛 국가(國歌).

은 불만을 표시했다. 그러나 맥주잔을 앞에 두고 또는 술 마시면서 부르는 노래를 놓고 벌이는 이러한 설전 뒤에서는 후손들이 모습을 드러내고 있었고, 이들은 절대로 하찮은 존재들이 아니었다. 그리하여 유연하고 강인한 형태의 1792년의 〈라마르세예즈〉는 민족주의들의 시대(*l'âge des nationalismes*)에 새로운 모험 속으로 휩쓸려 들어갔다.

그러나 뮈세보다 라마르틴에 가깝게 해석하는 우애의 〈라마르세예즈〉에게 그 시대는 아직도 청춘이요, 은총의 순간이었다. 제2공화국은 그런 시대에 속했다. 유럽의 혁명의 노래인 〈라마르세예즈〉는 1848년에 혁명이 일어난 모든 수도에서 울려 퍼졌다. 그것은 승리의 순간에 불렸고, 또 실패와 패배를 영웅적 색조로 물들였다. 1851년에 마르세유의 민주주의자들이 망명한 헝가리의 혁명가 코쉬트를 미국으로 싣고 갈 대형여객선 미시시피 호의 기항을 환영할 때 부른 노래도 〈라마르세예즈〉였다.

프랑스에서 1848년 봄에 또다시 민중의 노래가 된 〈라마르세예즈〉는 집회와 축제에서 반드시 부르는 노래가 되었다. 〈라마르세예즈〉 음악에 맞춰 자유의 나무를 심었고, 이를 계기로 반세기 이상 망각되었던 또 하나의 절(節)이 재발견되었는데, 그것은 꿈과 희망을 실어 나른 1848년 2월혁명의 색조를 되살려 냈다.

> 우리의 희망과 우리의 소원의
> 담보가 된 사랑하는 나무여
> 너는 시대를 가로질러 번창하리니 …

루제 드릴의 기억이 다시 유행하였다. 1848년 5월에 〈르시에클〉지는 루제 드릴의 삶과 경력에 관한 전기(傳記) 자료들을 게재하였다. 같은 해에 〈라이프치히 음악잡지〉는 〈라마르세예즈〉의 가사를 쓴 것은 라인란트의 자코뱅인 포스터(Forster)이고 곡을 붙인 것은 라이하르트(Reichardt)라고 주장했고 〈쾰른 잡지〉는 프랑스 찬가를 작곡한 것은 하만(Hamman)이라는 오르간주자라고 주장하였다. 19세기 말까지 계속된 고난의 시작이었고, 쥘리앵 티에르소가 그것이 루제의 작품임을 결정적으로 증명할 때까지 그것의 작가라는 사람들이 연이어 나타났다. 출현 당시에는 문제가 되지 않았던 한 작품의 저작권을 둘러싼 이 사후적 논쟁은 〈라마르세예즈〉가 얼마나 큰 쟁점이 되었는지를 잘 보여준다.

그러나 1848년 프랑스에서는 누구도 루제 드릴의 존재를 의심하지 않았다. 스트라스부르에서는 그에 대한 기억이 이어졌고, 그래서 공병장교 루제 드릴이 살았던 '메상쥐(Mésange) 로(路)'는 '라마르세예즈 로(路)'로 개명되었다. 그리고 민족찬가의 판화제작은 1849년에 획기적인 사건이 된 한 그림, 즉 살롱에 출품된 필스(Pils)의 작품 〈스트라스부르 시장 디트리슈 집에서 최초로 '라마르세예즈'를 부르는 루제 드릴〉로 풍요로워졌다. 그것은 집주인의 가족과 손님들의 시선을 집중시킨 그 장교의 실루엣이 병풍을 배경으로 뚜렷이 드러나 있는, 당시의 관행에 따른 역사화이자 균형 잡히고 표현력이 풍부한 작품이었으며 앵티미즘(*intimisme*)[39]과 연극적 성격의 혼합이었다. 그 주인공은 그가 메시지를 전달한 후손들이 보기에는 이미 공적인 자세를 취하고 있었다. 19세기 말의 전기작가들은 이 그림의 사실성에 이의를 제기하였다. 왜 이 화가는 주인공들을 그린 잘 알려진 초상화들을 본받아 역사적 사실 그대로 디트리슈가 자기 친구의 노래를 부르는 것으로 묘사하지 않았을까? 그러나 우리가 보기에 이는 얄팍한 비난이다. 왜냐하면 우리는 공화파 판화의 중요한 상투적 표현의 하나가 이 그림에 들어 있는 것을 보기 때문이다.

제2공화국은 대혁명 이후 확립된 전통에 따라 〈라마르세예즈〉를 하나의 공연물로 만들어 극장무대 위에서 연주하였다. 그러나 그것에 특별한 자리를 부여하지는 않았는데, 왜냐하면 〈산악파의 노래〉, 〈지롱

39) 〔역주〕 실내, 가정 따위를 주제로 삼는 실내화파.

드파의 합창곡〉과 같이 혁명적이지는 않더라도 적어도 프랑스혁명을 떠올리게 하는 노래더미 속에 그것을 통합시켰기 때문이다. 그 이전 10년 동안 프랑스혁명사 서술을 증가시켰던 프랑스혁명에 대한 이 뜨거운 호기심이 음악영역에 반영되면서,[40] 사람들은 폴 페발이나 여타의 작가들이 나중에 가짜 올빼미당을 만들어 냈듯이, 가짜 혁명가들을 만들어 냈던 것이다. 시대가 그것들 안에서 자신을 인식하려고 하는 이런 모방작품들을 보고 있노라면, 자코뱅 스스로가 "로마인의 옷을 입고" 그들의 과업을 달성했던 것처럼 1848년 2월혁명가들은 대혁명의 기묘한 복장을 하고 있었다고 말한 맑스가 생각난다.

(7월왕국기의 - 옮긴이) 지롱드파는 그들에 대한 재판이 끝나면 〈라마르세예즈〉를 합창하였다. 알렉상드르 뒤마는 2월의 날들의 6개월 전인 1847년 8월에 공연한 〈적색가문의 기사〉에서 다음과 같은 합창곡을 부르게 했는데, 라마르틴의 독자들과 그 밖에 많은 사람들은 그 합창곡에서 자신들의 정체성을 확인하였다.

> 조국을 위해 죽는 것
> 그것은 가장 아름다운 것, 가장 부러워할 만한 것이니 …

그러나 이런 표현 역시 우리에게 전해진 루제 드릴의 메아리였는데, 왜냐하면 뒤마는 이 두 소절을 〈라마르세예즈〉의 저자 — 그는 자신의 노래 〈롱스보(Roncevaux)[41]의 롤랑〉에서 이 소절을 사용했고 그 후 이를 다시 사용했다 — 에게서 차용했기 때문이다.

〈지롱드파의 합창곡〉은 〈라마르세예즈〉를 대체하지 못했다. 〈라마르세예즈〉는 자신의 모든 명성을 지켰다. 2월의 날들 직후에도 라셀

---

40) 〔역주〕 미슐레의 《프랑스사》, 라마르틴의 《지롱드의 역사》, 루이 블랑의 《프랑스사》, 에스키로의 《산악파의 역사》 등 1830~1840년대에는 많은 프랑스혁명사가 씌어졌다.

41) 〔역주〕 778년 8월 15일 카롤루스 대제(샤를마뉴)의 조카 롤랑이 전투에서 사망한 에스파냐의 도시 이름.

(Rachel)[42] 은, 공화력 2년의 여신처럼 아름다운 젊은 여성들이 이성(*la Raison*)을 연기했던 것처럼, 자신의 경력의 절정기인 28세 때에 코메디 프랑세즈에서 라마르세예즈를 '연기'했다. 그녀는, 간결하면서도 장엄한 장면에 고대의 흰 튜닉(*tunique*)[43] 차림으로 삼색기를 들고 등장해서, 〈라마르세예즈〉를 노래가 아니라 낭송으로 들려주었다. 도입부를 천천히 낭송한 다음 점점 목소리가 커지다가 그 후 애'향'적인 흥분의 광란에 빠진 이 여배우는 무릎을 꿇고 삼색기의 주름 속에 자리를 잡고 앉아 "조국에 대한 신성한 사랑"을 말하였다. 이 제례가 종교적으로 해석되었다는 것이 어떻게 놀라운 일이겠는가? "라셸은 신성한 열정을 불러일으켰다"고 코시디에르는 썼다. 다른 비평가들은 내가 보기에는 다소 적절치 못하게 그녀에게서 "프랑스 무대의 잔다르크"를 보는 왜곡된 해석을 하였다. 파리에서 박수갈채를 받은 라셸은 마르세유에서는 대성공을 거두었다. 〈라마르세예즈〉는 그녀를 통해 민족적 상상계(*l'imaginaire national*) 안에서 한 단계를 넘어서게 되었다. 연기자와 그녀의 천재성에서 기인한 것들을 고려하면서, 우리가 이미 언급한 프랑스혁명 시기의 〈자유에 대한 봉헌〉의 공연방식과 이 공연방식을 비교해 보면 어떨까? 그 여사제와 하나가 된 신격화된 조국에 대한 이 열렬한 기도가 프랑스혁명 시기의 활인화(活人畫, *tableau vivant*)의 역동성보다 더 우월하지 않을까?

(루이 나폴레옹의 쿠데타가 일어난 1851년 - 옮긴이) 12월 2일 아침에, 루이 나폴레옹 보나파르트의 쿠데타에 반대하는 시위대는 〈라마르세예즈〉를 부르면서 집결하였다. 그리고 카옌으로 강제이주당해 그곳에서 15년 이상을 살게 될 추방자들을 싣고 가는 배 위에서 죄수들이 입에 올린 것도 바로 이 후렴구였다.

---

42) 〔역주〕 프랑스의 여성 비극배우. 17세 때 코메디 프랑세즈에 들어가 거의 20년간 코르네유와 라신의 연극에서 여주인공을 맡았다.

43) 〔역주〕 그리스·로마 시대의 의상. 소매가 있기도 하고 없기도 한 긴 치마 형태의 속옷.

14

15

16

17

18

14~18. 〈라마르세예즈〉 역사의 격렬한 순간들.

14. 1848년 라셸 ; 15. 1870년 마드모아젤 테레사 ;

16. 1882년 마드모아젤 아가르 ;

17. 1914년 마드모아젤 셰날 ;

18. 1918년 연합군 선두에 선 루제 드릴.

제2제국은 마르세유 병사들의 찬가를 또다시 전복의 노래의 반열에 올려놓았다. 나폴레옹 1세 시대에 〈제국의 안전을 지키자〉, 루이필리프 시대에 〈라파리지엔〉이 장려되었던 것처럼, 나폴레옹 3세는 〈시리아로 출발하는 젊고 아름다운 뒤누아〉라는 투르바두르풍의 노래를 강요하려고 시도하였다. 이는 칭찬할 만한 효행이었는데, 왜냐하면 줄여서 〈오르탕스 왕비의 노래〉로 불린 이 노래는 예전에 나폴레옹 3세의 어머니에 의해 작곡되었기 때문이다. 그러나 미적 감각이 없지는 않았지만 적어도 식견은 없었다(식견이 없다는 것이 이 정권의 유일한 잘못이라는 의미는 전혀 아니다). 이 싸구려 영웅주의가 정말로 인정을 받았을까?

그 후, 역사는 우리가 알다시피 희극조로 서투르게 표현되거나 반복된다. 1840년에서처럼 제2제국 말에 〈라마르세예즈〉는 재발명된다. 확실히 자유주의적 제국—특히 1868년 이후의 자유주의적 제국[44]—의 관용의 틈바귀 속에서, 〈라마르세예즈〉는 본연의 자기 모습으로 되돌아간 느낌이었다. 이 체제전복의 노래를 부르면 아직도 유죄판결을 받았지만, 크레미외같이 능란한 변호사는 자신의 변론 말미에서 판사에게 이 노래를 증거물로 처음부터 끝까지 들을 것을 요구할 수 있었다. 억압받던 시대의 작은 술수라고나 할까? 그러나 1870년 초의 몇 달 동안 변화의 징조가 커졌다. 앙리 로슈포르는 검열로 인해 폐간된 자신의 잡지 〈라랑테른〉(초롱불)을 〈라마르세예즈〉라는 이름으로 복간하였다. 시대 분위기의 반영인 카페 콩세르(*café-concert*)[45]의 지배인들은 〈라마르세예즈〉 연주 허락을 받으려고 애썼으나 아직 소용은 없었다. 1870년 7월 18일의 전쟁선포는 상황을 바꿔 놓았다. 그다음 날부터 육군장관 M. 미샤르는 오페라극장장에게 〈벙어리 여인〉의 막간에 〈라마르세예즈〉를 노래하라는 명령을 내렸다. 뷔고 장군이 1840년

44) 〔역주〕 1868년의 법들로 인해 언론규제가 완화되고 정치집회가 다시 나타났다.
45) 〔역주〕 식사나 음료를 들면서 음악이나 쇼를 즐길 수 있는 카페.

에 "지하창고에서 오래 묵힌 아주 뛰어난 찬가"라고 농담했던 것을 되풀이하듯, 에밀 드지라르댕의 "모든 사람은 〈라마르세예즈〉를 위해 일어서시오!"라는 표현이 생겨났다.

사람들은 〈라마르세예즈〉를 후하게 대접했다. 오페라극장, 오페라-코메디극장(〈카르멘〉 역을 초연한 갈리 마리에의 목소리를 통해), 여배우 아가르(Agar)가 라셸을 흉내 내 〈라마르세예즈〉를 "낭송한" 코메디 프랑세즈 극장과 보드빌과 라게테(la Gaieté) 등 도처에서 사람들은 〈라마르세예즈〉를 불렀다. 그리고 생마르탱과 생드니 가(街)의 카페 콩세르에서 보르다스(Bordas)는 유행하던 노래의 민중판본을 불렀다. 이 노래는 나이를 먹었고, 그래서 〈라마르세예즈〉가 처음 만들어질 때 10살이었던 늙은 오베르(Auber)는 "그것은 1792년의 운동이 아니다"라고 말했다. 그러나 1870년 7월 말에 생클루 관저(palais de Saint-Cloud)[46]에서 사람들이 부르는 것을 황제가 들은 것은 그런 식의 〈라마르세예즈〉였다.

이 제2제국의 〈라마르세예즈〉는 전쟁터인 마르라투르, 비옹빌, 르종빌에서 승리는 아니더라도 최소한 영웅적 행동의 순간을 갖게 되었다. 그러나 우리는 또한 패배당해 항복한 스당 주둔군이 행진할 때 프로이센의 고적대가 야유조로 연주했던 것도 〈라마르세예즈〉였다고 데룰레드가 격분조로 이야기했음을 떠올린다.

혁명찬가에게 자신의 중요성과 그 최초의 의미를 다시 부여한 것은 임시정부(le gouvernement provisoire)[47]였다. 〈라마르세예즈〉는 1871년 3월 18일[48] 파리의 시청 앞에서 불렀다. 파리가 포위되었던 기간

46) 〔역주〕 나폴레옹 3세가 이곳에서 프로이센에게 선전포고를 했다.

47) 〔역주〕 스당의 항복소식이 1870년 9월 3일 파리에 알려지고 그다음 날 시위대가 팔레부르봉(=의회)을 장악한 상태에서 강베타는 시청에서 나폴레옹 3세의 폐위를 선언하고 애'향'심을 고취시키는 '민족방위정부'(흔히 '국방정부'로 번역됨)라는 이름의 임시정부를 구성했다.

48) 〔역주〕 1871년 2월 17일 국회에서 공화국의 행정수반으로 임명된 티에르가 비스마르크와 평화협상을 진행하자, 이에 격분한 파리의 민중이 파리의 민중지구

동안 파리의 국민방위군 대대는 4월 2일의 포위돌파작전을 위해 〈라마르세예즈〉를 노래하기 시작하였다. 이렇게 해서 〈라마르세예즈〉는 파리코뮌 시에 그 어느 때보다도 무장한 인민의 노래가 되었다. 그리고 여배우 아가르는 베르사유군이 파리로 침공하기 직전에 부상당한 연맹병(fédérés)[49]을 위해 튈르리에서 이 노래를 불렀다.

코뮌의 패배 이후에도 〈라마르세예즈〉는 공적(公的)으로 금지되지 않고 공화파의 결집의 노래가 되었다. 1877년 5월 16일[50] 다음 날 마크마옹의 실패를 축하하기 위해 사람들은 이 노래를 불렀다. 경찰이 거칠게 몰아붙였음에도 불구하고, 같은 해 9월 티에르 장례식의 참여자와 관중은 이 노래를 불렀는데, 이는 자기 나름의 방식으로 행해진 공화파의 단합시위였다.

승리와 그 이면(1879~1918)

1879년에 시작되어 제 1차 세계대전 말까지 이어지는 기간은 민족의 찬가가 된 이 혁명의 노래의 역사에서 아주 중요하다. 왜냐하면 〈라마르세예즈〉는 승리를 거둠과 동시에 정반대로 〈라마르세예즈〉에서 더 이상 자신의 정체성을 찾지 않는 사람들의 거부와 같은 온갖 변질의 위험에 노출되었기 때문이다. 1870년 프랑스-프로이센 전쟁 패배 직후의 민족주의적 대결의 시기에 이것은 불가피한 일이었는데, 왜냐하면 편협한 애국적(*étroitement patriotique*)[51] 차원, 나아가 (비록 자기방어적

에 설치된 대포회수명령을 내린 정부에 대항하여 파리코뮌이라는 혁명정부를 결성한 날.

49) 〔역주〕 파리코뮌에 가담한 병사들을 말한다.

50) 하원과의 대결에서 패배한 공화국의 대통령 마크마옹이 내각을 해산시킨 날.

51) 〔역주〕 서두의 옮긴이 주에서 밝혔듯이, 이 글에서 '애국적'은 편협한 19세기 말의 우경화된 민족주의를 수식하는 용어로 '애향적', '애'향'적'과 구분된다.

이지만) 무기를 들고 일어나라는 1792년의 외침과 같은 공격적인 차원이 강조되는 동시에 그것의 혁명적이고 민주적인 내용은 오히려 약화되는 점진적인 변화가 일어났기 때문이다. 그로 인해 〈라마르세예즈〉와 삼색기 주변에 형성되어 있는 표면적인 만장일치 — 1914~1918년의 신성한 단결(*l'union sacré*)[52]이 이러한 표면적인 만장일치의 최고조였고, 이때 노동자를 비롯한 모든 인민은 승리한 부르주아지에 대한 찬가 안에서 스스로의 정체성을 찾으려고 애썼다 — 의 이면에는 깊은 불안감이 도사리고 있었다. 이러한 변화가 조금씩 일어나고, 그때부터 사람들이 〈라마르세예즈〉의 '위기'라고 느낀 것이 공적 화합(*harmonies officielles*)[53]의 이면에 나타나는 것은 1918년까지의 제 3공화국의 역사에서 여러 단계를 거치면서였다.

1878년부터 마크마옹의 사임 직후인 1879년 2월까지 〈라마르세예즈〉를 둘러싸고 전개된 것은 다름 아닌 공화국을 위한 전투였다. 당시 시위대와 극장 안에서 부른 〈라마르세예즈〉는 분명한 참여를 의미했다. 예컨대 〈마르소 또는 공화국의 자식들〉이 공연되자 반혁명적 장교들의 항의시위가 일어나는 사건이 발생한 곳은 의미심장하게도 바로 방데 지방에 인접한 도시인 낭트였다. 그 스스로도 장교이지만 공화파였던 낭트의 하원의원 레상(Laisant) 대위가 공화파의 지지를 받으면서 요구한 바에 따라, 1878년 1월 25일 하원은 〈라마르세예즈〉를 민족찬가로 삼자는 제안을 심의하였다. 하원은 이 제안을 부결시켰으나, 민중의 압력이라고 할 수밖에 없는 것의 크기를 감안할 때, 그것은 연기된 것에 불과했다. 프랑스를 위한 민족찬가의 필요성을 알고 있던 마크마옹 대통령은 1878년 세계박람회의 개막을 위해 〈프랑스 만세〉를 주제로 한 작품을 써달라며 데룰레드(가사)와 구노(음악)에게 협조를

52) 〔역주〕 푸앵카레 대통령이 1914년 8월 4일 의회에서 전쟁을 선포하면서 침략자에 맞서 '동일한 애국적 신념' 안에서 모든 프랑스인의 결집을 촉구하기 위해 사용한 표현.

53) 〔역주〕 사회현실과는 다소 괴리가 있는 정부 차원의 화합을 의미한다.

구했고, 그로써 믿을 만한 사람들을 측근에 두었다고 믿었다. 박람회의 개막식이 이 사산(死産)된 걸작품의 유일한 공연기회였던 것 같다. 바로 그때 거기서 승리를 거둔 것은 〈라마르세예즈〉였다.

1879년 1월 말의 마크마옹의 사임은 사태를 재촉하였다. 강베타가 주재한 1879년 2월 14일의 역사적인 회합에서 〈라마르세예즈〉는 마침내 민족의 노래 즉 국가(國歌)의 지위를 부여받았다. 그렇다고 승리의 정착을 기대해서는 안 된다. 발롱(Wallon, 1812~1904)[54]의 수정안을 이용하여 제 3공화국 자체가 은밀히 인정된 것처럼, 〈라마르세예즈〉는 요란하지 않은 또는 분명하지 않은 용어로 공식화되었다. 왜냐하면 육군장관 그레즐리(Gresley) 장군이, 〈라마르세예즈〉에 특권을 부여하기 위해 〈라마르세예즈〉를 민족찬가로 만든 그리고 폐기된 적이 없는 공화력 3년 수확의 달 법령을 방편으로 내세웠기 때문이다. 심지어 이런 형태로도 새로운 공적(公的) 노래의 승리는 어려움이 없지 않았다. 왕당파 야당의 이름으로 발언한 하원의원 르프로보드로니는 "당신들은 〈라마르세예즈〉를 들으러 오라고 왕들을 파리에 초청할 건가!"라고 조롱하면서 파리코뮌과 프랑스혁명의 노래를 비난하였다.

사실 그다음 해부터 일어난 일이 바로 그것이었다. 〈라마르세예즈〉는 7월 14일의 혁명기념일 축제 및 열병식의 필수 반주곡이 되었으며, 파리에서는 1880년부터 파리 시의회 의장인 세르네숑이 그 시대의 용어로 "그날의 암사자"라고 이 노래에 경의를 표했다. 또 그다음 달 지방에서는 쥘 그레비와 강베타가 셰르부르의 함대를 방문했을 때, 삼색 현장을 두르고 하얀 드레스를 입은 젊은 여자들의 행렬이 〈라마르세예즈〉의 음악에 맞춰 그들을 영접하였다. 이는 제 3공화국의 승리를 축하하는, 프랑스혁명기의 축제풍의 무대공연이었다. 샤를 드프레시네 수상은 1882년 7월 14일 직후에 샤시르루아에 루제 드릴의 동상 개

54) 〔역주〕 1875년 1월 그의 이름을 딴 수정안에서 상원의 출석 과반수로 공화국의 대통령(임기 7년, 재임가능)을 선출하는 법안이 통과되면서 공화국체제가 인정되었다. '공화국의 아버지'로 불린다.

막식을 거행했는데, 그 연설은 자신의 정통성을 확고히 하려고 애쓰는 제3공화국에게 〈라마르세예즈〉가 지닌 의미를 이렇게 요약하고 있다(이 공적인 웅변의 파도를 요약하는 것은 사실 우리이지만 말이다). "〈라마르세예즈〉는 조국찬가이다. …" 그것은 "우리 조상들의 영웅적 행동"을 상기시키는 하나의 유산이고, 민족적이면서 동시에 교육적인 전체 프로젝트로 통합되는데, 왜냐하면 그것은 "하나의 힘, 하나의 명예, 그리고 하나의 교육"이기 때문이다. 자신의 주제를 발전시키면서 이 정치인은 애'향'심의 프랑스적 길에 대한 전형적 표현을 한다. 전쟁을 통한 영토의 팽창을 거부하고 다른 국민들에게 자유에 대한 자신의 이상을 제시하는 그러한 애'향'심 말이다.

> 우리가 애'향'심의 성스러운 불꽃을 간직할 때 우리가 품는 감정을 외국의 국민들 자신이 높이 평가합니다. 그들은 〈라마르세예즈〉가 전쟁의 노래가 아니라는 것, 공화국이 화합과 관용의 정부라는 것을 압니다. 오늘날 프랑스가 높이 든 깃발은 피에 물든 깃발이 아닙니다. 그것은 진보와 문명과 자유의 깃발입니다. …

이 연설은 장래의 다른 여러 연설의 원형이었고, 민족찬가에 대한 수많은 예찬의 원형이었으며, 1889년 프랑스혁명 100주년과 1900년 세계박람회 축하를 위한 음향적 배경이었다. 물론 시간이 지나면서 평화선언의 정신이 굴절되어, 프레시네의 연설이 행해진 지 20여 년 후에 레몽 푸앵카레가 제시한 〈라마르세예즈〉에 대한 자기 나름의 독법(讀法)에 나타난 것같이, 전쟁이나 경고의 노래의 성격을 되찾는 일이 벌어지기는 했지만 말이다.

> 평화에 대한 열정이 아무리 커도, 우리가 언제나 조국에 대한 성스러운 사랑을 간직한다는 것, 우리가 조만간 침략자들을 격퇴하기 위해 무기를 들고 우리의 대대를 형성할 수밖에 없으리라는 것을 나는

나쁘다고 생각하지 않는다.

그렇다면 〈라마르세예즈〉는 평화의 노래였는가, 아니면 전쟁의 노래였는가? 〈라마르세예즈〉의 노래가사를 바람막이로 삼던 제3공화국은, 이 역사적인 노래가사의 이런저런 면모를 부각시키면서 이 문제를 깊이 파 들어가고 싶어 하지 않았다. 이것이 아마도 이 시기에 음악학자들이 국가(國歌)의 프랑스적 특징과 루제 드릴이 그 작자라는 사실을 확실히 입증하기 위해 결사적으로(그리고 상당히 성공적으로) 싸운 이유였을 것이다. 이 문제는 실증주의적 고증학자인 콩스탕 피에르(《프랑스혁명의 찬가와 가요》)와 〈라마르세예즈〉의 역사가이자 루제 드릴의 역사가인 쥘리앵 티에르소에 의해 1900년대에 해결되었다.

저의로 가득 찬 이러한 학자들 간의 논쟁을 넘어서서, 민족적 천재성의 특출난 표현인 〈라마르세예즈〉는 존경심을 불러일으키는 하나의 성스러운 기념물이 되었다. 그것의 피비린내 나는 차원을 순화시키기 위해 민족찬가의 가사를 다시 쓰려는 노력 — 라마르틴이 시작하고 빅토르 위고가 주도했다고 여겨진 — 은 별다른 평가를 받지 못했다. 1906년 8월 저널리스트인 막심 포르몽이 "〈라마르세예즈〉를 다시 쓸 필요가 있는가?"라는 주제에 관한 앙케트 조사를 했을 때, 그는 폴 도메에게서 다음과 같은 답변을 얻었다. "〈라마르세예즈〉는 프랑스의 국가이고, 그것은 손댈 수 없다." 1918년에 국가(國歌)의 전기를 쓴 루이 피요는 자기 책에서 보다 덜 간결하게 논평하였다. "〈라마르세예즈〉는 언제나 프랑스의 에페드슈베(*épée de chevet*)[55] 이어야 한다. 그것을 손상시키는 위험을 무릅쓰고 거기에 손대려는 자들이여 손을 떼라."

이 귀중한 자산이 열매를 맺을 수 있도록 하는 노력이 경주되었고 실질적인 성공을 거둔 것 같다. 1880년과 제1차 세계대전 사이 기간에, 정부는 국민에게 〈라마르세예즈〉를 가르치는 데 전력을 기울였고

55) 〔역주〕 항상 침대 머리맡에 두고 자는 칼. 언제나 의지하는 것.

그리하여 그것은 유례가 없는 인기를 얻게 되었다. 육군장관은 군대음악용으로 편곡된 관현악곡을 만들었고, 공교육부장관은 학교에서 그것을 가르치라고 명령하였다. 제 3공화국의 학교정복은 우수학생에 대한 학년말 시상식에서 〈라마르세예즈〉를 배경으로 행해졌다. 우리 세대에까지 전달된 구전(口傳) 속에서 우리의 할아버지들은 7절 가사를 모두 부르고 고개를 깊이 숙여 절하면서 "조국에 대한 신성한 사랑"을 입에 올렸다. 비록 그 자식들 즉 아버지 세대는 축약본으로 그쳐 1절만 불러도 되었으나 때로는 6절과 7절을 추가해서 불렀다. 이러한 선택은 의미심장하다. 왜냐하면 독일에 대한 복수를 꿈꿨던 때에 "조국에 대한 신성한 사랑"에, 그리고 그들을 통해 이러한 국력의 회복이 이루어질 떠오르는 세대에게 주어진 희망에 강조점이 주어졌기 때문이다("우리는 어려운 일을 시작하리라").

이러한 교육에 대한 민중적인 성공을 과소평가해서는 안 된다. 비록 이제 곧 우리는 사람들이 〈라마르세예즈〉를 받아들이기를 주저했다는 사실을 살펴보겠지만 말이다. 알자스로렌 지방에 충실한 바이올린주자에 대한 다음과 같은 노래가 불리던 그때 〈라마르세예즈〉는 관념의 연상작용이라는 간단한 시스템 속에서 알자스로렌을 연상시켰다.

그들은 내 바이올린을 부수었다네
왜냐하면 내가 프랑스인의 영혼을 가지고 있었으니까
그리고 두려움 없이 골짜기의 메아리 속에서
나는 〈라마르세예즈〉를 연주했었으니까 …

마을사람들의 축제 또는 캉통(*canton*)[56]의 중심도시로부터 대규모 민족적 의식(儀式), 그리고 국제적 회합에 이르기까지, 〈라마르세예즈〉의 신격화는 모든 사회집단에 스며들었으나, 그 대신 약간의 역효

56) 〔역주〕 département(도), arrondissement(군) 다음의 프랑스 지방행정단위. 그다음이 commune임.

과가 없지 않았다. 확실히 체제전복적이라는 이유로 러시아에서는 금지된 프랑스혁명의 찬가를 니콜라이 2세가 손에 모자를 들고 서서 듣고 있는 모습을 보고 사람들은 기뻐했을 것이다. 그러나 프랑스 군악대가 차르의 황제친위대의 음악처럼 〈라마르세예즈〉를 애절한 리듬으로 그리고 프랑스대사의 말처럼 "목가적"으로 연주하지는 않았지만, 어쨌든 뤼도빅 알레비가 정의한 것처럼 "군주들을 위한 〈라마르세예즈〉"는 좀더 존경심을 자아내기 위해 다소 장엄하고 느리게 연주되었다. 그리고 1900년이 다가올수록, "그 연주속도는 점점 더 느려졌다".

알레비가 "군주들을 위한 〈라마르세예즈〉"라고 표현한 것을 다른 사람들은 〈라마르세예즈〉 오라토리오(*oratorio*)[57] 라고 불렀다. 1900년 이후에 나타난 비판적 시각은, 정권의 엘리트 안에서조차도 일부 사람들이 주저 없이 "위기"라고 불렀던 상황을 반영한다. 1906년 막심 포르몽의 앙케트는 비록 그 앙케트에 답변한 사람들이 민족찬가의 신성한 성격을 재확인해 주었다고는 하나 특정한 방식으로 그 위기를 반영하고 있으며, 그 문제를 철저히 규명하는 데 관심을 기울이지 않았음이 분명하다.

그러나 우리는 막심 포르몽이 방기한 문제를 더 밀고 나갈 수도 있다. 1879년까지 〈라마르세예즈〉의 힘은 그것이 모든 체제전복과 모든 반란의 결집점이었다는 사실에 있다. 이 찬가가 공식화된 것, 제3공화국의 부르주아지에 의해 독점된 것, 끝내는 온갖 목적에 사용할 수 있는 공적 노래로 탈색되고 만 것 등이 인민대중이 그 노래에 느끼고 있었던 독특한 향취를 없애 버렸다고 결론짓는 것은 쉽고 다소 피상적이기는 하지만 어쨌든 정당한 일일 것이다. 혁명찬가가, 승리한 제국주의 시대에는 민족적 자부심의 노래가 된 셈인데 그 시련은 혹독했다.

근대적 유형의 노동계급이 만들어지고 투쟁에 들어갔을 때, 노동계급은 파리코뮌 때까지 그리고 그 이후까지 민중집단이 자신의 정체성

57) 〔역주〕 바흐의 〈크리스마스 오라토리오〉처럼 오라토리오는 종교를 주제로 한 극음악으로, 여기서는 기득권을 옹호한다는 뉘앙스를 지닌다.

을 거기서 발견했던 한 노래로부터 멀어지기 시작했다. 1870년에서 1890년 사이의 프랑스 노동자파업에 관한 미셸 페로의 중요한 연구는 이러한 전환이 일어났음을 현장에서 확인할 수 있게 해주며, 당국과 경찰의 감시 아래 그 시대 내내 계속된 수백 건의 노동자 시위는 그 확인의 신뢰도를 높여준다. 파업노동자가 부른 노래는 무엇이었는가? 일견 〈라마르세예즈〉라고 답변하고 싶을 것이다. 왜냐하면 경찰보고의 거의 40%에서 이 노래가 불렸음이 확인되기 때문이다. 그리고 놀랍게도 〈라카르마놀〉이 20%를 조금 넘어서는 것으로 그 뒤를 쫓고 있다. 이렇듯 노동자의 반란은 아직도 열에 여섯이 대혁명의 노래집으로 찾아 들어갔고, "애'향'적 또는 혁명적 노래"(〈출정가〉와 더불어 당대의 노래인 〈사회주의 공화국 만세〉, 〈카모 광부의 노래〉, 〈8시간〉, 〈적색기〉 등이 그렇게 분류되었다)로 분류되었던 그 밖의 8%를 감안하면 그 수치는 더 커진다. 20년에 걸친 이와 같은 대차대조표는 이미 다음과 같은 사실을 보여준다. 즉 프롤레타리아의 반란은 자기 나름의 표현형식을 발견하기 전에는 프랑스혁명의 그림자 속에서 성숙되었다는 것. 그리고 더 민중적이고 더 직접적으로 자기과시적(*revendicative*)인 〈라카르마놀〉이 〈라마르세예즈〉와 더불어 깜짝 놀랄 정도의 자리를 지키고 있다는 것. 19세기의 혁명적 주요사건에 대한 공적 기록만 보아서는 이 노래가 지하에서 이렇게 존속하고 있었음을 알기 어렵다. 하지만 이 일련의 증거들의 내부를 들여다보면 보다 정교한 시대구분을 할 수 있고, 그러면 이 시기의 말기에 이르러 〈라마르세예즈〉가 〈라카르마놀〉에 밀려 퇴조하고 후자가 전자를 추월했음을 알아차리게 된다. 1887~1890년에 〈라카르마놀〉이 23건, 〈라마르세예즈〉가 21건이었다. 이렇게 제한되어 있는 통계자료에 입각하여 결론을 내릴 수 있는 것일까? 그에 대한 답변은 긍정적이다. 왜냐하면 당시의 관찰자들 역시 그 사실을 분명히 하며 언급하고 있기 때문이다. 예컨대 레이레 씨는 1895년에 이러한 반란의 하나에 관해 이렇게 썼다. "그 노래들은 아주 불손한 것들이었고, 사람들은 때때로 〈라카르마놀〉의 후렴을 또

박또박 노래하였다. … 그것은 밤 10시부터 아침 6시까지 계속되었는데, 단 한 번도 〈라마르세예즈〉를 부르자는 요구는 없었고, 아무도 그 노래를 부를 생각을 하지 않았다.”

이렇듯, 1880년대에 대규모시위에서 여전히 선호되고, 도덕질서 정권(1873~1879년 - 옮긴이) 하에서도 여전히 체제전복적 성격을 유지하고 있었던 〈라마르세예즈〉는 그 후 (1884년 이후 생캉탱[58]에서 이런 사실이 알려졌다) 노동자들이 좀더 자신들과 동일시했던 〈라카르마뇰〉과 경쟁하게 되었다. 사람들이 아직도 〈라마르세예즈〉를 부른 것은 확실하지만 그것은 좀더 노동자적인 다른 후렴구들을 덧붙여서였다. 그리고 1885년 이후 “혁명 만세”와 “사회주의 공화국 만세”라는 구호가 “공화국 만세”라는 구호를 대체하면서, 〈라마르세예즈〉는 노동자결집의 노래로서의 특권적인 힘을 상실하였다. 〈라마르세예즈〉와 〈라카르마뇰〉 간의 경쟁은, 당시 릴(Lille)[59] 합창단인 ‘노동자들의 리라’가 연주한 외젠 포티에(작사)와 피에르 드게이테르(작곡)의 〈인터내셔널가〉의 탄생으로 인해 1888년 이후 결판이 났다. 〈인터내셔널가〉는 19세기 말까지 노동운동 안에서 전진했으나 처음부터 〈라마르세예즈〉의 라이벌은 아니었다. 이 두 노래는 1899년 나시옹 광장(place de la Nation)[60]에서 거행된 (파리코뮌 가담자였던) 달루의 기념비 제막식 때, 그리고 1903년 마르세유에서 개최된 교사들의 친목대회 때 나란히 불렸다. 그러나 한때 특히 북부지방의 게드주의자들 사이에서 널리 퍼진 〈인터내셔널가〉는 1899년 12월에 모든 사회주의자 분파들을 파리에 소집한 통합전당대회에서 인정을 받았다. 이어 1900년 파리의 인터내셔널 대회에서 불렸고, 혁명조직 안에서 노동계급의 노래로서 지위를 확고히 한 것은 특히 1910년의 코펜하겐 대회에서였다. 그러나 장 조레스는 〈라마르세예즈〉를 결코 부정한 적이 없었고, 1903년에는 〈작은 공화국〉(*La Petite*

58) 〔역주〕 프랑스 북부의 대표적인 섬유공업도시.

59) 〔역주〕 프랑스 북부의 직물공업도시.

60) 〔역주〕 파리 동부에 위치한 광장. 과거에는 트론 광장이었다.

République)[61]에 실린 "〈라마르세예즈〉와 〈인터내셔널〉"이라는 제목의 기사를 통해 그것을 설명했는데, 거기서 그는 〈인터내셔널가〉를 "〈라마르세예즈〉의 프롤레타리아적 속편"이라고 주장하였다.

〈라마르세예즈〉와 〈인터내셔널〉 간의 대결이라는 손쉬운 도식에 빠지지 않으려면, 온갖 결사체들과 출판물의 망(網)에 의해 유지되었던 세기말 혁명가(革命歌) 양성소의 풍요로움을 지적하는 것이 필요한데, 그런 출판물 가운데 가장 잘 알려진 예의 하나가 《붉은 뮤즈》(*La Muse Rouge*)[62]였다. 이 책에서 우리는 결코 공적(公的)이 아니라 민중적이고 비-순응주의적 판본의 〈라마르세예즈〉의 흔적을 되찾을 수 있다. 그리고 〈라마르세예즈〉의 어조를 바꾸든 아니든 간에 그 노래를 모태로 한 반란의 노래들이 만들어졌다. 어떤 때는 동원의 외침이 새로운 노동자투쟁으로 바뀌고, 더 흔하게는 정반대의 입장을 취해 평화주의적 외침으로 바뀌기도 했다. 예컨대 1891년 5월 1일 푸르미의 노동자 대량살상 사건에 영감을 받아 만들어진 〈푸르미의 라마르세예즈〉의 첫 줄을 떠올리면 족할 것이다.

> 가자 방직공장의 도형수들아
> 5월 1일이 왔네.
> 그 많은 고문에 마침내 지친
> 우리 일어나 시위하자. …

두 번째 유형은 상당한 변화를 보여주는데, 그것은 샹송작가 빌메르(Villemer)가 1873년부터 쓴 〈노동자들의 마르세예즈〉에서 모든 나라의 국민들이 언젠가 "단 하나의 〈라마르세예즈〉를 갖게 되리라"고 자신의 소망을 표명했던 형태로부터, 또는 그 후에 교사인 폴 로뱅(Paul

61) 〔역주〕 1875년 강베타의 후원을 받아 파리에서 창간된 일간지. 중도좌파, 급진파, 사회주의로 전환하면서 게드, 밀랑, 조레스, 드장이 편집자가 됨.

62) 〔역주〕 1901년에 출판된 여러 저자들의 혁명가(歌) 및 혁명시(詩) 모음집.

Robin)이 님(Nîmes)의 어떤 목사의 시에서 영감을 얻어 이를 1893년에 〈평화의 라마르세예즈〉로 개작했던 형태로부터, 가스통 쿠테(Gaston Couté)가 모로코 전투가 있었던 1911년에 내뱉었던 신랄한 〈상어(*requin*)[63]의 마르세예즈〉와 같은 형태로까지 나아갔다.

가라 프랑스의 어린 병사들아
젖먹이들의 날이 왔네.
대자본가들에게 봉사하려면
거기에 가서 죽으라. …

그리고 동일한 저자 쿠테는 〈여자농민〉에서 우애를 권유하기 위해 "형제살해의 〈마르세예즈〉"를 거부하였다. "우리의 낡은 나막신을 내던져 버리자/가자, 가자/밭고랑으로/더 크고 더 아름다운."

우리는 그것이 어떻게 끝났는지를 안다. 이 평화주의적 유토피아는 1914~1918년의 대살육 직전의 신성한 단결 앞에서 사라졌다. 제1차 세계대전은 〈라마르세예즈〉의 역사에서 중요한 시기의 하나였다는 것을 인식할 필요가 있다. 민족찬가에 관한 두 개의 표준적 저작이 1917년과 1918년에 출판되었다는 것은 우연이 아니다. 애국적 왕정파인 루이 드조앙토의 저작인 《〈라마르세예즈〉의 승리》가 1917년에, 다소 보수적이지만 그 못지않게 애국적 공화파인 루이 피요의 저작이 1918년에 출판되었다. 그와 같은 저작, 특히 변호이면서 동시에 학문적 종합인 후자를 읽어보면, 집단동원에서 민족찬가가 차지하는 위치를 인식할 수 있다. 1792년의 시대가 되돌아온 것 같았다. 프랑스 병사들은 발미(Valmy)[64]에서 〈라마르세예즈〉를 불렀던 것처럼 마른(Marne)[65]

63) 〔역주〕 탐욕스러운 자본가를 가리킨다.

64) 〔역주〕 1792년 9월 20일 프랑스군이 브라운슈바이크가 지휘하는 프로이센군을 격파하고 공화국 최초의 승리를 이뤄낸 전투.

65) 〔역주〕 1914년 8월의 후퇴과정과 1918년 5월의 공세과정에서 벌어진 마른 강변의 유명한 전투.

전투에서 〈라마르세예즈〉를 불렀고, 16, 17세의 자발적 참전자인 어린 영웅들은 1793년에서처럼 민족찬가를 부르면서 죽었다. 저자인 피요는 최전선 46대대 군악대의 희생을, 1915년 2월 28일 보쿠아(Vauquois)에서 흰 장갑을 낀 악장의 지휘 아래 15명이 〈라마르세예즈〉의 영광을 위해 한 사람씩 한 사람씩 차례대로 죽는 영웅적인 죽음을 당했다고 회상한다. 〈라마르세예즈〉의 보호 아래 숭고한 사건들이 땅과 바다에서 연달아 일어났다. 아드리아 해에서는 순양함 레옹 강베타 호의 난파가 그리고 잠수함 몽주(Monge) 호의 난파가 방죄르(Vengeur) 호[66]의 희생을 환기시켰다. 연합군 내에서 프랑스의 군가는 발칸에서 그레이트브리튼까지 울려 퍼졌고, 1917년 2월 이탈리아의 내각수상인 보셀리는 로마에서 연합국 합동의회를 개최하면서 이렇게 말했다. "당신들의 국가(國歌)는 공화파적이지도 왕정파적이지도 않다. 그것은 무장한 문명의 찬가이다. …" 새로운 피의 세례를 받은 이 민족적이면서 동시에 국제적인 공인은 적어도 처음에는 어떤 불협화음도 용납하지 않았다. 인기 샹송작가 몽튀스(Montehus)[67]는 이것을 자신의 노래가사에서 이렇게 순진하게 표현하였다.

알리자, 전쟁터 속에서
우리가 〈라마르세예즈〉를 부르는 것을
이 가혹한 시절에
〈인터내셔널가〉는 제쳐져야 하니까
마지막 승리를 위해
되돌아가 그 노래를 부르리라.

---

66) 〔역주〕 공화력 2년 목초의 달(prairial) 13일의 해전에서 항복하지 않고 모두 죽음을 선택한 선원들이 탔던 해군선박의 이름.

67) 〔역주〕 브룬슈빅(Brunschwig)이라는 별명을 지닌 프랑스 가수(1872~1952). 가스켓 모자와 붉은 혁대를 찬 '좋은 시절'의 노동자 복장으로 무대에 서서 인민의 승리를 노래함.

다시 한 번 〈라마르세예즈〉는 극장, 공연장, 카페콩세르에서 연주되었다. 노래를 부른 것은 새로운 라셸인 마르트 쉬날이었고, 그녀는 언제나 삼색기로 전신을 휘감고 노래하였다. 그러나 여전히 고대풍의 튜닉 위에, 그녀는 무거운 멜빵과 극장용 양날검을 착용하였다. 그리고 무엇보다도 알자스식 머리쓰개가 이 최소한의 혼합양식의 복장을 완성시켰다. 파리 오페라극장은 고세크의 〈자유에 대한 봉헌〉의 새로운 연출을 무대에 올렸고, 시인들도 움직였다. 그리하여 1917년 1월 에드몽 로스탕이 〈라마르세예즈의 비상〉이라는 자신의 시를 낭송한 곳도 역시 오페라극장이었다. 샹송작가와 작곡자들은 민족찬가를 미화했고, 그 어조를 바꾸거나 자기 나름으로 윤색하였다. 그리하여 신성한 단결은 놀라운 결집을 가져왔고, 그때까지 방데 지방의 기발한 민간전승 탐구를 전문으로 하던 〈백합의 노래〉[68]의 저자 테오도르 보트렐 같은 사람도 거기에 뜻을 같이하였다. 생상(Saint-Saën) 같이 유명한 음악가의 작품으로부터 '반독(反獨) 주의적' 노래를 만든 아마추어 작품에 이르기까지 전쟁이 만들어낸 애국적 음악의 엄청난 생산 속에서도, 〈라마르세예즈〉는 불가피한 준거(準據)로 그 이름이 다시 호명되고 그 주제는 되풀이되었다. 모리스 퐁뵈르는 이 놀라운 흐름을 1936년에 되돌아보면서 다음과 같은 준엄한 평가를 내렸다. "그것들은 문학이라기보다는 오히려 임상실험에 속한다." 이는 아마도 온갖 쇼비니스트적인 부산물을 수반한 애국적 흥분 속에서 이러한 문학이 즉석에서 할 수 있었던 역할을 다소 과소평가하는 것일 것이다.

〈라마르세예즈〉를 둘러싼 이러한 전시동원은 전쟁 첫해에 일찌감치 절정에 도달했는데, 이때 1915년 7월 14일을 기해 루제 드릴의 유해를 앵발리드(Invalides)[69]로 이전하는 결정이 났다. 멀리 떨어져서 볼 때, 〈라마르세예즈〉의 저자와 나폴레옹의 이러한 동거 결정은, 이 두

---

68) 〔역주〕 백합은 프랑스 왕가의 가문이므로 보트렐이 왕정파임을 시사한다.

69) 〔역주〕 1842년 나폴레옹 1세의 유해가 안치된 곳으로 위대한 군인들의 조각상이 많다.

사람 사이의 관계를 감안한다면 놀라운 것일 수도 있지만, 거기에는 그럴 만한 이유가 있었다. 푸앵카레의 계획은 루제 드릴을 팡테옹(Panthéon)에 안치하는 것이었고, 그와 같은 영예를 비준하려면 입법안이 필요했는데, 너무 늦게 계획이 마련되었던 것이다. 이러한 실착 행위는 그 결과에서도 여전히 의미심장하다. 앵발리드의 대포의 그늘 아래서, 사람들이 숭배하고자 했던 것은 에너지를 북돋우고 사람들을 진군하게 만든 바로 군가의 작가였다는 것을 보여준 셈이다.

개선문에서 앵발리드로 향하는 행렬의 호화찬란함 속에서, 대통령 푸앵카레의 연설은 〈라마르세예즈〉를 다음과 같이 정의함으로써 그 축하식의 목표를 결정지었다. 즉 〈라마르세예즈〉는 "125년 전에 외국 앞에서 무릎을 꿇지 않았던 한 국민의 분노와 복수의 외침"이며, 그 외침은 "독립에 대한 열정을 지닌, 그리고 그 모든 아들들이 예속보다는 차라리 죽음을 결연히 선택하는 주권을 지닌 민족"으로부터 유래되었다. 이리하여 "프랑스인의 통합의 자발적 확인"인 〈라마르세예즈〉는 온전한 프랑스의 회복[70]을 보증하지 않는 모든 자의적 평화를 거부하는 정치적 연설의 구실이 되었다.

전쟁이 계속되면서, 〈라마르세예즈〉의 이러한 포화상태는 도처에서의 거부라는 반작용을 가져왔다. 샹송작가 J. 데르몽(Deyrmon)은 "〈라마르세예즈〉에 항의하거나 사보타주하는 야간파티"에 관해 말하고, 저널리스트인 R. 지누는 "루제 드릴은 항의한다"라는 제목의 기사를 썼으며, C. 르센은 "엉덩이의 라마르세예즈"라고 비꼬았다. 처음에 이것은 고립된 충동적 움직임에 불과했으나, 전쟁이 전방과 후방에서 계속되면서, 〈라마르세예즈〉는 사람들을 싫증나게 만들었다. Fr. 로베르는 프랑스군과 영국군 간의 화해의식(和解儀式)에서, 위에서 요구하는 영웅주의에 지친 군인들은 민족찬가보다는 한쪽에서는 〈티퍼래리〉[71] 다른 쪽에서는 〈라마들롱〉(*La Madelon*) 같은 노래를 더 즐겨

70) 〔역주〕 알자스로렌의 회복을 의미한다.

불렀다고 적절히 지적하고 있다. 우리는 분노하지 말고, 이를 한때의 감성을 알려주는 증거로 기록해야 한다.

〈라마르세예즈〉에 대한 진짜 반대는 가장 격렬한 반감이 표현된 전쟁 직후의 승리의 대중음악 속에서 벌어졌다. 점진적으로 표면화되었던 사회주의운동의 부활은 강경한 입장표명을 낳았다. 키엔탈 회의의 프랑스 대표의 하나였던 피에르 브리종은 1919년에 이렇게 썼다. "우리는 저들의 〈라마르세예즈〉를 부르지 않겠다! 저들은 그것을 야만의 노래로 만들었다. 게다가 추악한 피부를 지닌 왕의 두꺼비들이 그것을 채택하고 시끄럽게 해서 우리에게 염증을 느끼게 했다. 우리는 〈인터내셔널가〉를 부르겠다."

승리의 외양 뒤에서 〈라마르세예즈〉가 제 1차 세계대전을 벗어난 것은 이렇듯 비참한 상태에서였다.

〈라마르세예즈〉의 분발? (1918년부터 오늘날까지)

1918년부터 1934년과 1936년 사이에 있는 전환점까지의 시기에 민족찬가의 분발은 놀랄 만큼 역설적이다.

그것이 태어났을 때와 동일한 환경에서, 과거 어느 때보다도 더 승리의 모든 영예로 둘러싸여 있던 〈라마르세예즈〉는 그것의 남성적 어조로 옹호자들을 매료시켰는데, 이들은 1871년의 파리코뮌 가담자나 1879년의 공화파, 그리고 나아가 1918년에 자기 역사책의 결론에서 그 노래를 과거에는 "맹신주의 및 유럽 절대주의 정부와 하나가 된 구체제에 대항하는 조국(*la patrie*)[72]"의 상징으로, 오늘날에는 "해체될

71) 〔역주〕 It's a Long Way to Tipperary가 원제목. 제 1차 세계대전 시 영국군이 즐겨 부르던 군가.

72) 〔역주〕 이 논문의 벽두에서 밝혔듯이, patrie는 거기에 사는 사람들이 애착을 느끼는 사회적·정치적 공동체, 또는 공동선(*common good*)을 의미한다. 이

수 없는 민족적 결합과 보편적 인류애"의 상징으로 해석했던 정직한 쥘 피요조차도 놀라게 만들 정도였다. 〈라마르세예즈〉 주변에, 그리고 삼색기 밑으로 모여들었던 퇴역군인들 배후에는 극우파연맹이 있었고 그들의 계획은 '라 괴즈'(*la gueuse*)[73]를 끝장내자는 것이었다. 입 다물고 지나갈 수 없는 사건 가운데 하나는 팔레부르봉(프랑스하원 - 옮긴이)을 공격하려고 출발했던 파리의 시위대가 2월 6일 루제 드릴의 노래를 불렀다는 것이다. 그 조직자 중 한 사람인 르프로보드로니는 1879년 새로운 민족찬가 채택에 반대하여 가장 극렬하게 투쟁하였던 왕정파 하원의원의 아들이었다. 공화국을 공격하는 맹목적 민족주의의 상징으로 변질된 〈라마르세예즈〉가 수치스러운 목적에 사용된 것일까?

그러나 프랑스 밖의 사람들에게 〈라마르세예즈〉는 여전히 혁명적 봉기의 빼놓을 수 없는 동반자였다. 과거로 너무 멀리 소급할 것도 없이, 1917년 4월 15일에 러시아로 돌아온 레닌을 맞을 때 사람들은 〈인터내셔널가〉와 함께 〈라마르세예즈〉를 불렀고, 더욱이 상트페테르부르크에서 행해진 1917년 2월혁명의 희생자 장례식도 프랑스 대사 샹브룅(Chambrun)이 이렇게 회상할 정도였다.

> 병사들, 노동자들, 학생들, 인민의 부인들과 딸들은 쇼팽의 〈장송행진곡〉과 함께 비통하게 〈라마르세예즈〉를 부르면서 명상에 잠겨 줄을 지어 행진하였다. 이것은 러시아에서 거행된 최초의 시민장례식이었다. 보수주의자들이 얼마나 감동했을지 판단해 보라…

소비에트 러시아는 그들이 표방하는 프랑스혁명의 유산에 대한 언급을 거부하지 않았다. 1932년에 10월혁명 15주년을 기념하기 위해 〈라마르세예즈〉를 배경으로 1792년 8월 10일을 상기하는 '파리의 격

논문에서는 조국이라고 번역했지만, 거기에는 공화국의 의미도 들어 있다.

73) 〔역주〕 '매춘부'라는 뜻으로 이 시기 왕정파가 공화국을 가리키는 용어로 사용했다.

19. 뤼드의 〈출정〉(1835~1836년)은 M.J. 셰니에의 〈출정가〉가 아니라 〈라마르세예즈〉를 언급하고 있다.

정'을 주제로 삼은 보리스 아사피에프(Boris Assafiev)의 발레가 상연되었다. 그러나 보다 넓게, 독일에서 헝가리에 이르는 1917~1920년의 유럽의 폭발 속에서 〈라마르세예즈〉는 항상 혁명의 날들과 연결되어 있었다. 1931년 4월 15일 스페인 공화국의 등장을 알리는 의식(儀式)에서 〈라마르세예즈〉는 〈리에고 찬가〉(*Hymne de Riego*)[74] 보다도 앞서서 연주되었다.

무용가인 이사도라 던컨의 회고록은, 그녀가 "자유, 재생 및 전 세계 문명의 희망"의 지표로 〈라마르세예즈〉를 춤추었던 미국 순회공연을 회상할 때, 1917년에 임박한 연합국의 승리에 실린 희망과 러시아혁명이 야기한 희망이 합쳐진 서정적 환상에 관한 가장 감동적인 증언을 보여주었다. 그녀가 〈라마르세예즈〉를 배경으로 한 춤과, 차르 찬가를 인용하여 농노제 시대에 억압받던 러시아 인민의 굴욕을 표현하는 차이코프스키의 〈슬라브 행진곡〉을 정반대의 것으로 대비시켰기 때문에 관중의 반응은 반반이었던 것이 사실이다. 마찬가지로, 1921년 〈라마르세예즈〉를 배경음악으로 한 즉흥적인 춤에 대한 프랑스 관중의 태도도 미온적이었다. 19세기의 희망에 한껏 고취된 이상의 소유자인 이사도라 던컨은 20세기 혁명가들에게는 마뜩지 않았던 것일까?

1930년대의 프랑스 혁명가들의 입장표명을 추적해 보면 그렇다는 것을 알 수 있다. 1932년 9월 〈인터내셔널가〉의 작곡자인 피에르 드 게이테르의 장례식에서 마르셀 카쉰은 노동자들의 노래에 대해 이렇게 말했다. "어떤 〈라마르세예즈〉도, 어떤 종교음악도, 어떤 제례도 이와 같은 기적을 실현한 적은 없다." 극우파의 폭동사건(1934년 2월 6일 - 옮긴이) 직후에 아라공(Louis Aragon)[75] 은 《우랄 만세》라는 시집에 〈자코뱅에 대한 응답〉이라는 제목의 시를 끼워 넣었는데, 이 시는 〈라마르세예즈〉에 가해진 공격 가운데 아마도 가장 신랄하고, 가장

74) 〔역주〕 1931~1939년 스페인의 공식 찬가. 리에고(1785~1823년)는 반나폴레옹 투쟁에 앞장선 자유주의자로 장군이자 정치인.

75) 〔역주〕 1897~1982년, 프랑스의 초현실주의 시인이자 작가.

재능 있고, 가장 적합한 공격일 것이다.

〈라마르세예즈〉
푸르미의 병사들의 〈라마르세예즈〉
식민지의 〈라마르세예즈〉
제철소 위원회의 〈라마르세예즈〉
사회민주주의의 〈라마르세예즈〉

똥 속의 발과 피 묻은 아가리를 지닌
〈라마르세예즈〉의 4년
샤를루아의 〈라마르세예즈〉
다르다넬의 〈라마르세예즈〉
베르됭의 〈라마르세예즈〉

이 절망적인 상태에 몰린 〈라마르세예즈〉에게 그는 죽음의 작별인사를 보낸다.

나는 여기서 인사한다.
〈인터내셔널가〉 대 〈라마르세예즈〉
양보하라, 〈라마르세예즈〉여
〈인터내셔널가〉에게, 왜냐하면 이제
너의 시절의 가을이 왔으니까, 이제
너의 마지막 노랫소리가 끝나가는 10월이 왔으니까…

그리고 〈라마르세예즈〉에서 가장 혁명적인 구절을 토대로 하되 그 구절이 〈인터내셔널가〉의 구절 속으로 들어가 없어지는 호소로 끝을 맺는다.

더러운 피로

우리의 밭고랑을 적실지니
가장 붉은 것이 무엇인지 분명히 보게 되리라
부르주아의 피일지 노동자의 피일지
일어나라
노동자 인민이여
일어나라
세상의 버림받은 자들이여.

그것과 분리될 수 없는 1934년 2월[76]의 상황과 프랑스 공산주의운동사의 맥락 속에서 쓰인 아라공의 〈자코뱅에 대한 응답〉은, 그것과 프랑스 혁명가들과의 열정적 관계가 항상 유지되었던 때에, 〈라마르세예즈〉의 역사가 여러 차례 보여주었던 이러한 절정의 한 예를 잘 보여준다. 자기가 전에 쓴 시를 그 후에 취소한 적이 한 번도 없는 시인을 (일부 사람들이 자기만족에서 그랬던 것처럼) 훗날 변절했다고 비난하는 것은 이 시로 감정이 상한 사람들에게는 정당한 일이지만 역사적 관점에서는 꽤 부당한 일이다. 왜냐하면 아라공은 자신의 전집에서 이 시 구절을 결코 삭제하지 않았기 때문이다.

그러나 2년도 안 되어 사태는 변했다. 역사적인 계급 간의 제휴에 날인한 인민전선(le Front populaire)[77]은 공산당으로 하여금 〈라마르세예즈〉에 대한 그들의 입장을 바꾸게 했고, 그래서 〈라마르세예즈〉는 삼색기와 함께 이 새로운 흐름의 담보이자 상징물이 되었다. 그 후로 재(再)전유된 애국심이라는 가치와 역사적 유산이라는 가치의 특권을 계급의 적에게 넘겨준다는 것은 있을 수 없는 일이 되었고, 그것은 〈인터내셔널가〉와 적색기를 내걸고 벌이는 투쟁의 자산의 일부가 되

---

76) 〔역주〕 1934년 2월 6일 프랑스 극우파가 벌인 집단시위에 자극받은 사회주의자들과 공산주의자들이 1934년 7월에 행동통일협정을 맺은 것을 의미한다.

77) 〔역주〕 1935년 7월에 결성. 토레즈의 프랑스공산당, 레옹 블룸의 통합사회당, 라마디에의 공화파 사회주의자 연맹, 달라디에의 급진당, 노동조합, 좌파지식인 조직들이 결성한 선거연합조직.

었다. 자크 뒤클로(Jacques Duclos)[78]가 1935년 7월 14일 버팔로 스타디움에서 행해진 인민전선의 서약기념식에서 설명했던 것이 바로 이것이었다.

한마디로 지극히 조레스(Jaurès)[79]적인 주장 속에서 그는 "〈라마르세예즈〉는 혁명의 노래, 자유의 노래이다"라고 상기시키면서, 과거와 미래, 삼색기와 적색기를 결합하였다. 며칠 후, 만장일치를 얻지 못한 토론에 끼어든 모리스 토레즈(Maurice Thorez)[80]는 민족찬가와 삼색기의 이러한 재정복이 어떤 계급연대전략에 부합하는지를 공산주의자 인터내셔널 대회에서 설명하였다.

> 반동적 부르주아지는 이것이 프티트 부르주아지와 노동자계급 간의 연대의 지표임을 아주 잘 이해한다. … 우리는 파시즘에게 대혁명의 깃발도, 국민공회 병사들의 〈라마르세예즈〉도 넘겨주고 싶지 않다.

이런 어법이 이해되었을까? 레옹 블룸(Lèon Blum)[81]은 어쨌든 그것을 이해했다. 1936년 7월 14일, 레옹 블룸은 "7월 14일과 〈라마르세예즈〉"라는 제목의 〈르포퓔레르〉[82] 사설에서 행동통일협약의 제 1주년을 축원했다. 중요한 대목에서 그는 이렇게 시인했다. "몇 년 동안 우리는

---

78) 〔역주〕 1896~1975. 1920년에 통합사회당(S. F. I. O)으로부터 분리되어 Section française de l'Internationale communiste(S. F. I. C)로 창당되고 1922년에 정식으로 프랑스공산당(Partie communiste-section française de l'Internationale-communiste ; P. C. F)이 된 정당의 창당멤버. 1926년 당 중앙위원회, 1931년 당 정치국, 1935년 제 3인터내셔널의 집행위원회 위원이 됨. 당 기관지인 〈뤼마니테〉(*l'Humanité*)의 편집인 역임.

79) 〔역주〕 1859~1914. 1904년 자신이 창간한 〈뤼마니테〉를 통해 공화주의를 바탕으로 프랑스 좌파의 통합을 역설하고 1905년 통합사회당 창당에 결정적인 역할을 한 정치인이자 사상가.

80) 〔역주〕 1900~1964. 광산노동자로 통합사회당에 가입. 프랑스공산당의 총서기(1930년)로 인민전선의 주역.

81) 〔역주〕 1872~1950. 작가이자 정치가, 통합사회당 당수, 인민전선 초대 정부수반.

82) 〔역주〕 1921년부터 통합사회당 기관지.

공적 노래와 공적 축제로서의 〈라마르세예즈〉와 7월 14일을 잊고 있었다. …" 그러나 그는 철도역 플랫폼의 통속화된 〈라마르세예즈〉를 8월 10일의 〈라마르세예즈〉, 19세기 전 유럽 혁명들의 〈라마르세예즈〉, "총탄 속에서 날개를 달고 나는" 위고의 〈라마르세예즈〉와 대비시켰다.

〈라마르세예즈〉를 재발견한 것은 인민전선이었다. 루제 드릴의 사망 100주년을 위해 앵발리드에서 개최된 공식적인 의식과 나란히 슈아지르루아(루제 드릴의 고향 - 옮긴이)에서 1936년 6월 17일에 거행된 의식에서 모리스 토레즈는 이제는 명연설이 된 한 연설에서 그 사건(행동통일협약 - 옮긴이)을 "200가문[83]에 맞선 민족적 화해의 소산"이라고 찬양하였다. 그리고 "삼색기와 적색기의 화합된 깃발 아래서, 〈라마르세예즈〉와 〈인터내셔널가〉의 뒤섞인 노랫소리에 맞춰, 우리는 자유롭고, 강하고, 행복한 프랑스를 만들 것이다"라고 결론지었다. 그리고 1936년 7월 14일 루제 드릴, 포티에, 드게이테르의 조각상들이 7월의 기념원주[84]의 아랫부분에 건립되었다.

〈라마르세예즈〉의 이 새로운 활력이 만장일치의 결속을 가져온 것은 아니었다. 악시옹 프랑세즈가 "저들의 〈인터내셔널〉에 대한 유일한 대답은 〈라루아얄〉"이라는 제목으로 글을 쓰고, 〈르탕〉이 이 "민족주의적" 선언의 배후에서 파괴적인 밝시즘의 위협을 드러내 보인 것에서 그것이 만장일치의 결속을 가져오지 못했다는 사실을 어렵지 않게 이해할 수 있다. 또 좌파진영에서 아나키스트, 자유의지론자(*libertaires*), 트로츠키주의자들이 이러한 전략을 기회주의의 지표나 평화적인 "인터내셔널리즘 정신"에 대한 배반이라고 비판한 것도 이해가 간다. 역사가 모리스 도망제는 "반혁명적 장교" 루제 드릴이라는 인물을 "탐욕적인 지

83) 〔역주〕 투기를 통해 부를 쌓고 권력과 유착된 대주주들을 의미. 제2제국 시기부터 사회비판가들이 즐겨 쓰던 용어.

84) 〔역주〕 바스티유 광장 중앙에 1830년 7월혁명에서 사망한 투사들의 집단묘를 만들고 그 위에 세운 자유의 기념원주. 그 꼭대기에 날개 달린 '자유의 정령'이 서 있다.

배 부르주아지"를 위한 찬가의 작가로 비난하면서, 그리고 "급진적-공산주의적 애국심"을 비난하면서, 자신을 진정한 혁명적 유산의 적통(嫡統)으로 자처하고자 했다. 그러나 인민전선의 역동성 바로 그것이 처음에는 주저하던 여러 사람들로 하여금 당초의 선입견을 되돌아보게 만들었다. 그리하여 당초에는 아주 비판적이었던 일간지 〈누벨아주〉가 1936년 7월 14일의 시위 직후에 그들의 판단을 수정하였다. "이 신문에서 우리가 표명했던 것과는 반대로, 분명히 승리한 것 … 그것은 〈라마르세예즈〉의 민족적 성격이 아니라 그것의 혁명적 성격이다."

민중참여로 장관을 이룬 이 시대가 낳은 이미지와 볼것들은 이전 세기와 마찬가지로 인민전선 시대에 〈라마르세예즈〉가 영감을 준 작품들 속에 새겨져 있다. 예를 들어 장 르누아르(Jean Renoir)[85]의 영화는 아르튀르 오네게르(Arthur Honegger)[86]가 1937년에 단편영화 〈프랑스의 모습〉의 영화음악으로 작곡한 곡과 함께 〈라마르세예즈〉와 〈인터내셔널가〉라는 두 혁명찬가의 "뒤섞인 노랫소리"를 만들어 냈다.

인민전선의 연장선상에서, 제2차 세계대전은 레지스탕스의 반파시스트 투쟁의 고난을 겪는 가운데 혁명의 노래와 애국적 찬가를 두텁게 결합함으로써, 인민전선이 선언한 것들에 봉인을 찍었다. 비시정권은 오래전에 입증된 전략, 즉 〈원수님 우리가 있습니다〉라는 형편없는 노래를 맞불로 놓는 전략을 다시 썼다. 그러나 금지된 시위에서, 감옥과 레지스탕스 은닉처에서 그리고 총살집행반의 발아래서 사람들은 〈라마르세예즈〉를 불렀다. 아라공은 〈처형장에서 노래했던 사람들의 발라드〉에서 이렇게 말했다.

> 그는 총을 맞으며 노래했다네,

---

85) 〔역주〕 1894~1979. 영화감독으로 인민전선을 축하하는 〈마르세예즈〉(1936)를 만든 후 3편의 명작, 〈위대한 환상〉(1937), 〈인간 짐승〉(1938), 〈게임의 규칙〉(1939)을 감독했다.

86) 〔역주〕 1892~1955. 스위스 작곡가.

'피 묻은 채 일어나라'라는 구절을.
두 번째 사격으로
그를 끝장내야 했다네.
또 다른 프랑스 노래가
그의 입술에 올랐네.
〈라마르세예즈〉로 끝을 맺네,
모든 인류를 위해.

시간의 시련을 견딘 투쟁의 노래 〈라마르세예즈〉는 어떤 순간의 표현으로 남아 있는 〈빨치산의 노래〉 같은 레지스탕스의 노래에 의해 대체되거나 경쟁상대가 된 적이 없다.

드골 장군은, 파리해방 시에 그리고 샤르트르 대성당과 해방된 프랑스의 모든 숙영지에서 〈라마르세예즈〉를 부르면서, 이 되찾은 〈라마르세예즈〉로 자신의 권위를 포장했고, 그것에서 자신의 정체성을 찾았다. 〈라마르세예즈〉는 1914~1918년의 전쟁에서 벗어날 때는 생기를 잃었으나, 1939~1945년의 전쟁에서 벗어날 때는 소생하여 정통성을 되찾았다.

냉전 시기에는 1936년에 시작된 논쟁이 계속되었으니, 레지스탕스는 그 논쟁을 해결하지 못한 셈이었다. 〈자코뱅에 대한 응답〉을 결국은 포기한 아라공은 1953년에 《공산주의자들》에서 모리스 토레즈에게 "프랑스 국민에게 〈라마르세예즈〉와 삼색기를 돌려준" 공을 돌리면서, "이 깃발 아래서, 이 노래의 음악에 맞춰, 그가 미래의 프랑스에게 가져다주었던 것은 사실 모든 과거의 프랑스였다"라고 덧붙였다. 모리스 도망제(1971년)는 "〈라마르세예즈〉와 〈인터내셔널가〉의 흉측한 결합"을 여전히 부정하면서, 그 책임을 명령에 따라 행동한 공산주의자들에게 돌렸는데, 아주 역설적이게도 이 문제에 관해서는 견해를 같이한 루이즈 베스(Louise Weiss)는 1954년부터 《라마르세예즈》란 제목의 시리즈 소설에서 외국의 지시에 대한 공산주의자의 복종이라는 주제를 답습하였다. "반(反)히틀러 그러니까 주전론적인 공산당은 민주주의자들의 애국적 시위에 반대하지 말았어야 했다"는 것이다.

다음과 같은 사실을 인정하자. 즉 오늘날에도 여러 종류의 〈라마르세예즈〉가 여전히 존재한다는 것 말이다. 1914~1918년의 신성한 단결의 틀 속에서 이뤄진 민족적 부르주아지를 중심으로 한 애국적 연합과 마찬가지로, 인민전선에 의해 제시된 모델을 중심으로 해방 직후에 실현된 명백한 애국적 연합도 실제로 해방 이후에 살아남지 못했다. 각자가 스스로의 〈라마르세예즈〉를 계승하였다. 우파는 자신의 〈라마르세예즈〉를 갖고 있고, 그것을 우파는 드골주의에 따라 "당파를 넘어선" 것이라고 말하지만, 그것은 1934년 2월 6일과 1958년 5월 13일[87]에 거리를 휩쓸었다. 정확히 말해, 우파의 〈라마르세예즈〉는 하나인가, 여러 개인가? 민족이념이라는 공통분모 아래, 1958년의 음모자로부터 오늘날의 민족전선에 이르는 극우파는 강권적 〈라마르세예즈〉를 휘둘러 댄다. 즉 1977년에 세르주 갱스부르(Serge Gainsbourg)[88]의 〈라마르세예즈〉 '레게'를 소란스럽게 불러댄 낙하산 특공대원들처럼, 아주 천박하지는 않지만 야유조의 도발적 언사를 사용하는 〈라마르세예즈〉를 말이다. 발레리 지스카르 데스탱은 1974년에 민족찬가의 연주 리듬을 더 느리게 만듦으로써 아주 자연스럽게 지난 세기 보수파와 〈라마르세예즈〉 '오라토리오'의 흐름 속에 그것을 포함시켰다. 그러나 동시에 '자유주의' 공화국의 결집점으로서 〈출정가〉가 되살아나고 있다는 사실 또한 지적해야 한다.

좌파는 민족의 노래에 대한 그들의 독법을 다시 문제 삼지 않았다. 1968년 5월의 운동은, 그 운동 내 여러 세력들이 민족찬가에 열광하지 않은 것이 아주 분명하듯, 대규모 사상토론도, 1934~1936년에 일어났

87) 〔역주〕 알제에서 일어난 극우파의 대규모 시위. 시위군중은 총독부를 점령하고 공안위원회를 결성, 알제리와 본국정부 간의 내전상태가 도래하여 결국 드골 장군의 권력복귀로 사태가 해결되었다.

88) 〔역주〕 1928~1991. 텔레비전에서 500프랑짜리 지폐를 불사르고, 성의 중독성을 찬미하고, 영국 여배우 제인 버킨과 결혼, 센세이션을 일으킨 가수 겸 작곡가. 국가를 레게 버전으로 만든 〈라마르세예즈, 무기를 들어라 등등〉으로 인해 군대로부터 맹렬한 항의를 받았다.

던 것 같은 〈라마르세예즈〉를 둘러싼 집단감성운동도 낳지 않았다. 갱스부르는 아라공도 비틀즈도 아니다.

이 순진한 상황설명은 보다 급진적인 물음을 낳는다. 오늘날 〈라마르세예즈〉에 무엇이 남아 있는가? 우선 누가 아직도 그 노래를 아는가? 오늘날 과거 학생들이 필수적으로 배운 3절 전부가 아니라 최소한 1절만이라도 부를 줄 아는 사람이 얼마나 될까? 이론적으로는 초등학교에서 배우지만, 〈라마르세예즈〉는 중등교육의 필수 노래가 이미 아니다. 프랑스혁명 자체가 지난 몇 십 년 사이에 학교 교과과정에서 점차 사라져 버렸고, 그에 따라 프랑스혁명에 대한 점점 커지는 무지는 〈라마르세예즈〉로부터 그것을 태어나게 만든 사건들에 대한 아주 기초적인 지식도 박탈해 버렸다.

거의 200년이 되는 결정적인 면책시효를 확보한 부예의 공범자들이 끝내 복수한 것일까? 일부 사람들의 말대로, 〈라마르세예즈〉는 프랑스혁명처럼 "시체"가 되어버린 것일까? 더 이상 아무도 프랑스혁명을 알지 못하고, 더 이상 아무도 프랑스혁명 — 1789년 혁명은 다가오는 혁명의 일반적인 전범이었다 — 을 미래의 준거로 삼지 않으며, 더 이상 아무도 모호한 전쟁에서 위험에 빠진 민족을 지키기 위해 국경선으로 달려가려고 하지 않기 때문에, 3중으로 폐기된 것일까?

물려받은 형식들이 나이를 먹고 해지는 것은 불가피한 일이다. 또 비관주의에 빠져 약간의 노스탤지어와 사회적 통념으로, 주문 외듯 앞에서 한 상황설명들의 결론을 내리는 것도 쓸모없는 짓이다. 풍요롭게 전개된 〈라마르세예즈〉의 역사는 우리에게 너무도 많은 재발견과 재전유(지드는 툭하면, 오 경이로운 부활이여! 라고 말했다)를 보여주었기 때문에, 그것에 사망진단을 내리는 것은 신중하지 못한 일일 것이다. 필요가 생기면 사람들은 그것을 다시 찾을 것이다. 1936년에서처럼 그것은 의지의 문제인 것이다.

〈라마르세예즈〉에 관한 참고문헌

〈라마르세예즈〉는 엄청난 문헌을 낳았다. 여기서는 그저 아주 중요한 참고문헌들을 기준으로 일별하는 수밖에 없을 것이다. 먼저 음악사에 관한 꼭 필요한 참고서들을 언급한 다음, 이 주제에 대해 가장 유능하고 가장 많이 아는 음악학자인 프레데릭 로베르의 저작들로 시작하고 싶고, 그 책들에 의당 감사를 표하고 싶다. 이 논문은 그의 귀중한 관점에 크게 빚지고 있다.

1. 개설서, 사전, 작품집.

Jean Massin (sous la direction de) : *Histoire de la musique*, Paris, Livre-Club Diderot, 1981, 2 vol.

Larousse de la Musique, t. II, pp. 977~978 et 1358~1359, "La Marseillaise" (par Frédéric Robert).

France Vermillat et Jacques Charpentreau, *Dictionnaire de la chanson française*, Paris, Larousse, 1968.

Constant Pierre, *Les Hymnes et chansons de la Révolution française*, Aperçu général et catalogue avec notices historiques, analytiques et bibliographiques. Paris, Imprimerie nationale, 1904 (여전히 기본적인 참고자료로서, 실증주의 시대의 박학다식을 보여주는 대표작).

Pierre Barbier et France Vermillat, *Histoire de France par les chansons*, Paris, Gallimard, 1961, tome VIII, *La Révolution française*.

Robert Brécy, *Florilège de la chanson révolutionnaire*, Paris, Éditions Hier et Demain, 1978.

2. 역사적 접근

19세기 말부터 1914년 제 1차 세계대전까지의 시기는 〈라마르세예즈〉의 역사의 전성기였고, 여러 종합적 연구서들이 출판되었으며, 그것들은 반드시 참고해야 할 서적들인데, 앞의 두 책이 특히 그러하다.

Louis Fiaux, La Marseillaise, *son histoire dans l'histoire des Français depuis*

1792, Paris, Fasquelle, 1918.

Julien Tiersot, *Rouget de Lisle, son œuvre, sa vie*, Paris, Delagrave, 1892. Mise à jour résumée in *Histoire de* La Marseillaise, Paris, Delagrave, 1916.

Louis de Joantho, *Le triomphe de* La marseillaise, Paris, Plon, 1917.

1918년부터 최근까지의 시기에서 몇 권을 고르면 다음과 같다.

Herman Wendel, *Die* Marseillaise, *biographie einer Hymne*, Zurich, Europa Verlag, 1936.

Daniel Fryklund, La Marseillaise *en Allemagne* ; La Marseillaise *dans les pays scandinaves* ; Éditions anglaises de *La Marseillaise*, Helsingborg, Schmidts Bocktryckeri, 1936.

Maurice Dommanget, *De* La Marseillaise *de Rouget de Lisle à* L'Internationale *d'Eugène Pottier* ; *Les leçons de l'histoire*, Paris, Librairie du Parti socialiste, 1938.

Valérie Delfole, La Marseillaise *paroles et musique de Rouget de Lisle*, *Essai de reconstitution historique et de critique littéraire*, Montmorillon, Éditions Rossignol, 1965.

Philippe Parés, *Qui est l'auteur de* La Marseillaise? Paris, Éditions Musicales Minerva, 1974.

Marie Mauron. *La Marseillaise*, Paris, Librairie académique Perrin, 1968.

Frédéric Robert의 저작들

Frédéric Robert, *Des Œuvres musicales inspirées par le thème de* La Marseillaise *de 1792 à 1919*, thèse de doctorat de rtoisième cycle soutenue à l'Université de Paris IV, 1977, inédit.

Frédéric Robert, *Lettres à propos de* La Marseillaise, Centre de recherches d'études et d'éditions de correspondances du XIXe siècle, Paris, P. U. F., 1980.

Frédéric Robert, "Genèse et destin de *La Marseillaise*", *La Pensée*,

numéro spécial "Mass Media - Idéologie - Voie française", juillet 1981.
Frédéric Robert, "Maurice Thorez et *La Marseillaise*", *Cahiers de l'Institut Maurice-Thorez*, janvier-février 1972.
Frédéric Robert, "Zola face à *La Marseillaise*", Colloque Zola, Limoges, juin 1979, actes in *Cahiers naturalistes*, octobre 1980.

그리고 일간지에 실린 기사들로는 :

Frédéric Robert, "Rouge et tricolore", *L'Humanité*, 5 octobre 1982.
Frédéric Robert, "*Marseillaise* et *Internationale*, Heurt et réconciliation de deux hymnes français", *L'Humanité*, 3 février 1984.

3. 현대 역사가들이 보는 〈라마르세예즈〉

음악학자들과 전기작가들을 제외할 때, 사회사와 심성사라는 현대적인 관점에서 〈라마르세예즈〉를 본격적으로 파헤친 연구서는 아직 쓰이지 않았다. 그럼에도 불구하고 귀중한 정보를 얻을 수 있는 책은,

Michelle Perrot, *Ouvriers français en grève (1880-1890)*, thèse de doctorat d'État, Paris-La Haye, Mouton, 1974이다(19세기 말 프랑스 노동운동에서 〈라마르세예즈〉가 행한 역할에 대해서).

4. 〈라마르세예즈〉 관련저서들.

그때그때 참조할 수 있는 문헌들은 너무 많아서 여기서는 단지 두 개의 중요한 연구의 실마리를 제시하는 정도로 그치려고 한다.
〈라마르세예즈〉를 지지하는 입장을 표명했던 정치인들의 글과 연설은 예컨대,

Jean Jaurès, "Marseillaise et Internationale", *La Petite République socialiste*, 30 août 1903과 Léon Blum, Maurice Thorez, Jacques Duclos의

전집과 회고록을 보라.

소설, 시, 허구적인 작품. 예컨대 현대 시기에 해당되는 것으로는 짐작건대 아주 다른 양식으로 쓰여진 :

Louis Weiss, *La Maseillaise*, t. I. *Allons enfants de la patrie*, Paris, Gallimard, 1945 ; t. II, *Le Jour de gloire est arrivé*, ibid, 1947 ; t. III, *L'Etendard sanglant est levé*, *ibid.*, 1947.

Aragon, *Œuvres complètes*, Paris, Gallimard, t. VI, p. 138 : *Réponse aux Jacobins*, 모음집 *Hourra l'Oural*에 수록. 또 *L'homme communiste*, Paris, Gallimard, 1953, t. II, p. 378.

이 두 작품은 아라공의 감성의 두 단계를 보여주며, 그 자체가 두 역사적 계기를 반영하고 있다.

전사자 기념비

공화국 숭배인가, 공민 숭배인가, 애국자 숭배인가

전사자 기념비를 공화국의 중요한 기억의 장소로 삼는 것은 역설처럼 보일 수 있다. 우리는 거기서 삼색기가 바람에 휘날리고 〈라마르세예즈〉(*La Marseillaise*)가 울려 퍼지는 가운데, 훈장으로 뒤덮인 남자들이 행진하는 것을 본다. 더 멀리 찾으러 갈 필요가 있을까? 이러한 기호들은 공화국이 아니라 반대로 민족주의 우파들의 회합을 가리키지 않을까?

이런 오해는 어제오늘의 일이 아니다. 1923년 11월 11일, 슈아지르루아(Choisy-le-Roi)에서 군기를 앞세우고 묘지로 향하던 퇴역군인들의 행렬은 〈인터내셔널가〉(*L'Internationale*)를 부르며 "전쟁 반대!"를 외치면서 행진하던 반대편 시위대와 충돌했다. 그 지역의 퇴역군인단체는 이 '가슴 아픈 오해'에 대해 항의했다. "이 행진은 우리가 애도하고 경의를 표하려는 전쟁의 희생자들을 상기함으로써 전쟁을 피하자는 정반대의 목표를 가지고 있습니다."[1] 1932년 11월 11일 그르노블에서 사회당 소속 시장은 퇴역군인들에게 "군국주의적 군인들의 상징"인 그들의 군기 없이 군중들 틈에서 전사자 기념비 제막식에 참석하라고 요구했다. 그러나 그는 제1차 세계대전 참전용사들의 분개 앞에 양보해야만 했다.[2]

---

1) *La voix du combattant*, 2 décembre 1923.

2) 시장의 대답에 대해서는 *Le Poilu dauphinois*, décembre 1932 et janvier 1933

전사자 기념비가 그 제단 역할을 하는 전사자 기념비 숭배에 대한 이 두 해석 가운데서 어떤 것이 옳은지 결말을 짓기 위해서, 우리는 먼저 그 기원을 살펴본 다음 이 두 해석을 찬찬히 검토할 것이고, 그곳에서 거행된 의식(儀式)들을 인류학적 시각에서 관찰하고 거기서 행해진 연설들을 경청할 것이다.[3)]

전사자 기념비의 건립

전사자 기념비를 세우자는 생각은 1914~1918년의 전쟁 때에 처음 나온 것이 아니지만, 어떤 전쟁도 그런 생각을 그만큼 불러일으키지는 않았다. 프랑스의 코뮌 가운데 1914년의 전사자 기념비를 가지고 있지 않은 코뮌은 사실상 없다.[4)]

분명 제1차 세계대전은 모든 전쟁들 중에서 가장 '규모가 컸던' 전쟁이었다. 거의 전 국민이 동원되었고, 8백만 명 — 프랑스인 5명당 1명

참조.

3) 필자가 쓴 국가박사학위 논문 참조. *Les Anciens Combattants et la société française, 1914-1939*, tome Ⅲ : *Mentalités et idéologies*, Paris, Presses de la Fondation nationale des sciences politiques, 1977. 루아르 도의 기념비들에 대한 연구에 관심이 있다면 Monique Luirard, *La France et ses morts*, Le Puy-en-Velay, impr. commerciale, 1977 참조. 그리고 기념비의 전통을 적절하게 환기시키고 있으며, 1870년 전쟁 이후의 기념비들에 관한 저서를 예고하는 준 하그로브(June Hargrove)의 논문 "Souviens-toi", *Monuments historiques*, n° 124, décembre 1982-janvier 1983은 죽은 자들을 위한 건축물을 다루고 있다.

4) 거의 대부분의 코뮌들이 기념비를 가지고 있다. 기념비가 없는 코뮌의 경우는 100개의 코뮌 중에서 하나 정도이다. 기념비가 발견될 때 적어도 교회 안에 판으로 있다. 성직자의 재빠른 주도는 대부분이 가톨릭교도인 사람들의 눈에 기념비의 건립을 쓸모없게 만들었다(cf. M. Luirard, *op. cit.*, p. 19). 때로 사회적 단위는 코뮌이 아니라 여러 코뮌을 포함하는 교구였다. 그리고 우리는 프라로즈, 라라테트, 세르니에보에서처럼 여러 코뮌에 관련된 기념비를 볼 수 있다. 더구나 그곳의 기념비는 교회 곁에 있다.

꼴—이 징집되었으며, 145만 명이 사망했고, 거의 모든 가정이 슬픔에 잠겼다. 기념비가 도처에 건립된 것은 정신적 외상을 그대로 드러내 주지만, 코뮌들이 여러 자식의 이름을 기념비에 반드시 새겨 넣어야 하지 않았다면 모든 코뮌들이 기념비를 세우지는 않았을 것은 분명하다. 이와 대조적으로 캉통(*canton*)이나 도(*département*) 차원에서 기념비가 많이 건립되었던 시기는 1870~1871년의 전쟁 때였다.[5] 그러나 기념비의 건립 또한 전쟁의 결과에 달려 있는 게 아닐까? 1871년의 패배는 1918년의 승리만큼 쉽게 기념의 대상이 되지 못했을 것이고, 또 (1870~1871년의 전쟁 때 세워진 - 옮긴이) 그 기념비들은 민족주의적으로 해석되어야 하지 않을까? 그것들은 전사자 기념비인가 승리의 기념비인가?

누가 — 그리고 언제? — 이 38,000개 기념비의 건립을 결정했는지를 알면 대답의 첫 단추가 풀린다. 1870~1871년의 전사자 기념비들은 뒤늦게 그리고 민간주도로 생겨났다. 그것들은 민족적 애도라는 감동 속에서 건립되지는 않았지만 그것이 건립된 것은 불랑제 사건이 일어나고 나서 20~30년 뒤인 20세기 초, 공화국이 보주(Vosges)의 푸른 전선으로부터 시선을 돌렸을 때였다. 그 건립자들은 필요한 자금을 공공기금에서 조달했던 위원회들 또는 공동묘지와 싸움터 안에다 그들에게 바치는 기념비를 세움으로써 1870~1871년의 전사자들에 대한 기억을 보존하기 위해 특별히 설립된, '프랑스의 추억'(Le Souvenir français)이라는 한 단체였다. 그러므로 이 기념비들은 복수에 대한 의지를 키웠던 일부 여론으로부터 생겨난 것이었다. 그것들은 민족 전체나 민족의 공식적 대표 즉 지역공동체나 국가를 개입시키지 않았다.

1914~1918년의 기념비들은 아주 달랐다. 그 기념비들의 건립은 시

5) M. Luirard, *op. cit.*, pp. 13~14와 우리가 쓴 박사학위 논문 *Les Anciens Combattants et la société française, 1914-1939*, pp. 38~39 참조. 여기에 물랭(Moulins)의 알리에 광장에 공공기금으로 건립되었던 알리에의 이동식 기념비를 추가할 수 있다.

민들, 지방자치단체, 국가의 긴밀한 협력을 통해 이루어졌다. "거대한 전쟁 중에 프랑스를 위해 죽은 이들의 기념과 칭송"에 관한 1919년 10월 25일 법은 "조국을 위해 죽은 영웅들을 찬양하기 위해 코뮌들이 치르게 될 노력과 희생에 비례해" 코뮌들에게 국가보조금을 지급한다는 원칙을 세웠다. 따라서 기념비를 건립해야 할 법적 의무는 없고, 단지 얼마 안 되지만 재정적 격려가 수반된 공적 승인만이 있었을 뿐이다.[6] 그러나 국가보조금을 받으려면 반드시 지자체의 개입이 필요했고, 도청에 보조금 지급을 요청해야 했다. 순전히 민간주도일 수는 없었다.

사실 지자체들은 기념비를 세우는 데 대개 주민들과 협력했다. 일부 코뮌의회는 독자적으로 그 사업을 해결했지만, 대부분의 코뮌의회는 그것을 한 위원회에 일임하여 인가만 받으면 되는 민간주도에 맡겨 버리든지 아니면 예컨대 교구사제처럼 코뮌의회 밖의 인물에게 맡겨 추가 자금조달이나 폭넓은 합의를 추구했다. 하지만 여기저기서 민간위원회는 의사결정권을 가지고 있던 지방자치체와 충돌했다.[7] 그래서 사람들은 순전히 민간주도나 정부사업에 내맡기지 않고, 지자체 활동으로 일을 수렴했다. 전사자들에 대해 경의를 표하기로 결정한 것은 시민단체나 국가가 아니라 코뮌들, 기초단체에 속해 있던 시민들, 공

---

6) 1920년 7월 31일 재정법령은 보조금의 계산표를 정했다. 기본보조금은 인구대비 사망자 수에 따라 총경비의 4%에서 15%까지 달랐다. 추가보조금은 코뮌의 재원에 달려 있었는데, 가장 빈곤한 코뮌들에는 11%, 가장 부유한 코뮌들에는 1%가 지급되었다. 이러한 구조를 잘 모르는 것 같은 모니크 뤼라르는 그 대신 도에 지급되는 보조금에 주의를 환기시킨다. 그리고 그녀는 어떤 경우에 기부금과 시 자산의 할당분을 분명히 밝히고 있다(*op. cit.*, p. 24). 128개의 기념비에 대해 그녀는 총비용을 제시하고 있는데, 28개가 5,000프랑 이하, 48개가 5,000~10,000프랑, 39개가 10,000~25,000프랑, 13개가 25,000프랑 이상이었다. 우리가 찾아낸 주물공장 목록에 따르면 청동으로 만든 병사 상(像) 1개의 가격이 최소 4,800프랑이었다. 단순한 병사의 흉상도 2,000프랑이 들었다 〔1921년 5월 발도즌(Val d'Osne)의 제련소와 작업장의 가격〕.

7) 그것들은 흔히 주임신부가 요구한 것과 시위원회가 거부한 것보다 종교적 상징의 부속물이 쟁점이 되었다(cf. A. Prost, *op. cit.*, pp. 39~40).

20. “공민숭배는 동시에 도덕수업이다. 그렇기 때문에 아이들의 참여가 중요하다.”

진회 소속 인민들이었다. 이것의 증거는 기념비들에 가장 흔히 새겨졌던 비문에서 찾아볼 수 있다. "프랑스를 위해 죽은 코뮌의 … 자식들에게." 이것은 다음의 세 용어 사이의 정확한 관계를 정립했다. 즉 공동 주도권을 주장하는 코뮌, 경의를 받는 죽은 시민들, 그리고 그들의 희생을 받아들이고 정당화한 프랑스.

사실 기념비의 건립은 마치 전파의 필요성이나 만장일치의 확실성에 응답하듯 아주 빨리 실행되었다. 보조금 관련법은 '청회색 의회'[8]를 성립시킨 선거가 있기 전에 통과되었고, 코뮌들은 그 법이 통과되기 전부터 이미 기념비 건립에 착수했다. 대부분의 마을 기념비는 주민들끼리의 지독한 경쟁 속에서 1922년 전에 제막식을 거행했다. 반면 도시에서는 합의가 잘 안 되고 여론이 더 분산되었고, 그 결과 더 복잡해진 기념비들은 때로는 모순되는 의미를 지니게 되었고 제작도 오래 걸렸으며, 그래서 1930년대 초까지도 제막식이 개최되었다. 그러나 이 사실은 전사자 기념비가 갖는 의미에서 중요한 것이었다. 그것을 태어나게 만든 숭배가 그것들의 건립보다 앞섰으며, 그래서 여기저기서 휴전이 이루어지기 전에도 상이군인과 퇴역군인들에 의해 조직된 전사자 추모시위가 열렸다. 그것들은 ― 전사자 기념일인 ― 11월 1일이나 2일에 공동묘지에서 거행되었으며, 기념비가 건립될 때까지 계속 열리거나 때로는 그 이후에도 계속되었다.[9] 전쟁이 패배로 끝날 수도 있었던 때에 시작된 숭배가 승리에 대한 숭배일 수 있겠는가?

주지하다시피, 정부의 냉정한 결정이나 신봉자들의 사업이 아니라, 승리하기도 전에 깊은 그리고 광범위한 민중의 운동을 기원으로 하여 생겨난 기념비를 민족주의적으로 해석하려면, 한 줌의 사회주의 투사

---

8) 〔역주〕 제1차 세계대전에서 제2차 세계대전 전까지 프랑스 육군의 군복색이 청회색인 데서 유래. 의원들 가운데 퇴역군인들이 많았기 때문에 붙여진 이름.

9) 1916년 11월 1일 리옹의 기요티에르 묘지에서(1916년 11월 5일 론 지역의 상이군인 및 퇴역군인연맹 이사회의 의사록), 1917년 11월 1일 님(*Après la bataille*, novembre 1917)과 오를레앙(1917년 10월 20일 루아레 지역의 상이군인연맹 이사회의 의사록)에서.

들을 제외하고는 프랑스가 온통 민족주의적이었다고 가정하지 않으면 안 된다.[10] 전사자 기념비에서 볼 수 있는 현실은 이러한 가설을 지지하게 만드는가?

전사자 기념비의 유형론과 기호학

편견에 맞서 싸우기란 어렵다. 역사가들과 마찬가지로 좌파에서 드러나는 가장 끈질긴 편견들 중 하나는 전사자 기념비들이 국수주의적 민족주의를 표현한다고 단언한다. 그 증거로, 보통 기념비 위에 놓여 있는 영광스런 제1차 세계대전 용사들을 쳐다보기만 하면 된다고 저들은 말한다.

하지만 이러한 주장은 검증이 필요하다. 전사자 기념비들이 일반적으로 승리한 용사들의 기념비라고 주장하는 것의 근거는 무엇인가? 믿을 수 있는 조사결과는 그러한 주장을 단호히 부인한다.[11] 우리 마을 광장 위에 서 있는 사람들 가운데 제1차 세계대전의 용사들은 아주 소수에 불과하다는 것이다. 게다가 그런 주장을 뒷받침하는 기념비들에

10) 이 소수파는 공화주의퇴역군인협회와 상이군인노동자협회에 속해 있다. 후자는 친(親)노동총동맹 단체로 후에 상이군인노동자농민연맹이 되었다. 이 두 협회는 정부가 이 단체들을 전몰장병들에게 경의를 표하는 상가 밤샘에서 앞서게 만들도록 승인하고 난 후인 1919년 7월 14일 국경일에 참여하는 것을 거부했던 유일한 단체였다. 그러나 페르라셰즈 묘지에서의 조직화된 시위에 약 천 명이 모였다. 1940년 전에 공화주의퇴역군인협회는 아주 소규모의 단체였으며, 좀더 규모가 큰 상이군인노동자농민연맹도 대규모 단체로 볼 수 없으며, 1927년 퇴역군인적색인터내셔널을 탈퇴했다.

11) 이 조사는 프랑스의 다양한 지역들을 대변할 수 있도록 이루어졌으며, 각 조사 지역에서 철저한 탐구가 이루어졌다. 우리 스스로 일곱 지역의 농촌에서 306개의 기념비를 보았다. 다른 동료연구자들도 유사한 두 곳의 농촌에서 51개의 기념비를 조사했다. 500개의 질문서가 11개 지역 코뮌집단에 속해 있는 초등학교 교사들에게 발송되었다. 우리는 201개의 답신을 받았고, 35개의 다른 도들에 대한 조사에서 얻은 기념비 수는 564개였다(cf. *op. cit.*, p. 42).

관해 진지한 판단을 내리려면 이 특정한 조각상에 대한 간략한 목록만으로는 충분치 않다. 이 기념비들은 기호들의 복잡한 집합이고, 그래서 그 조각상 하나에만 관심을 기울이면서 그 전체를 읽는 것은 한 단어에 입각해서 한 문장을 해독하는 것과 같다. 즉 오독이 불가피하다.

전사자 기념비들의 의미는 우선 중립적이지 않은 공간에 위치한다는 것으로부터 도출된다. 학교의 뜰, 코뮌청 광장, 교회 앞, 공동묘지나 혹은 통행이 잦은 사거리에 그것들을 세우는 것은 별 뜻 없는 선택이 아니다. 의심의 여지 없이, 마을 공간—여기서 기념비들이 훨씬 더 복잡하고 다의적인 도시들은 제외하자—은 언제나 아주 분명하지는 않다. 교회 광장은 흔히 코뮌청 광장이기도 했고, 동시에 사람들이 가장 많이 다니는 장소였다. 그러므로 기념비의 위치에 언제나 의미를 부여할 수는 없다. 게다가 도로체계가 변하면서 발생할 수 있는 불가피한 이전도 고려해야 한다. 그러나 대부분의 경우 위치는 중요했다. 다른 기호들도 그것을 보완했다.

기념비의 성격, 그리고 조각상들이 있느냐 없느냐가 기호의 두 번째 군을 구성한다. 조각상으로 장식된 기념비들의 수가 아주 적은 것은 조각상이 없는 것보다 가격이 더 비싸지기 때문이거나 이데올로기적인 고려 때문이었고, 그래서 가장 흔한 조각상이 참전용사의 조각상이라고 해도 그것이 유일한 선택은 결단코 아니었다. 우리가 가진 견본 중에서 합성된 기념비들을 제외하고 나면, 우리는 온갖 장르의 91명의 참전용사, 조각상 장식이 없는 224개의 비(碑), 유골함이나 장례횃불이 위에 있는 19개의 비, 그리고 무공훈장이 위에 있는 30개의 비를 꼽을 수 있다. 참전용사 조각상이 있을 때 그것의 의미는 그 모습이 현실주의적이냐 이상주의적이냐에, 그리고 그것을 둘러싸고 있는 알레고리 등등에 달려 있었다. 한편, 고아들을 데리고 있는 과부, 늙은 부모의 조각상들은 그것이 아내인지, 어머니인지, 조국 또는 공화국인지 알 수 없는, 비탄에 빠져 있거나 행복해하는 여인들의 조각상들보다 더 분명하게 생존자들의 애도를 표현한다.

21

23

22

21~23. 승리의 기념비 유형:
라부르불, 앙제르빌과 라로슈앙포레.

모든 기념비에 들어 있는 비문들이 세 번째 부류의 표시를 이룬다. 알파벳순이나 사망연대순으로 배열되어 있는 명단으로부터 도출해낼 수 있는 것은 거의 없고, 전사자들이 계급순으로 분류된 기념비들은 예외적인 경우(견본 중 4%)에 해당한다. 정면의 비문과 때로 그것에 딸려 있는 해설은, 반대로, 간결한 "우리의 전사자들에게"로부터 "우리의 영웅들에게 영광을"과 같은 영웅적 비명에 이르기까지, 슬픔을 자아내거나 교화적인 온갖 감동적인 구절을 인용하지 않은 채, 분명하거나 해독하기 쉬운 메시지를 전달한다.

이 세 가지 기호군(群)을 조합해 보면 전사자 기념비들의 유형을 확립할 수 있으며, 이것은 지역적 감성의 다양성을 보여준다.

가장 흔한 유형의 전사자 기념비, 말하자면 '표준'형은 상징적으로 코뮌청을 굽어보는 위치에 건립된, 전사자의 이름 이외에도 온갖 비문이 새겨진 조각상이 장식되어 있지 않은 비(碑)이다. 관용적인 문구는 "… 코뮌(혹은 코뮌의 이름만)이 프랑스를 위해 죽은 코뮌의 자식들에게 …"이다. 단연코 가장 흔한(60%) 이 비문은 같은 종류지만 약간 다른 "조국을 위해 죽은 …"과 구별된다. 이것은 사실 전몰장병들의 사망증명서에 씌어진 "공식적 선고" 중의 하나였다. 따라서 그것은 법적가치를 가지며, 원문에 의해 코드화되었다. 그것을 채택하는 것은 지역적 전통이나 감성의 언어가 아닌 바로 국가(*la cité*)의 공식언어로 말하는 것이었다. 게다가 그것은 퇴역군인운동의 선도단체들 중 하나가 다른 모든 언급은 금지되어야 한다고 요구한 이유이기도 했다.[12)]

이 유형의 기념비의 특징은 간소함이다. 프랑스를 위해 죽은 전사자들에게 수여했던 무공훈장을 제외하면 비는 아무런 우의적 표장(標章, *emblème*)[13)]도 포함하고 있지 않다. 간소함의 극치는 세벤(Cévennes)

---

12) 서원은 최초의 상이군인협회들 중 하나인 루아레 지역의 상이군인들에게서 나온 것이다(1931년 11월 5일 시정위원회의 의사록). 간전기 퇴역군인운동에서 가장 명성이 높았던 인물이자 협회장이었던 앙리 피쇼(Henri Pichot)는 오랫동안 가장 규모가 큰 전국퇴역군인협회연맹을 이끌었다.

지방의 일부 개신교도 마을에서 볼 수 있는데, 그것들은 코뮌청 벽 위에 붙여놓은 간단한 판(板)에 그치고 있다.[14] 경의의 출처인 코뮌, 즉 그들의 지역조직 속의 살아 있는 시민들과 경의를 받는 사람들, 즉 그들의 이름으로 또는 에나멜칠을 한 메달 속의 사진에 의해 때로는 감동적인 방식으로 부각된 구체적 개인들 형태로 된 죽은 시민들을 강조하는 것[15]은 사실상 문제의 본질을 말해준다. 그것은 시민의 의무에 대한 복종과 기억의 의무를 동시에 명시하는 것이었다. 즉 슬퍼하거나 또는 애국적 자부심을 갖는 것을 각자의 자유로운 판단에 맡긴 것이다. 기념비는 시민들의 여론을 예단하지 않았다. 그 점에서 그것은 공화국적이고 세속적이었다. 게다가 그것은 또한 종교적 표장들을 피했다.[16] 이것이 '공민적' 기념비들(*monuments civiques*)이다.

따라서 공민적 기념비들은 이중의 거부로 스스로를 규정하고, 다른 것들과 사뭇 대조적인 의미를 지닌다. 그러다 보니, 자칫하면 그 의미가 애국적 기념비나 장례 기념비 쪽으로 바뀌기 쉽다.

애국적 기념비(*monument patriotique*)는 공민적 기념비처럼 공공광장이 잘 보이는 사거리에 세워졌다. 그것은 도상이나 비문에 의해 구별된다. 이미 "조국을 위해 죽은…"은 공민적 기념비에서 애국적 기념비로 약간 바뀌기 시작했음을 보여준다. 그것은 명예, 영광 혹은 영웅적 행위의 의미장(意味場)에서 차용한 부가물, 즉 "… 의 자식들에게 영광을", "우리의 영웅들에게 …", "영광스럽게(혹은 영웅적으로, 명예의 장

13) 〔역주〕 한 나라나 조직을 표상하는 디자인.

14) 예를 들면 에이르(Ayhere)에서.

15) 루아르 지역의 생마르탱데스트레오(Saint-Martin-d'Estréaux), 타른(Tarn) 지역의 브라사크(Brassac) 등등. 모니크 뤼라르는 자신이 연구한 도에서 4개의 코뮌을 언급하고 있는데, 생마르탱데스트레오는 빠져 있다(*op. cit.*, p. 27).

16) 정·교 분리법은 묘비가 아닌 추모비들에 종교적 상징을 붙이는 것은 금했다. 기념비에 대해 그것들이 묘지에 있을 때는 장례용으로 간주했다. 그러나 코뮌들이 공공광장에 기념비를 세우기에 이르렀고, 십자가를 달지 않았다(A. Prost, *op. cit.*, p. 40).

에서) 죽은 … 아이들에게"와 같은 문구들에 의해 결정적으로 확인된다. 때로 "우리의 영웅들에게 영광을"처럼 중복적 표현도 볼 수 있다. 더구나 애국적인 의미가, 전부 혹은 일부분만 인용된 유명한 시 구절 같은, 기념비의 다른 면에 새겨진 비문들로부터 생겨난다.

> 조국을 위해 숭고하게 죽은 사람들은
> 군중이 자신들의 관에 와서 기도하게 할 권리가 있다.
> 가장 아름다운 이름들 중에서도 가장 아름다운 그들의 이름,
> 그들 곁의 모든 영광은 사라지고, 쇠락하고, 일시적인 것
> 그리고 어머니가 했던 것처럼
> 그들의 무덤을 흔들어 달래는 것은 전 인민의 목소리,
> 우리의 영원한 프랑스에 영광을!
> 프랑스를 위해 죽은 자들에게 영광을!
> 희생자들에게! 용사들에게! 강자들에게!

그러나 이 시 구절 때문에 우리는 공화국의 전통으로부터 벗어나지 못한다. 우리는 반대로 그 한복판에 있다. 이 시의 작가는 공화국의 아버지 중의 한 명이자 국장으로 장례를 치렀던 빅토르 위고[17]이다. 우리는 이 시를 모든 공립학교에서 배웠고, 또 다른 위대한 공화주의자였던 에롤드(Hérold)의 곡에 맞춰 불렀다. 특히 이 시는 적에 대한 승리보다 군주들의 패배를 예찬했다. 이 시는 1830년 혁명 1주년을 기념해 창작되었다. 이 시가 찬양했던 죽은 자들은 국토방어를 위해 국경선에서 죽은 것이 아니라, 자유에 대한 사랑 때문에 바리케이드에서 죽었다.

그러므로 이 공화국적 애국심이 철두철미한 민족주의로 대체되기 위해서는 몇몇 보조적 기호들이 필요했다. 가장 흔한 것은 예를 들어 비를 내려다보고 있는 골 수탉(우리의 기념비 견본의 6%에 해당) 같은 알

---

17) Victor Hugo, 《Hymne》, *Les Chants du crépuscule*, 3.

레고리적 성격을 지닌 것이다. 여기서 승리한 제1차 세계대전 참전용사상은 아마도 가장 널리 보급된 베네(Eugène Benet)의 조각상[18] 처럼 월계관을 머리 위에 쓰고 있거나 들라크루아(Eugène Delacroix)의 공화국을 모방해 깃발이 바람에 펄럭이고 있다. 일부 조각상들은 독일군의 첨두모(尖頭帽)나 제국의 독수리를 짓밟고 있다. 또 다른 조각상들은 민족주의적 열광 속에서 화관을 손으로 잡은 채 날개를 활짝 펼치고 있는 승리의 여신을 묘사하면서 한 걸음 더 나아갔다. 게다가 이러한 기호들은 모든 종류의 최상급들을 열거하면서 서로 아주 잘 첨가될 수 있었다. 예를 들어 멘에루아르(Maine-et-Loire) 도의 브리사크(Brissac)에 있는 기념비는 깃발을 흔들고 독일군의 첨두모를 발로 굴리면서, 수탉을 머리 위에 얹고 있는 참전용사를 보여준다. 마찬가지로 날개 달린 승리의 여신이 참전용사에게 화관을 씌워주는 것도 드물지 않다.

그러나 알레고리의 언어는 비문의 언어보다 덜 분명하고, 그래서 애매할 수 있다. 화관과 종려나무 잎은 승리가 아닌 애도를 가리킬 수 있다. 여성의 초상화들은 특히 다의적이다. 승리는 그것의 날개와 때로는 철모로 식별이 가능하지만, 날개 없는 여성은 프랑스일 수도 공화국일 수도 있다.[19]

---

18) 이 상은 뒤렌(Durenne) 제련소가 만들었고, 제작목록표에 EE라는 조회기호를 달았다(Établissements métallurgiques A. Durenne, *Statues et ornements pour monuments commémoratifs*, Paris, Impr. Puyfourcat, 1921, p.5). 그 상의 가격은 잘 모르지만 우리가 가지고 있는 기념비 표본의 2.6%에 해당된다. 만약 그 상이 대표적인 것이라면 프랑스 마을광장들에 900개 정도가 있을 것이다.

19) 기념비의 여성초상에 대한 체계적 분석을 통해 이 연구를 계속 연장하는 것은 흥미로운 일일 것이다. 《마리안의 투쟁》에서 모리스 아귈롱은 프리지아 모자 장식을 쓰고 있는 자유의 공화국인 민중공화국과 주름 잡힌 옷을 두르고 정숙한, 이삭이나 월계수로 만든 관을 쓰고 있는 온건공화국을 비교하고 있다. 전사자 기념비들에서 프리지아 모자로 장식된 공화국은 보이지 않는다. 모니크 뤼라르는 루아르 지역의 라리카마리(La Ricamarie)에서 모리스 아귈롱이 프로방스 지역에서 봤었던 프리지아 모자로 장식된 공화국 상들 중 하나의 사진을 제시하고 있다. 하지만 우리는 특히 고대풍으로 늘어진 주름이 많은 옷을

참전용사의 조각상들도 마찬가지이다. 모든 참전용사 조각상이 애국적인 것은 아니다. 메종잘포르(Maisons-Alfort) 시가 전사자들의 이름을 새겨 넣은 코민청 공원 내의 벽 앞에서 세워총 자세로 보초를 서고 있는 듯한 초병처럼, 우리는 순전히 공민적 기념비들 안에서 참전용사의 조각상들을 만나게 된다. 따라서 이것들은 묘사적이고 사실주의적인 조각상들이다. 애국주의는 이상화로 시작된다. 예를 들어 그 첫 단계는 〈저항〉[20] 이라는 표제가 달려 있는 푸르케(C. Pourquet)의 참전용사이다. 첫눈에 보기에 그것은 실물과 닮아 보인다. 병사의 잡낭(雜囊), 탄약통, 목 단추를 푼 칼라, 걷어 올린 군용외투 등의 세부묘사가 정확한 편이고, 수통을 제외하고는 빠진 게 없다. 그러나 그 자세는 인위적인 포즈를 취하고 있는바, 턱은 너무 강한 의지를 보이고, 시선은 자부심에 넘친다. 이렇게 상상의 적의 길을 가로막고 있는 방식은 전투동작과는 전혀 거리가 멀다. 이것은 참전용사의 사실주의적 이미지가 아니라 "그들은 사라지지 않을 것이다"라는 유명한 말의 예시이다. 그 기념비는 공화국적 애국심과 민족주의적 열광의 경계선상에 있다. 모호함 없이 그것으로 인정받으려면 화관을 휘두르거나 깃발을 펄럭이는 것으로 충분했다.

걸친 여성들을 만났다. 우리는 고대에서 공화국을 보는 경향이 있고, 뵌쉬르리뇽(Boën-sur-Lignon)이나 라쿠르뇌브(La Courneuve)에서처럼 고대풍의 복식을 한 여성들이 투구로 머리장식을 했을 때도 마찬가지였다. 모리스 아귈롱은 상원에 설치된 클레징제(Clésinger) 흉상인 투구장식을 한 공화국을 특기했다. 우리의 인상이 확실하다면 1914년 전쟁은 프랑스와 동일시되는 정숙하고 보수적이며 온건한 공화국의 승리를 경험했다(*op. cit.*, p. 211). 그 이유는 그 후 그들의 여론과 관계없이 그 공화국을 위해 죽을 각오를 했던 모든 프랑스인들이 그 공화국을 받아들였고, 그 공화국이 어느 한 정당과 동일시되지 않았기 때문이었다. 그것은 이미 1878년 6월 30일 샹드마르스에서 공화국 상을 개막할 때 드마르세르(De Marcère)가 한 연설의 주제이기도 했다(M. Agulhon, *ibid.*, p. 218).

20) 발도즌 제련소의 제작목록표의 854번인 이 상은 청동주조로 된 5,300프랑짜리였다. 그 상은 아주 많지 않았다(우리 표본 중에서 4개에 해당). 하지만 다른 조각가들은 보초병이나 감시병에서 마찬가지의 영감을 받은 병사를 다루었다.

24

25

26

24, 25. 공민적 기념비 유형:
마뉘르프렐과 브라사크.
26. 애국적 공민적 기념비 유형:
세르메즈.
27. 공민적 장례 기념비 유형:
페르시앙노즈.

27

그러나 깃발을 들고 있는 참전용사의 여러 변이형들에서 두 부류를 혼동해서는 안 된다. 승리한 참전용사들 곁에 16세기에 사람들이 말했었을 것 같은 '비탄에 빠진' 참전용사들이 있다. 치명상을 당한 그들은 실신해 있고, 최후의 소스라침 속에서 깃발을 껴안거나 깃발을 수의처럼 덮고 있다.[21] 이론의 여지 없이, 이 경우에 문제되는 것은 애국적 기념비들이다. 그 기념비들은 프랑스에 의해 요구된 희생의 정당성을 선포하고 있으며, 그것들은 프랑스를 때로는 그 참전용사의 마지막 숨결을 듣기 위해 죽어가는 병사 위로 몸을 굽히고 있는 여인으로 표상했다. 그러나 이 기념비들은 동시에 죽은 사람들은 분명히 죽은 사람들이라는 점을 강조한다. 그것들은 애국적인 동시에 장례용이었다.

이러한 기념비들은 별개의 유형으로 다룰 수 있을 만큼 꽤 많다. 게다가 그것들은 그 도상과는 다른 특징에 의해 공화주의에 입각한 애국적 기념비들과 구별된다. 이 기념비들은 흔히 코뮌청의 공민적 공간이 아닌 묘지나 교회 가까이에 세워졌고, 십자가를 지니고 있는 경우가 드물지 않다. 사실 이 기념비들은 승리한 조국, 프랑스의 영광 또는 참전용사의 승리를 예찬한 것이 아니라 전사자들의 희생을 기렸다. 그것의 교훈은 보수적 전통의 교훈이기도 하다. 인간은 자신을 넘어서는 현실들에 전적으로 무조건 복종할 때에만 위대하고 자신을 완전히 실현시킬 수 있다는 교훈 말이다. 즉 자신의 의무를 다하는 것만으로 충분치 않고, 거기에 덧붙여 조국을 사랑하고 조국에 헌신해야만 한다. 종교와 마찬가지로 애국심은 그것을 통해 인간이 자기실현을 하고 구원을 받는, 헌신과 희생의 학교이다. 이러한 보수적 전통 속에서 조국은 신처럼 초월적 현실이 되었고, 그것은 정확히 말하자면 순교, 증언, 신앙행위가 되는 희생을 정당화했다. 이것은 공화주의 정신과는 거리가 먼데, 공화주의 정신에서는 개인이 사회의 궁극적인 목표이고, 또 그것은 개인 및 공동체의 해방의 메시지를 선언한다.

---

21) 이러한 형태 중에서 가장 흔한 것은 우리가 7번이나 마주쳤던 구르동(Gourdon)의 조각상이다. 그러나 그것도 여러 차례 모방되었던 것처럼 보인다.

이 ‘장례적-애국적’ 또는 ‘애국적-보수적’ 기념비들은 특히 기독교지역에서 많이 볼 수 있고, 또 그것들은 ‘비탄에 빠진’ 참전용사와는 다른 형태를 취하고 있다. 그것들의 가장 기본적인 형태는 깃발을 묘 위에 얹어 놓거나, 묘석 십자가의 돌출부분에 (초상의 표시로 - 옮긴이) 검은 휘장을 치고 있다. 가난한 코뮌들에서는 ‘비탄에 빠진’ 참전용사의 변이형인 깃발을 껴안고 있는 참전용사들의 흉상들을 만날 수 있다. 기독교가 우세했던 다른 곳의 기념비는 커다란 십자가와 참전용사와 깃발을 조합해 마치 예수의 수난상과 비슷하다. 애국심과 종교의 결합을 나타내는 형태의 극치는 두 신념을 순교로써 자신과 하나가 되게 만든 잔다르크 상, 즉 “가톨릭교도와 프랑스인들이여 영원하라”의 바로 그 상징이다.

조국에 대한 지시기능이 없는 것만으로도 장례 유형의 기념비들은 다른 의미를 지닌다. 전사자들의 희생을 명시적으로 정당화하지 않는 것은 그것이 완전히 정당한 것이 아닐 수도 있다는 것을 인정하는 것이다. 그러므로 평화주의로 조금씩 옮아 간 셈이다. 페드브르타뉴(Fay-de-Bretagne)에서처럼, 공동묘지 안에 있는 예수의 수난상 아래에, 죽어가는 또는 죽은 병사들을 사실주의적으로 표현한 기념비들이 바로 그 경우이다. 여기서는 신에 대한 신앙이 그것의 유일한 의지처이다. 누워 있는 사람과 슬퍼하는 여인 같은 고전적인 장례용 조각상들이 그 수단으로 사용될 수 있었으나, 이런 표상들은 생존자들의 아픔을 말하기에는 너무나도 인습적이다. 죽은 자들은 진짜 사람들에 의해 애도되어야만 했다. 드물지만 때로는 이것이 전쟁에 대한 공포로 짓눌린 무장해제된 참전용사, 전우일 수도 있었지만, 더 흔하게는 가톨릭의 피에타 — 죽은 예수를 안고 슬퍼하는 성모상 — 를 연상시키기도 하는 고통에 빠져 있는 여인, 즉 아내 또는 어머니, 말하자면 아내이면서 동시에 어머니였다. 브르타뉴나 특히 바스크 지방에서는 지역적 뿌리를 강조하고 보편적인 모습을 한 구체적인 인물을 보여주는 방식으로, 이 여인에게 그 지방의 복장을 입혀놓는 일이 종종 있다. 또 다른 곳에서는 한 명 또는 두 명의 아이를 동반하거나 무덤 앞에서 명상에 잠긴 늙은 부모나 할아버지와 손녀를 동반한 과부가 그 여인일 수 있다. 예컨대 생테티엔 지역에서 그 지역 출신 건축가 뒤랑(Joanny Durand)은 아주 구체적이고 감동적인 방식으로 생존자들의 고통을 구현한 여러 조각상을 남겼다.[22)]

'장례' 기념비들의 경우 반드시 조각상을 갖지는 않았다. 그것들은 공동묘지라는 위치 자체에서 자신의 의미를 부여받을 수 있고, 이는 정면 쪽의 비문에 프랑스나 조국에 대한 언급이 빠져 있다는 사실로 보강된다. 우리는 자주 "… 코뮌이 그 코뮌의 죽은 자식들에게", "그 전사자들에게", "전쟁에서 죽은 병사들에게", 또는 우아종(Oison)이나 보스(Beauce)의 작은 코뮌에 소재한 공동묘지의 중앙에 서 있는 아주 소박한 비에 씌어 있는 것처럼 훨씬 더 간단하게 "우리의 전사자들에게"와 같은 묘비명들을 만나게 된다.

예외적이긴 하지만 때로는 평화주의가 도상에서보다 비문에서 더 분명하게 드러난다. 총살당했던 1917년의 반란자를 기념하는 것이라고 누군가 주장해서 온통 논쟁을 불러일으켰던 르발루아페레(Levallois-Perret)의 기념비는 특수한 경우임을 강조할 필요가 있다. 그 반란자는 정체를 알 수 없다. 반면, 그 기념비에서 한 노동자는 칼을 부러뜨리고 있는데, 이는 전쟁을 종식시킨 프롤레타리아계급의 알레고리이다. 평화주의 기념비 가운데 가장 유명한 예들은 루아르 지방의 생마르탱데스트로(Saint-Martin-d'Estreaux) 기념비들인데, 그것들의 뒷면에는 아주 길고 흥미로운 도덕주의적인 비문, 예컨대 지레베크(Gy-l'Evêque)(욘) 기념비에는 "전쟁에 전쟁을", 비문 앞에 주먹을 휘두르고 있는 아이가 있는 장시유(Gentioux)(크뢰즈) 기념비에는 "전쟁이고 뭐고 지옥에나 떨어져라!"라는 도덕주의적 비문들[23)]이 적

22) 모니크 뤼라르가 이미 언급했던 저서에서 샤젤쉬르리옹(Chazelles-sur-Lyon), 라푸이유즈(La Fouillouse), 레이죄(Leigneux), 소르비아스(Sorbias)의 기념비들을 보라.

혀 있다.

이 '평화주의' 기념비들은 별도의 유형으로 간주하기에는 그 수가 너무 적지만, 적어도 이것들은 애국적 정당화가 없는 순수한 장례 기념비 형태의 극치를 보여준다. 이리하여 우리는 네 가지 유형의 전사자 기념비를 대면하게 된다. ① 전적으로 공화국적이며 가장 흔하고 가장 세속적인 공민적 기념비, ② 다소 명확한 방식으로 흔히 승리의 기념비이기도 한 애국적-공화국적 기념비, ③ 희생을 기리는 애국적-장례 기념비, 그리고 ④ 어떤 정당화도 하지 않고 슬픔의 깊이를 강조함으로써 평화주의에 기울게 만드는 순수한 장례 기념비.

기념비들이 건립되었던 시대의 그 지역의 정치적 분위기를 아주 잘 보여주는 이러한 다양성은, 보다시피, 승리한 참전용사를 전사자 기념비의 전형적 형태로 간주하는 것을 금한다. 현실은 더 복잡하고 더 풍부하며 더 깊이 공화국적이다. 애국심은 차치하고 기념비들은 대개, 다소 밋밋한 간결함과 다소 건조한 라이시테(*laïcité*)[24] 속에서, 공화국적 공민정신을 표현한다. 요컨대, 가장 애국적인 기념비들도 군의 명예를 위해 건립된 것이 아니고—이 기념비들 안에는 장교가 없다—그것들은 그것의 가장 기본적인 기능에 충실한데, 그 기능이란 바로 각 코뮌의 전사자 개개인의 모든 이름을 영원히 보존하는 것이다.

---

23) 이 묘비명은 3부작이다. 중앙에는 이렇게 적혀 있다. "전쟁에 대한 종합평가: 1,200만 명 이상이 사망. 그만큼의 개인들이 출생하지 않았음. 게다가 상이군인들, 부상자들, 과부들과 고아들도 있음. 다양한 파괴로 인한 손실액은 수십억에 달함. 빈곤문제를 해결하기 위해 엄청난 자산이 조성되었음. 무고한 사람들이 처형되었음. 불우한 사람들에게 삶은 잔혹한 것임. 엄청난 대가를 치렀다."
"결국 전쟁은 고통과 빈곤을 초래할 것인가? 얼마나 많은 사람들을 죽여야 할까? 인간들이 지성과 전쟁을 종식할 의지를 가졌다는 것에 찬성한다."
오른쪽의 게시판에 있는 마지막 줄은 "전쟁과 전쟁추종자들은 지옥으로 떨어져라"라고 적혀 있다.

24) 〔역주〕 종교는 정치권력을 가질 수 없고, 종교와 정치는 분리되어야 한다는 원칙.

1870~1871년에 죽은 사람들을 기념하는 캉통(*canton*) 단위의 기념비들에서 볼 수 없는 개인들에 대한 이러한 존중에서 우리는 시민들이 죽음 앞에서 그러니까 미래 세대의 추억 안에서와 마찬가지로 법 앞에서 평등하기를 원하는 공화주의 정신의 가장 근본적인 특징 중의 하나를 재발견하게 된다.

그러나 전사자 기념비들의 의미는 그것들의 물질적 현실에서만 기인하는 것이 아니라 그것을 만든 역사로부터도 생겨난다. 우리가 살펴본 것처럼, 그리고 그것들이 나중에 겪은 변경들(비문이 다시 새겨지고, 1939~1945년 또는 식민지전쟁의 전사자들을 위해 추가비문이 생기고, 위치가 변경되는 등등)을 유보할 때, 그것들은 이 기념비들을 건립했을 그 당시 지방자치체의 의도를 반영한다. 그러나 관례상, 시민들은 〈라마르세예즈〉가 더 이상 혁명가가 아닌 것처럼 그것들에 다른 의미를 부여했다. 기념비가 그것의 중심이었던 의식(儀式)들이 처음에 갖지 않았던 의미를 그것들에 부여했던 것이다.

전사자 기념비 의식들의 의미

전사자 기념비 의식들의 역사를 쓰는 것은 유난히 민감한 문제이다. 한편으로 오늘날의 의식들을 관찰하는 것은 간전기(間戰期)에 치러졌던 의식들에 대한 불충분하고 허술한 형태의 정보만을 준다. 다른 한편, 기념행사의 다양성은 기념비의 다양성보다 아마도 더 심하고 그래서 대도시와 농촌마을 사이에는 결코 적지 않은 차이가 있다.

이러한 이중적 불확실성은 특히 기념비 기념행사 때의 군대의 역할에 영향을 준다. 군대의 역할은 아마 주둔도시 바깥에서는 의미가 없고, 주둔도시에서도 오늘날처럼 항상 그 의미가 크지는 않았다. 제1차 세계대전의 생존자들이 점차 죽고 슬픔이 가라앉게 되자 11월 11일(제1차 세계대전 - 옮긴이) 휴전일은 인기가 줄어들었고, 그래서 기념비 주변에 모이는 군중도 점점 적어졌다. 그래서 공권력이 어떤 의미로는 대중적 열광의 뒤를 이었고, 그것이 군대의 자리를 변화시켰다.

전사자들을 위한 의식의 첫 번째 의미를 재발견하기 위해서는 간전기로 눈을 돌려야 하고, 그러면 우리는 흥미로운 자료를 얻게 된다. 한편으로 초창기의 11월 11일 기념식들은 퇴역군인들로 하여금 그들의 조직에 대해 스스로 질문을 제기하도록 만들었다. 그들의 신문은 그들의 신조를 굳건히 하고 그들의 선택을 정당화하는 일부 규범적 기사들을 싣고 있다. 다른 한편, 일부 퇴역군인들이 발행하는 도(道) 신문들은 특히 1930~1934년 사이에 치러졌던 11월 11일의 의식들을 '지부들의 활동' 난에 보도하고 있다. 끝으로 퇴역군인들의 도 또는 전국대회는 작은 지역의 전사자 기념비 기념행사를 반드시 포함시켰다. 그래서 이 기념행사들은 때로 기록으로 남겨져 있고, 그것들은 전범(典範)으로서의 가치를 가지고 있는 만큼 우리의 관심을 끌며 또 정확한 '의식들의 순서'를 파악하는 데 기여한다.

강조되어야 할 첫 번째 특징은 이 기념행사들이 처음부터 공식적인 기념행사가 아니었다는 사실이다. 그것들은 공권력에 의해서가 아니라 퇴역군인협회들에 의해 조직되었다.[25] 사실 11월 11일은 국경일이 되지 못할 뻔했다. 1919년에 자연스럽게 휴전 1주년 기념식이 치러졌다. 1920년 11월 11일은 강베타(Léon Gambetta)의 심장이 팡테옹에 안치되던 날이었고, 이어서 무명용사의 유해가 개선문에 안치되었다. 따라서 그날 역시 공휴일이었다. 그러나 1921년 조국보다는 노동에 더 관심이 많았던 '청회색 의회'는 13일 일요일로 휴전기념제를 연기했다. 이것은 퇴역군인들의 항의를 불러일으켰다. 그들은 공식 기념행사에 참가하기를 거부했고, 11월 11일을 국경일로 결정한 1922년 10월 24일 법이 통과되도록 압력을 가했다. 당시의 논평은 분명하다. 퇴역군인들은 '그들의' 기념식을 '민족의' 기념식으로 바꾸라고 압력을 가

---

25) 단체가 하나일 때 일은 더 쉽다. 여러 단체들이 있을 때 의식들의 조직당국은 보통 협회장들의 회의이다.

했다. 그리고 그것은 두 가지 의미에서 그들의 기념식이었다. 왜냐하면 전쟁에서 승리한 것은 그들이지 공권력이 아니었고, 바로 그들이 전쟁에서 살아남은 자들이었기 때문이었다. 예를 들어 오트피레네(Haute-Pyrénées) 지역의 상이군인들은 1921년 11월 11일에 게시되었던 벽보에서 다음과 같이 선언했다. "우리의 기념일, 휴전기념일은 바로 11월 11일이다! 우리의 자존심은 추악한 살육이 중단되었던 기념일에 우리의 친애하는 전사자들을 찬양하게끔 만든다!" 이듬해 또 다른 벽보에서 다음과 같이 선언했다. "1918년 11월 11일 오늘 아침이 우리에게 유일하게 행복한 날이었던 것이 사실이라면. …" 우리는 승리했고 우리는 살아 있다. 얼마나 놀라운 해방인가… 그러나 얼마나 큰 대가를 치렀는가![26]

두 번째 특징은 이 기념행사가 군대의 기념행사가 아니라는 점이다. 퇴역군인협회들은 이 점에 있어서 모두 같은 의견을 가졌다. 급진당의 영향을 받은 퇴역군인연합회는 1922년 총회에서 이 점과 관련해 "11월 11일 국경일은 어떠한 군대의 기념행사도 포함되지 않을 것이다"[27]라고 단호하게 맹세했다. 이 맹세를 한 사람은 비교적 우파에 가까운 의사로서 곧 하원의원이 될 마르셀 에로(Marcel Héraud)[28]였다. 우파 쪽의 전국퇴역군인연합도, 당시 한 장군이 주도했음에도 불구하고, 같은 생각을 가지고 있었다. 1922년 11월 11일 국경일을 어떻게 조직할 것인가에 대해 이 조직의 입장을 밝힌 한 기사에서 책임자 하나는 "전쟁에 참여했던 장성, 장교, 하사관, 일반병사들의 대표단"[29]이 행렬의 선두에 서는 것을 제외하면 군대가 할 역할은 아무것도 없다고

---

26) *Le Combattant* (Tarbes), 10 novembre 1921 et 1er novembre 1922.

27) *Compte rendu* du congrès de Clermond-Ferrand, Paris, Éditions de l'U. F., s. d., p. 291.

28) 〔역주〕 1924~1940년에 센 도의 '민주공화연합'(ARD) 소속 하원의원을 지낸 정치인.

29) F. Malval (Hubert-Aubert), *La Voix du Combattant*, 30 juillet 1922.

말했다. 군대의 일개 분견대가 아니라 "대표단"이라고 한 것은 집단으로서의 군대를 부정하는 것이었다. 그것은 망각이 아니었다. 기념행사 끝에 공화국 대통령은 전쟁의 희생자 집단을 사열해야 했다. 군대는 존경받지도 인정받지도 못했다. 이러한 태도에 대해 검증이 필요하다면 당시 가장 영향력이 컸던 '퇴역군인신문'이자, 가판대에서 유일하게 팔렸던 〈상이군인〉(*Journal des mutilés*) 지의 편집장이 쓴 기사를 읽어볼 필요가 있다. "결국 중요한 것은 11월 11일 기념식이 모든 군사적 과시를 없앴다는 것이다. 열병식도, 사열도, 분열행진도 없다. 우리가 경축한 것은 평화이지 전쟁이 아니다."[30]

공식적이지도 군사적이지도 않은 이 의식들은 장례기념행사였다. 기념비는 무덤이고, 기념행사는 장례예배였다. 이 사실은 성직자가 기념식의 중심역할을 하는 루아르나 방데 지역처럼 가톨릭 전통이 많이 남아 있는 지역에서 뚜렷하게 나타났다. 11월 11일 미사 후에 신부가 상제의를 착용하고, 양 촛불을 밝힌 촛대와 행렬 십자가를 쥐고 있는 성가대 아이들을 선두로, 기념비로 가기 위한 행렬—차라리 예배 행렬—이 편성되었다. 만약 코스가 길어지면 사람들은 찬송가를 부르거나 침묵을 지켰다. 기념비 앞에서 합창대가 찬송가나 애도가(*De profundis*)를 불렀다. 참석자들이 리베라(*Libera*)[31]를 부르는 동안 신부는 기념비에 면죄기도를 했다. 망자들의 추념예배에서 기념비는 비어 있는 영구대(靈柩臺)의 자리를 차지했고, 신부는 성수를 기념비에 뿌리면서 그 주변을 돌았다. 분명 이러한 기념행사는 몇몇 지역에 국한되어서 치러졌다. 그럼에도 불구하고 그러한 기념행사들은 사람들에게 꽤 널리 인식되었음을 보여준다.[32]

---

30) A. Linville(A. L'Heureux), "La fête du 11 novembre", *Le Journal des mutilés et réformés*, 14 octobre 1922.

31) 〔역주〕 장례미사 때 추도의 기도에 답변하는 신도들의 대답의 첫 번째 단어. 1614년의 의례에서 면죄기도의 유일한 대답이 되었다. 1969년 장례의식에서 이 절차가 폐지되었다.

32) 루아르 지역에 대해서는 *Le Poilu de la Loire*, décembre 1934 ; *De profundis*

또 다른 세부사항들이 이 기념행사들의 장례적 성격을 확인시켜 준다. 가장 확실한 일화 중 하나는 사망자의 호명이다. 묵념 — 기도의 세속화된 형태 — 전후에 코뮌의 모든 전사자들을 열거하는 것이 관례였고, 때로 전사자들은 100여 명에 이르렀다. 각 전사자의 이름이 불리면 학생이나 퇴역군인이 "프랑스를 위해 죽은 자" 또는 "명예의 전장에서 죽은 자"[33] 라고 대답하게 된다. 가톨릭제례[34] 에서 빌려온 이 망자호명은 이 의식에 의미를 부여했다. 거기서 중요한 것은 전사자들의 기념일을 추모하는 것이었다.

꽃다발이나 화관을 바치는 것도 같은 의미를 가졌다. 헌화가 더 일반적이었는데, 거기에는 장례의식과 같은 의미가 담겨 있어 흥미를 불러일으킨다. 가족들이 망자의 무덤에 가서 헌화할 때인 만성절(Toussaint) 며칠 후인 11월 11일에 이러한 행동의 의미는 확실히 드러났다. 사람들이 기념비에 헌화했다면 그것은 그것을 무덤으로 바라봤기 때문이다. 더욱이 일부 코뮌에서 행렬은 먼저 공동묘지에 들렀고, 이어 개인적으로 그곳에 안장된 각 병사의 무덤을 꽃으로 장식했

au monument : Chuyer, Montregard, Saint-Maurice-de-Lignon, Chassigny-sur-Dun(Saône-et-Loire) ; absoute : Arthun, Saint-Victor-sur-Loire, Sevelinges, Chazelles-sur-Lavieu의 예들을 참조. 방데 지역에 대해서는 *Le Combattant vendéen*, décembre 1930 참조. 그러나 우리는 아르덴이나 노르망디 지역에서도 유사한 의식들을 만나게 된다(cf. *Le Combattant sanglier*, décembre 1933). 센앵페리외르(Seine-Inférieure) 지역의 앙크빌(Henqueville)에서는 "미사가 끝난 후에 신부가 맨 앞에 서고 리베라를 부르면서 기념비로 가기 위해 행렬이 구성되었다. 기념비에 일상적인 기도를 하고, 은총을 내리고, 헌화하면서 이름들을 부르고 회장인 르바쇠르(Levasseur)의 연설이 이어진다. 테데움을 부르면서 교회로 돌아온다"(*La Flamme*, novembre 1934).

33) '전사자호명'은 1931년 아르덴 지역의 29개 코뮌 가운데서 11개의 코뮌이 명시적으로 언급되었다. 그것은 이제르(Isère), 아베롱(Aveyron) 지역에서 아주 흔했다(*Le Combattant sanglier*, décembre 1931).

34) 당시 수많은 교구에서 일요설교는 추도문으로 시작되었다. 신부는 망자명부를 읽고, 마지막에 그들을 위해 주기도문을 외웠다. 이어 설교가 이어졌다. 마찬가지로 기념비 앞에서 행해진 연설에서도 보통 망자호명이 이어졌다.

다. 기념비에 헌화하는 것은 개인적 차원에서 행해지는 신앙행위를 공동체가 계승한 것이었다.

그렇다면 이런 장례 상황에서 왜 〈라마르세예즈〉가 울려 퍼질까? 여기서 사실을 잘 검증하는 수고를 마다해서는 안 된다. 왜냐하면 사람들은 전사자 기념비 앞에서 꼭 민족찬가를 불러야 한다는 결론에 즉각 도달했기 때문이다. 그것이 꼭 의무는 아니었다. 물론 〈라마르세예즈〉가 의식 말미에 울려 퍼졌지만 그것이 엄격한 규칙이거나 일반적 관행은 아니었다. 실제로 〈라마르세예즈〉를 부를 것인가, 아니면 연주할 것인가에 대한 약간의 망설임이 오랫동안 지속되었다. 그리고 그것의 선택은 흔히 지역의 지원에 달려 있었다. 모든 마을이 군악대나 브라스밴드를 갖고 있지는 않았다. 만약 〈라마르세예즈〉를 불러야 한다면 그것은 마을 교구합창단, '사랑스러운 아가씨들',[35] 또는 대부분 학생들의 일이었다. 〈라마르세예즈〉가 불렀지만 우리의 보고서에 그 점이 언급되지 않았을지도 모른다. 하지만 우리는 그것을 부를 수 없었을 정도로 너무 참가자가 적을까 봐 사람들이 염려해서, 혹은 교사들이 사정 때문에 학생들에게 그것을 가르치는 데 주저해서, 또는 그것이 너무 호전적이고 의기양양하게 비쳐서 일부 마을에서는 그것을 부르지 않았다는 것을 입증할 만한 매우 상세한 일화를 가지고 있다. 〈라마르세예즈〉가 없는 대신 앞에서 인용한 시편과 찬송가, 브라스밴드에 의해 연주되는 장송곡, 바타유(Frédéric Bataille)나 흔히 위고의 〈망자를 위한 송가〉, 부슈아르(Maurice Bouchoir)의 〈우리가 눈물을 흘리는 사람들을 위해〉와 같은 합창곡, 또는 평화의 찬가를 불렀다.[36]

이러한 다양성과 대조적으로 의식이 최고조에 이르렀을 때인 묵념의 순간에 진혼나팔을 불었다는 점에 주목할 만하다. 사실 이 진혼나팔소리는 프랑스 군대에서는 생소한 것이었다. 1920년대의 묵념 순간에는

---

35) 1930년 아르덴 지역의 빌리에(Williers)에서도 "사랑스런 아가씨들은 상황에 알맞은 성가를 불렀다 …"(*Le Combattant sanglier*, décembre 1930).

36) A. Prost, *op. cit.*, p. 59.

두 가지 나팔소리가 울려 퍼졌는데, 처음에는 〈전장에〉(*Aux champs*) 나 〈차려〉(*Garde à vous*) 를, 마지막에는 〈국기에 대해 경례〉(*Au drapeau*) 가 그것이다.

오늘날 〈전사자들에게〉(*Aux morts*) 라는 나팔소리는 공화국 위병대의 군악대장이 작곡했다고 알려져 있다. 그 곡은 1932년에 공식적으로 채택되었다. 그 곡은 제 2차 세계대전 직전부터 점차 빠른 속도로 전파되었다. 그 곡은 전사자 기념비 기념행사 때에만 특별히 연주되었다. 필요하다면 다시 한 번 확실히 하고 넘어갈 텐데, 여기서 우리가 다루고 있는 것은 장례예식이다.[37]

그러나 이 장례예식이라는 성격규정은 전사자 기념비 의식의 의미의 일부만을 담고 있다. 이 의식들은 훨씬 복잡하고, 구조화되고 방향이 정해진 공간 안에서 여러 주역들을 대면시킨다. 이 예식의 의미는 참석자들의 자리와 행동에 달려 있다.

미사 후에 참석자 전원은 행렬을 이루어 기념비로 갔고, 때때로 공동묘지를 경유했다. 학생들은 남녀 교사들의 지휘 아래 줄을 맞춰 행진했고, 대부분의 마을에서 기념비에 도착하면, 학생들은 각자 꽃 한 송이 또는 꽃 한 다발을 내려놓았으며, 그다음에 학생들은 교회성가대에서처럼 노래 부르기 위해 한쪽 편에 자리 잡았다. 주민들은 의식에 참석하는 것으로 만족했고, 기념비 앞쪽으로 비교적 큰 공간이 날 수 있게끔 그들끼리 기념비 옆에 자리 잡았다. 무대가 세워지면 예식이 시작되었다.

11월 11일 아침에 퇴역군인들은 코뮌청에 모여 집단을 구성한 다음 깃발을 들고 행렬을 이루어 미사에 참석한다. 그들은 성무일과를 집전

---

37) C. Vilain, *Le Soldat inconnu, histoire et culte*, Paris, Maurice d'Hartoy, 1933. 1934년 12월의 〈되세브르의 퇴역군인〉지는 샤티용생주앵(Chatillon-Saint-Jouin)에서 열렸던 11월 11일 위령의 날 기념식에서 울려 퍼졌던 '전사자들이여 안녕'(*Salut aux morts*) 이라는 제목의 "감동적인" 종소리에 대해 적고 있다. 론 지역의 상이군인 및 퇴역군인연맹은 1935년 1월 27일 이사회에서 향후 나팔소리로 묵념을 표시하는 것을 결정했다.

28. 애국적 장례 기념비 유형: 풀드뢰직.

29. 애국적 장례 기념비 유형: 마뉘쉬르마스.

하는 성직자가 맨 마지막에 서는 종교적인 예배행렬 순서에 따라,[38] 영예로운 자리인 행렬의 말미에 자리 잡는다. 성무일과를 집전하는 신부만이 성가대석에 들어갈 수 있는 것처럼, 기념비 앞에 도착하면 퇴역군인들만이 기념비 뒤에서 일렬로 또는 활 모양으로 자리를 잡고, 기념비를 에워싸고 오고 간다. 그들의 수가 너무 많을 때는 그들을 대표해 깃발들이 그 자리를 차지했다. 그들 앞에, 상당한 거리를 두고, 따라서 기념비 앞에 빈 공간을 만들어 내면서, 당국자들, 코뮌의 장, 코뮌의원들이 자리를 잡았다.

제 시간에 도착하지 못한 다른 사람들이 기념비에 헌화하기 위해 자리를 옮겨 다녔던 반면, 퇴역군인들의 위치는 이들이 기념식 내내 자리를 지켰던 만큼 더 큰 의미가 있다. 당국자들은 언제나, 그리고 학생들은 기념비에 도착하면서 헌화하지 못했을 경우, 자리를 옮겨 헌화를 해야 했다. 공동묘지에서 추모객들의 문상을 받는 가족이 무덤 옆에 서 있는 것처럼 퇴역군인들은 기념비 옆에 있었다. 의식공간 안에서의 그들의 위치는 산 자들과 죽은 자들 사이의 연대를 조용히 확인시켜 주었다. 전사자들에게 바치는 예식을 주재하는 가운데, 그들 자신들은 그 예식이 구체적으로 실현되는 동안 모든 공동체로부터 간접적인 경의를 받았고, 그래서 그 예식이 공식적으로 거행되는 바로 그때 많은 주민들이 그곳에 모여들 수밖에 없었고, 또 그래서 당국자들이 경의를 표명하지 않는 것은 있을 수 없는 일이었다.

여기서 11월 11일의 의식은 아마도 프랑스에서 성공하고 국민적 일체감을 불러일으켰던 유일한 공화국 숭배였던 것처럼 보인다. 공화국에 대한 숭배는 언제나 공화국을 인격화하기 어렵다는 난관에 부딪혔다. 이성의 여신도 심지어는 '마리안'도 군중들을 감동시킬 수 없었다. 상징들이 문제라는 것은 모두가 알고 있었다. 7월 14일 기념식은 비교적 대중적이 되었으나, 이 중요한 사건이 폭넓은 지지를 받기 위해서

---

38) 마네는 그것을 *Le combattant* (Tarbes), 1er octobre 1921에서 구체화했다.

는 복잡한 조직화가 필요했고, 방학 때라는 것이 그런 조직화를 어렵게 했다.[39] 이 민족적 기념식은 그 누구의 기념식도 아니다.

공화국의 제례를 싹 바꿔놓은 11월 11일의 근본적 혁신은 원리들을 기념하는 것이 아니라 구체적인 시민들을 기념한다는 것이었다. 우리가 봤던 기념비들은 각 사망자들의 개별성을 존중했고, 그래서 그것들은 때로 이미지와 함께 각 사람의 이름을 새겨 넣었다. 기념행사에는 사망자 개개인을 호명하는 순서가 들어 있었다. 이날 행해진 예식은 자신의 의무를 다했던 시민들에게 바쳐진 것이고, 자신의 의무를 다했던 산 자들도 마찬가지로 죽은 자들 곁에 있었다.

그러므로 사람들이 전사자 기념비에서 기념했던 것은 군대도 아니고 조국도 아니었다. 깃발의 역할이 그것을 입증하듯 시민들에게 경의를 표했던 것은 반대로 조국이었다. 깃발이 행한 역할에 관심을 기울이지 않고, 깃발의 존재에만 중요성을 부여하는 것은 완전히 잘못 해석하는 셈이다. 군대의 연병장이나 소년단 캠프나 비시정부 때의 초등학교에서 국기를 게양하는 것과 같은 행위는 깃발이 존재하기 때문이 아니라 그 깃발이 경의의 대상이었기 때문에 이루어진 것이었다. 그것은 바로 애국의 몸짓이었다. 사람들은 깃발에 경례를 하고 그것에 경의를 표했다. 거기에는 단 하나의 기만 존재했는데, 그 이유는 하나의 조국만 존재하기 때문이었다. 연대기가 휘날리는 열병식에서도 군대가 먼저 정렬을 하고 부대들이 군기에 받들어총 자세로 경의를 표한 다음에 조국의 이 유일한 표장(標章) 앞에서 열을 지어 행진한다. 거기서도 역시 깃발이 경의의 대상인 것이다.

11월 11일은 지금까지 이야기한 것과는 전혀 달랐다. 우선 여기서 깃발은 민족적 표장임과 동시에 서로 다른 결사체들의 상징이기도 했기 때문에 깃발은 하나가 아니라 여러 개였다. 특히 사람들은 이 깃발들 앞에서 열을 지어 행진하지 않았다. 반대로 이 깃발들이 기념비까

---

39) Rosemonde Sanson, *Les 14-Juillet, fête et conscience nationale*, Paris, Flammarion, 1976.

지 행진했다. 묵념을 하는 동안 이 깃발들은 내려졌는데, 이것은 교회에서 막 축성된 빵과 포도주 앞에서 성체거양 때에 하는 것과 같은 방식으로 사망자들에게 경의를 표하는 것을 의미했다. 조국에 대한 예식을 거행하기 위해 기념비 주변에 깃발들이 걸려 있다고 주장하는 것은 미사에 깃발들이 놓여 있는 것이 신에 대한 숭배가 아니라고 주장하는 것만큼이나 터무니없다. 교회에서처럼 전사자 기념비의 깃발들은 숭배의 대상이 아니라 그 수단이었다.

그러므로 11월 11일의 기념행사들은 원래 애국적인 것이 아니라 공화국적인 것이었다. 확실히 모든 참석자들은 전사자들의 희생이 정당하고, 시민들은 만약 조국이 정당한 목적을 위해 요구한다면 조국을 위해 목숨을 바칠 의무가 있다고 인정했다. 그러나 11월 11일에 드리는 예식은 조국에 경의를 표하는 것이 아니었다. 사람들은 그것을 최고의 가치로 여기지도 않았고, 그 자체로 존재하는 일종의 신(神)으로 여기지도 않았다. 반대로 조국이 시민들을 숭배했고, 이것이 바로 그것을 공화국적으로 만들었는데, 왜냐하면 공화국은 바로 시민들을 최고의 가치와 사회의 최종 목적으로 여겼기 때문이다.

11월 11일의 기념식들은 또 교육적 측면에서도 공화국적이었다. 사실 공화국은 가족, 군대 혹은 왕조처럼 무조건적 충성, 자연스러운 권위들에 대한 복종을 뜻하지 않았다. 선거를 통해 그들 중 몇몇 사람들에게 그들을 지도하라고 맡기는 것이 바로 보통선거제요 시민들이었다. 그러므로 공화국이 잘 작동하기 위해서는 사회계약의 속박을 내면화할 수 있는 양식 있고 덕망 높은 시민들이 필요하다. 가르침과 교육이 없는 공화국을 상상할 수 없는 이유가 바로 여기에 있다. 따라서 공화국은 시민 각자에게 민주주의 시민으로서의 자신의 적극적인 역할을 수행하기 위해 필요한 지식들을 제공해야 한다. 또 공화국은 각 시민에게 공화국의 규범과 공화국의 가치를 공유시킬 필요가 있다. 법과 선거에 토대를 둔 자유주의체제처럼 공화국은 집단규율의 필요성과 타인에 대한 존중을 인정하는 시민들을 요구했다. 이를 통해 자유의 적

30

30, 31. 장례 기념비 유형:
강주와 쉬프.

31

들에 대한 자유의 고전적 문제가 해결되었다. 만약 공화주의 교육이 성공한다면 더 이상 자유의 적들은 존재하지 않는다. 이런 관점에서 볼 때 약간 과장하자면 "자유롭게 동의를 얻은" 규율을 통해 죽음에 이르기까지 자신의 의무를 다했던 시민들에 대한 경의는 시민들을 더 좋은 시민으로 만들기 위해 그들을 감동시키는 것을 목표로 삼았다. 공민숭배는 동시에 도덕수업이기도 했다.

그렇기 때문에 초등학교 학생들의 참여가 중요했다. 초등학생들은 어리기 때문에 쉽게 영향을 받았다. 학생들은 아직 공화국이 무엇인지를 이해하지 못했다. 학생들이 시민들에 대한 존중, 법과 공민의 의무에 대한 존중과 같은 공화국의 원리들에 찬동하는 것이 필요했다. 그 때문에 학생들을 의식에 참석시키고, 헌화하도록 하고, 노래시키고, 근엄하고 감정에 젖은 청중들 앞에서 죽은 자의 호명에 대답토록 했다. 이 기념행사는 학생들에게 감명을 주고 영향을 주어야 했다. 일부 코뮌에서는 좋은 추억을 마무리하기 위해 건배용 포도주를 돌리고 브리오슈 빵을 나눠 먹으면서 학생들의 참여에 보답했다. 공화국은 시민들이 그것의 근본적 가치들에 개인적으로 동의하도록 유도함으로써 사회적 일치를 꾀하는 체제였다. 그 때문에 공화국은 제 1차 세계대전의 전사자들을 위한 기념행사에서 완성된 형태를 찾아볼 수 있는 공민숭배와 도덕수업에 열중했다.

전사자 기념비 의식의 연설들

공민정신과 도덕수업이 단지 11월 11일 의식들의 각색과 연출에서 기인한 것은 아니었다. 그 교육은 뜻이 분명했다. 왜냐하면 사람들이 기념비 앞에서 말했기 때문이며, 따라서 그 기념비 앞에서 누가, 무엇에 대해 말했는지를 아는 것이 중요하다.

두 범주의 사람들이 기념비 앞에서 말할 권리가 있다고 주장했다.

첫 번째는 선출된 사람들인데, 왜냐하면 그들이 공동체 전체를 구현하기 때문이었다. 두 번째로는 퇴역군인들인데, 왜냐하면 전쟁을 치렀던 그들만이 전쟁에서 교훈을 도출해낼 권리를 지녔기 때문이다. 실제로 두 경우는 중첩되었고, 코뮌의 장이 전쟁에 나갔든, 한 사람이 두 연설을 모두 맡든 간에 타협이 언제나 가능했다. 그러나 퇴역군인들로서는 몸소 연설문을 쓴다는 생각 자체가 쇼킹한 일이었다. 이날 말하는 사람은 자신의 이름으로서가 아니라, 살아 있건 죽었건 간에 전체 퇴역군인의 이름으로 말해야 했다. 그래서 1921년부터 루아레 지역의 상이군인들은 한 원고를 작성해 상이군인들이 그것을 기념비에서 읽을 수 있도록 모든 지부에 발송하였다. 이러한 관행은 1935년 최대 규모의 전국퇴역군인연맹 소속 협회들로 확대되었고, 마침내 보편화되었다.[40] 사실상 11월 11일의 공화국 숭배는 개인들을 부각시키지 않았다. 공화국은 시민들에게 이해관계를 초월해 공적 방식으로 봉사해야 한다는 것을 가르쳤던 체제였다.

11월 11일 연설의 이런 형태가 그것의 첫 번째 기표(記票, *signifiant*)[41]이다. 그것은 그 메시지를 확고하게 했다. 여기서는 승리한 군대도 지휘자도 언급되지 않았다. 포슈(Foch) 도 조프르(Joffre) 도 페탱(Pétain) 도 인용되지 않았다. 이 장소에서 불어넣어야 할 정신은 군국주의나 개인숭배를 배제했다. 복수나 알자스로렌은 아주 가끔 거론되었다. 패배자인 독일은 결코 일개 민족이나 일개 국민으로 등장하지 않았다. 그 독일은 제국주의적이거나 군국주의적인 독일이었고, 프랑스는 권리와 자유의 병사이고, 정당한 방어태세를 갖추고, 군국주의와 제국

---

40) 루아레 지역 상이군인들의 자발적 행동에 대해서는 *La France mutilée*, 29 octobre 1922, *Le Journal des mutilés et réformés*, 4 novembre 1922, *Le Combattant du Pas-de-Calais*, 9 novembre 1922 참조. 퇴역군인의 연설을 권장하던 11월 11일의 조직에 대해서는 Linville, *Le Journal des mutilés et réformés*, 14 octobre 1922, Bruche, *Le Combattant du Pas-de-Calais*, 9 novembre 1922 참조.

41) 〔역주〕 언어기호의 구체적 형태.

주의의 공격에 늘 응답할 준비가 되어 있었다.

11월 11일 연설의 대부분은 두 부분으로 구성되었다. 첫 번째 부분은 과거, 전쟁, 그들, 죽은 자들, 두 번째 부분은 현재, 평화, 우리, 산 자들이었다. 첫 번째 부분은 전쟁의 공포에 대한 다소 길고 힘찬 묘사가 필히 포함되었다. 승리는 그것이 얼마나 큰 대가를 치른 것인가에 대한 회상 없이는 언급되지 않았다. 이것(승리의 대가를 회상하지 않는 것 - 옮긴이)은, 의식을 주관했던 퇴역군인들로서는 심각한 누락이었는데, 왜냐하면 사람들이 바로 그 사실과 그들 동료들의 죽음과 그들의 고통을 망각할 것이기 때문이다. 그러므로 전쟁은 사람을 죽이고, 전쟁은 죽음, 살육, 파괴, 학살이라는 것을 반복해서 언급했다.

이 음울한 묘사들은 몇 차례의 항의를 불러일으켰고, 이런 사실은 그것들의 중요성과 빈도를 확인시켜 준다. 뫼즈 상이군인국의 사무국장인 타팽 중사의 말을 들어보자.

> 11월 11일 기념식의 프로그램을 읽어 보세요. … 10번 가운데 여덟 번 거기서 발견하는 것이 무엇입니까? 공동묘지 방문, 추억의 기념비 앞 행진, 무덤 위에 종려나무 잎 모양의 훈장 놓기를 제외하고는 아무것도 없지요. …
> 아닙니다, 신사 여러분 이건 아닙니다! 11월 11일 기념식은 그런 게 아닙니다! …
> 11월 11일에 나는 우리의 모든 사거리에서 〈라마르세예즈〉가 울려 퍼지는 것을 보고 싶습니다. 나는 우리의 모든 아이들이 폴짝 뛰며 기뻐서 어쩔 줄을 모르면서 포슈와 페탱에게 환호하는 것을 보고 싶습니다. 나는 체조, 축구, 럭비 회원들이 운동복을 입고 우리에게 그들의 이두박근을 보여주는 것을 보고 싶고, 우리의 극장이나 연주회장이 제 1차 세계대전 참전용사에게 경의를 표하며 박수로 떠나갈 듯 하는 것을 보고 싶습니다. …
> 신사 여러분, 여러분은 한 민족(*une race*)을 흥분시키고, 여러분은 그들에게 2주일 동안 그 향기를 맡을 국화(*chrysanthème*)[42]를 바치지는 않는군요. 그것은 위험합니다. 그리고 그것은 지나칩니다.[43]

하지만 그 필자는 격분했고, 다른 순간 그는 자진해서 끔찍한 장면을 문제 삼는다. 이는 전쟁 전의 어리석은 애국심을 뿌리 뽑는 것이 필요했기 때문인데, 전쟁 전의 그 어리석은 애국심은 자신의 서원에 따라 생기발랄하고 유쾌한 전쟁을 기원했었다. 11월 11일의 일부 연설들의 강한 어조는 1911년이나 그 후의 호전주의자들의 호언장담(전쟁예찬론 - 옮긴이)에 앙갚음할 수 있게 했다. 그 강한 어조는 또한 그 연설의 그 후의 전개에서 낙관론을 부각시키는 데 기여했다.

두 가지 전개방법(*transitions*)이, 우리가 망각하게 내버려둘 권리가 없는, 그 전쟁에 대한 기억으로부터 11월 11일의 연설의 후반부로 넘어갈 수 있게 했다. 첫 번째는 과거의 희생이 헛되지 않게끔 오늘날 행동할 것을 요구하는 데 있었다. 두 번째는, 아주 비슷하게, 산 자들이 죽은 자들에게 당당하게 되라는 요구였다. 첫 번째는 퇴역군인들 스스로 희생을 치렀다는 의미를 강조했다. 그들은 특히 전쟁이 더 이상 일어나지 않게 하기 위해 싸웠고, 평화주의적인 논리전개는 여기서 자신들의 정당성을 찾았다. 평화를 조직화하는 것은 이중으로 시민들의 의무였다. 그것은 전쟁의 참화로부터 국가(*la cité*)를 보존하는 것이고 그것은 또한 인류의 시민으로서 행동하는 것인데, 왜냐하면 농촌마을이 하나로 합쳐져서 주(*province*)가 되고, 주들이 합쳐져서 국가가 되고, 마찬가지로 국가들도 합쳐져서 최고형태의 연합체가 되어야 하기 때문이었다. 공화국적 애국심은 정화되고 그리하여 그것은 세계공화국을 목표로 해야 하는 민족들의 단일사회로의 결속 속에서 완성된다.

두 번째 전개방법은 전사자들의 덕(*vertu*)[44]을 많이 강조했고 그러한 예는 모든 교훈적인 호소를 정당화했다. 그들의 희생이 남긴 교훈들은

---

42) 〔역주〕 영미문화권에서는 조화로 장미나 백합을 사용하지만 라틴문화권에서는 국화를 사용한다. 장례식에서 국화는 죽음이 생명의 종결이 아닌 영원한 생명의 또 다른 시작이라는 의미를 상징한다.

43) *Le Béquillard meusien*, novembre 1926.

44) 〔역주〕 도덕적 힘을 의미한다.

연설가들과 상황에 따라 달랐지만, 그것들은 언제나 공민(公民)적이었다. 예를 들어 그것은 공적인 것에 대한 절대적 헌신, 사익에 앞서 공익을 섬기고 우선시하는 것, 법이 시민들에게 보장한 권리들이 공동체를 상대로 창출한 그 권리들을 가지고 법에 복종하고 법을 사랑하는 것이다. 그리고 그것은 또한 삶과 가난이라는 그들의 조건에서의 시민-병사들의 구체적인 평등, 법 앞에서의 시민들의 형식적 평등에 그것의 절대적인 의미를 부여하는 맹목적인 죽음 앞에서의 그들의 평등이었다. 여기에서 자유롭게 동의된 규율이라는 개념과, 시민들 가운데 가장 훌륭한 시민들이기 때문에 인정을 받는 지도자들이라는 개념이 나왔다. 그것은 흔히 증오의 대상이 된 현역장교들처럼 권위적이고 멀리 떨어져 있는 지도자들이 아니라 가깝고 인간적인 지도자들이었다. 왜냐하면 그들이 명령을 받는 사람들과 근본적으로 같고, 동원된 사람들과 마찬가지로 시민이고, 또한 잠시 동안만 권위를 행사하고 또 시민-병사들과 마찬가지로 고통과 죽음에 맞섰기 때문이다. 끝으로 그것은 아마 약간 윤색된 참호 속의 형제애였지만, 그것이 그 기억을 환하게 밝히는 특정 순간에 아주 강하게 느껴지는 형제애였다. 그 기억을 계속 지켜 나가는 것은 관용과 다른 시민들에 대한 존중을 요구하고, 그것은 20세기 초의 종교분쟁이나 인위적인 분열을 만들어낸 정치와 같은 쓸데없는 대결을 종식시켰다. 과거에 서로 적대적이었던 수많은 시민들의 죽음으로 상처를 받았던 공화국, 그것은 이제부터는 화해를 의미했다.

"그러므로 순전히 시민적인 신앙고백이 있고, 그 신앙고백의 조항들은, 정확히 종교의 도그마 같은 것으로서가 아니라 그것이 없이는 좋은 시민이나 충직한 신민이 될 수 없는 사회성의 감정과 같은 것으로서, 주권자에게 속한다.…" 루소는 《사회계약론》의 마지막 장에서 시민종교의 필요성을 개진했다. "각 시민이 자신의 의무를 좋아하도록 만드는 종교를 갖는 것이 국가에게 매우 중요하다. 그러나 이 종교의 도그마는, 이 도그마가 그것을 고백하는 사람이 타인에 대해서 이행해야 할 의무가 있는 도덕과 의무들을 믿고 의지하는 그만큼만, 국가와 그 구성원들의 관심을 끈다."

간전기에 조직되고 시행되었던 바와 같은, 전사자들에 대한 공화국의 숭배는 아마 루소가 말하는 시민종교의 역사적으로 유일한 예일 것이고, 그것은 정확한 순간에 등장했다. 한편으로, 국가와 종교가 분리되면서, 국가는 법에 대한 사랑을 발전시키기 위해 조직화된 종교들에 도움을 청하는 것을 스스로 금했다. 다른 한편 전쟁은 참혹했었고, 전쟁이 요구했던 희생은 단순한 공민적 복종으로부터 기대할 수 있는 선을 넘어섰다. 사람들은 자신들의 의무를 사랑하는 시민들에 대한 필요성을 느꼈다. 끝으로, 죽음은 공화주의자와 보수주의자들, 자유사상가와 성직자들을 무차별적으로 엄습했다. 공화국은 하나의 정당이기를 그만두었다. 공화국은 프랑스 그 자체였으며, 그래서 공화국을 공고화하기 위한 이러한 화해를 표현할 필요가 있었다.

이리하여 전사자 기념비들은 공화국의 조각상들처럼 공화국에 대한 기억의 특권적 장소가 아니라, 우리가 이제부터 결론을 내리기 위해 그 특징을 요약할 필요가 있는 공화국 숭배, 시민종교의 특권적 장소가 되었다.

우선, 그것은 열린 숭배였다. 그것은 폐쇄되고 닫힌 공간에서가 아닌 공공장소에서, 모두에게 속해 있기 때문에 아무에게도 속하지 않은, 하나의 중심, 하나의 극점을 지닌 장소에서 거행되었다.

이어, 그것은 신도 없고 신부도 없는 세속적 숭배였다. 아니 차라리 신, 신부, 신자가 구분되지 않았다. 실은 시민이 거기서 스스로를 기념했다. 이 숭배는 그들의 공민적 의무를 주저 없이 완수했던 시민들에게 바쳐졌다. 그들에 대한 기억을 보존하면서 기념비는 공민정신의 명소가 되었다. 이 무덤 위에서, 사람들이 군대나 조국을 신격화하지 않고, 전쟁에서 죽은 모든 시민들의 이름을 보존하고, 그들을 한 명씩 호명하는 것은 시민들이 없는 공화국은 아무것도 아니라는 것을 표현하는 하나의 방식이었다. 이 숭배는 다른 시민들에 의해 행해졌다. 그들은 그들의 말대로 운이 좋아 죽음을 면한 사람들이거나 전쟁에 참

32

33

34

35
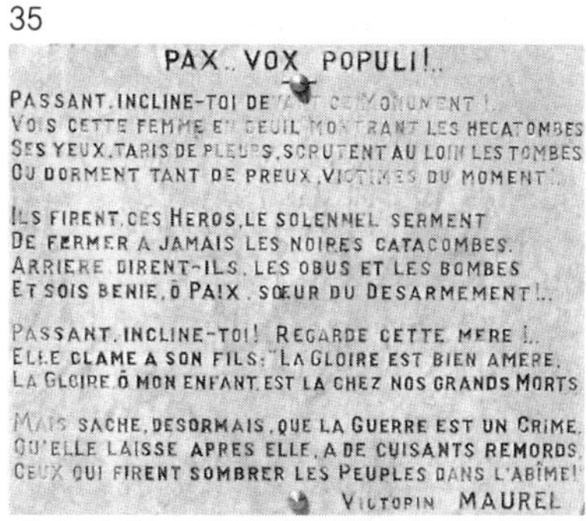

32, 33. 평화주의적 장례 기념비 유형 : 오슈와 푸이레푀르.

34, 35. 반군국주의적 · 평화주의적 장례 기념비 유형 : 샤토아르누.

여하지 않았던 여성, 노인, 아이들이었다. 기념식에서와 마찬가지로 기념비 건립의 주도권은 국가기구나 사회적 권위로부터 나오지 않았다. 그것은 지방자치체, 다양한 위원회들, 상이군인이나 퇴역군인협회들의 업적이었다. 그래서 퇴역군인협회들이 11월 11일 의식에서 특권적 역할을 맡았다면 그것은 이행된 공민적 의무 때문이지 순전히 그들 개인 때문이 아니었다. 더욱이 우리는 그들이 비개인적 연설을 하면서 어떻게 집단적 참가자로 용해되는 경향이 있었는지를 보았다. 모든 시민들이 법과 공민적 의무 앞에서 평등해졌기 때문에, 대열에서 벗어나 모든 사람의 이름으로 말하려면, 그렇게 하라고 이미 위임을 받거나 심지어는 연설원고를 집단적으로 작성할 필요가 있었다.

자신의 의무를 다했던 시민들을 기념하는 것은 각자에게 자신의 의무를 다하라고 권고하는 것이었다. 하나 또는 다른 형태로 기념비 앞에서 하는 연설들은 그 의식이 묵념을 통해, 그리고 깃발을 잠깐 내렸다 올리는 것을 통해, 이미 이야기했던 바를 그리고 기념비가 자신의 존재를 통해 오랜 세월 동안 확인시켜 주었던 것을 반복했다. 왜냐하면 자신의 공민적 의무를 이행하는 것은 아주 좋은 일이고, 죽음에 이르기까지 그것을 수행했던 사람들은 결코 망각되어서는 안 되고, 역으로 국가(*la cité*)를 위해 죽은 시민들에게 경의를 표하는 것은 공민적 의무의 위대함을 분명하게 드러내 보이는 것이었기 때문이다.

그러므로 기억하는 이 일은 곧 공민으로 개종하고 교육시키는 일이었다. 11월 11일의 기념식은 시민들 스스로에 의한 시민들의 행사였다. 기념식은 그들에게 공민정신을 공고하게 해주었고, 그것을 젊은 세대들에게 전달했다. 정부의 냉정한 주도권이 실패했던 곳에서 이 익명의 집단적 기획—이 기념식의 책임은 하나의 단체나 한 사람에게 돌릴 수 없다—은 성공했다. 사실 그것은 광범위한 대중의 지지, 그 자체가 공화국 초등학교 교육의 결실이었던 진심에서 우러나온 확신에 근거하고 있었는데, 왜냐하면 공화국의 도그마를 가르쳤던 곳이 바로 초등학교였기 때문이다. 그러나 전사자 숭배는 그 도그마에 공유된 집단감정, 공유된 감동의 힘을 더했다. 그것은 정확한 의례에 따라 운동과 부동, 침묵과 노래, 상징, 몸짓, 말들을 시공(時空) 속에서 지배하는 아직 익숙한 가톨릭에서 차용한 종교관습을 그런 목적으로 동원했다.

그 자체로 공화국의 이상은 추상적이고 법적이었다. 11월 11일의 엄숙함과 묵상 속에서 그것은 사람들 사이에 살아 있는 끈이 되기 위해서 자신의 엄격함과 자신의 무미건조함을 벗어던졌다. 이 공화국 숭배를 비판적인 방식으로 볼 수도 있고 그래서 다른 숭배들보다 야유를 더 잘 견디지 못한다. 그러나 공화국은 다른 것들과 같은 하나의 정권이 아니었다. 그것은 단지 생활수준을 향상시키거나 복지를 증진시키는 것만 추구하지 않았다. 공화국은 여러 가치를 구현했고, 일종의 구원을 가져왔다. 그런 까닭에 공화국은 공화국의 이상을 기념할 수 있는, 다시 말해 모두에게 인정받고 공유되는 숭배를 필요로 했다. 숭배 없이는 공화국의 신념이나 공화국의 덕이 더 이상 존재하지 않는다. 그렇게 되면 환멸을 느끼게 하는 정권이 되고, 거기서는 사회계약이 기능적 필요성 앞에서 잊힌다.

교육하지 않고 기념하지 않는 공화국은 죽은 공화국, 다시 말해 사람들이 그것을 위해 더 이상 죽으려고 하지 않는 공화국이다. 우리는 1958년 5월에 그런 공화국을 경험했고, 1940년에도 이미 경험했다. 그러나 만약 공화국이 시민들의 마음속에 살아 있지 않다면 그 교육은 열매를 맺지 못하고 그 기념식은 겉치레일 뿐이다. 그 경우 우리는 과거의 기억을 유지할 수 있으나, 그것은 현재에 아무런 영향을 미치지 못할뿐더러 미래를 위해서도 더 이상 의미를 갖지 못한다. 이런 일이 전사자 기념비와 11월 11일의 의식에 일어났다. 그것들은 오늘날 그것들을 만들어 냈던 대중적 열정에 의해 버림받은 채, 전쟁 기념비들로 남아 있다. 프랑스 공화국이, 기념식의 집전자이면서 동시에 기념의 대상이었던 한 예식을 거행하기 위해, 이날 이 장소에 자신만만하게 모든 시민들을 초대했던 것이 바로 겨우 반세기 전이었다는 것을 망각하고서 말이다.

민족의 교사 라비스

공화국의 복음서《아동용 라비스》*

에르네스트 라비스(Ernest Lavisse, 1842~1922)는《아동용 라비스》(*Petit Lavisse*)라고 알려진 초등학교 교과서를 썼다. 수백만 부가 보급된 이 책은 공화국의 복음을 프랑스의 가난한 초가집에까지 전파했다. 그는《통사: 4세기~현대》(*Histoire générale du IVe siècle à nos jours*, 12권)를 알프레드 랑보와 함께 펴냈다. 또한 그는 27권으로 된《프랑스사》(*Histoire de France*)의 편찬을 후원했다. 후대인들이 보기에 이러한 라비스는 1870년 패배 이후 민족정신(*esprit national*)을 쇄신하고 공화국의 여러 제도를 사회에 뿌리내리게 하는 데 강베타 및 쥘 페리와 함께 일했던 세대의 대변인처럼 비쳤다. 그의 한 제자는 이렇게 갈파했다. "그의 삶은 역사연구를 혁신하고 그것을 민족교육의 강력한 수단으로 삼는 데만 온통 관심이 쏠려 있었다."[1] 그의 제자 랑글루아는 한술 더 떴다.

> 프랑스의 민족적 이상을 가장 독특하고 훌륭한 형태로 아주 완벽하게 구현한 사람의 온전한 지도 아래 프랑스사 교육이 오랫동안 이루

---

* 이 논문은 원래 "에르네스트 라비스: 민족감정 형성에서 그가 담당한 역할"(Ernest Lavisse : son rôle dans la formation du sentiment national)이라는 제목으로〈역사학보〉(*Revue historique*), 1962년 7~9월에 발표된 것이다.

1) L. Lemonnier, *Revue internationale de l'enseignement*, Janvier-février 1923 참조.

어졌다는 것은 큰 행운이다.[2)]

1870년에서 1914년 사이 민족감정(*sentiment national*) 형성에서 라비스가 수행한 개인적 기여와 그를 낳았던 공화국의 실천의지를 구별하려고 하는 것은 헛된 일이 될 것이다. 그러나 라비스는 고등사범학교 15년 선배인 이폴리트 텐과 같은 차원을 지니지 못했다. 예컨대 그는 바레스의 소설 《뿌리 뽑힌 자들》(*Déracinés*)에 등장하는 7명의 로렌 지방 젊은이들 가운데 하나인 공화주의자 뢰메르스파셰(Roemerspacher)가 텐에게 바쳤던 것과 같은 그러한 경의를 받지는 못했다.

라비스가 교사로 인정받는 것은 오로지 학술적인 측면에만 한정된다. 샤를레티가 지적하듯 "그는 단 한 명의 젊은이도 직접 '가르친' 적이 없었을 것이다". 그는 집단적으로만 젊은이와 접촉했다. 어떤 젊은이도 프랑스라는 개념을 그에게서는 얻지 못했다. 텐이나 모라스에게서 받은 것에 비하면 그렇다는 말이다. 이 두 위인은 그를 압도하는 것처럼 보였다. 그렇지만 그의 영향력은 이들보다 덜 화려해 보이긴 했어도 덜 심대했다고 할 수 있는가?

독일의 랑케, 지벨, 트라이치케, 몸젠, 델브뤼크나 슈트라우스에 필적할 만한 학자를 프랑스 문필가들 가운데서는 찾아볼 수가 없다. 독일의 위대한 역사가들이 담당한 것만큼 민족의식(*conscience nationale*)의 지도자 역할을 한 역사학자들이 프랑스에는 없다는 말이다. 프랑스에서 공화국 초기에 그러한 역할을 떠맡은 것은 다름 아닌 역사교육이었다.

그 당시 공교육의 위신은 (혁명기의 국민공회 시절을 제외하고) 프랑스사에서 유례가 없을 정도로 높았다. 불랑제 위기가 있기 전까지는 군대 역시 국민의 존경을 받았지만, 그 후에는 공교육만이 국민의 존

2) *Revue de France*, septembre-octobre 1922.

경을 한 몸에 받았다. 라비스는 19세기 말부터 제1차 세계대전까지 공교육 제도에서 비할 데 없는 지위를 차지했다. 쥘 이작은 그를 이렇게 소개했다.[3]

> 거의 60줄에 접어든 그는 모든 일을 지배하고 주재했다. 에콜 가(街)에서, 소르본 대학에서, 역사연구에서 〔…〕 생제르맹 가와 생미셸 가에서, 아셰트(Hachette)와 아르망 콜랭(Armand Colin)처럼 영향력이 큰 출판사에서, 역사책과 특히 역사교과서 출판에서, 공교육부가 소재해 있는 그르넬(Grenelle) 가에서, 공교육부의 고등교육 위원회에서, 그리고 그토록 많은 위원회와 의례석상에서 말이다.

이 탁월한 교사는, 물론 그의 활동이 공화국(제3공화국 - 옮긴이) 수립 첫 세대와 연결되어 있지만, 공화국이 출범한 지 한 세대가 지난 뒤 최고의 영향력을 발휘했다. 그는 권력투쟁과 거리를 두고 권력의 횡포로부터 보호받는 가운데 공화국의 가장 독특한 제도인 공교육 분야에서 활동하면서, 패배의 굴욕과 복수의 강박관념으로 점철된 이념을 영속화하고 전파했다. 라비스가 독특한 자리를 차지하게 된 것은 그가 공화국에 뒤늦게 기여한 데서 비롯되었다. 이 점을 일찍이 감지한 사람도 없지 않다. 르네 두미크는 1894년에 벌써 이렇게 썼다. "라비스 씨는 무언가 각별하고 독창적이고 재미있는 점을 대표한다."[4]

---

3) *Expériences de ma vie*, Paris, Calmann-Lévy, 1959, pp. 265~267.

4) René Doumic, *Ècrivains d'aujourd'hui* (1894). 그러나 여기서 우리는 독일에 대한 라비스의 연구와 위대한 총서(루이 14세에 대한 연구가 수록된 총서) 내용을 부차적으로만 알 수 있다. 이 연구가 제기하는 문제는 이 논문의 범주를 넘어 교과서 분석으로 확대시킬 만한 가치가 있다.

I. 라비스는 공화주의자인가?

청년 라비스의 공화제 인식

조국의 두 기둥인 교사와 장교가 공동노력으로 달성해야 할 공화국의 쇄신을 역설하는 세속설교가, 이것이 바로 라비스가 자신의 젊은 시절 이야기를 담은 《회고록》(*Souvenirs*)에서 스스로에게 부여했던 전설적 자화상이다. 여기서 그는 자신이 고등사범학교에 입학했던 1862년 11월에 젊은 시절은 끝났다고 회고했다. "그날부로 내 인생의 한 장은 끝났다." 이 진술은 역사가에게는 매우 소중하지만 증언으로서는 신빙성이 없다. 1912년에 씌어진 그의 《회고록》은 70세가 된 노(老) 역사가의 재구성물이다. 그는 일생을 민족교육에 바치고 공화국으로부터 갖가지 학문적 명예를 수여받고 난 뒤, 자신의 과거를 자신이 공언한 공화국 교육자로서의 소명과 양립가능하도록 회고록을 편찬할 수밖에 없었을 것이다.

그에 따르면 이러한 소명은 자신이 젊은 시절에 받은 실패한 교육에 대한 쓰라린 회한에서 비롯된 것이었다. 그는 누비옹앙티에라슈(Nouvion-en-Thiérache)에서 '박리점'(薄利店, *Au petit bénéfice*)이라 불리는 신상품 가게를 경영하는 소상인의 아들로 태어났다. 초등학교부터 랑 중학교(collège de Laon)와 "마레에 있는 가장 유명한 기숙학교"인 마생학교(l'institution Massin)를 거쳐 고등사범학교에 이르기까지 그의 모든 학창 시절은 도덕적으로 황폐하고 지적으로 단조로웠다. "그곳에서는 교육과정이 뒤죽박죽이고 내 눈을 끌 만한 전망도 없었다. 나의 젊은 시절은 떠도는 짙은 안개뿐이었다." 라비스는 이야기를 이어 나간다. 그는 자신이 받은 "편협하고 형식적이고 훈육적이고 강제적인" 교육을 "내 세대 모든 사람들을 위해" 고발한다며 모든 교육제도를 싸잡아 비난했다. "나는 〔…〕 우리가 받은 인문학교육이 프랑스를 옹색하게 만들었다고 생각한다. 우리는 우리 시대 사람들의 지성이 마땅히 이해해야 할 바를 소화할 준비가 되어 있지 않았다. 우리는 자유를 향유할 준비가 되어 있지 않았던 것이다." 역사의 한 페이지가 되어 버린 자서전이 어떤 삶을 정당화해 주는 변론서가 되어 버렸다. 늙은 교육자는 자신을 실패한 교육의 산물로 소개했다. 스스로의 증언에 따르면 라비스는 자신이 받은 교육을 거울삼아 그것을 위대한 민족적 이념이 고취된 근대적 공교육제도로 탈바꿈시키고 싶었다.

〈내가 받은 교육〉은 그의 《회고록》에서 가장 긴 장절의 제목이다. 여기서 그는 피카르디(Picardie)에 있는 그의 가족과 고향에 대한 향토적 애착, 빅토르 위고에 대해 동급생 집단이 품었던 숭배 등이 1848년 정신이 흠뻑 스며든 공화주의적 신앙과 뒤섞이게 되었다고 회고했다. 그의 말에 따르면 인생에 대해 눈을 뜬 것은 그의 고향 마을 누비옹을 방문하고 난 뒤의 일이다. 대학생 시절 갖가지 상을 받은 적이 있는 그는 졸업식 시상 연설을 통해 학생들을 훈시하기 전에[5] 고향 누비옹에서 바캉스를 보냈던 것이다. 그에게 역사에 대한 취미를 제일 먼저 불어넣어 준 것은 그의 가족들이었다.

> 내가 루이 16세의 죽음, 황제의 승리들과 패망, 정복과 침략 등을 알게 된 것은 책을 통해서가 아니다. 그것은 왕이 단두대에서 처형되는 모습을 목격한 한 노인을 통해서, 황제의 병사들을 통해서, 적이 접근해 오자 숲속으로 도피했던 사람들을 통해서다.

그는 용돈이 생기면 생시르 육군사관학교 입학 관련 정보를 구입하는 데 사용했다. 결국 그는 군인으로 성공하겠다는 고상한 군사적 야심을 버리는 대신, 마찬가지로 고상한 문학적 야심을 갖게 되었다. 그는 다락방에서 저술을 하고 싶었던 것이다. 그러나 라마르틴과 뮈세를 읽을 때 이들에게서 감지되는 "문학적 떨림"이 그의 필치에서는 자못

---

5) *Dicours à des enfants*, Paris, A. Colin, 1907 ; *Nouveaux discours à des enfants*, Paris, A. Colin, 1911.

학술적인 냄새를 풍겼다. 그는 미슐레의 작품을 탐독했다. 그는 이렇게 회고했다. "그의 《보편사 입문》(*Introduction à l'Histoire universelle*)은 〔…〕 나를 흥분시켰다. '세상에서 운명에 별로 기대지 않고 가장 인간적이며 자유로운 곳은 유럽이다. 이 가운데서 가장 유럽적인 곳은 나의 조국 프랑스가 아닌가!'라는 구절을 읽고 나는 한참 동안 멍하니 있었다." 이와 같이 미슐레는 그의 가장 위대한 스승이었는지 모른다. 라비스는 이렇게 진술했다.

> 그러므로 우리는 공화주의자였다. 그러나 우리는 공화국이 프랑스에서 어떻게 수립될 수 있는지에 대해 자문하지 않았다. 신비스럽게 들리는 '공화국'이란 말 그 자체만으로도 우리에게는 충분한 것처럼 보였다. 우리는 공화국이 프랑스뿐만 아니라 우리의 신호를 기다리는 온 인류를 해방시킬 것이라 믿었다.

그의 《회고록》은 진상을 자세히 설명해 주는 듯하다. 그러나 그것은 동시대가 아닌 후대에 속하는 감정을 통해서 표현된 것이다. 전반적으로 라비스의 공화주의 선언은 매우 유치한 수준에 머물러 있었다. 붉은 넥타이와 장발을 과시하고 다니고, 《젊은 프랑스》(*Jeune France*)에서 브루투스[6]를 찬양하고, 황제한테 총애를 받는 니자르[7]를 휘파람을 불어 야유하고, 〈라마르세예즈〉를 부르면서 마리안 석고상을 그 주변에서 밤새 지키고, 자신의 개를 바딩게(Badinguet)[8]라 부르고, 도망 다니며 사는 척했던 수준 말이다. 그러나 그의 행동이 더 직접적일 경우도 있었다. 제국 관리가 외젠 펠탕에게 부과한 벌금을 납부하기 위한 모금운동이 일어났을 때 라비스는 클레망소를 찾아가 얼마 안 되는 돈을 기부했다. 또한 쥘 시몽, 에르네스트 피카르나 가르니에파제스의

6) 〔역주〕 독재자 카이사르를 암살했던 로마 공화정의 수호자.

7) 〔역주〕 제2제국에 협력했던 문필가.

8) 〔역주〕 나폴레옹 3세의 별명.

선거도 도왔다. 예컨대 생시르 육군사관학교 입학 관련 일화[9]는 실제로 있었던 일인지도 모른다. 그러나 그 일이 있었던 1856년에 그것은 공화주의적 열정보다는 말라코프(Malakoff) 전투[10]의 승리와 제국의 영웅적 무공에 고무되어 일어난 일화일 것이다. 위고와 미슐레에 대한 라비스의 편애에는 의심스런 구석이 없지 않다. 그 당시 위고는 추방되어 있었고 미슐레의 강의는 아직까지도 정지상태에 있었다.

1895년에 쓴 논문 "옛날의 젊은이와 오늘날의 젊은이"(Jeunesse d'autrefois et jeunesse d'aujourd'hui)에서[11] 보이는, 짧지만 예기치 못한 그의 고백은 사실에 더 가까울는지 모른다. 여기서 그는 공화국이 "드높은 하늘에 흐릿하지만 생생한 후광으로 둘러싸였다"고 침이 마르도록 찬양한다. 또한 프로코프(Procope) 카페에서 샤를 플로케 및 강베타와 회동하고 나서, 유배를 떠나는 오이디푸스가 했던 송별사를 재연했던 때를 자세하게 기술했다. 그렇지만 그는 그때에 대해 뜬금없이 이렇게 썼다. "사실을 말하자면 나는 청년운동에 깊이 개입하지 않았다. 내 안에는 상반된 취향과 감정이 싸움을 하고 있었다." 그 취향과 감정이란 무엇을 말하는가? "한편으로 나는 권위를 무척 존중하고 황제와 그의 군대의 위대함을 경탄하는 집안 분위기에서 성장했고, 다른 한편으로는 가급적 빨리 적극적이고 왕성한 삶을 시작하고 싶은 야망에 불탔던 것이다." 사실이 그랬다. 라비스는 지방 출신으로 파리에서 장학금을 받는 모범생이요, 가족들로부터 큰 기대를 한 몸에 받고 있던 소년이요, 공부를 잘하여 빨리 성공하기를 갈망했던 학생이었다.

사실 그는 고등사범학교를 졸업하자마자 공교육부장관 빅토르 뒤뤼

---

9) 라비스는 언제나 생시르 육군사관학교와 밀접한 관계를 맺고 있었다. 그는 이 학교의 입학시험을 개혁하려 했다("L'examen de Saint-Cyr", *Revue de Paris*, avril 1896 참조). 그는 드레퓌스 사건이 한창일 때 이 학교의 역사와 문학 담당 교수였다. 장군으로 죽은 그의 동생은 생시르 육군사관학교 출신이었고 생메상(Saint-Maixent) 학교의 교장이었다.

10) 〔역주〕 1855년 11월 8일 프랑스군이 승리를 거두었던 크림 전쟁의 한 전투.

11) *Études et étudiants*, 1895.

의 눈에 띄게 되었다. 1863년부터 공교육부장관을 맡아 자기 직책에 애착을 갖고 있던 뒤뤼는 앙리 4세 중등학교(*lycée*)에 근무하는 젊은 교사 라비스를 공식직함이 없는 측근으로 데리고 있다가 결국에는 자신의 정신적 후계자로 삼았다.[12] 그리고 황제가 마지못해 해임했던 전직장관 뒤뤼의 추천으로 라비스는 1868년부터 제국이 몰락할 때까지 황태자의 가정교사로 있었다.

따라서 1870년의 패배는 그에게 가장 큰 충격으로 다가왔다. 물론 그는 무엇보다도 "조국을 사랑하고 자유를 사랑하고, 개인이든 국민이든 인간, 특히 고통받는 인간을 사랑했던" 동시대 프랑스인으로서의 반응을 보였다. 그는 강요된 강화의 굴욕을 감내했다. 그는 이렇게 말했다. "우리가 당한 불행 이후에 이성이며 원칙이며 감정은 서로 하나가 되었다. 우리의 대의명분은 영광스럽게도 인류의 대의명분이 되었다." 그러나 그에게 국가적 위기는 개인적 위기이기도 했다. 그의 나이는 이제 30세가 다 되었다. 제국의 붕괴는 그의 정치적 상황진단을 뒤흔들어 놓았을 것이다. 확실하게 말할 수 있는 것은 제국의 몰락이 그가 합법적으로 실현하고자 했던 희망을 산산조각 나게 했다는 점이다. 만약 제국이 계속 이어졌더라면 26세에 황태자의 가정교사가 된 그에게 창창한 미래가 보장되지 않았겠는가? 부르고뉴 공작의 가정교사였던 페늘롱에게 찬란한 미래가 주어졌던 것처럼 말이다.

이러한 내적 혼란은 라비스가 갑자기 독일로 떠나기로 작정한 것에 반영되어 있다. 그는 연 500프랑이라는 보잘것없는 급여를 받으며 독일에서 3년을 체류했다. 그는 1871년 장관에게 휴가를 신청하는 편지

---

12) 나는 이 두 사람이 어떤 연유로 만나게 되었는지를 정확하게 짚어낼 수 없다. 그러나 이 두 사람의 우정은 1894년 뒤뤼가 죽을 때까지 지속되었다. 뒤뤼는 그의 학생들과 제자의 성공에 대해 흡족한 마음으로 그의 *Notes et souvenirs*(1892년에 저술하여 1904년에 출간)을 끝맺었다. "그리고 내가 30여 년 동안 내 학생으로 간주해온 나의 공교육부장관 비서 에르네스트 라비스는 아카데미 프랑세즈 회원에 입회했다"(312쪽). Ernest Lavisse, "Un ministre : Victor Duruy", *Revue de Paris*, janvier-mars 1895.

에서 이렇게 썼다. "이러한 불행을 저보다 더 처절하게 느낀 사람은 아무도 없을 것입니다. 저는 어찌할 바를 모르겠습니다. 재건과업에 온 힘을 쏟아야 한다고 저보다 더 단호하게 생각하는 사람도 없을 것입니다."

그가 1875년 독일에서 가져온 자신의 학위논문《아스카니 왕조 치하의 브란덴부르크 변경백령》(*Marche de Brandenbourg sous la dynastie ascannienne*)의 부제 "프로이센 군주국의 기원에 대한 시론"(*Essai sur l'une des origines de la monarchie prussienne*)은 이 역사가의 야심을 분명하게 드러내 준다. 제1부에서부터 역사에 대한 그의 관심의 성격이 무엇인지 잘 드러난다. 그의 야심은 순수학문적인 것이 아니었다. 프로이센 역사 자체에는 별 관심이 없었다. 프랑스 역사가로서의 그의 열정을 자극한 것은 독일의 승리 비결이었다. 그는 점령당한 동포들에게 패배의 비밀을 드러내 주고 싶었다. 그는 전쟁에서 직접 싸우지는 않았지만, 역사가로서 '재건과업'에 나름대로 기여하고자 했다. 그러므로 그가 프로이센 역사 이면에서 보고 싶었던 것은 프랑스 민족사였다. 이에 대한 증거가 있다. 학위를 마친 직후부터 벌써 전문역사가로 인정받은 그는 프로이센 역사를 포기하고 약간 주저한 끝에 역사편찬팀을 조직했다. 그의 지도 아래 이 팀은《통사》를 집필하고《프랑스사》총서를 저술했다. 그렇다고 그가 독일사에 대한 관심을 완전히 버린 것은 아니다. 그의 역사서는 매우 통사적이고 산발적이며, 독일 독자보다는 프랑스 독자들의 구미에 더 잘 맞았다. 그는 연속해서《프로이센 역사 연구》(*Études sur l'histoire de Prusse*, 1879년),《독일제국 연구》(*Études sur l'Allemange impériale*, 1881년), 비교사적 접근을 한《독일의 세 황제들》(*Trois Empereurs d'Allemagne*, 1888년)을 내놓았다. 그가 프로이센의 프리드리히에 대해 쓴 진짜 학술적인 역사서들인《프리드리히의 젊은 시절》(*Jeunesse du Grand Frédéric*, 1891년)과《즉위 전의 프리드리히》(*Grand Frédéric avant l'avènement*, 1893년)는 미완성으로 남아 있다. 독일사는 프랑스사라는 큰 덩어리의 한 조각에 불과했다.

그러나 라비스는 뒤늦게까지도 보나파르트파의 복귀에 희망을 걸고 있었다. 망명해 있는 황태자와 편지를 계속 교환한 것은 개인적 애정보다는 정치적 애착 때문이었다. 1874년 11월 14일 영국에 있는 황태자에게 보내는 편지에서 그는 이렇게 썼다. "지난번 선거 결과는 미래를 다시 한 번 밝게 해주고, 급진주의적 오합지졸들과 맞서 있는 제국을 보여주지 않았습니까? 국민의 상당수가 아직도 결정을 하지 못하고 있습니다. 그들이 제국을 지지하기로 결심하는 날—그날이 꼭 올 것입니다만—제국은 현실이 될 것입니다."

이들 사이에 교환된 모든 서한은 검토할 만한 가치가 있다.[13] 예컨대 그의 고향 엔(Aisne) 도(道) 도민들의 정신상태를 기술하면서 라비스는 공화주의자들에 대해 이렇게 빈정댔다.

> 농민은 절대로 공화주의자가 아닙니다. 부르주아도 마찬가집니다. 노동자도 몇몇 지역을 제외하고 공화주의자가 아닙니다. 그러나 이들은 모두가 지난번 선거에서 공화주의 후보에게 투표를 했습니다. 이런 모순은 어디서 오는 것일까요? 인간의 비굴함에서 나온 것입니다. 제가 알기로 5년 전만 하더라도 제국의 충실한 종이었던 이 사람들은 무너진 제국에 충성을 견지하는 것이 현명한 일이라는 것을 아직도 잊지 말아야 합니다.

---

13) 라비스는 이 편지를 국립도서관에 기탁했다. *Revue des deux mondes*(1929년 4월)에 발표된 많은 편지 발췌문은 아르망 콜랭(A. Colin) 출판사의 격렬한 분노를 자극했다. 그 당시 이 출판사의 사장으로 있던 막스 르클레르(Max Leclerc)는 즉각 라비스의 상속녀 마담 잔 키외브뢰(Jeanne Quiévreux)에게 "자기 삼촌의 기억에 크게 손상을 끼칠 성격의 출판을 막아 달라"고 요청했다. "이 편지는 '너무 팔팔할 때' 쓰인 것이고 우리가 알고 있는 그의 그 뒤 행적과 아무런 관계가 없기 때문이다." 마담 키외브뢰는 (라비스의 동생) 장군 라비스의 미망인 마담 쉬잔에밀 라비스(Suzanne-Émile Lavisse)에게로 화살을 돌렸다. 그녀는 시숙에게 "영광이 되는 이 편지를" 기쁜 마음으로 읽었다.

나중에 그는 황태자에게 공화주의 신문들을 매점하라고 충고했다. “더럽지만 덧없는 신문들, 대가처럼 큰 소리로 외쳐대는 신문들, 그렇기에 이 신문들을 읽고 국민의회 의원들의 말에 귀를 기울이는 사람들은 — 자기들도 발언권이 있다고 자처하면서 — 우리를 강베타주의자들과 뒤섞인 티에르주의자들 패거리라고 생각할 것입니다. 이러한 거짓들의 은폐막을 벗겨내는 데 뭐가 필요하겠습니까?”

5·16 위기[14]가 있기 몇 주 전에 그의 판단은 여전히 신랄했다.

> 공화국은 위협으로 가득합니다. 공화국을 지지하는 사람들은 극소수에 불과하고 이념도 존재하지 않습니다. 전망도 없습니다. 우리는 공화국의 불임에 충격을 받습니다. 기회주의는 성불능에 대한 변명입니다. 급진주의는 저급한 열정을 위장하는 낡은 탈에 불과합니다. 좌파는 성기(性器, *sexe*)가 없습니다. 이 모든 것을 가지고 무엇을 하겠습니까? 이 모든 것을 하나로 결집시킬 수 있는 것은 오직 당신뿐입니다〔1877년 2월 18일자 편지〕.

황태자가 죽기 1년 전인 1878년에 가서야 비로소 라비스의 생각이 바뀌기 시작했다.

> 나는 공화국이 오래 지속되리라고 절대 믿지 않습니다. 과거 어느 때보다도 지금은 더 그렇습니다. 그러나 예전에는 제국만이 공화국을 계승할 수 있으리라 생각하곤 했습니다. 더는 그렇게 생각하지 않습니다〔1878년 4월 30일자 편지〕.

결말이 내려졌다. 까다로운 애국주의자 라비스는 뒤늦게 공화국을 받아들였다. 그의 애국적 열정은 확고하게 뿌리내린 공화국체제 수호

---

14) 〔역주〕 1877년 ‘5월 16일’ 공화파가 다수를 차지한 하원이 자유주의적 입법을 시몽 내각에 요구하자 보수파 대통령 마크마옹이 시몽 내각을 해산한 이른바 ‘5·16 쿠데타’를 말한다.

가 국가 수호와 동일한 것이 된 뒤에야 공화주의적 색깔을 띠게 되었던 것이다.

공화국 제도들에서 라비스가 차지하는 위치

중대한 위기가 공화국의 존립을 직접 위협할 때조차도 라비스는 신중하게 생각한 끝에 — 이 때문에 그는 나중에 혹독한 비난을 받았다 — 투쟁무대로 내려가지 않았다. 불랑제 위기 때 그는 어느 편에도 가담하지 않았다. 드레퓌스 사건 때도 그는 삼가는 태도를 견지했다. 드레퓌스 사건의 렌(Rennes) 재심법정이 개정되기 직전인 1899년 10월에 그는 〈파리평론〉(*Revue de Paris*)에 실은 한 기고문에서 "국가적 화해"를 호소했다. 그가 보기에 드레퓌스 사건은 서로 다른 두 국가생활 경험 사이의 충돌이었다. 그러나 그가 온통 주의를 기울였던 것은 반(反)드레퓌스파가 내세운 경험이었다. 그는 혁명이 급격하게 파괴한, 국가질서의 기초가 되는 세속적 삼위일체 — 교회 · 왕 · 군대 — 의 모습에 상당한 지면을 할애했다. 교회와 군대는 순종에 토대를 두고 (이들의 권력과 영광의 터전인) 과거를 사랑하는 장기적 기억의 동업자였다. 이러한 교회와 군대는 '자유의 무질서'를 좋아하지 않았다. 교회와 군대는 사라진 왕을 아쉽게 생각할 수밖에 없었다. "그러한 정신상태는 절대적으로 정당하다." 따라서 라비스는 적대적인 양측을 대조시킨다. "군대와 사법부는 상호 극단적 '몰이해'에 의해 적대하고 있다. 서로 적대하고 있는 형제들이여, 그러니 우리의 조국을 정당하게 평가하는 일부터 하십시오. 우리의 조국은 그렇게도 많은 사람들이 고귀한 감정을 위해 서로를 고문할 수 있는 세계 유일의 나라라는 것을 인정해야 합니다. 조국에 대한 제물로 여러분들의 증오를 바치십시오. 그리고 여러분은 모두 하나가 되어 프랑스를 이룬다는 생각을 가지고 마음을 차분히 해야 합니다."

이와 같이 라비스는 기질상으로 정치생활을 하도록 운명 지어져 있었음에도 정치에 절대 개입하지 않았다. 1876년 고등사범학교 강사로, 1888년 소르본 대학 교수로, 1904년 고등사범학교 교수로 취임하는 등 그는 화려한 교수경력을 갖고 있었다. 그러나 그의 사회적 영향력은 대학사회를 훨씬 넘어섰다. 그는 1893년 아카데미 프랑세즈(Académie française) 회원으로 선출되고, 1894년부터 죽을 때까지 〈파리평론〉의 편집장을 맡고, 외무부(Quai d'Orsay)의 '막후 실력자'였으며, 파리의 저명한 살롱들, 특히 공주 마틸드의 나폴레옹 살롱에서 영향력 있는 인물이었다. 1894년 르네 두미크는 이렇게 지적했다. "그는 사람들에게 존경을 받곤 하는 인물이다." 그렇다. 그는 위대한 성격의 소유자라기보다는 위대한 인물이었다. 쥘 이작은 그에 대해 이렇게 썼다.

> 그는 어디서나 무네쉴리나 빅토르 위고, 가장 존엄한 역사적 인물들인 카롤루스 대제(샤를마뉴)며 루이 14세와 비슷한 자연스럽고 기품 있는 위엄을 통해 사람들에게 깊은 인상을 심어준다. 그의 넓고 조용한 얼굴 속에 있는 청순한 푸른 눈은 탁월하고 매혹적인 인간성을 담은 명상적 분위기를 자아낸다. 내가 그를 좋아하는 것은 바로 이 때문이다. 그는 젊은이들에게 매우 인간적이고 친절한 사람이었다.

아카데미 프랑세즈 회원 후임자 피에르 브누아는 라비스가 장관실에서 주재하는 고위대학위원회(Conseil supérieur de l'Université) 회의를 마친 뒤에 공교육부에서 처음으로 그를 만났다. 다음은 그때 브누아의 눈에 비친 라비스의 또 다른 모습이다.

> 소박하게도 올이 성긴 푸른색 해군복을 입은 땅딸막한 사람. 단단한 정사각형의 머리는 어깨에 약간 파묻힌 꼴이었고, 눈은 짙은 눈썹의 눈두덩 아래 숨어 있었다. 그는 비에 젖는 것도 아랑곳하지 않는 시골 사람들과 뱃사람들처럼 무심히 빗방울을 응시하고 있었다. 사람들은 정중하게 그에게 말을 걸었다. 그는 짧게 대답했다. 이 사람에게서는 균형과 슬픔의 묘한 인상이 풍겼다. 그는 근심 어린 농부 같았다.

이러한 모습, 아니 고압적인 도지사 같은 이러한 단호한 모습 말고도 그에게는 훌륭한 화술과 탁월한 문학적 재능이 있었다. 쥘 이작은 이렇게 썼다.

> 연사로서 그는 〔…〕 사소한 말에도 활력과 기복을 주는 경이로운 화법으로 청중들을 휘어잡았다. 그의 연설을 듣고 강당을 나서면서 나는 몇 번이고 속삭였다. '이 사람만 한 대단한 연설가는 없을 거야! 대단한 배우야!' 그가 나에게 가르쳐준 것은 역사보다는 화술이었다. 그는 화술의 달인이었던 것이다.

작가로서 그의 글에는 종합하는 재능, 간결한 표현력, 꾸밈없고 힘차고 화려한 문체, 자연스런 우아함이 엿보인다. 또한 그는 모든 능력을 한데 모으는 재능, 유용한 것이면 — 말하자면 세심하게 고려하지도 않고[15] — 어떤 능력이든 활용하는 재능, 결과를 대가답게 조정하는 능력을 갖고 있었다.

그러나 그의 영향력은 그의 개인적 자질의 탁월함에서 나온 것이 아니다. 그것은 오히려 프랑스사가로서의 그의 작품과 젊은이 교육자로서의 그의 직업활동 사이에서 그가 조성할 수 있었던 유기적 통합능력에 기인한다. 외견상 구별되는 이러한 두 활동은 기능적으로 밀접하게 연결되어 있다. 프랑스 민족감정의 형성에 끼친 그의 영향력의 핵심출처인 심오한 독창성은 바로 여기서 비롯된다.

역사가로서 라비스는 결코 학자가 아니다. 랑글루아와 세뇨보스가 실증적 역사비판 방법론을 발전시키던 시절에 이와 비슷한 방법론을 라비스의 작품에서 찾아보려 하는 것은 헛수고일 것이다. 그는 학위논문을 완성하고 나서 그의 학생들에게 연구활동을 하도록 독려했다. 그

15) 쥘 이작(Jules Issac)에 따르면 그는 모든 방법을 다 활용했다. 이작은 나와의 사적 담화에서 라비스가 자기에게 쓴 그의 모든 편지를 발견했다고 말했다. 그리고 루이 14세에 대한 공동연구에 어떤 기여를 한 사람이 누구인지를 알고 있는 사람은 M. 에스모냉(M. Esmonin) 말고는 아무도 없다.

36. 대학의 교황이자 원수(元帥) 노릇을 했던 에르네스트 라비스.

의 정신은 고문서학교 졸업생의 정신도 아니요, 이폴리트 텐 같은 철학적 역사가의 정신도 아니요, 퓌스텔 드쿨랑주 같은 심오한 종합의 대가의 정신도 아니었다. 그는 전문화를 거부했다. "역사의 큰 임무는 현대 단계까지 점진적으로 인간의 길을 추적하는 것이다."

그러나 19세기 말 인류의 모든 길은 유럽, 특히 프랑스를 경유했다. 라비스는 미슐레의 가르침을 잊지 않았다. 그 증거로, 그가 1890년에 써서 크게 성공했던 《유럽사의 일반적 관점》(*Vue générale de l'histoire de l'Europe*)[16]의 서문을 들 수 있다.

> 나는 애국주의에 대한 편견과 싸우는 데 최선을 다해왔다. 그리고 나는 세계에서 프랑스가 차지하는 위치를 과장하지 않았다고 생각한다. 그러나 독자들은 〔…〕 역사의 서로 대립되는 요인들 사이의 투쟁에서 프랑스는 결과의 필연성(*fatalité des suites*)[17]의 가장 두려운 적이라는 사실을 알게 될 것이다. 유럽을 들끓게 하고 파멸시킬 기세를 보였던 갈등이 진정된 것은 프랑스 정신 때문이다.

프랑스가 유럽의 축소판이라는 인식은 미슐레보다는 라비스에게서 더 강하게 나타났다. 1885년 — 그 자신의 정치적 발전과 놀라울 정도로 일치하는 해 — 에 그는 프랑스사를 집필하는 것이 필요하기도 하고 가능하기도 하다고 판단했다. 그때까지는 그러한 금자탑을 세우는 것이 낡은 제도들의 계승, 과학의 과도한 활용, 역사가적 재능의 결여 등으로 불가능하다고 생각했다.[18]

---

16) 1927년에 이 책은 17쇄가 발행되었다.

17) 이탤릭체(한국어 번역에서는 고딕체로 바꾸었음 - 옮긴이)로 강조한 것은 필자다. 그러나 미슐레의 멋진 문체의 매력은 라비스의 필치 속에 얼마나 매몰되었는가?

18) 원래의 계획은 더 거슬러 올라간다. 라비스는 1878년 4월 7일 가스통 파리스(Gaston Paris)에게 보내는 편지에서 이렇게 썼다. "나는 학생들이 역사를 배우는 것이 유용하다고 진심으로 믿는다. 그런데 교수들은 이 점을 알지 못하고 있다. 〔…〕 우리의 민족교육은 얼마나 도탄에 빠져 있으며 이에 적합하지

따라서 이러한 시도의 배후에 있는 의도는 프랑스의 과거에 대한 역사적 판단을 환기시켜 준다. 이러한 판단은 〈미래를 신뢰하는 이유들〉이라는 (제 9권의) 결론 제목에 드러나 있다. 이것은 루이 14세에 할애된 책과 더불어 그의 거대한 공동연구서 가운데 라비스가 직접 쓰고 서명한 유일한 책이다. 그가 제시한 "미래를 신뢰하는 이유들" 가운데 가장 주요한 것은 프랑스와 공화국체제 '둘 다'의 준(準) 영속성이다. 백년전쟁부터 1870년 패배까지 모든 위기로부터 프랑스가 재건된 것으로 미루어 그는 '프랑스적 견고함'에는 '파괴할 수 없는' 섭리적 요소가 있다고 믿었다. 혁명과 쿠데타의 시대는 사라지고, "이제 나라는 '궁극적 정부'라 할 수 있는 체제를 갖추었다". 애국심과 친공화제적 감정은 서로 결합하여 이제 민족적 책무, 즉 "최대의 결과를 얻도록 모든 프랑스인들을 훈련시키는" 책무를 자극했다. 교육이 민주주의의 작동과 얼마나 긴밀하게 연결되어 있는지를 라비스만큼 인식한 사람은 없었다. 그리하여 그의 백과사전적 대총서조차도 이러한 교육적 관심을 반영했다. 이 책들이 한 권씩 연속해서 출간되던 시절에 학생들에게 전반적인 발전관을 제공하는 대총서는 이것 말고는 전혀 없었다. 학생들은 다수의 전문서적에 기대야 했다. 그러니 '라비스와 랑보의 대총서'는 그들에게 얼마나 도움이 되었겠는가!

따라서 이와 동일한 원칙이 초등교육에서는 물론이려니와 고등교육에서도 역사가의 학문적 활동과 개혁활동을 고무시켰다.[19] 그는 오래전에 준비되어 행정적으로 뒷받침된 대학개혁의 취향을 뒤뤼로부터 배웠다. 그는 고등교육 개혁과 지방대학 설립에 관한 1896년 푸앵카레법(loi Poincaré)의 공동초안자 가운데 한 사람이었다. 이것은 라비스도 적극 참여했던 장기적 선전 노력의 결실이었다.[20] 대학 설립으로

않은가!"(Bibliothèque nationale, n. a. fr. 24~25, ff. 278~294).

19) 그는 중등교육에는 관심이 별로 없었다. 라비스가 1882년에 설립된 중등교육 위원회 멤버가 아니었다는 것은 중요한 의미를 지닌다.

20) *Questions d'enseignement national* (1885) 과 *Études et étudiants* (1890) 참조.

부터 그가 얻을 수 있는 이득은 주로 도덕적인 것이었다. 다시 말하면 젊은이들이 조국에 대한 숭배를 학문에 대한 경외와 결합시키는 방법을 배우도록 하는 것이었다. 대학은 앙시앵 레짐기의 학문조합처럼 과거의 보존소가 아니라 미래를 위한 신학교가 되어야 했다. "대학은 국가생활과 긴밀하게 결합되어야 한다." 라비스는 대학을 실제적·현실적 교육기관으로 만들고 싶었다.

그러나 라비스가 지칠 줄 모르고 노력을 기울였던 것은 대대적인 민족갱생 기획보다는 교육개혁이었다. 교육과정은 아마추어 대중을 위해서가 아니라 교직으로 나아가기 위한 시험을 준비하는 학생들을 위한 것이어야 했다. 고등교육 학위의 창설과 역사교사 자격시험의 개혁 등, 이 모든 조치는 비전문가의 눈에 라비스가 지적 평준화를 시도한 사람으로 보이게 했다. 라비스가 1904년 고등사범학교 교수가 되고 나서 다음과 같은 개혁안을 발표했을 때 그는 혹독한 비판을 받았다. 즉 그의 개혁목표는 고등사범 학생들이 소르본 대학의 학제를 따라야 하며 따라서 울름 가(rue d'Ulm)[21]를 에콜 가(rue des Écoles)[22]의 부속 거주지로 축소하는 것이었다.[23] 가장 신랄한 비난대상은 학생회였다. 공교롭게도 이 첫 번째 학생회가 장차 《자아숭배》(*Culte de Moi*)를 쓸 저자 바레스가 다니는 낭시(Nancy) 대학에 결성되었다. 바레스는 이렇게 외쳤다.[24] "젊은이의 숨통을 죄고 있지 않습니까! 그것은 모든 창의성의 억압, 범죄자 교육, 획일적 형태의 기이한 광기, 개인을 분쇄하는 근대적 광기에 다름 아닙니다. 사실 나는 2천 명의 프티

---

21) 〔역주〕 고등사범학교가 있는 거리.

22) 〔역주〕 소르본 대학이 있는 거리.

23) 고등사범학교에 대한 연설(1904년 9월 20일) 참조. 고등사범학교의 1905학번 동기생들은 이에 격렬하게 반대했다. 이 일화를 나에게 전해준 학장 다비(Davy)는 메디시스 가에 있는 숙소에서 느린 걸음으로 걸어오고 있는 신임교장에게 큰 소리로 외쳐댔던 학생들의 야유를 이렇게 회상했다. "구하세요, 학교를 구하세요, 학장직을 걸고서요."

24) Barrès, "Toute licence contre l'amour"(1902) 참조.

부르주아 출신 청년들이 우글거리는 이 빈약한 방목장에서 텐, 르낭과 미슐레처럼 정신을 도야하는 20세의 청년들을 볼 수가 없습니다. 이 청년들이 공유하고 있는 것이라곤 중등학교 시절의 비참한 경험, 대물림되는 소심함, 법원서기조합원들의 소란법석뿐입니다!" 그는 계속해서 조소했다. "이곳은 조국의 영혼이 준비되는 곳이므로, 만약 라비스 씨가 그의 고귀한 애국적 이상을 증진시키기 위해 앞으로 공증인·의사·변호사와 소송대리인들이 될 우리의 청년들이 값싼 당구나 치도록 만들어야 한다면, 나는 주저치 않고 물러나겠습니다."

우리는 이러한 사소한 조롱에서도 라비스의 지도적 이상을 엿볼 수 있다. 공화국의 민주주의를 강화하는 것은 이제 그가 보기에 프랑스를 무장하는 것과 같은 것이었다. 따라서 독일은 말하자면 이러한 민족교육의 결합조직이었다. 하나의 강박적인 준거가 되는 독일 교육의 항존하는 실용적 이미지는 라비스에게 본보기며 예증이며 자극제 역할을 했다.

독일은 교육에 대한 교훈을 제공했는데, 라비스도 이 교훈을 연구했다.[25] 라비스가 라인 강 너머 이웃나라에서 얻어낸 교훈은 공공정신 형성에서 대학이 직접 담당했던 사회적 역할의 막대함이었다. 그러나 독일의 교육제도는 천박하게 모방할 성질의 것이 아니었다.[26] 독일의 교육제도는 본질적인 것(지식과 애국심의 결합)을 보존하는 방식으로 프랑스 토양에 이식되어야만 했다. 라비스는 프랑스사의 금자탑을 세울 때나 초등교육의 새로운 프로그램을 만들 때 목표는 동일하다고 공개선언했다. 목표는 독일을 강하게 만들었던 '조국에 대한 신앙심'(*pietas erga patriam*)[27]을 전수해 주는 것이었다.

---

25) Claude Digeon, "La Nouvelle Université en Allemagne", *La Crise allemende de la pensée française*, chap. VII, Paris, 1959.

26) Père Didon, *Les Allemends, in Questions d'enseignement national*과 논문 "Jeunesse allemende, jeunesse française", *Études et étudiants*에 대한 라비스의 비판 참조.

27) *Ibid.*

한편 라비스의 작품에서 보이는 독일의 모습은 프랑스의 이미지와는 정반대되는 나라의 이미지이다. 깊은 차원에서 볼 때 이 두 나라 사이의 차이는 이 두 국가의 역사와 정치제도보다 두 나라의 본성의 차이에서 비롯되었다. 독일은 외부로부터 문명을 받아들였다. 독일의 본성은 그 자체로 축소될 때 아무것도 창조할 수 없었다. 라틴문명만이 독일에 빛을 가져다줄 수 있었다. 독일을 이해하려는 그의 노력에도 불구하고, 독일 체제의 안정성에 대한 그의 경탄에도 불구하고, 그리고 19세기 말 독일의 경제적 팽창에 대한 그의 경탄에도 불구하고, 독일에 대한 라비스의 판단은 언제나 풍자적 경향으로 흐르고 있었다. 그것은 두 전쟁기(1870년 전쟁과 제1차 세계대전 - 옮긴이)에 절정에 달했다. 《엔 도(道) 침략》(*Invation dans le département de l'Aisne*, 1872년)에 묘사된 '야만' 독일의 이미지는 제1차 세계대전의 선전책자 《병사에게 고함 : 우리는 왜 싸우는가》(*Discours aux soldats : Pourqoi nous nous battons*)와 《독일의 전쟁방식》(*Pocédés de guerre allemends*, 미국 청중을 겨냥한 책)에서 보이는 이미지와 구별되지 않았다. 여기서 역사가는 선전의 전위대가 되었다.

프랑스 공화국의 이미지는 프로이센의 이미지와 대비되었다. 이 둘 가운데 어느 한편을 기술하는 것은 다른 편을 기술하는 것과 마찬가지였다.

> 프로이센의 승리로 시작된 새 시대의 초엽에 우리는 인류를 위한 평화로운 진보의 모든 희망을 버려야 했다. 오늘은 증오, 내일은 전쟁, 이것이 유럽의 오늘이요 미래다.

프랑스는 정반대였다.

> 유럽의 동맹으로 우리가 국경 안으로 물러난 이래로 우리의 정책은 결코 폭력적이거나 자극적이지 않았다. 결국 우리는 인간들을 그들의 의지에 반하여 선택하도록 강요하는 정복은 정당하지 않다는 견

해를 취하게 되었다.[28)]

바로 이 때문에 알자스로렌 문제는 국제적 도덕의 문제가 되었다.

무력으로 세워 유지되는 제국에 맞서, 그리고 다수의 권리를 전략적 상황에 희생시키는 제국에 맞서 프랑스 공화국은 이처럼 침해받은 권리를 대표한다. 언젠가 유럽의 대혼란 속에서 프랑스 공화국이 '분리될 수 없는 조국'(*Patrie indivisible*)에서 떨어져 나간 영토를 주장하는 날이 온다면, 프랑스는 인류의 이름으로 그것을 주장할 것이다.

그것은 단순히 국가 차원의 문제가 아니었다. 라비스가 보기에 독일에 복수하는 문제와 알자스 문제는 전혀 별개의 사안이었다. 그러기에 호전주의는 권리에 토대를 두고 있기도 하지만 다음과 같이 감정에 의해 정당화된다.

저 끔찍한 해〔年〕 이래로 나는 한시도 희망을 포기하지 않았다. 나는 내 안에 있는 희망과 확신을 수백만 명의 어린이들에게 끊임없이 설파했다. 나는 잃어버린 영토에 대한 영원한 의무를 몇 번이고 반복했다. 스트라스부르 교회의 첨탑은 결코 내 시야에서 사라지지 않았다. 언제나 나는 하늘로 향하고 있는 그것을 나 홀로 바라봤다. "나는 스트라스부르입니다. 나는 알자스입니다. 나는 알려드립니다. 나는 기다리고 있다고 말입니다."[29)]

---

28) *Études sur l'Allemagne*, Paris, 1881, p. 98.
29) *La question d'Alsace dans une âme d'Alsacien*, Paris, A. Colin, 1891.

라비스에 대한 샤를 페기의 비판과 그 의미

결국 라비스는 공화국에서 학식과 경험을 갖춘 원로와 민족의 교사 역할을 했다. 그의 이러한 역할은 예컨대 앙리 마르탱이 담당한 역할과 그리 다르지 않았다. 라비스는 1874년 앙리를 아첨꾼이라 치부했지만 제1차 세계대전 직전에는 여러 가지 점에서 그를 계승했다. 우리는 이러한 조건에서 늙은 라비스가 왜 드레퓌스 사건 운동가 세대의 눈에 공화국으로부터 혜택을 받은 신중한 온건파, 즉 "대학의 교황이자 원수(元帥)"[30] 로 보였는지 쉽게 이해할 수 있다.

가장 격렬한 비난은 샤를 페기로부터 나왔다. 직접적 원인은 개인적인 사건이었다. 아카데미 프랑세즈는 1911년 처음으로 '문학 대상'을 수여하기로 했다. 여기에 로맹 롤랑과 샤를 페기가 후보자로 응모했다. 라비스, 부르제, 바레스 사이에 격렬한 토론이 있었다. 뤼시앵 에르의 사주를 받은 라비스는 페기를 반대했다. 그리고 "페기는 석유에 성수(聖水)를 타는 가톨릭 아나키스트다"라는 라비스의 비난이 당사자인 페기의 귀에 들어갔다. 페기는 "라비스가 내린 명령에, 울름 가의 '지식인 파당'(*parti intellectuel*)이 내린 명령에 한림원이 굴복했다"고 버럭 화를 냈다. 이로부터 연이어 나온 두 개의 팸플릿은, 겉으로는 〈주간평론〉(*Revue de hebdomadaire*)의 편집국장 페르낭 로데 또는 "사람들이 말하듯 랑글루아" 그리고 살로몽 레나크 또는 귀스타브 랑송을 표적으로 삼고 있지만, 실제로는 이들을 통해 라비스를 겨냥한 것이었다.[31]

> 나는 개인적으로 라비스 같은 사람을 전혀 용납할 수가 없다. 그는 갖가지 보조금과 연금과 명예의 혜택을 목이 찰 만큼 많이 받았다. 그는 공화국과 대학에 재앙의 씨를 뿌린 공덕으로 많은 연금을 받아

---

30) Daniel Halévy, *Péguy*, Paris, Garsset, 1941.

31) Charles Péguy, *Un nouveau théologien, M. Fernand Laudet* (1991년 9월), *L'Argent* (1913년 2월)과 *L'Argent : suite* (1913년 4월).

> 배를 채우고 있다. 나는 라비스 같은 사람을 참을 수가 없다. 그는, 비록 20여 개의 학술단체에 소속해 있지만 그리고 아무리 고등사범학교 출신이라 해도, 갖은 수고와 비탄과 고초에 대해 아무런 제재도 받지 않고 상스럽고 우매한 농담을 하고 있다. 이것은 지난 20년 동안 우리가 겪은 운명이다.

무엇 때문에 페기는 "여태까지 모든 사람들이 그랬듯 가엾게도 계산서만을" 라비스에게 요구했는가? 그것은 개인적 계산서의 정산인가? 그렇다. 그러나 페기의 주장은 일반적 이해관계를 담고 있다. 내용이 없는 반복과 복수심에 불타는 폭언 너머에서 우리는 세 개의 서로 다른 논거를 쉽게 구별할 수 있다.

첫째, 라비스는 벼락출세한 세대를 대표한다. 페기는 이에 대해서 참을 수 없을 정도로 부당하다는 느낌을 갖고 있었다. 그는 물론 나중에 후회했지만 이러한 분노를 글로 발표했다.[32] 페기의 세대는 오로지 선배세대에게 높은 지위와 명예를 보존시켜 주기 위해서만 그토록 오랫동안 힘겹게 싸워왔단 말인가?

> 나는 어느 시대 어떤 사람들 가운데서도 벼락출세하여 그토록 자신감에 충만했던 세대가 있을 거라고 생각하지 않는다. 형이상학을 형이상학으로 소개하지 않고 아무런 죄의식도 없이 뻔뻔스럽게 물리학으로 소개하는 그런 세대 말이다.

"우리의 젊음"[33]의 정신적 영웅주의가 "소수의 겁쟁이들에 의해" 몰수당해야만 한단 말인가? "위험의 조짐이 조금이라도 보일라치면 15년

---

32) "나는 이러한 야비함이며 증오며 시기심이며 추함이며 수치심을 드러내는 데 가장 천박한 말이 무엇인지를 알고 있다." 페기는 그의 친구 로트(Lotte)에게 이렇게 털어놨다. "18개월 동안 나는 '나의 아버지'란 말을 입 밖에 꺼내지 않았다." 페기는 라비스보다 32세가 어린 1894학번이었다.

33) 〔역주〕 페기가 자신의 책 제목 《우리의 젊음》(*Notre jeunesse*)에서 사용한 구절.

전에 누비옹앙티에라슈(라비스의 고향 - 옮긴이)로 줄행랑치고 숨을 구멍을 파며 벌벌 떨었던 겁쟁이들에 의해" 말이다. 페기가 보기에 라비스는 찬탈자였다. 그 논거는 우리는 당신을 위해 공화국을 구출했는데 당신은 공화국을 몰수했다는 것이다. 그는 라비스 세대를 "세속적으로나 영적으로 탐욕스럽고 인색한 세대, 받은 것을 독식하여 질식할 정도로 탐욕스런 세대"로 규정했다. 1912년 소르본 대학에서 푸앵카레가 주재한 라비스 권좌 50주년 기념식은 위선적인 행위였다. "푸앵카레를 당선시킨 정책이 50년 동안 라비스를 권좌에 있게 한 정책과 정면대립되었기 때문이다." 다른 한편 라비스는 랑송, 랑글루아, 세뇨보스와 더불어 '지식인 파당'을 대표했다. 페기가 보기에 세뇨보스는 문화를 천박하게 만들고 패기를 약화시키고 지성을 관료화한 사람이었다.

> 30년 동안 그들은 프랑스에 서 있는 모든 것, 아니 프랑스 자체를 깔고 뭉갰다. 30년 전부터 그들은 하느님 · 교회 · 프랑스 · 군대 · 풍습 · 법을 파멸시켰다. 오늘날 그들은 우리가 라비스 씨를 깔아뭉갤 권리가 없다고 말한다.

이러한 파괴의학의 본산은 특히 고등사범학교였다. 고등사범학교 졸업생들을 돕기 위해 레나크가 제안했던 공제조합 대신에, 페기는 고등사범학교 자체를 구제하기 위한 조직을 만들 것을 제안했다. "아마도 우리는 열심히 노력만 한다면 라비스 씨의 정략가적 손아귀로부터, 그의 노쇠한 손아귀로부터 몇 개의 유골을 구제할 수 있을 것이다."

결국 라비스는 음모의 핵이었다.

> 그는 분명히 쪽문에 불과하다. 이 문을 통해 질서에 온통 무질서가 들이닥치고, 정부에, 특히 대학행정과 명예의 배분에 온갖 혼란이 초래되었다. 그는 음모조율의 거점이요 음모자들의 착생점(*point d'insertion*)이 아닌가!

그도 그럴 것이 라비스가 군림한 데다 에르가 지배했고 더구나 에르는 조레스의 사회주의운동과 연결되어 있었기 때문이다. "이 작은 고등사범학교 출신 집단은 정치적 오염과 부패의 본산이요, 바이러스 전파의 진원지로 변질되었다." 이들은 특히 모든 것을 타락시켰다. 다음과 같은 점이 특히 그렇다.

— 드레퓌스주의는 절대적 자유 시스템으로 출발하여 사기와 파렴치의 시스템으로 변질되었다.
— 사회주의는 조레스주의의 이름 아래 정당한 사회노동조직을 파괴하는 이념으로 변질되었다.
— 세속화주의(*laïcisme*)[34]는 양심의 자유 시스템으로 출발하여 가장 가공스런 양심억압 시스템으로 변질되었다.
— 국제주의는 정치적·사회적 평등 시스템으로 출발하여 일종의 사악하고 모호한 부르주아적 범세계주의로 변질되었다.
— 마지막으로 공화국은 하나의 신비에서 출발하여 정치로 귀착되었다.

라비스는 모든 혼란을 일으킨 장본인으로 싸잡혀 비난받는다. 그는 사회주의 세계에서 조레스를 그 수호자로 하는 악마 3인방 가운데 부르주아 세계의 보증인이다. 그러나 모든 비난은 하나로 수렴된다. 페기가 보기에 라비스는 '국가반역죄'(*haute trahison*) 혐의가 있었다. "공화국 수호"의 모든 영주들 가운데 최고영주인 라비스는 자신이 책임지고 있던 프랑스를 타락케 하고 수렁에 빠뜨리고 파괴했다. 그는 내부의 적이었다. 페기는 그가 독일의 손아귀에 놀아났다고 비난했다.

> 라비스는 분명히 말해 피를 흘리지 않았다. 그러나 그는 파멸을 전파하고, 무기력이며 증오며 연약함이며 통속적 이완이며 방종이며 참혹한 불행을 퍼뜨렸다. 그 끝에는 어디서나 피가 있다. 라비스 씨와 그의 세대가 프랑스를 그들이 원하는 나라, 즉 자신들과 같은 줏대 없

---

34) 〔역주〕 극단적 정교분리주의.

> 는 인민들의 나라로 만든다면, 그리고 이렇게 널리 퍼진 이완과 물렁물렁함과 저자세를 이용하여 80만 독일군이 우리를 공격한다면, 내 젊은 동지여, 우리는 피를 보게 될 것이다.[35]

이러한 비난은 제1차 세계대전 전의 지적 분위기 속에서만 이해될 수 있다. 그러나 그것은 아직까지 모호하며, 좌파와 우파의 논리가 혼합되어 있어서 더욱 흥미롭게 느껴진다. 그런데 공교롭게도 라비스는 아카데미 프랑세즈 회원 선거 이후 우파의 공식적인 비난으로부터 보호를 받고 있었으며, 지식인사회 및 이들과 맺은 세속적 유대로 인해 공화주의 좌파의 공식적인 비난으로부터도 보호를 받고 있었다. 비난은 정파에 가담하지 않은 단독 행동자에게서만 왔다.

그 시절 라비스는 실증주의 역사학파의 대표처럼 비쳤다. 그는 소르본식의 역사연구를 철저하게 뒤쫓으면서 과학적 진리와 꼼꼼한 합리주의에 대한 관심을 증진시켰다. 페기는 이들의 우스꽝스런 면을 조소함으로써, 소르본학파가 역사연구에 기여한 최상의 측면들, 즉 사실의 존중, 어휘의 정확한 사용, 방법의 엄격성에 대한 평가를 떨어뜨렸다. 페기는 독 보리에서 알곡을 분리하기보다는, 라비스가 허위 이데올로기 속에서 예증한 역사과학, 자신이 그 배후에서 간파해낸 추한 도덕과 슬픈 정치를 싸잡아 비난하려 했다. 더욱이 페기는 옛 프랑스에 대한 신비주의적 향수—라비스가 속해 있는 세대 전체가 격렬하게 반대했던 향수—의 이름 아래 이처럼 중첩된 비난을 퍼부었다. 이와 같이 페기의 공격은 좌파에서 영감을 얻어온 것이지만 그 논거는 반동적으로 변했다.

그럼에도 페기의 공격은 무언가를 암시하고 있다. 페기의 모든 비난은 라비스의 업적보다는 그의 인신을 겨냥하고 있다. 라비스는 문화적·정치적·민족적 범죄의 책임이 있다는 것이다. 그러나 라비스의 교육내용에 대해서 페기는 한 마디도 언급하지 않았다. 모든 이야기가

---

35) 모든 인용문은 *L'Argent : suite*, Bibl. de la Pléiade(p. 1146)에서 따왔다.

결국에는 오도된 논쟁이 되었기 때문이 아닌가? 진실의 순간이 오고 프랑스가 그것을 검증하게 되었을 때 "돌아온 라비스"에게 찬사를 바친 첫 번째 사람은 모라스였다. 라비스가 〈르탕〉(*Le Temps*)지에 기고한 글 "프랑스인들에 의한 프랑스의 재발견"에 대한 답변으로 모라스는 일간지 〈악시옹 프랑세즈〉(*Action française*) 1914년 8월 24일자에 기고한 글에서 이렇게 말했다. "내 격렬한 기쁨을 표현하는 데 어떤 적당한 말이 있는지 모르겠다. 우리는 라비스 씨가 이 자리에 없는 것을 애석해한다. 우리는 정도의 차이만 있을 뿐 모두가 그의 제자가 아니던가. 〔…〕 1885년에서 1890년 사이에 대학의 불랑제 같은 사람이요 가장 호전적인 지적 애국주의의 교수요 박사인 그는 민족주의의 수호자는 아니더라도 민족주의를 지지하지 않았던가!"

그러나 모라스는 라비스가 말비에게 종교결사금지법의 효력을 정지시킨 것에 대해 경의를 표하는 것을 목격했다. 그리고 그는 라비스가 오가네르(Augagneure)에게 우리의 군함에 전속신부를 배치한 것에 대해 경의를 표하는 것을 목격했다. 모라스가 보기에 역사가로서의 라비스는 그때 결국 "그의 자연적 거처와 그의 영혼의 고향집을 재발견한 것"처럼 보였다. 모라스는 이렇게 결론을 지었다. "그리고 만약 내가 라비스 씨의 사상이 여러 주제에 대한 나의 생각을 자극하는 것처럼 느낀다면, 그리고 내가 어느 때고 나의 생각이 그에게도 마찬가지로 영향을 미친다는 것을 인식하기만 한다면, 나는 초창기 〈악시옹 프랑세즈〉지에서 쥘 르메트르가 피력한 생각의 기이한 회귀를 환기할 따름이다. 르메트르는 이렇게 즐겨 말했다.

— 라비스요? 당신은 라비스에게 일말의 희망이 있다고 생각합니까?

슬프게도 우리는 아니라고 머리를 가로저었다. 〔…〕 우리는 얼마나 잘못 알고 있는가!"

페기의 분노와 바레스의 야유는 제쳐두기로 하자. 모라스가 라비스에 대해 잘 모르겠다는 느낌을 갖고 있었다면 그것은, 공화국이 프랑스인들을 가장 적게 갈라놓은 체제라고 받아들여지자 라비스의 '민족감정'의 내용에는 가장 열렬한 민족주의자들에게도 큰 충격을 줄 만한 것이 전혀 없었다는 것 때문이 아닌가?

II. 민족감정의 내용

교과서 소개

초등학교에서는 프랑스사만이 다루어졌기 때문에 라비스는 아마도 초등교육에 자신의 많은 부분을 할애했던 것 같다. 이 학자가 어린이들에게 이야기하는 취향과 재능은 민주주의에 절대적으로 필요한 중요한 요구사항과 잘 조화를 이루고 있었다. 어떤 구절을 수백만 학생들이 암기하는 이 얄팍한 교과서는 그 자체로 프랑스에 대한 역사일 뿐만 아니라 역사 이야기였다. 라비스의 정형화된 이데올로기를 엿볼 수 있는 것은 바로 이 교과서이다. 이 교과서에는 그의 실제적인 국가철학이 요약·농축되어 있다. 《아동용 라비스》는 오랜 세월을 두고 다듬고 개정한 책이다. 그렇지만 우리는 책의 실제 내용에 지나친 손상을 가하지 않으면서 이 책의 주요한 발전과정을 몇 단계로 구분할 수 있다.

라비스가 심혈과 재능을 기울인 진정한 초등학교 교과서는 1884년에 집필한 것이다. 1882년의 교육과정에 따라 착상된[36] 이 책은 중급과정 1년 프랑스사를 포괄하고 있다.[37] 이 책의 청색표지 상단에는 "새로운 작품"(*ouvrage nouveau*)이라고 씌어 있다. 관할 당국은 이 책을 호의적으로 받아들였다. "여기 우리가 찾는 책이 있다. 진정으로 민족

---

36) 이 점은 M. 에스모냉(M. Esmonin)에 의해 확인된다. 그는 나에게 매우 소중한 정보를 제공해 주었다.

37) 〔역주〕 그 당시 초등학교과정은 준비과정, 초급과정, 중급과정으로 나뉘어 있었다.

적이고 참으로 자유주의적인 아동용 역사책 말이다. 우리는 교육수단으로, 심지어 도덕수단으로 이 책을 찾고 있지 않았는가!"라고 페르디낭 뷔송은 저자에게 말했다. 뷔송은 초등교육국장이요 페리[38]의 절친한 협력자요 인권동맹 회원이요 장차 소르본 대학 교육학 교수가 될 사람이었다. "거기엔 본문이 있고 설명을 곁들인 삽화가 있다. 이것들은 보는 이로 하여금 눈물이 나게 한다. 그러하기에 그것은 모든 사람에게 정말로 진실하고 불편부당하게 보이며 용기를 북돋운다."[39] 이 새로운 책은 동시에 출간된 두 교과서, 즉 중급과정 1년 프랑스사와 중급과정 2년 프랑스사(각각 355면과 439면) — 이 두 교과서는 1876년에 출간된 첫 번째 판을 수정·증보한 것이다 — 를 종합한 축약판이다. "사도바(Sadowa) 전투와 스당(Sedan) 전투에서 독일이 승리하는데 독일 교사들이 큰 기여를 했다는 것을 독일 사람들은 매일 되뇐다는 사실을 알아야 한다"며 교사의 애국주의적 역할을 강조하는 서문이 원본에는 들어 있었다. 새 판본에서는 이것 대신에 〈학동들에게 고함〉이라는 머리말이 들어섰다. 여기에는 이런 구절이 있다. "100년 전 프랑스는 '왕'의 통치를 받았다. 오늘날 프랑스는 '공화국'이고 따라서 프랑스인들은 '스스로 통치한다'." 혁명을 배제시킨 본문 자체는 거의 변하지 않았다. 그러나 형식과 내용의 심각한 변화가 책의 외양과 과거에 대한 해석을 바꾸어 놓았다. 첫째, 어려운 말들과 '쓸데없는' 사실들 다수가 삭제되었다. 각 면의 본문은 번호가 붙여진 짧은 구절로 분할되어 마치 메달 모양처럼 테두리가 둘러쳐졌다. 둘째, 이 책의 현대 부분을 크게 확대시켰다. 초창기의 조국 프랑스, 프랑수아 1세까지의 왕국, 혁명까지의 왕국에 바쳐진 3개의 긴 논고가 앙시앵 레짐에 전혀 다른 모습을 부여했다. 이 두 가지 특징이 1894년 결정의 결실인 1895년판에서는 더욱 강조되었다. 현대 부분은 분량이 3배 증가했다.

38) 〔역주〕 공교육부장관을 역임한 내각수반.

39) 아르망 콜랭(A. Colin) 출판사의 고문서.

여기에 덧붙여진 '혁명과 그것의 현재까지의 결과'에 대한 네 번째 논고는 프랑스 통사의 착상을 완결시켜 주었다. 그것은 프랑스 통사를 1789년의 비극적 사건으로 귀결되는 체제들의 병렬과 연속으로 소개하는 것이 아니라, 혁명적 사건에 의해 고무된 질서 있는 발전—1789년의 중간휴식을 분기점으로 프랑스사가 당연하게 혁명 이전과 이후 두 시기로 나뉘었지만 혁명 이후 시기가 더 돋보이도록 전개된 발전—으로 소개한다.

이 책의 머리말에 따르면, 1882년판부터 이미[40] 책의 의도는 "더욱 단순화·도덕화·공민화"하는 것이었다. 1884년판의 교과서 제작은 여러 차례 수정을 거치는 가운데 힘겹게 이루어진 듯하다. 교사들의 날카로운 비판을 받았던 이전의 판본들은 교사들의 공화제적 요구를 충족시키는 데 실패했었다. 이 교사들 가운데 한 사람이며 파리 제5구 대중도서관 관장인 외젠 부트미는 아르망 콜랭에게 이렇게 편지를 썼다.

> 이 책에 대한 나의 평가를 당신께 말씀드리지 않을 수 없습니다. 이 책은 처음부터 끝까지 사제적 관점에서, 더군다나 매우 교활하게 씌어졌습니다. 예를 하나만 들어 볼까요. 71쪽 마지막 단락을 보십시오. 종교재판에 대한 비난은 한 마디도 없어요(물론 종교재판이 프랑스에 이식되지는 못했지만 말예요). 종교재판의 가혹함을 하필 '시대의 야만성'으로 돌리고 있어요. 이게 다는 아니에요. 남프랑스가 '프랑스 지방'으로 통합된 것을 종교재판 덕으로 돌리는 것 같아요. 이어지는 구절도 웃긴다고요. 혁명사 전체가 내가 보기에 잘못 서술되었어요. 인류역사에서 저 위대한 한 페이지, 앙시앵 레짐의 지독한 악폐에 대한 이성의 그러한 승리를 찬양하기는커녕 그것을 깎아내리거나 평가절하하고 있다고요.

마지막 판단은 결정적이었다. "내가 판단하기에 이 책을 수정하려면

---

40) 그 당시 구판(舊版)의 소유자들이 이용할 수 있었던 현대사 관련 부분 참조.

저자에게 '완전히' 다른 정신으로 다시 쓰라고, 이 책에 다른 영혼을 채우라고 부탁할 필요가 있습니다."[41]

이 책의 외양 평가에 대해서는 더 큰 주의가 요구된다. 이것은 아르망 콜랭 자신의 책임이었다. 그는 저자와 언제나 적극적으로 협력하고,[42] 책을 기술적으로 비할 데 없이 잘 만들 수 있는 유능한 출판업자였다. 지도 제작에는 고딕체와 이탤릭체를 적절하게 사용했다. 240쪽에 달하는 분량이 용의주도하게 선별된 약 100개의 판화로 장식되어 있었다. 교육학적으로 말하면 이 노련한 라비스가 쓴 교과서는 (에드가르 제보르가 쓴) 가장 훌륭한 공교육 교과서에 비해, 그리고 수많은 사교육 교과서에 비해 앞서 있었다.[43] 이 교과서의 대중적 인기는 그 내용 못지않게 형식에 기인할 것이다. 기독교 학교의 신부들이 저술한 맘(Mame) 교과서도 이와 비슷한 외양을 채택했다.[44] 라비스가 쓴 교과서 3권 — 《개정판 준비과정》(*Nouvelle Année préparatoire*), 《초급과정 1년 프랑스사》(*Premier Année d'Histoire de France*), 《초급과정 2년

---

41) 1880년 4월 29일과 5월 5일자 편지(아르망 콜랭 출판사의 고문서).

42) 아르망 콜랭 출판사 도서관에 보관된 문서들은 대부분 출판사와 저자 사이에 교환된 메모로 이뤄져 있다. 출판업자 아르망 콜랭은 활자의 형태와 정판(整版) 아이디어를 제안하고, 저자에게 거듭해서 "쉽고 재미있게" 서술하라고 요구했다. 라비스는 매우 꼼꼼했다. 예컨대 "나는 내가 원고를 읽은 후에 출판사가 재독하여 장절의 번호, 질문, 이야기 등과 연대를 확인해야 한다고 늘 생각하고 있다. 나는 추상적인 낱말과 어려운 말투를 없애기 위해 열심히 노력해 왔다. 나는 읽고 또 읽고를 반복했지만 그래도 고쳐야 할 것이 남아 있을 것으로 생각한다. 중복된 단어와 함께 수정사항을 나에게 알려주면 좋겠다"(1881년 8월 27일 메모).

43) 맘 교과서와 함께 가장 널리 보급된 교과서는 다음과 같다. 수도원장들인 뤼시앵 바이외(Lucien Bailleux)와 빅토르 마르탱(Victor Martin)이 공동저술한 교과서, 알프레드 보드리야르(Alfred Baudrillard)가 저술한 교과서, 수도원장 방드피트(Vandepitte)가 저술한 교과서, 수도원장 고드프루아(Godefroy)가 저술한 교과서, R.P. 동 안셀(R.P. Dom Ancel)과 가브리엘 모렐(Gabriel Maurel)이 공동저술한 교과서, 수도원장 P. 가뇰(P. Gagnol)이 저술한 교과서 등이 그것이다.

44) 라비스가 아르망 콜랭에게 한 말 "나는 맘 교과서를 훑어보았다. 얼마나 지독하게 모방했는가!" (1896년 11월 5일 메모) 참조.

프랑스사》(*Seconde Année d'Histoire de France*) — 은 유례없는 성공을 거두었다. 1895년에 이미 75쇄가 발행되었던 것이다.

교과서에는 두 개의 보충독본이 딸려 있다. 이것은 라비스가 '피에르 랄루아'(Pierre Laloi)라는 필명으로 저술한 공민교육용 소책자와 입문서를 말한다. 라비스는 나중에 탈라마스에게 도움을 받았다. 이 책들은 주로 군사교육에 관한 일화와 교훈을 담고 있다. 그 당시 소령으로 근무하고 있던 라비스의 동생이 《너는 군인이 될 거야》(*tu sera soldat*, 1888년)라는 팸플릿을 저술했다. 이 모든 책들은 공립학교에서 경쟁자가 없을 정도로 독보적이었다.[45] 이러한 준독점상태는 1894년에서 1908년 사이에 다른 일련의 교과서들이 출간되었을 때에도 심각한 위협을 받지 않았던 것 같다. 이 새로운 책들은 라비스의 책들보다 덜 독창적이었지만 공화주의 측면에서는 더 호전적이었다. 여기에는 1894년 샤일리가 출판한 올라르(Aulard)와 데비두르(Debidour)의 교과서, 1898년에 출판한 칼베(Calvet)의 교과서, 1898년 메(L.-H. May)가 출판한 드비나(Devinat) 교과서, 1906년 델라판(Delaphane)이 출판한 기요(Guiot)와 만(Mane)의 교과서, 1904년 아셰트가 출판한 고티에(Gauthier)와 데샹(Deschamps)의 교과서, 1908년 리데(Rieder)가 출판한 로지(Rogie)와 데스피크(Despiques)의 교과서가 포함된다. 이 교과서들 가운데 약간 성공을 거둔 첫 번째 교과서와 너무 늦게 출간된 마지막 교과서를 제외하고 거의 모든 교과서가 1907년 말에 나온 교황의 비난교서로 고초를 겪었던 것 같다.

국가와 교회가 분리된 뒤 교과서 문제는 정치적 성격을 띠게 되었다.[46] 그러나 라비스는 이러한 투쟁무대 밖으로 비켜서서 전도양양한

---

45) 라비스가 저술한 교과서들의 정확한 인쇄부수를 제시하는 것은 실제로 불가능하다. 한 판당 평균 발행부수는 15만 부였던 것으로 보인다. 따라서 라비스의 교과서들의 독자 수는 수백만 명이었을 것이다. 하나의 지표로, 라비스가 죽던 해인 1922년 한 해만 해도 그의 예금통장에 아르망 콜랭 출판사로부터 7만 프랑이 입금되었고, 아셰트 출판사로부터는 15,000프랑이 입금되었다.

46) 이것은 공화국의 교과서를 옹호하기 위한 대대적 캠페인의 계기가 되었다. 예컨대

길을 달리고 있었다.

1912년에 원본에 손질을 가한 개정판이 나왔다. 개정판의 간지(間紙)에서 그는 아주 짤막하게 이렇게 말했다. “나는 내 역사교과서를 완전히 새로 개정했다. 나는 원본을 무척 단순화시켰다.” 에스모냉에 따르면, “막스 르클레르는 상업적인 이유로 이 원본을 수정하여 출판하라고 라비스를 설득했다. 라비스는 학생에게 벌로 숙제를 부과하듯 덤덤하게 이 일에 착수했다”. 그렇지만 이것은 결정적인 개정판이 되었다. 272쪽, 142개 판화, 17개 지도가 수록된 이 책은 푸른색 화환무늬가 새겨진 흰색표지에 다음과 같은 소개의 말을 담고 있다. “어린이여, 그대는 이 책 표지에서 프랑스의 꽃과 과일을 볼 수 있을 겁니다. 이 책에서 프랑스의 역사를 배울 것입니다. 그대는 프랑스를 사랑해야 합니다. 자연이 프랑스를 아름답게 만들고 프랑스의 역사가 프랑스를 위대하게 만들었기 때문입니다.” 이 중급과정(중급 1년과 중급 2년 과정)은 오늘날까지도 여전히 출판되고 있다(1950년에 50쇄가 인쇄되었다). 마지막으로 한마디 덧붙여야 할 것은 새 교과과정에 따라 1925년과 1934년에 피에르 코나르가 쓴 《새 역사 강의》(*Nouveau Cours d'histoire*)는 1912년 개정판을 형식이나 내용을 크게 수정하지 않고 원용했다는 점이다.

《아동용 라비스》는 그 당시에는 아주 혁신적이었지만 오늘날에는 낡아 보인다. 삽화도 세기말적인 분위기를 자아낸다. 〈오늘날의 화학 실험실〉이라는 부분에서는 흰 가운을 걸친 학자들이 코안경을 쓰고 수염을 기른 모습으로 등장한다. 온통 파스퇴르와 닮은꼴이다. 교통수단의 거역할 수 없는 진보를 환기하기 위해 설정한 〈가장 근대적인 기관차〉라는 부분에서는 1933년 기관차 모델이 1960년 판본에까지 수록되어 있었다. 그러니 어린이들이 현실에서 그러한 기관차를 보고 싶으면 박물관에나 가야 할 것이다!

Mme J. Guiot, *Les Attaques contre les manuels d'histoire*; 기요(Guiot)와 맘(Mame)의 답변(1910); 또는 Paul Lorris, *Ce qu'ils enseignent? Est-ce vrai? étude sur les manuels condamnés par l'épiscopat*.

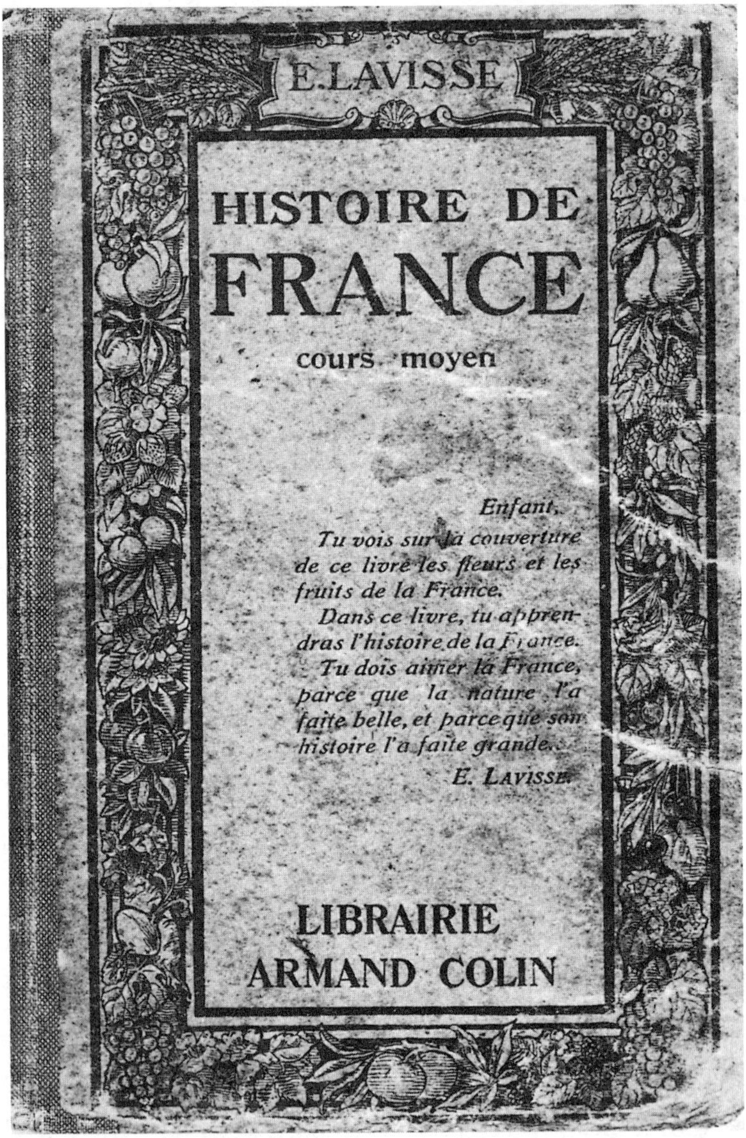

37. “여기 우리가 찾는 책이 있다. 진정으로 민족적이고 참으로 자유주의적인 아동용 역사책 말이다. …”

여전히 신뢰를 자아내는 오래된 상표처럼 경탄할 만한《아동용 라비스》의 권위는 그것의 오래됨에서 기인한다. 그것은 정치와 군사에 관한 역사책이다. 이 점에서 그것은 최근에 나온 다른 역사교과서와 다를 바가 없다. 철학적·사회적 또는 종교적 언급이 없다는 점에서 이 책의 이념은 쉽게 해독될 수 있다. 다른 교과서들에서는 역사적 판단을 담고 있고 도덕적 판단은 배제되어 있다. 라비스의 책은 정반대였다. 그는 아주 명확한 문체와 직선적 이야기를 이루는 짧은 문장으로 사실을 나열하고 서술한다. 1912년 개정판에서 심리적·도덕적 판단을 제공하는 설명단락은 이탤릭체로[47] 돋보이게 했다. 예컨대 알비 카타르파 십자군이 그랬다. 다음 인용구절은 서로 다른 세 관점을 소개한 것이다. 하나는 올라르와 데비두르의 관점이고, 다른 하나는 기독교 학교 신부들의 관점이며, 마지막은 라비스 자신의 관점이다.[48]

— 올라르와 데비두르(중급과정, 1895년, 22쪽)는 십자군 전쟁 일반을 비난한다.

> 이 전쟁은 정의롭지 못하다. 〔…〕 더욱이 그것은 궁극적으로 실패했다. 전쟁의 결과는 **기독교도들에 대한 무슬림의 증오감만 격화시켰을** 따름이다. 이것은 오늘날 매우 유감스런 일임에 틀림없다.

저자들은 계속해서 비난한다.

> 더욱이 교황은 이슬람에 대한 십자군 전쟁을 설교한 후에 기독교도에 대한 십자군 전쟁도 명령했다. 그리하여 기독교를 가톨릭신도와 동일하게 보지 않고 자신들의 신앙에 대한 권리를 주장했던 프랑스 남부의 알비 카타르파들은 13세기 초에 근절되었다. 이것은 교황 인

47) 〔역주〕 원문에 이탤릭체로 된 부분을 우리말로 옮길 때는 이후 고딕체로 표시했다.

48) 여기서 맘 교과서와 올라르와 데비두르의 교과서가 가장 대표적인 교과서로 간주된다. 전자는 사교육 교과서이고, 후자는 공화국의 공교육 교과서이다.

> 노켄티우스 3세의 뜻에 따라 가증스런 전쟁 끝에 이루어진 것이다. 이 전쟁에서 십자군은 야만인이나 난폭한 짐승처럼 행동했다. 〔…〕 알비 카타르파 십자군 전쟁은 (1229년) 랑그도크 지방의 절반을 합병시켜 왕국을 확대하는 데 기여했다.

— 기독교 학교 신부들(중급과정, 1901년, 74쪽)은 이와 대립되는 논지를 전개한다.

> 알비 카타르파는 랑그도크 지방과 세벤(Sévennes) 산악 지역에서 민간사회와 종교에 해로운 교리를 전파한 이단이다. 툴루즈 백작 레몽(Raymond) 6세, 베지에(Béziers) 자작 로제 그리고 아라곤의 왕 페드로(Pedro) 2세의 보호를 받은 이들은 사제들을 학대하고 교회를 파괴했다. 교황 인노켄티우스 3세는 덕성스런 선교사들, 특히 성 도밍고(Domingo)의 설교를 통해 이들을 로마교회로 귀의시키고 싶어 했다. 그러나 이들은 자신들에게 파견된 사도들을 학대하고 교황사절 피에르 드카스텔노(Pierre de Castelnau)를 살해했다. 그리하여 북프랑스에서 이들을 척결하라는 십자군 설교가 일어났다. 용감한 시몽 드몽포르(Simon de Monfort) 등이 십자군을 일으켰다.

— 라비스는 '알비 카타르파 십자군 전쟁'에 대해 언급하기를 주저하거나(1876년판), 〈남프랑스 왕령지 확대〉(1884~1895년판) 부분에서 이 문제를 다루기를 주저했다. 그는 〈알비 카타르파 십자군〉(1912년판)이라는 제목으로 이렇게 언급했다.

> 필리프 존엄왕 시대에 끔찍한 일이 프랑스 남부에서 일어났다. 남프랑스의 많은 사람들이 이단자였다. 이들은 로마교회가 가르치는 것을 믿고 싶지 않은 사람들이었다. 이들은 알비 카타르파라 불린다. 이것은 이단이 들끓었던 '알비'(Albi)라는 도시 이름을 딴 것이다.
> 교황은 이들에 대한 십자군 전쟁을 설파했다. 북프랑스의 영주들이 이 십자군에 참여했다. 여기서는 잔혹한 짓을 많이 저질렀다. 교황

은 종교재판소(*Inquisition*)라 알려진 재판소를 세웠다. 이 재판소의 재판관은 이단자들을 색출하고 이들에게 사형을 포함한 가혹한 처벌을 선고했다. 남프랑스 지방이 프랑스에 합병되었다. 필리프 존엄왕은 이 십자군에 직접 참여하지 않고 그의 동생을 보냈다. 나중에 국왕 루이 8세가 된 그의 아들은 보케르(Beaucaire)와 카르카손(Carcassonne) 인근 지방을 왕령지에 합병했다.

결론은 이렇게 기술되어 있다.

그리하여 왕령지가 처음으로 남프랑스까지 확대되었다. 이 지방은 매우 멀리 떨어진 곳이었던 듯하다. 그 당시 파리에서 카르카손까지 가는 시간은 오늘날 파리에서 콘스탄티노플까지 가는 시간보다 6배나 더 걸렸기 때문이다.

수많은 예들 가운데 위의 예들은 라비스의 교과서가 종교문제와 사회문제에 얼마나 무관심했는지를 보여준다. 물론 이러한 접근방법은 그의 신중함에서 비롯되었다. 12월 2일 쿠데타에 관하여 기독교 학교 신부들은 현실주의적인 평가를 하는 데 주저하지 않았다. "6월의 날들[49]에 대한 기억에 몸서리를 치던 프랑스는 질서의 제단에 정치적 자유를 제물로 바쳤다." 올라르와 데비두르는 이 사건을 풍자적으로 평했다. "이 음모사건 이후로 나폴레옹 3세는 자신이 종교·가족·자유를 구출한 것을 자랑스레 떠벌리고, 보통선거를 도입한 뒤 그것을 이용해 새로운 체제를 만들 전권을 장악했다." 이에 반해 라비스는 1912년 개정판에서조차 7백만이 '찬성'표를 던진 민중의 지지를 지적하면서 이렇게 결론을 내렸다. "다시 한 번 자유가 초래할 위험에 두려움을 느낀 프랑스는 스스로 주인이 되었다." 그러나 이러한 신중함은 1884년판의 교과서를 수정·보완하던 해의 상황을 반영한다. 라비스가 겨냥한 독자층은 주로 농민과 수공업자였다. 그가 소개하는 프랑스의 이미

49) 〔역주〕 정부의 보수적 노동정책에 반발해 노동자들이 1848년 6월 21일부터 26일까지 벌였던 민중봉기.

지는 그 후 곧바로 낡은 것이 되었다. 불랑제 위기 이전에 착상된 이 교과서는 빠르게 발전하는 현대세계에 대해 짤막하게 기술할 수밖에 없었다. 민족사를 다루는 이 교과서는 프랑스를 다른 나라와 구별했다. 매 판본마다에서 지난 60년의 역사는 중심을 혁명기에 두는 역사의 인위적인 '확장'으로서 거기에 덧붙여졌을 따름이다. 이런 방식의 터무니없는 귀결은 피에르 코나르의 판본에서 제 2차 세계대전이 제 1차 세계대전의 연속으로 소개된 것이다. 명백하게도 1914년의 전쟁은 1940년의 어린이들에게 옛날 옛적의 역사로 비쳤을 것인데도 말이다. 역사적 전망은 프랑스혁명을 중심으로 규정되었다. 그리하여 학생들은 그들의 역사적 지평 너머에 있는 소실점을 중심으로 구축된 역사에 초점을 '맞추었다'.

라비스의 교과서에서 박동치는 내적 리듬은 대다수가 농민으로 구성되고 1789년에 조성된 격론으로 갈기갈기 찢어진 프랑스에서 공화국이 스스로를 입증해야 했던 시대를 반영한다. 그런데 그 당시 반(反)공화주의는 거의 전적으로 왕정주의적 수사학 속에서 자양분을 얻어왔기 때문에 라비스의 교과서는 공화국과 왕국 사이의 대화를 재현했던 것이다.

앙시앵 레짐 비판과 공화제 옹호

매 판본마다에서 교과서가 혁명을 다루는 방식을 체계적으로 분석해 보면, 혁명에 대한 라비스의 평가가 어떻게 조국을 혁명과 점진적으로 동일시했는지를 알 수 있다.

1876년판은 '저 침통한 사건'(왕의 처형 - 옮긴이) 이후 혁명이 취한 노선에 대해 혹독하게 비난했을 뿐만 아니라, '위험에 처한 조국'에 대해서는 침묵하고 제헌의회에 대해서는 매우 신중한 태도를 취했다. "제헌의회는 왕국이 너무 강력하다는 것을 발견하고 왕국을 아주 연약하게 만들었으며 그리하여 왕국이 끊임없이 솟는 열정에 저항할 수 없도록 했다." 1884년판에서는 그러한 신중한 태도가 사라졌다. 왕의 처형은 "프랑스로의 침략을 준비하는 망명왕당파의 음모로 인하여", 그리고 방데(Vandée)에서 시작된 내란으로 인하여 정당화되었다. 방데는 더 이상 "종교와 왕국에 대한 신앙이 고스란히 남아 있는 곳"이 아니라 "왕국이 많은 지지자들을 갖고 있는 곳"이었다. 연맹축제, 브라운슈바이크 선언(Manifeste de Braunschweig),[50] 발미(Valmy) 전투의 승리에 따른 환희의 분출 등이 교과서에 등장했다. 반면 혁명 부분에 대한 소개에서는 학생들에게 "혁명사를 읽을 때 모든 프랑스인들이 조국이 처한 위험으로 고통을 받았다는 사실을 잊어서는 안 된다"고 경고했다. 범죄를 저지른 혁명가들은 큰 죄를 지었다. 그러나 망명왕당파와 방데 반란민들도 마찬가지로 큰 죄를 지었다. "이들은 조국을 배반했기 때문이다."

주요한 변화는 특히 새로운 삽화들, 그중에서도 혁명의 병사들을 묘사한 삽화를 넣은 1895년판부터 시작하여 1912년판에서 절정에 달했다. 1912년판부터 관점 자체가 변했다. 왕의 처형은 용서할 수 있는 처사가 아니라 당연한 일로 비준되었다. "그것은 왕국이 저지른 잘못에 대한 대가요", "내가 죽은 뒤 무슨 일이 일어나든 아무 상관없다!"는 루이 15세의 실언에 대한 대가다. "루이 16세는 헌법을 준수하겠다고 서약한 약속을 위반하고, 외국인들에게 프랑스를 구하러 침입하라고 요구했다." 배반과 혁명적 신경과민에 대한 정신분석이 충분하게 묘사되어 있다. '혐의자'란 말이 이탤릭체로 강조되었다. 그것은 "혁명을 좋아하지 않는 혐의가 있는 사람"으로 규정되었다. 제헌의회부터 성직자민사기본법까지를 포함하는 혁명에 대한 비난의 말은 로베스피에르가 크게 책임이 있는 짧은 공포정치 시기에만 한정되었다. 성난

---

50) 〔역주〕 프로이센 사령관 브라운슈바이크가 1792년 7월 15일, "프랑스가 왕실을 존경하지 않으면 프랑스는 무력으로 처벌받을 것이며 파리는 폐허가 될 것이다"라고 위협한 선언.

군중들의 소행인 9월대학살은 협박조의 구절로 소개되었다. "적들이 프랑스에 침입해 왔다. 그들은 도시를 장악하고 시가지를 활보했다." 뒤이어 발미 전투가 힘차고 흥분되고 간결한 문체로 서술되었다.

> 적들이 아직도 진격하고 있었다. 샹파뉴로 쳐들어왔다. 적들은 우리 병사들이 달아나게 하는 데는 자기들이 얼굴만 내밀면 된다고 생각하고 있었다. 그러나 1792년 9월 20일 발미 부근에서 적들은 프랑스군의 저항에 직면해 있음을 알아차렸다. 뒤무리에 장군과 켈레만 장군이 지휘하고 있었다.
> 적들이 공격했다. 우리 병사들은 끄떡도 않고 버텼다. 켈레만 장군이 칼끝에 모자를 얹고 이렇게 외쳤다. '프랑스 만세!' 우리 병사들도 따라 외쳤다. '프랑스 만세!' 일제포격으로 프로이센군이 진격을 멈추고 뒤로 달아났다. 프랑스가 구출된 것이다.

또한 민중의 애국적 열정을 고양시키는 사건들, 즉 혁명의 날들, 8월 5일 밤,[51] 자원병 입대 등은 모두 다 조명되었다. 인권선언 요약문이 상단에 프리지아 모자로 장식된 채 한쪽을 가득 채웠고, 연맹축제는 3분의 2쪽을 꽉 채웠다.

> 군중들은 애국심이 충만했다. 연맹군이 프랑스 각지에서 왔다. 그러나 그들은 자신들이 브르타뉴 사람, 노르망디 사람이나 가스코뉴 사람이라는 것을 잊었다. 그들은 자신들이 무엇보다도 프랑스인이라고 느끼고 그렇게 자부했다. 그들은 자유민이었기 때문이다. 그들은 형제가 되어 서로들 껴안았다.

공화력 2년의 군대는 전면을 차지했다. 그것은 세 쪽을 채웠다. 말미에는 국민공회에 대해 서술했다. 여기에는 '누더기를 입은 병사들'이며 뤼드(Rude)의 조각 작품 〈라마르세예즈〉며 팔레조(Palaiseau) 시장직에 입후보한 '프티 바라'(Petit Bara)[52] 등의 삽화가 그려져 있었다.

---

51) 〔역주〕 1789년 8월 5일 루이 16세가 '인간과 시민의 권리선언'의 비준을 반대했다.

혁명적 자코뱅주의는 힘찬 몇 구절로 요약되었다. “승리의 조직자 카르노. 〔…〕 그들은 인민을, 아니 온 인류를 왕으로부터 구하고 싶었다.” 루제 드릴도 등장하고 오슈(Hoche)와 마르소(Marceau)도 등장했다. 오슈와 마르소는 각각 마구간지기와 점원의 아들이었다. 이 두 사람은 1789년에 각각 하사와 사병으로 군대생활을 시작하여 “1793년에는 사단을 지휘하는 장군이 되었다. 그때 오슈의 나이는 25세, 마르소의 나이는 24세였다. 〔…〕 영웅적 소년들이 승리를 향해 줄달음쳤다.” 장의 결론 제목은 〈프랑스의 위대함〉이었다. “3년 만에 공화국은 조국을 위해 프랑수아 1세, 앙리 4세, 루이 13세, 루이 14세가 한 것보다 더 많은 일을 했다.”

과거에 대한 재평가는 이와 같았다. 그것은 혁명에 결정적 역할을 돌림으로써 ‘혁명 이전’과 ‘혁명 이후’를 구분하게 했다. 한쪽의 계정에 기입된 것이 다른 쪽의 계정에서 공제되었다. 전체적인 대차대조표를 작성해 보자.

앙시앵 레짐의 자산계정에는 혁명이 스스로를 위해 떠맡아 발전시켜야 할 일들이 남아 있었다. 왕들은 그들이 국가의 ‘통일’에 기여하는 한에 있어서 수용되었다. 영토를 통합시켰던 초기 카페 조 왕들의 영역적 통일, 루이 성왕(루이 9세)의 도덕적 통일, 프랑수아 1세부터 루이 14세까지의 행정적 통일 등이 그러했다. 이처럼 왕들은 공화주의적 감수성의 가장 깊은 측면과 관계가 있다. 가장 현실적인 문제들은 가장 오래된 문제들이기도 했다. 알자스로렌 문제는 부빈(Bouvines) 전투까지 거슬러 올라가는 반성을 자극했다. 라비스는 이 전투에 작은 논문 한 편 분량의 큼직한 단락 전부를 할애했다. 여기에는 ‘외국인’에 대한 증오, ‘침략’에 대한 혐오, ‘국경의 안전’ 등이 벌써 반복해서 언급되고 있었다. 다른 공화주의적 상징들은 루이 9세를 중심으로 전개되었다. 진정한 프랑스는 힘에 의지하되 그것을 사용해서는 안 된다는

52) 〔역주〕 바라는 방데 반란군의 매복에 걸려 영웅적으로 전사한 공화국 군대의 북치는 병사였다.

이념, 참된 프랑스는 세계의 조정자요 인류의 귀감이라는 이념, 특히 참된 프랑스 영웅은 자신의 개인적 자질을 정의와 평화를 향한 민중의 포부를 위해 사용해야 한다는 이념, 마지막으로 왕국의 행정적 중앙집권화를 위한 대대적인 노력이 가장 높은 덕 — 국가의 권위에 근거한 질서의 존중 — 을 구현한 것이라는 이념 등이 그러했다.

왕국의 부채계정에 라비스는 이와는 반대로 공화국이 거부하는 모든 것을 기입했다. 전능한 왕의 오만, 세금에 짓눌린 인민의 참상, 영광을 위한 전쟁, 영역적 주권의 포기, 제후가문의 코스모폴리타니즘 등이 그런 것이었다. 루이 14세와 루이 15세, 이 두 왕이 이러한 불만의 핵으로서 라비스의 주요 공격표적이었다. 베르사유 궁에 대한 한 판화는 "왕의 고기식사 코스"를 묘사하고 있다. 왕의 식사풍경이 1709년 기근 때 "세브르(Sèvres) 다리에서 기병한테 떠밀리는 파리의 여인들"의 끔찍한 풍경과 대조를 이룸으로써 왕의 이러한 사치는 더욱 목불인견이었다. 혹독한 비난을 받는 에스파냐 왕위계승전쟁에 관해 서술한 절은 죽어가는 왕의 권고, 즉 "짐은 전쟁을 너무 좋아했다. 전쟁에서나, 짐이 했던 것처럼 과도한 지출이라는 점에서나 나를 모방하지 말도록 하여라"라는 권고를 완벽하게 정당화했다. 그렇지만 루이 14세에 대한 최종평가는 루이 15세의 경우에는 전혀 없던 칭찬으로 물렁해졌다. 루이 14세는 프랑스와 왕국에 커다란 해를 끼친 자신의 큰 과오에 대해 뒤늦게나마 회개했다. 반면에 루이 15세는 자신의 치세를 부드럽게 평가하게 할 만한 짓을 하지 않았다. 다시 말해 오스트리아 왕위계승전쟁은 "무익했다". 7년전쟁은 "용서할 수 없고", 식민지 상실이며 파산이며 방탕 등과 같은 "대재앙으로 대가를 치렀다". "그의 치세기에 그의 과오로 인해 프랑스는 이제 위대하고 영광스런 국가가 아니었다. 〔…〕 루이 15세는 프랑스에서 가장 나쁜 왕이다." 라비스는 국민과의 결정적 불화에 대해 왕국이 책임이 있다고 보았다. 앙시앵 레짐에 대한 〈전반적인 반성〉이라는 절(1912년판)에서 라비스는 이렇게 결론을 지었다.

> 우리는 사고에서 일관성이 없는 사람들이라고들 말한다. 오락가락하는 사람들이란 말이다. 그러나 그것은 사실이 아니다. 수세기 동안 우리의 조상들은 왕들을 사랑했다. 왕국이 지속되지 못한 것은 왕의 잘못 탓이다.

왕의 첫 번째 과오는 1356년의 삼신분회(États généraux)까지 거슬러 올라간다.

> 파리 시장이었던 에티엔 마르셀은 삼신분회 대표 가운데 한 사람이었다. 그는 삼신분회가 자주 개최되길 원했다. 그리고 삼신분회의 동의 없이는 왕이 아무 일도 할 수 없으리라 믿었다. 만약 삼신분회가 성공을 했다면 프랑스는 그 이래로 자유로운 나라가 되었을 것이다. 이것은 우리를 위해서는 큰 행운이었을 것이다. 그러나 에티엔 마르셀은 성공하지 못했다. 그는 암살당했다. 그 후 왕들이 삼신분회를 소집한 적은 거의 없다. 그들은 누구의 자문도 받지 않고 자기들 하고 싶은 대로 하기를 더 좋아했다(1912년판 47쪽).

왕들의 긍정적 행위와 부정적 행위를 구분하는 구획선은 그들이 민족형성 수단에 장애물이 되었던 불가피한 순간이다. 여기서 라비스는 이러한 구획선의 실마리를 찾아낸다. 그는 인물과 관련지어 프랑스의 발전을 묘사하는 구절에서 자신의 철학을 요약한다. 카이사르한테 패배한 베르생제토릭스의 골은 조국이 아니다. "그런 조국에서는 모든 어린이들이 외세의 지배를 받느니 차라리 죽어야 한다." 조국은 잔다르크와 더불어 탄생했다.

> 그녀는 어느 날 샤를 7세의 용기를 북돋우기 위해 루이 성왕과 카롤루스 대제에 관한 이야기를 그에게 해주었다. 이 서민의 딸은 프랑스가 오래전부터 존재했었으며 프랑스의 과거는 위대한 기억으로 가득하다는 것을 알고 있었다. 〔…〕 따라서 우리 조상들의 조국애가 크게 각성된 것은 조국이 불행에 빠진 와중에서였다. 왕들은 프랑스를

통일시키고 인민은 그것을 수호했다.[53]

이러한 거국적 협력이 종말을 고하고 권위가 독재적이 되고 일련의 감정악화며 재정파탄이며 정치적 과오가 연달아 일어났을 때 왕국은 불가피하게 나쁜 방향으로 굴절되었다. 그때 1789년 삼신분회가 개입했다. "국가를 철저하게 개혁하기를 원했던 삼신분회는 독재정을 자유로, 특권을 평등으로, 모든 남용을 정의로 바꾸는 등 프랑스를 창조하는 막대한 사업에 착수했다."

라비스는 군주제적 독재정과 공화주의적 자유, 이 두 중요한 안티테제를 제기하고 환기시켰다. 교과서의 마지막 장(〈공화국이 한 일〉)은 이런 구절로 시작되었다. "자유 : 공화국은 프랑스에 언론·집회·결사의 자유를 주었다. 그 이래로 프랑스는 세계에서 가장 자유로운 나라가 되었다." 라비스는 자유 속에서 공화국의 존재근거와 이유를 보았다. 그러나 그는 공화국을 독재체제의 '대항체제'로 규정하는 것 외에 다른 어떤 규정도 하지 않았다.

그런데 라비스와 공화국(제3공화국 - 옮긴이) 첫 세대가 보기에 자유에 토대를 둔 체제의 수호는 자유주의의 기본적 정치문제였다. 수세기 동안 프랑스의 통일성은 왕좌와 제단의 제휴에 근거했기 때문이다. 독재정을 계승한 자유가 자체의 제약과 긍정적 내용을 발견하지 못한다면, 그것은 그 왜곡자들이 주장하듯 불화와 항구적 무정부주의에 빠질 위험이 있지 않은가? 19세기 모든 자유주의 사상은 전통적으로 이 문제에 직면했었고, 현실 공화국의 교사 라비스는 이 문제에 분명하게 답을 해야 했다. 여기서 우리는 공화주의적 정서의 중요한 측면의 하나를 보게 된다. 라비스는 흔히 공화주의자들을 겨냥한 비난을 염려한

53) 그것이 초등학교 교과서였다는 사실을 참작해야 한다. 미슐레의 교과서에 비해 아무리 빈약하더라도 말이다! 미슐레에게 잔다르크는 인민, 처녀, 성직자의 희생, 여성을 통한 구원, 잉글랜드에 대한 적대감, 수난, 프랑스와 여성의 동일시 등 7가지 항목을 상징했다. 라비스에게 잔다르크는 불행에 처한 프랑스의 기억에 불과하다.

듯하다. 공화국은 왕을 죽였고 "교회의 옷을 찢어 버렸다". 공화국은 어느 때고 "분열을 조장하는 세력"으로 보일 위험성이 있었다. 따라서 라비스는 분열에 대한 비난의 화살을 왕국으로 돌릴 기회를 놓치지 말아야 했다. 이에 대한 가장 분명한 예가 낭트 칙령의 철회[54]이다. 이 문제는 (권력남용과 동일시되는 경향이 있는) 〈루이 14세의 절대권력〉이라는 제목의 한 절을 완전히 채웠다. 뿐만 아니라 이 절의 3분의 2는 독일로 도피해 간 신교도들(Huguenots)에 할애되었다. 독일에서 이들의 경제적 활동은 독일의 위대함의 주요원인으로 간주되었다. 여기서부터, 루이 14세를 독일과 프랑스 사이의 전쟁도발자로 묘사하는 데까지 거리는 한 걸음밖에 떨어지지 않았다. 이 거리는 마지막 구절에서 단번에 뛰어넘었다. "이와 같이 루이 14세의 과오로 인하여 베를린 시가 성장하여 오늘날 독일의 수도가 되었다." 이와 반대로 라비스는 분열의 씨앗을 뿌리고 있다는 혐의를 받는 공화국이 왕국이 실패한 지점에서 어떻게 성공할 수 있는가를 불가피하게 보여주어야 했다. 예컨대 루이 15세는 프랑스의 식민제국을 탕진한 반면, 공화국은 그것을 확대했다.

> 우리의 탐험가들과 식민자들이 아프리카 깊숙이 침투했다. 우리는 먼저 세네갈 강까지 진출했다. 〔…〕 우리는 수단(Soudan)을 장악했다. 〔…〕 그 후 우리는 수단을 북아프리카와 연결했다. 우리는 먼저 기니(Guinée)에, 다음에는 코트디부아르(Côte d'Ivoire)와 다호메(Dahomey)에 정착했다. 〔…〕 우리의 탐험가며 병사며 관리들은, 흔히 유명한 사람들이 아니지만, 이러한 경탄할 만한 작품을 창조했던 예술가들이다.

이처럼 위풍당당한 '우리'(*nous*)라는 1인칭 복수 대명사를 반복적으로 사용한 것은 이례적인 일이다. 그것은 공화국이 통일의 차원에서

---

54) 〔역주〕 1598년 국왕 앙리 4세가 신교도에게 종교의 자유를 부분적으로 인정한 이 칙령은 1685년 루이 14세에 의해서 철회되었다.

왕국을 압도할 수 있었음을 보여주기 위한 것이 아니겠는가?

그렇지만 왕국이 민족적 통일성의 독점권을 보유하지 않았다는 것을 보여주는 것만으로는 충분치 못했다. 혁명은 자유의 이름으로 도덕적 가치와 정치적 가치의 결별을 자극했다. 이 두 가치들 사이를 화해시키고, 자유에 긍정적인 내용을 부여하고, 새로운 정통성을 수립해야 할 일이 남아 있었다.

새로운 정통성

"이러한 옛 통일성은 소멸되었기에 어떠한 대가를 치르더라도 또 다른 통일성을 찾지 않으면 안 된다."[55] 따라서 애국적 의무는 공화주의적 자유의 논리적 귀결이었다. 프랑스사는 여러 가지 점에서 라비스가 그의 공민교육 교과서에서 사용할 수 있는 예들의 출처일 뿐이었다.

그런데 이 교과서, 즉 《공민교육 교과서》(*Manuel d'instruction civique*)가 출간될 즈음에 라비스가 피에르 랄루아라는 필명으로 저술했던 교과서의 독창성은 평자들에게 충격을 주었다. 부트루는 〈교육학보〉(*Revue pédagogique*, 1883년 4월)에서 이 책을 두 해 전에 출간된 같은 종류의 다른 교과서 45권과 분명하게 구분했다. 그는 이렇게 지적했다. "기본적으로는 아무런 문제가 없다. 즉 도덕은 철학적 관점에서도, 종교적 관점에서도, 심지어 정치적 관점에서도 심화되지 않았다. 다만 애국적 관점에서만 심화되었을 뿐이다." 그러고 나서 부트루는 놀랍다는 듯 다른 모든 교과서와는 달리 이 책은 이성에도 학생들의 감정에도 근거하지 않은 조국 개념을 보여준다고 덧붙였다. "그것은 정언적 명령으로 간주되었다"는 것이다. 랄루아의 교과서에 가장 근접한 비고(Ch. Bigot)의 교과서는 다음과 같은 말로 시작된다. "내

---

55) Lavisse, *Discours à des enfants : L'école laïque*, 1904.

[*Cartes p.* 188 *et* 206.] LE CONSULAT 179

761. Pourtant nous avions vaincu les Anglais en Hollande, et les Russes et les Autrichiens en Suisse, quand Bonaparte arriva d'Égypte.

762. Bonaparte voulait devenir le **maître de la France.** Ses victoires d'**Italie** et d'**Égypte** l'avaient rendu célèbre, et l'armée l'aimait et l'admirait.

763. Le Directoire au contraire n'avait pas d'autorité. Il était attaqué tour à tour par les révolutionnaires et les monarchistes, et il se défendait très mal.

764. Bonaparte profita de cette situation. Le 9 novembre 1799, il se rendit au Conseil des Cinq-cents pour y dicter ses volontés. Comme on ne voulut pas l'entendre, il fit entrer des grenadiers dans la salle et chassa les députés (fig. 77).

Fig. 77. — **Le coup d'État du 18 brumaire.** — Bonaparte se rend au conseil des Cinq-cents et fait envahir la salle par ses grenadiers.

765. Cet, acte par lequel le général Bonaparte viola* les lois de son pays, est connu sous le nom de coup d'État du **18 brumaire** (37ᵉ récit).

766. Le Consulat (1799-1804). — Bonaparte fit alors une Constitution qui donnait le pouvoir législatif* à quatre

---

37ᵉ Récit. — **Le calendrier révolutionnaire.** — La Convention avait décrété qu'une ère * nouvelle commençait le 22 septembre 1792, date de la proclamation de la République. Les noms des mois et des jours furent changés. Les mois d'automne s'appelèrent *vendémiaire*, ou mois des vendanges; *brumaire*, ou mois des brouillards; *frimaire*, ou mois des frimas;

761. Quelle était la situation en Hollande et en Suisse lorsque Bonaparte arriva d'Égypte? — **762.** Quelle était l'ambition de Bonaparte? — **763.** Quelle était, à cette époque, la situation du Directoire? — **764.** Que fit Bonaparte le 9 novembre 1799? — **765.** Comment cet acte est-il appelé? — **766.** Comment les pouvoirs furent-ils partagés? — **767.** Quel était, en réalité, le pouvoir de Bonaparte?

38. 아르망 콜랭이 디자인한 이 책의 도안은 디자인 기법상으로 유례없는 성공작이다.

젊은 친구요 내 동생인 어린 프랑스인이여, 내 말을 잘 들으시오. 나는 그대에게 세상에서 가장 위대하고 성스런 것, 즉 조국에 대해 이야기하겠습니다." 랄루아는 감정에 북받치는 듯한 이러한 목소리로 말하지 않는다. 그는 사람을 사로잡지도 논쟁을 벌이지도 않는다. 다만 드러난 진실을 내뱉을 뿐이다. "조국, 그것은 과거의 프랑스요 현재의 프랑스요 미래의 프랑스다. 조국, 나는 그것을 충심으로, 남이 보면 질투심이 날 정도로 좋아한다." 부트루는 랄루아 교과서의 순전히 법적인 측면에 큰 충격을 받았던 것 같다 — 라비스는 '법'(*loi*)을 의미하는 랄루아(Laloi)라는 필명으로 말장난을 한 듯하다. 라비스는 이렇게 썼다. "이성은 시민적·정치적 법의 불가피하게 제한된 시효를 보충한다. 그러나 그것 또한 법이다. 그것은 충고하지 않는다. 그것은 이러저러한 선택을 제안하지 않고 자유로운 선택을 존중한다. 그것은 하느님이 십계명에서 한 것처럼 명령한다." 교과서는 일련의 격언을 학생들에게 제공한다. 여기서 '조국'은 그들의 일상적 의무를 정당화해 주는 초월적 이상으로 묘사된다. "여러분은 여러분을 사랑하고 먹여주고 키워주는 부모님을 사랑해야 합니다. 여러분은 부모님 말씀에 복종해야 합니다. 부모님과 싸우지 마세요."

실제로 이러한 애국적 교조주의는 정치적 정통성과 분리될 수 없는 부르주아지의 사회적·도덕적 가치의 변호로 귀착된다. 라비스의 교과서가 묘사하는 좋은 정부는 근면이며 절약이며 재정적 안정을 통해 마치 사업을 하는 것처럼 프랑스라는 가정을 관리하는 정부였다. 예컨대 교과서는 콜베르의 업적의 보수적인 측면을 무시하고, 그의 이상화된 초상만을 제공한다.

> 콜베르는 랭스의 한 상인의 아들로 태어났다. 그는 프랑스가 돈을 많이 벌어 빚을 갚고 왕이 세상에서 가장 큰 부자가 되길 원했다. 프랑스가 큰돈을 벌기 위해 모든 국민이 열심히 일하기를 그는 바랐다. 그는 일하지 않고 사는 사람들을 싫어했다. 그는 프랑스에 수도사가

> 너무 많다고 생각했다. 그는 또한 판사며 변호사며 대관(代官)들도 너무 많다고 생각했다. 그는 노동자와 상인과 군인을 좋아했다.

저자는 농업·수공업·도로·상업·해군·식민지의 팽창을 묘사하고 나서 재무총감과 왕의 관계에 대한 언급으로 끝을 맺었다.

> 콜베르는 왕이 지출을 너무 많이 하여 빚만 졌기 때문에 무척 괴로웠다. 그는 왕이 의무보다는 쾌락을 좇고 있다고 비난했다. 그렇지만 루이 14세는 그의 말을 들으려 하지 않았다. 콜베르는 서글펐다. 그는 일에서 더는 기쁨을 느끼지 못했다.

그리하여 부르주아적 자유의 일부인 종교적 관용은 정치적 관용으로까지 확대되지 않았다. 영국에서 이루어지는 교육과는 달리 라비스는 두 파를 동시에 옹호하지 않는다. 그는 반대파를 존중하지 않는다. 프랑스혁명에 대한 서술에서 그는 지롱드파와 당통파를 확실하게 지지하고, 로베스피에르를 가차 없이 비난한다.

> 당통은 혁명가였다. 〔…〕 그는 애국주의자였다. 프랑스가 침략을 당했을 때 그는 국민들에게 용기를 고취시켰다. 공포에 떨고 있는 국민들에게 이런 말을 반복했다. '용기를 내십시오, 언제나 말입니다!' 결국 공포정치는 그에게 가증스러워 보였다. 그래서 그는 그것을 끝장내고 싶었다.

라비스는 당통과 로베스피에르 사이의 설전, 당통의 영웅적 죽음과 유언("내 머리를 국민들에게 보여라. 그럴 만한 가치가 있다!")에 2분의 1쪽을 할애했다. 반면에 로베스피에르에 관해서는 단 한 줄만 할애했다. "결국 국민공회는 로베스피에르에게 반기를 들었다. 그는 공화력 2년 열의 달(thermidor) 9일 단두대에서 처형되었다. 그 뒤 공포정치가 종식되었다." 라비스가 유일하게 정당하다고 판단한 저항은 복고왕국 시기에 일어났던 저항이다. 그것은 오로지 자유주의적 부르주아 계급의 사고에서 영감을 얻어왔기 때문이라는 것이다.

새로운 공화제적 정통성을 수립하는 것과 혁명을 종식시키는 것, 이 두 야심은 동일한 것이었다. 그는 파리코뮌을 혹독하게 비난하지 않았던가? 물론 모든 교과서가 파리코뮌을 비난하는 것은 일반적으로 예사로운 일이었다. 그러나 파리코뮌에 대한 올라르와 데비두르의 비난을 라비스의 비난과 비교하여 보자.

— 올라르와 데비두르는 파리코뮌을 이렇게 비난했다(《프랑스사》, 중급과정, 1895년).

> 이러한 재난 뒤에 '내전'이 일어났다. 왕당파가 다수를 차지하고 있던 '국민의회'는 공화국에 대한 증오감을 천명했다. 왕국이 복귀할까 두려워하고 불행하게도 이에 현혹된 일부 파리 시민들이 3월 18일 의회에 반란을 일으켰다. 이에 따라 의회는 베르사유로 이동하고 정부는 거부되었다. 파리는 '코뮌'이라는 폭도 당국에 의해 지배되었다.
> 내란이 발생했던 것은 바로 그때였다. 프랑스 국경 안에 프로이센군이 존재한 것이 내란을 더 고통스럽고 암울하게 만들었다. 파리의 두 번째 포위는 두 달 동안 지속되었다. 정부군이 수도에 재진입했을 때 파리는 8일 동안(5월 21일~28일)의 치열한 전투로 피로 물들었다. 코뮌이 명령한 화재와 처형, 승리한 군대의 가공스런 준엄함, 피의 분출 등은 선량한 시민들에게 이 시기의 기억을 쓰라리게 만들었다. 대다수 폭도들이 총살되었다. 1만여 명이 군사법정에서 재판을 받고 추방되었다. 이들 가운데 다수가 1880년에야 비로소 프랑스로 귀국할 수 있었다.

— 라비스는 파리코뮌에 대해 이렇게 기술했다(《개정판 초급과정 2년 프랑스사》, 1895년).

> 전쟁의 재앙에 뒤이어 매우 수치스런 사건과 더 큰 재앙이 일어났다. 국민의회는 보르도에서 베르사유로 이동했다. 파리 시 주민들이 반

> 란을 일으키고 '코뮌'이라는 자치정부를 조직하여 수도를 장악했을 때(1871년 3월) 파리에 정부가 수립되었다. 파리의 요새와 성벽, 군대와 대포에 대한 통제권을 장악한 반란세력은 5월까지 저항했다. 독일군이 주시하는 가운데 마크마옹 원수의 지휘 아래 있는 프랑스군은 반란군을 포위하고 무력으로 프랑스의 수도를 장악해야 했다. 코뮌은 패배하여 굴복하기 전에 튈르리 궁, 회계청 청사와 코뮌청 청사 등과 같은 파리의 기념비적 건물 몇 개를 불태워 버렸다. 코뮌은 파리 대주교 예하(猊下) 다르부아(Darboy)를 총살하고 포로들을 볼모로 잡았다. [⋯] 전투에서 많은 병사들이 죽었다. 다수의 반란군이 전투에서 죽거나 군사법정에서 재판을 받고 총살되었다. [⋯] 사실, 포위기간 동안 당한 고통, 정부에 대한 분노(정부가 파리를 방어하지 못하는 것을 비난하는 사람들이 많았다), 베르사유에 있는 국민의회가 왕국을 부활시킬지 모른다는 두려움 등이 파리 주민들을 고통스럽게 했고 그리하여 끔찍한 반란을 일으키게 했다.[56] 그러나 역사가 기억하는 모든 반란 가운데 가장 지독한 반란은 승리한 적의 눈 아래에서 일어난 1871년 3월의 반란이다.

올라르와 데비두르에게서는 코뮌의 동기에 대한 설명, 반란군이 저지른 잔악한 행동과 베르사유 군대가 저지른 잔악상 사이의 비교, 마지막으로 처형의 준엄함에 대한 강조 등이 엿보인다. 반면 라비스에게서는 추잡하고 사악한 반란, 폭도들이 저지른 방화와 고위성직자 살해에 대한 일방적 비난 등이 엿보인다. 코뮌이 비애국적이었다는 비난은 그것이 1912년판에서 삭제되었다는 점에서 더욱더 주목할 가치가 있다.

> 포위 기간 말에 파리 주민들은 고통을 겪었다. 일부 애국주의자들은 우리의 패배에 분노했다. 많은 공화주의자들은 국민의회를 의심했다. 국민의회가 보르도에서 베르사유로 이동하여 왕국을 부활시킬 조짐을 보였기 때문이다. 일부 혁명가들은 사회를 확 바꾸고 싶었

---

56) 1882년의 분책('현대의 전개' 부분)에 포함된 이 구절은 1884년의 "새로운 작품"에서 삭제되었다.

> 다. 마지막으로 다른 대도시에서처럼 파리에서도 무질서와 폭력을 좋아하는 사람들이 있었다.

그러나 판단의 이러한 변화에도 불구하고 계급갈등에 대한 비난은 여전했다. 라비스는 공화국의 사회복지법을 일일이 열거하면서도 파업권과 노동운동에 대해서는 한 마디도 언급하지 않았다. 사회문제에 대해 그는 분명히 무관심했다. 랄루아 교과서에 등장하는 이야기의 주인공인 페르 그레구아르(Père Grégoire)는 "출세하는 좋은 방법"으로 자유노동의 경쟁을 찬양하고 집산주의(*collectivisme*)를 비난했다. 그는 산업노동자나 임금노동자가 아니라 늙은 갖바치였다. 사회조직에 관한 장은 다음과 같이 명료하게 지적한다.

> 프랑스 사회는 공정한 법에 의해 운용된다. 그것은 민주주의 사회이기 때문이다. 모든 프랑스인은 법 앞에 평등하다. 그러나 우리 사이엔 자연과 부에서 비롯된 불평등이 존재한다. 이러한 불평등은 소멸되지 않을 것이다.

보통선거는 사회적 갈등을 종식시켰다. "옛날에 필요했던 혁명이 오늘날에는 더 이상 필요하지 않다."57)

이러한 새로운 정치적 정통성은, 만약 거기에 부과된 목표가 오로지 보수적이었다면, 취약했을 것이다. 독재정과 대립되는 개념으로 규정된 자유만이 이 정통성을 판가름하는 원칙이었다. 자유가 살아남기 위해서는 독재정을 정복해야 했고, 그렇지 않을 경우에 국가는 와해되었을 것이다. 따라서 라비스의 교과서는 결국 자코뱅적 사상의 팽창주의적 역동성을 모두 흡수했다. 애국주의는 신비주의로 귀결되었다. 그 목표가 3개의 서로 다른 개념들, 즉 역사적 개념으로서의 조국, 정치적 개념으로서의 공화국, 그리고 철학적 개념으로서의 자유를 하나의

---

57) Lavisse, *Nouvelle Deuxième Année d'Histoire de France*, 1895, p. 415.

분리불가능한 전체로 융합한다는 의미에서의 신비주의로 말이다. 이를 위해서 교사는 이성의 힘보다는 열정의 반사적 행동에 호소해야 했다. "애국심은 외워서 가르쳐지는 것이 아니다. 그것은 가슴을 통해 함양되는 것이다." "분사(分詞, *participe*) 규칙을 가르치는 데나 적합한 냉정함으로 역사를 가르치지 말도록 하자. 여기서 중요한 것은 우리의 살과 피를 나눈 분신들이다."[58] 여기에는 쥘 시몽, 워딩턴과 폴 베르가 1870년 패배 직후에 발전시킨 초등교육 프로그램에 적합한 반응이 엿보인다. 이로부터 역사에 중요한 임무가 부여된다. 역사는 어린 학생들을 훌륭한 시민과 유권자와 병사로 훈련시켜야 한다는 것이다.[59] 교사는 이러한 민족적 사명을 부여받았기에 성당 건설자의 열정에 버금가는 특별한 열정이 요구된다.

> 요컨대, 만약 학생들이 우리의 민족적 영광에 대한 생생한 기억을 갖고 있지 않다면, 우리의 조상들이 숭고한 명분을 위해 전쟁터에서 싸웠다는 것을 알지 못한다면, 우리의 조국을 통일시키고 우리의 옛 제도의 무질서로부터 우리를 자유롭게 하는 법을 해방시키는 데 피와 땀이 요구된다는 것을 알지 못한다면, 그리고 의무감이 강한 시민과 총을 사랑하는 군인이 되지 못한다면, 교사는 시간을 낭비한 것이 될 것이다.

교과서가 젊은 프랑스인들에게 권고하는 호전적 열정과 이상은 이로부터 비롯된다. 프랑스사는 영웅주의로 귀결된다. 수많은 세대와 개인이 각자 역할을 하는 가운데 프랑스인들은 집단적으로 꾸준히 노력해야 한다. 이러한 이념에다, 혁명을 계기로 프랑스는 다른 나라와

---

58) Lavisse, "L'Enseignement de l'histoire à l'école primaire". 이것은 *Dictionnaire de pédagogie*에서 발췌하고, *Les Questions d'enseignement national* (1885)에서 개정·증보되었다.

59) 애국적 초등교육에 대한 Georges Goyau의 환기에 대해서는 특히 *L'École d'aujourd'hui (1889~1906)* 참조.

는 구별되는 특별한 모범국가, 즉 보편국가가 되었다는 확신이 부가되었다. 인류의 진보를 상징하고 역사의 선봉대 역할을 하는 경지에 이른 이러한 선택된 인류-민족의 물리적 구현을 묘사하면서 역사가로서의 라비스는 강렬한 감정에 사로잡힌다. 그는 "프랑스 지리를 언급할 때마다 나는 감정이 북받쳤다"라고 말한다. 호전적인 역사는 여기서 정당성을 발견한다. 그것은 교사의 의무, 즉 "프랑스 종족의 자연적 혜택과 옛 기질에 은근히 호소함으로써 우리의 내일의 병사들이 가볍고 즐거운 발걸음으로 깃발을 향해 진군할 수 있도록 하는"[60] 교사의 의무를 노골적인 음조로 전해준다. "인민의 자식들인 여러분, 여러분은 애국심을 여러분의 가슴에 새기기 위해 역사를 배운다는 사실을 알아야 한다. 여러분의 조상 골족은 용맹한 사람들이었다. 여러분의 조상 프랑크족은 용감한 사람들이었다. 여러분의 조상 프랑스인들은 용맹스런 사람들이었다." 따라서 복수(復讐)라는 주제는 모든 교육적 건물의 초석이었다. 이런 생각은 라비스가 1871년 9월 프랑스 '학생들'에게 헌정한, '엔(Aisne) 도 침략'에 관한 작은 책에서 벌써 등장했다.

> 여러분이 우리의 과거 영광에 대한 생생한 이미지를 가슴에 간직하고 있다면, 여러분의 삶에 뭔가 아쉬움을 느낄 것이다. 우리의 잃어버린 영광에 대한 향수 같은 것을 느끼게 된다는 말이다. 사람들은 이러한 고통으로 죽지는 않는다. 오히려 그것은 삶을 숭고하게 하고 물질적·세속적 차원 너머로 고양시킬 것이다. 그것은 여러분이 잘 아는 목표를 제공해 준다.

반세기 후에 교과서의 마지막 단락이 규정했던 것이 바로 이러한 목표였다. 이와 관련된 구절들을 마지막으로 비교해 보자.

— 먼저, 기독교 학교의 신부들이 저술한 맘(Mame) 교과서(중급과정,

60) Lavisse, "L'École d'autrefois et l'école d'aujourd'hui", *A propos de nos écoles* (Paris, A. Colin, 1895).

1904년)의 '현대사회'에 관한 마지막 단락은 이렇게 기술되어 있다.

> 검소하고 근면한 노동자들의 조건은 개선되었다. 그러나 구제되어야 할 참상이 아직도 많이 남아 있다. 〔…〕 사회주의는 사유재산의 폐지를 통해 이러한 악을 치유할 수 있다면서 출현했다. 그것은 거짓 약속이다. 사회주의 사상은 참상의 증폭, 사회의 전복, 자유의 파괴만 초래할 것이다.
>
> 사회는 자체가 필요로 하는 안정을 종교의 실천, 정의의 존중, 건전한 자유를 통해서만 회복할 수 있을 것이다. 교황 레오 13세는 '노동자의 조건'에 관한 그의 회칙(回勅)에서 사회문제에 대한 진정한 해결책을 제시했다. 여기서 위대한 교황은 고용주와 노동자 사이의 진정한 화합을 이루기 위해 취해야 할 방법을 확신에 찬 어조로 설명했다.
>
> 모든 정직한 사람들과 특히 하느님 덕택에, 국민의 다수를 이루고 있는 가톨릭신도들은 예수 그리스도의 대리인의 이러한 교시를 이해하고, 같은 하느님과 같은 조국의 자식들인 모든 프랑스 국민들 사이의 화합을 수립할 수 있었던 것이다!

— 다음으로, 올라르와 데비두르의 교과서(중급과정, 1905년)의 '노동자계급이 현재 처해 있는 조건과 필요한 것들'에 관한 마지막 단락은 이렇게 서술되어 있다.

> 노동자의 조건이 두드러지게 개선되었다. 이것은 증가된 임금과, 그들이 1864년 이래로 더 나은 임금을 받기 위해 향유했던 '결사'와 '파업권'에 기인했다. 또한 '조합'이며 '상호부조단체'며 '저축단체'가 확대되고, 여러 직종들이 자신들의 이익을 보호하기 위해 단체나 조합을 결성할 수 있게 된 것에도 기인했다.
>
> 노동자계급은 국가와 지방정부가 최근에 많은 재정을 투입했던 '공공복지' 제도들(병원·정신병원·고아원·탁아소·간이숙박소)에 큰 덕을 보았다.
>
> 그러나 노동자계급은 '사회당'의 목소리를 통해 자신들의 운명을 더

> 욱 개선할 것을 아직까지 주장하고 있다. 인민을 대표하는 의회는 이들을 위해 할 수 있는 일을 강구할 것이다. 정당한 개선은 이루어지되 평화롭게 달성되어야 한다. 누구나 국민의회 의원 선거에 참여하는 공화국에서 인민은 정의를 주장하기 위해 반란을 일으킬 필요가 없어졌으며 그럴 권리도 없다. 인민은 그들이 뽑은 국민의회 의원들을 믿어야 한다. 만약 인민이 국민의회 의원들에게 만족할 수 없다면 이들을 갈아치워야 한다. 그러나 인민이 폭력에 기댄다면 그것은 정말로 자신들에게 반란을 일으킨 것이 될 것이며 자유를 향유할 자격이 없다.

— 마지막으로, 라비스의 교과서(중급과정, 1912년)의 '애국적 의무'에 관한 마지막 단락은 다음과 같다.

> 전쟁은 일어날 것 같지 않지만 불가능한 것도 아니다. 이 때문에 프랑스는 무장을 하고 자신을 방어할 준비를 해야 한다. 프랑스가 동맹국과 우방을 갖고 있다 하더라도 프랑스는 무엇보다도 스스로에게 의지해야 한다.
>
> 프랑스를 방어하는 것은 우리가 태어나 자란 땅, 세상에서 가장 아름다운 천혜의 땅을 지키는 것이 된다.
>
> 프랑스를 방어하는 것은 착한 아들처럼 행동하는 것이 된다. 우리는 수세기 전부터 조국을 창조하기 위해 그토록 수고를 아끼지 않은 조상들에게 의무를 다해야 한다.
>
> 프랑스를 방어하는 것은 인민을 위하여 일하는 것이 된다. 프랑스는 혁명 이래로 정의와 인류애의 이념을 세계에 전파했기 때문이다.
>
> 프랑스는 세계에서 가장 정의롭고 자유로우며 인간적인 나라이다.

라비스의 교육이 독특한 것은 그것에 내포된 민족주의적 경향 때문이 아니라 민족주의의 내용 때문이다. 물론 그것은 혁명시대는 종결되었다고 선언하면서 정치적 정통성을 수립하려는 일관된 노력을 대변한다. 그는 교육에 대한 호전적 착상을 통해 조국 숭배의 근거를 자유

숭배에 두고, 그리하여 매우 단순한 개념의 토대를 모호한 개념에 두었다.

그러나 라비스가 공화국에 뒤늦게 가담함으로써 그의 가르침은 독창적 성격을 띠게 되었다. 이념적으로 그는 드레퓌스 사건 세대가 아니라 패전 세대에 머물러 있었다. 그렇기 때문에 라비스는 그의 보수적 가르침의 귀결과 이에 수반하는 정신적 이완의 위험 사이에 밀접한 관계가 있음을 간파했다. 그는 1895년에 이렇게 말했다. "우리는 젊은이들에게 위대한 정치적 업적은 완료되고 투쟁은 진정되었으며, 공화국은 미래를 조용히 담보하고 있고 세계평화는 확보되었으며, 전쟁은 더는 없을 것이라고 말한다." 그러나 그는 국민정신의 이러한 무장해제에 대해 즉각 불안해하기 시작한다. "나는 젊은이 교육에서 우리가 기울인 모든 노력과 우리가 달성한 명백한 진보에도 불구하고, 우리가 통찰력의 결여와 현재 의무에 대한 전반적 착상의 부재로 인해 방향을 잃은 난파선을 만들고 있지 않나 하고 때로는 두려워한다."[61]

그는 브루스·알만·조레스·게드·라자르·바이양 같은 사회주의자들이 무프타르(Mouffetard) 가에 사립학교를 설립하려는 시도를 좌절시키기 위해서 조직적으로 사회경제사 교육을 실시해야 한다고 대학이사회(Conseil général des facultés)에 호소했다. 그러나 이러한 호소에 샹브룅(Chambrun) 백작만이 호응했다. 라비스는 이에 또다시 경악했다. "나는 내게 부르주아 국가와 부르주아 자본을 구출하려 했다는 혐의가 있다는 것을 숨기지 않겠다." 그렇지만 그는 즉각 이렇게 덧붙였다. "나는 부르주아 계급의 시작과 끝의 경계가 어딘지, 내가 부르주아인지 아닌지 정확히 알지 못한다." 라비스는 공화주의적 사고의 사회적 내용이 아니라 애국적 내용만을 취하고 있었고, 그러했기에 그것은 더욱 숭고한 가치를 지녔다고 생각했다.

19세기 말의 보수주의적 우파와 20세기 초의 철저한 민족주의 신봉

61) Lavisse, *A propos de nos écoles : Une école d'enseignement socialiste révolutionnaire* (1895).

자들은 라비스를 평가하는 데서 오류를 범하지 않았다. 이 두 집단은 자신들과 아주 비슷하면서도 전혀 다른 라비스를 압도하려는 바람에서 비난과 배려를 뒤섞어 가며 자연스럽게 그를 괴롭혔다.

이것은 그의 교육이 신왕정주의(*néo-monarchisme*)의 의미와 가치를 단순하면서도 결정적으로 뒤집은 형태를 띠었기 때문이다. 그는 프랑스에서 민족감정의 미약함에 대한 강박관념, 프랑스 전통에의 착근, 가장 숭고한 충심으로 환기된 땅·천국·망자에 대한 숭배, 통일과 의무의 종교적 의미 등에 대해 왕정주의적 의식을 공유하고 있었다. 말하자면 라비스는 왕정의 정당성을 세속적 공화주의로 전위시켰던 것이다. 공화국은 프랑스의 섭리가 되었다. 그것은 시민들에게 조국의 '구원'을 위해 민족적 '통일'을 이루도록 '호소'했다. 마치 보쉬에가 왕은 신민들을 구원하기 위해 그들을 규합해야 한다고 환기했듯이 말이다. 심층적 측면에서, 그리고 일시적이지만 매우 중요한 차이에도 불구하고, 라비스의 《프랑스사》는 그것의 제설종합적인 경향 때문에 세뇨보스의 《프랑스 민족의 참된 역사》(*Histoire sincère de la nation française*)보다는 자크 뱅빌의 《프랑스사》에 더 가까웠던 것 같다.

그러나 정치적으로 라비스는 좋든 싫든 공화국의 많은 위기들, 특히 드레퓌스 사건의 위기로 빚어진 급박한 조류에 휩싸였다. 그는 부득이 '지식인파당' 편에 가담하고 새로운 소르본의 중심인물이 되지 않을 수 없었다. 그가 자극한 분노와 그가 받았던 존경은 바로 여기에서 비롯되었다. 장루아 펠릭스[62]는 라비스가 시도했던 젊은이들의 규합에 사립학교 젊은이들이 배제된 사실을 개탄했다. 피에르 라세르가 보기에 "왕국의 미완성", "치세의 암울한 종결" 같은 구절들은 "루이 14세가 왕국체제를 조직한 사람과 그 안에서 신음했던 가련한 사람들을 적나라하게 드러내줌을 보여주기에"[63] 충분했다. 그러나 라비스에 비판적인 사람

62) *Fauteuils contemporains de l'Académie française* (1896) 참조.

63) Pierre Lasserre, *La doctrine officielle de l'Université*, Paris, 1912.

들은 “라비스 씨는 새로운 소르본을 대표하지 않는다. 그는 새로운 방법에 문을 열어주고 그것을 고무했지만, 이러한 방법은 그의 것이 아니다”라고 서둘러 토를 달았다. 바레스와 페기는 풍자와 경멸로 그를 괴롭혔다. 그렇지만 이 두 사람은 ‘라비스의 진가를 인정했다’. 바레스가 먼저 그랬다. 페기가 라비스에게서 보이는 어떤 ‘체계’(*systéme*)를 비판하기 20년 전에, 그리고 라비스와 바레스가 죽기 30년 전에, 바레스는 라비스를 “가장 왕성하게 활동한 이 시대 철학자 가운데 한 사람”[64]으로 규정했던 것이다.

64) Barrès, *Toute licence sauf contre l'amour*, Paris, 1892.

《두 어린이의 프랑스 일주》

공화국의 아동용 교과서

페르슈(Perche) 출신 농부인 한 친구가 내 책상 위에 있는 이 책을 보고는 깜짝 놀랐다. 사실이지 그가 이 책을 구입할 수 있었겠는가? 그래서 복사본 한 권을 그에게 주었다. 이렇게 해서 집에 이 책을 소장하게 된 그는 의무교육에도 불구하고 글을 읽을 줄 몰랐던 어린 시절을 회상할 수 있게 되었다. 그 시절에 이 책은 읽을거리라기보다는 구경거리였다. 책갈피에 끼우는 경이로운 서진(書鎭), 검은 전나무 숲을 담은 유리 공, 부두에 정박한 배들, 상수교와 재봉틀, 오를레아네(Orléanais)와 카마르그(Camargue) 지방, 거리의 먼지, 목장의 신선함, 파리의 소음과 특히 걸어가는 두 어린이의 모습이 그러했다. 학교생활에 만족하지 못해 자주 땡땡이를 치곤 했던 초등학교 시절에 대해 내 친구 모르티에(Mortier)에게 남아 있는 기억은 그의 말대로 "앙드레(André)와 쥘리앵(Julien)의 여행"뿐이었기 때문이다.

그의 희미한 기억을 되살려 보면, 둘 다 로렌 출신 고아인 앙드레와 쥘리앵은 1871년 가을에 몰래 국경을 넘어 독일에서 프랑스로 들어와 화재며 질병이며 폭풍우를 뚫고 삼촌과 어머니를 찾아 나선다. 삼촌은 아버지와 성이 같은 친삼촌이었다. 어머니 이름은, 임종하는 아버지가 유언으로 속삭인 바에 따르면 '프랑스'였다. 이것은 "브루노(G. Bruno)[1]가 여러 주제에 대한 200여 개의 교육적인 삽화를 곁들여 지

1) 〔역주〕 저자인 알프레드 부인이 16세기 이탈리아의 반(反)가톨릭 철학자 조르

은 초등학교용 독본"《두 어린이의 프랑스 일주》(*Le Tour de la France par deux enfants*)에서 1877년에 한 이야기다. 이 책은 시골가정에서(예컨대 풀드뢰직에 사는 엘리아스 집에서) 많은 어린이들의 또 다른 길잡이이자 유일한 친구였던 성인전과 경쟁하기에 이르렀다. 브루노가 상상한 세속성인들은 유례없는 행운을 누렸다. 우리는 이러한 행운을 에메 뒤퓌에 기대어 측정할 수 있다.[2] 1877년부터 1887년까지 10년 동안 휘몰아쳤던 첫 번째 파도는 프랑스를 3백만 부로 뒤덮었다. 그 후 20세기로의 전환기까지 지속된 비교적 평온한 시기에는 연평균 20만 부로 줄어들었다. 1877년부터 1901년까지 약 6백만 부가 인쇄되었다. 1976년까지 총 850만 부가 출간되었다. 이 책을 읽은 실제 독자 숫자를 산출하려면 이 막대한 출간 숫자에 얼마를 곱해도 무방할 것이다. 이 책은 학교도서관에서 가장 많이 대출됐던 책이요, 바느질수업 시간에는 여선생님이 바늘을 집어넣고 읽던 책이었기 때문이다. 또한 이 책을 갖고 있지 않은 사람도 서슴없이 제목을 인용할 수 있는 책이었다. 이 점은 모든 프랑스 문학 가운데 유일한 것이 아닌가 하는 생각도 든다.

이 책이 이처럼 양적으로 성공을 거둔 이유에 대해서는 이미 많이 언급된 바 있다.[3] 실제적 위기에 노출되어 쓰디쓴 고난을 짊어진 애늙은이들(*enfants-adultes*)을 등장시킨 《프랑스 일주》는 어린이는 물론

다노 브루노(Giordano Bruno)를 자신의 필명으로 사용하여 이 책을 썼으므로 이탈리아 음으로 '브루노'라 표기한다.

2) Aimé Dupuy, "Les livres de lecture de G. Bruno", *Revue d'histoire économique et sociale*, n° 2, 1955. 우리는 여러 가지 점에서 에메 뒤피(Aimé Dupuy)의 개척적 논문에 빚진 바가 많다. 그는 《프랑스 일주》의 보급을 연구했을 뿐만 아니라, 블랭(Belin) 출판사가 보관하고 있는 문서 파일에 우리의 관심을 끌게 하고, 다니엘 알레비(Daniel Halévy)의 번뜩이지만 오류가 많은 이 책의 소개에 대한 논쟁을 유발케 했다.

3) 많은 연구들 가운데서도, 1877년판 원본을 그대로 재출판한 100주년 복사본에 대한 장피에르 바르도즈(Jean-Pierre Bardoz)의 탁월한 편집후기를 꼽을 수 있다.

어른들[4]의 입맛에도 맞는 쾌거를 이루었다. 공립학교는 물론이려니와 종교학교에서도 교재로 사용되었다. 그것은 좌파[5]와 우파[6] 양쪽으로부터 비난을 받기도 했다. 파란만장한 체험담인 동시에 행복론이요, 행정문서를 작성하고 소를 돌보고 우체국에서 대처하는 방법을 가르쳐 주는 안내서 등 다양한 양식과 장르가 혼합되어 있다. 모든 주제를 다루는 이 책은 백과사전적 성격을 강하게 띠고 있다. 교사용 지침서에서는 각 장마다 일련의 질문들이 수록되어 있다. 교사들은 아이들에게 어떤 문제를 질문하면서 《프랑스 일주》를 지리교과서, 도덕개론, 자연과학개론, (시민들 모두가 알고 있다고 간주되는) 프랑스법 기본입문서 등으로 활용할 수 있기 때문이다.

더욱이 《프랑스 일주》는 저자가 없는 책이 흔히 그러하듯이 자명함으로 번득인다. 작자는 말소되어 작품 뒤로 사라져 버린다. 그러한 성공은 오랫동안 '브루노'라는 필명으로 자신을 숨긴 푸이예 부인(Mme Fouillée)의 재주 없이는 불가능했다. 이 작품을 성공케 한 영감의 친족관계(우리는 곧 이 문제를 재론할 것이다)와 재능의 각별한 은총을 가늠하기 위해서는 이 작품을 그녀의 아들 장마리 기요[7]가 그보다 2년

---

4) 교과서에 대한 1910년의 의회 토론에서 페르디낭 뷔송(Ferdinand Buisson)은 이 점을 명백하게 밝힌다. "도덕교과서를 편술할 때 저자는 언젠가 그것을 이용할 제2의 독자를 염두에 두어야 한다."

5) 1886년에 열린 파리 시의회는 시의원을 겸하는 한 교사의 요청을 받아들여 초등학교에 브루노의 책을 구입하는 예산책정을 거부했다. 거부의 이유는 이 책들의 '종교적' 성격이 초등학교의 중립성 원칙에 배치된다는 것이었다.

6) 1910년 1월의 의회 토론에서 우익비판가들은 원본을 '세속화한' 개정판에 대해 기계적이고 터무니없는 것이라 맹렬하게 비난했다. 푸이예는 1910년 2월 11자로 발행된 〈르탕〉(*Le Temps*)에 실은 기사에서 그 책을 겨냥한 모든 비판을 이렇게 요약했다. "브루노의 책이 불러일으킨 유례없는 성공과 시기심으로 말미암은 모든 에피소드와 모순된 주장과 농간을 내가 다 언급하려면 한이 없을 것이다."

7) 1878년에 첫 번째 철학저술 《에피쿠로스의 도덕론》(*La Morale d'Épicure*)을 펴낸 장마리 기요는 그보다 3년 전에(21세에 - 옮긴이) *Premiere Année de lecture courante* (Paris, Armand Colin, 1875)로 데뷔했다.

전에 쓴 작품(이것 역시 인기 있는 독본이었다)과 비교하는 것만으로 충분하다. 푸이에 부인의 재능은 아들의 교훈적인 이야기들을 하나의 기조(基調)를 갖는 소설작품으로 용해시키는 데서 발휘된다. 그녀는 산만한 교훈들을 한곳으로 집중하여 독자들로 하여금 결말을 초조하게 기다리도록 이끈다. 또한 그녀는 독자로 하여금 자신을 작품의 주인공들과 동일시하게 하는 재주도 갖고 있다. 독자는 이야기의 주인공들이 아무리 "완벽한 사람들"[8] 일지라도 그들이 겪은 공포며 기만이며 조급함에 전혀 낯설지 않다. 어린이의 감정은 윌리엄 제임스의 심리적 사실주의풍으로 묘사된다. 《프랑스 일주》의 주인공들은 부끄러워 얼굴을 붉히고 창피해한다. 가슴이 답답하여 "터질 것 같다". 슬플 때는 하늘이 꺼질 것 같은 한숨을 내쉰다. 기쁠 때는 박수를 치며 펄쩍펄쩍 뛴다. 앙드레와 쥘리앵은 사리분별이 분명했음에도 감정에 휩쓸린다. 굽은 길에서는 산책하는 어린이들처럼 갈지자로 걷는다. 그리하여 그들의 여행은 생존여행임에도 야외학습(*école buisssonière*) 같았다. 푸이에 부인은 우연에서 필연으로, 감정에서 지성으로, 다시 지성에서 감정으로의 그러한 왕복에 탁월하다. 어린 쥘리앵이 요새지들에 그토록 관심을 가졌던 것은 고향 팔스부르(Phalsbourg) 진지가 그에게 색다른 풍경으로 보였기 때문이다. 앙드레가 정밀기기에 매료된 것은 그가 열쇠제조 도제훈련을 받고 있었기 때문이다. 이처럼 푸이에 부인은 어린이들의 주요 관심사에 대해 자유로이 학술적 설명을 하고 나서 재빠르게 감정으로 돌아간다. 교훈의 근엄함은 쥘리앵의 기쁨의 외침으로 종료되고, 교육적인 슬로모션 이후에 이야기는 힘차게 재출발한다. 이러한 전문가다운 솜씨에 글쓰기의 행복을 덧붙여야 한다. 푸이에 부인의 까다로운 귀는 공립학교의 커리큘럼에 맞게 수정해줄 것을 요구하는 외부의 강요에 굴복하지 않았다.[9] 그녀는 지워진 단락을 동일한

8) 이 구절은 "프랑스 초등학생은 누구도 앙드레나 쥘리앵과 자신을 동일시할 줄을 모른다"고 쓴 장피에르 바르도즈(*op. cit.*)에게서 따온 것이다.

9) 《프랑스 일주》의 개정판, 즉 '세속화'판은 1905년에 출간되었다.

음절이나 구절 숫자를 갖는 다른 단락으로 대체하면서 원래의 단락을 가급적 그대로 유지하려 노력했다.

교사용 지침서[10]는 마지막 장의 결론에서 이렇게 묻는다. “여러분은 방금 읽은 이야기를 잊을 겁니까?” 이젠 질문도 수사적이다. 우리는 이에 대한 답이 “아니요”라는 것을 알고 있다. 이 교과서는 집단기억에 깊이 각인되어 그로부터 떠나지 않는다. 출간 100주년 기념으로 블랭 출판사에서 다시 펴낸 양장본은 잠자던 이미지를 다시 일깨우고, 그것을 역사적 과거라기보다는 민속적 과거라는 정서적 색깔로 분장한 새로운 기억거리로 만들었다. 그러나 위의 질문은 저자의 야심의 크기를 드러내 준다. 물론 그것은 기억용 책을 쓰는 것이다. 저자의 포부는 제3공화국이 입주하던 바로 그 시절에 집의 상태를 바로 세우는 것, 비록 사지는 절단되어 있지만 위대한 민족국가로 남을 하나의 프랑스의 위대한 과거를 독자들에게 환기시켜 주는 것, 프랑스 초등학생을 위한 지식과 꿈을 작은 꾸러미로 묶어주는 것이었다. 뿐만 아니라 특히 앙드레와 쥘리앵이 자신들의 프랑스 일주를 잊지 않는, 그리고 (에필로그의 주제인) 앞으로도 결코 잊지 않을 방법 자체를 완성하는 것이었다. 이로써 이들의 교육은 비로소 완결된다. 따라서 이 책이 만들어질 당시에 그것이 하나의 기억술이기를 바랐음에 틀림없다. 그러나 정확하게 말하면 어떤 기억이란 말인가? 공간에 대한 기억인가, 아니면 시간에 대한 기억인가? 미래를 잉태하고 있는 현재에 대한 기억인가, 아니면 이미 시대착오적이고 향수를 자아내는 지나간 현재에 대한 기억인가? 당파적 기억인가, 아니면 국가적 기억인가? 프랑스 전체에 대한 기억인가, 아니면 오로지 제3공화국에 대한 기억만인가? 꼬리를 무는 이러한 질문

10) 우리는 교사용 지침서(1885년 초판)를 이 논문에서 많이 활용했다. 이유는 두 가지이다. 하나는 그 책에서는 푸이에 부인의 이야기가 스며든 곳이 어딘지 명료하게 드러나기 때문이요, 다른 하나는 그 책은 공식 커리큘럼에 있는 항목을 《프랑스 일주》의 해당 페이지와 늘 조심스럽게 연결시키기 때문이다. 블랭 출판사 문서 파일에 보관된 한 계약서는 푸이에 부인이 이 교과서의 단독저자임을 입증해 주고 있다. 어쨌거나 그 책을 위해 체결된 계약과 다름없다.

들은 이 책의 모호함이 낳은 불가피한 귀결이다.

오늘날의 초등학생은 국가와 세계를 바라보지만, 더는 프랑스라는 공간을 배경으로 바라다볼 줄은 모른다. 노루즈(Naurouze)로 가는 관문인 콩폴랑테(Confolentais)가 어디에 있는지 알지 못한다. 기억이 가물거릴 때 운하를 표시하는 청색선과 철도를 표시하는 흑색선을 따라가는 환상적인 방법을 언제나 제공했던 비달라블라슈 지도(*cartes Vidal-Lablache*)를 앞에 놓고 어린 시절을 보냈던 우리는 요즘의 초등학생들도 그걸 알고 있었다고 믿는다. 그러나 그들의 무지를 과소평가해서는 안 된다. 입영여행 외에는 다른 여행을 하지 않기 일쑤이고 간혹 가다 인근 '도시'를 방문했었을 《프랑스 일주》의 젊은 독자들에게 앙드레와 쥘리앵의 유례없는 일주가 자극하는 도피욕구를 특히 과소평가해서는 안 될 것이다.

앙드레와 쥘리앵의 여행은 초가을의 개학과 더불어 시작된다("9월의 짙은 안개"라는 표현을 통해 그것이 초가을이라는 것을 기억하지 못하는 사람이 누가 있겠는가?). 그것은 나뭇잎이 다시 초록빛을 띠게 될 때 끝난다. 이것은 여름방학이 임박했음을 알려준다. 그들의 여정은 주변에서 중심으로, 동쪽에서 서쪽으로 향하는 원운동의 형태로 팔스부르에서 페르슈 구릉지대로 진행된다. 이 점에서 그것은 일반적인 프랑스 일주 여행단의 전형적인 여정에 충실한 것이었다.[11] 《프랑스 일주》는 공간 체험인 까닭에 상상할 수 있는 온갖 교통수단(발, 이륜마차, 짐배, 여객선, 철도 등)과 갖은 길과 모든 계절을 이용했다. 독자들은 길이 오르

11) 이러한 여정은 일주 여행단이나 출발도시에 따라 달라질 수 있지만, 언제나 시계바늘이 도는 방향에 따라 동쪽에서 남쪽을 경유하여 서쪽으로 향한다. 앙드레와 쥘리앵의 여정은 이상적인 일주 여행단의 여정에 근접하지만, 간혹 루아르 강 계곡을 등한시한다(J.-P. Bayard, *Le Compagnonnage en France*, Paris, 1977 참조).

39

40

41

아동 교육의 꿀벌 통 같은 푸이에 가족.
39. 오귀스틴 푸이에(일명 G. 브루노).
40. 알프레드 푸이에(두 번째 남편).
41. 장마리 기요(푸이에 부인이 초혼에서 낳은 아들).

막인지 내리막인지, 피에로의 걸음이 느린지 빠른지, 폭풍우가 임박했는지, "동틀 무렵에" 싸늘함이 느껴지는지를 알고 있다.

이 책이 프랑스 영토를 자기 것으로 만들기와 관계가 있다는 것은 의심의 여지가 없다. 앙드레와 쥘리앵은 발걸음을 옮길 때마다 "여기가 정확히 어디지?"라고 자기들끼리 묻는다. 그들의 친구인 프랑스 초등학생들도 그들의 질문에 동조한다. 이런 질문에 답하라고 프랑스 지도가 있었다. 프랑스 지리를 모르는 것은 프랑스를 비굴과 불행에 빠뜨리는 것처럼 보였다.[12] 그리하여 교사들은 교실 벽에 프랑스 지도를 걸기 시작했다. 푸이에 부인은 본문 곳곳에 지도를 삽입하는 것으로 만족하지 않는다. 그녀의 천재성은 그녀가 지적 보조자료를 없어서는 아니 될 필수품으로 만든 것에 있다. 대지 위에서 학습되고 기억되고 재발견된 지도—이러한 지도에서 사르(Sarre) 강은 하나의 선이 아니라 "자작나무 울타리와 버드나무 울타리" 사이에서 번쩍이는 투명한 섬광과 같다—는 산림감시원의 감시소홀을 틈타 두 아이가 국경을 넘을 수 있게 해준다. 톨스토이가 지리교육에 대해서 한 비판[13]—"마부가 알아서 데려다줄 터인데 모든 지방을 알아서 무엇에 쓸꼬?"—에 대해 브루노의 책은 지리를 배우는 것은 살게 해주는 것, 아니 생존하게 해주는 것이라 응수한다.

체험을 통해 얻는 삶의 교훈은 책을 통해 배운 교훈과 혼합하는 것이 좋다. 삶의 체험은 지적 경험을 바로잡아 준다. 예컨대 쥘리앵은 론

12) 스당(Sedan) 전투는 학생들에게 지리를 가르칠 줄 알았던 독일 초등학교 교사의 승리였다고 하는 것이 그 당시 일반적인 견해였다. 반면에 프랑스 장군들조차 "라인 강이 남쪽에서 북쪽으로 흐르는지, 북쪽에서 남쪽으로 흐르는지" 알지 못하고 있었다(*La République française*, 27 novembre 1871 참조).

13) J.-P. 기요(J.-P. Guyau)가 *Éducation et hérédité*, Paris, Alcan, 1889에서 원용한 비판. 어린이들이 지리에 관심을 갖게 하는 방법에 대해 기요는 그의 어머니처럼 언제나 정서에서 출발해야 한다고 생각한다. "나는 세 살배기 남자아기에게, 그 아이가 잠잘 때에 아메리카에서는 아이들이 놀 수 있도록 밤에 태양이 빛난다는 이야기를 해준 적이 있다. 나는 그 후부터 그 아이가 아메리카에 흥미를 느끼는 것을 보았다."

강이 프랑스에서 가장 아름다운 강 가운데 하나라고 배웠지만 론 강이 "실제로는 그렇게 아름답다고 생각하지 않았다". 또한 그것은 지적 경험을 굳건히 뿌리내리게도 한다. 캉탈(Cantal)에 가본 적이 있어 그곳을 결코 잊지 않고 있던 제르탈은 쥘리앵에게 "우리는 내일 물랭(Moulins)을 거쳐 갈 거야. 그러고 나면 그곳을 더는 잊지 않을 거야"라고 말한다. 쥘리앵은 모험을 마치고 나서 학교로 돌아가면, 도보여행을 통해 '그의' 프랑스에 대해 충분한 지식을 얻었기 때문에 반에서 일등을 할 것이라 확신한다.

앙드레와 쥘리앵은 모든 곳을 다 가볼 수가 없었다. 그래서 저자는 그들이 프랑스 영토를 잘 알 수 있게 하고, 그들이 가보지 못한 곳에 대한 상상적 우회로를 증대시키려 힘썼다. 이를 위해 저자는 사람 및 풍물들과의 행복한 만남을 주선했다. 예컨대 데카르트라는 인물은 투렌(Touraine)을 방문케 하는 계기를 자극했고, 도기접시는 리무쟁(Limousin)을 여행하는 구실을 제공했다. 교사용 지침서는 이러한 교육전략을 많이 사용했다. 이들은 새로운 도시를 언급할 때마다 《조안의 여행안내서》(*guide-Joanne*)에 있는 구절 — 예컨대 "브줄(Vesoul)은 오트손(Haute-Saône) 도의 도청소재지이고 파리에서 380킬로미터 떨어져 있으며 학교소풍에 안성맞춤이고 기사도의 본산이다" — 을 기계적으로 인용했다. 그렇지만 이런 식으로 프랑스 영토를 자기 것으로 만드는 것은 어린이들이 체험을 통해 자기 것으로 만든 것보다 가치가 떨어졌다. 《프랑스 일주》의 독자들이 기억에 간직했던 것은 앙드레와 쥘리앵이 걸어서나 말을 타고 실제로 탐사했던 지역이었다. 항구를 방문하고 해변을 주마등처럼 스쳐 지나갈 기회를 제공하는 선박여행은 폭우를 맞으면서 하는 도보여행이나 이륜 포장마차 여행보다 여행의 실제적 밀도가 떨어졌다. 《프랑스 일주》는 바다여행보다는 육지여행은 물론이려니와 하천여행에 더 큰 비중을 둔다. 여행을 역동적이고 밀도 있게 만드는 것은 대지와의 육체적 접촉이다. 이 점에서 이 책은 모든 공간을 동일하게 취급하는 평온한 측량서와는 전혀 다르다.[14)]

뿐만 아니라 여행의 매력은 다양한 방문지들이 풍기는 은근한 이국 정서에 있다. 앙드레와 쥘리앵은 오베르뉴(Auvergne)에서는 "검소하고 정직한 주민들을", 도피네(Dauphiné)에서는 정력적인 주민들을, 코르시카에서는 쟁기보다 총을 더 능숙하게 다루는 주민들을 만난다. 두 어린이는 그들의 고향 보주(Vosges)의 나무들처럼 곧고 강하다. 그들은 자연의 혜택을 별로 받지 못한 북프랑스와, 온통 레몬에 파묻혀 있는 천혜의 남프랑스를 가로질러 간다. 로렌에서는 햄이 들어간 오믈렛을 먹고, 마르세유에서는 생선수프를 먹는다. 알아듣기 힘든 방언을 쓰는 프로방스 농민들에게서 황당함을 느낀다. 마치 "낯선 곳에 있는 농장"을 방문하는 것 같은 느낌이다.

그러나 동질성의 '든든함'(*sécurité*)을 찾아 외국을 도망쳐 온 어린이들에게 그것은 충격적 경험이다. 이것은 《프랑스 일주》가 지역적 다양성을 다루는 방식을 이해하는 데 도움이 된다. 우선 이 책은 이러한 지리적 다양성에는 긴급하게 위험한 요인이 전혀 없으며 모든 프랑스가 비슷하다는 감정(푸이에[15]가 프랑스인의 기질에 절대로 필요하다고 본 감정)을 부각하려 애를 쓴다. 그런 다음에 지역적 다양성을 온 프랑스에 내려준 선물로 소개한다. 그리하여 지방적 쇼비니즘[16]은 각 지역의 특수한 기질이 프랑스 전체에 독창적으로 바친 축복에서 자양분을 얻는다. 따라서 결국에는 각 지방의 자랑거리 명세표를 작성하는 것 — 부지런한 학생이었던 어린 쥘리앵이라면 이 명세표 작성을 완수하고 싶었을 것이다 — 을 포기하지 않으면 안 된다. 각 지방은 저마다

---

14) 이것은 도미니크 맹그노(Dominique Maingueneau)가 브루노의 책에 대한 매우 재미있는 해석에서 주장한 것이다. 이에 대해서는 Dominique Maingueneau, *Les Livres d'école de la République 1870-1914*, Paris, Le Sycomore, 1979 참조.

15) Alfred Fouillée, *Esquisse psychologique des peuples européens*, Paris, Alcan, 1903. 그녀의 생각은 프랑스는 다른 나라에서보다 집단과 개인이 서로 더 많이 닮았다는 것이다.

16) "쥐라 사람인 것에 자부심"을 가질 수 있다. 쥐라 산은 프랑스에 "위대한 연대 정신"을 전통적 유산으로 남겨 주었기 때문이다.

독특한 색깔을 바쳐 프랑스라는 꽃다발을 전체적으로 조화롭게 하기만 하면 되는 것이다. 그러므로 여기서는 분리주의 유혹이 끼어들 자리가 없다. 《프랑스 일주》보다 더 노골적인 교사용 지침서는 이 점을 강조한다. "과거에는" 분리주의가 하나의 대안이었다, 오늘날에는 "하나"의 프랑스만이 있다, 이러한 "하나"의 프랑스 안에서 파당들이 아직까지 대립하며 적대하고 있다 — 그 착상에서 지독히 '페리주의적인' 교사용 지침서는 프랑스의 분리를 민속의 차원에서보다는 정치의 차원에서 생각한다, 그러나 언젠가는 파당들이 사라지고 모든 프랑스인들이 "기본적인 문제들에서 하나로 뭉쳐질" 날이 올 것이라는 것이다.

민족통일이 그렇게도 자명해 보인 것은 《프랑스 일주》에서 특징적으로 드러난 두 가지 주요한 활동, 즉 배우고 여행하는 것이 통일을 이루는 데 기여하기 때문이다. 달리 말하면 교육의 진보는 민족통일의 완수를 약속해 준다. 앙드레와 쥘리앵은 한 여관에서 어른들이 쓰는 프로방스 방언에 곤혹과 고립감을 느낀다. 저녁이 되자 말이 통하는 아이들이 돌아오는 것을 보고 무척이나 기뻐한다. 이 아이들만은 학교에 다닌 적이 있기 때문이다. 교사용 지침서는 원본에 있는 이러한 작은 지적에 대해 상세하게 다룬다. 그것은 방언을 "타락한 민중언어"로 규정하면서 프랑스의 다양한 방언을 언짢지만 엄밀하게 조사하여 목록을 만들고 그것을 보존하는 문제를 정면으로 제기한다. 두 언어를 쓰는 사람에게 "실용적인" 것을 가르치지 않고 오히려 "기억에 부담을 주는" 방언을 가르치는 것이 무슨 쓸모가 있는가? 그리고 사용되는 단 하나의 언어가 프랑스어가 아니라면 그것은 얼마나 "치욕스런" 일인가! 요컨대 방언을 쓰는 것은 경박스럽거나 죄를 짓는 셈이다. 그러나 방언은 오래가지 않을 것이다. 의무교육이 코르시카 사람들의 호전성과 사부아 사람들의 빈곤을 퇴치시키듯이 방언을 소멸시킬 것이다. 이런 점에서 보면 프랑스에서 지역 간에 근본적인 차이는 없다. 뿐만 아니라 올바른 교육은 본의 아니게 학습이 부진한 학생의 수준을 향상시키듯이 후진지역도 평준화시킬 것이다.

한편 여행은 분명히 통일을 조장하는 또 다른 방법이다. 두 아이는 도로며 운하며 철도를 이용해 여행하면서 그들이 태어난 고장 경계 너머에 신비스럽지도 야만적이지도 않은 다른 지방들이 있다는 사실을 발견한다. 이러한 발견은 에밀 기요맹[17]의 말에 따르면 당시에는 아직까지도 "새로운" 것이었다. 프랑스의 모든 지방은 각 지방의 특성과 산물을 서로 교환함으로써 하나로 연결될 수 있다.[18] 브르타뉴는 멀리 떨어져 있지만 각지에 브르타뉴산 소를 보급하고, 브장송은 모든 프랑스인들에게 시계를 공급한다. 앙드레와 쥘리앵은 프랑스가 공간과 인간이 단단히 결합된 단 하나의 피륙으로 만들어졌다는 사실을 도보여행을 통해서 확인한다.

이 책의 말미를 장식하는 두 어린이의 행복한 귀향으로 프랑스의 공간적 통일성은 완수된다. 이 책에서 여행의 출발은 전혀 목가적이지 않다. 그것은 오히려 붙박이생활로부터의 뿌리 뽑힘으로 느껴졌다. 쥘리앵은 여행을 할 수 있다는 것이 "마치 용돈을 받은 것처럼" 얼마나 즐거운 일인지를 실수로 떠벌린 적이 있었다. 제르탈은 곧바로 그의 이러한 실수를 바로잡아 주고 이어서 교사용 지침서도 그랬다. "장기 여행생활이 출발 때 생각한 것만큼 매력적인 것인가?" 이에 대한 답은 명료하다. 교사는 가정과 직장에서의 붙박이생활의 즐거움을 강조한다. 게다가 새로운 팔스부르인 그랑랑드(Grand-Lande)에서 출판된 1906년판의 에필로그는 쥘리앵이 여행 중에 만났다가 부득이 서운한 마음으로 헤어져야 했던 사람들, 즉 알자스 사람들이며 노르망디 사람들이며 쥐라 산 사람들이며 오베르뉴의 고아 등과 같은 다양한 사람들을 가정생활의 기쁨과 연관시킨다. 또한 그것은 그가 프랑스를 여행하면서 주워들은 위생·농업·음식·가정경제 등에 대한 지식을 부언한

---

17) Émile Guillaumin, *La vie d'un simple*, Paris, Stock, 1905.

18) 이 점에 대해서는 Dominique Maingueneau, *op. cit.* 의 논지 참조. "조국의 도로를 일주하는 것은 일반적 의사소통의 대표적 사례인 상업을 이해하는 첩경이다."

다. 쥘리앵은 여행에서 얻은 소중한 자산을 염두에 두면서 "앙드레와 나는 결코 잊지 않았어. 우리는 기억할 거야"라고 되뇌었다. 길에서 보낸 한 해의 기억은 정착생활을 위한 지침이 되었다.

이러한 공간기억은 탁월했던 반면에 시간기억은 부차적이었다. 푸이에 부인은 공간에 비해 시간은 정확하지 않기 일쑤였다. 그녀에게 날짜와 계절은 공간에 비해 중요하지 않았다. 그녀는 잇단 사건과 프랑스 역사의 전개에 전혀 무관심했다. 그녀는 위인전을 통해 역사를 이야기하는 것으로 만족했다. 그녀에게 위인전은 정부에서 세운 크리스마스트리에 걸어놓은 반짝이장식 같았다. 이 장식은 떼었다가 다시 걸 수도 있고, 반짝거린다는 것 외에 다른 공통점이 없다. 공간기억은 다른 기억을 인증하는 임무를 부여받는다. 보방[19]에 대해 뭔가 좀 아는 것은 좋은 일이다. 그러나 그가 남긴 흔적들을 공간 속에서 체험함으로써만 그를 진정으로 파악할 수 있다. 어린 쥘리앵은 "뭐라고, 내가 태어난 팔스부르를 요새화한 사람이 보방이라고. 그리고 내가 골똘히 관찰했던 브장송 성곽을 지은 사람도 보방이라고" 하고 외쳤다. 여기서 이중적 의미의 역사는 지방을 빛나게 하는 데 기여한다. 한 지방에 대한 물리적 증거는 서사시의 기초가 된다.

《프랑스 일주》의 기억이 역사적이라기보다는 공간적인 것은 훌륭한 교사인 푸이에 부인이 집단기억은 날짜보다 공간에 더 집착한다고 이해했기 때문이다. 뿐만 아니라 도미니크 맹그노의 표현대로 "어머니와의 재결합을 위한 순례"인 《프랑스 일주》는 '든든함'에 대한 강박관념에 사로잡혀 있기 때문이다.[20] 국경지역 출신 어린이들은 샤르트르 성당 첨탑 가까이에서, 보스(Beauce) 지역의 페르슈(페기에 따르면 프랑스 지방들 가운데 가장 프랑스적인 지방) 한가운데서 '조국'의 품에 안긴 것 같은 포근함을 느낀다. 그들이 지리에서 얻는 '든든함'은 역사에서는 결코

19) 〔역주〕 17세기 프랑스 각지를 요새화하는 데 크게 기여한 프랑스 총사령관.
20) Id., *ibid.*

기댈 수 없는 것이었다. 역사는 그들이 방금 목격했던 고향 팔스부르를 삼켜버린 갈등의 어두운 도가니가 아니었던가? 우리는 왜 《프랑스 일주》가 모범적 삶을 통해서만 역사를 다루려 하고, 위인들 가운데서는 화해의 메시지만을 전하는 영웅들만을 선택했는지를 알 수 있다. 위인들 속에서 보이는 유일한 갈등(예컨대 희생적 삶과 세속경시 사이의 갈등)조차도 이들을 고맙게 여기는 후대 사람들에 의해 정정당당하게 잊혀져 버린다. 주지하듯이[21] 이 책은 민족적 기억의 폭을 위로는 베르생제토릭스[22]까지, 아래로는 (에필로그의 주인공인) 파스퇴르까지 확대한다. 왕과 정복자는 무시한다. 창조적인 과학자와 애국적인 군인 등 두 부류의 위인 그룹에는 애정을 쏟는다. 애국적인 군인은 전쟁을 하면서도 인류에게 혜택을 가져다주었다. 그리하여 독일 농민들도 드제[23]를 가리켜 "훌륭한 장군"이라 하지 않았던가. 《프랑스 일주》는 부득이 선택을 해야 할 경우 늘 평화주의적 방향에서 선택했다. 18세기 위인들 가운데는 몽테스키외를 포함시키지만 볼테르와 루소는 제외시킨다. 이 책의 대부분은 기독교적 영광에 바쳐진다. 우리는 이 책의 논조가 조심성보다는 확신에 있음을 가늠할 수 있다. 《프랑스 일주》가 세속적인 내용임에도 공립학교와 종교학교에서 다 같이 사용될 수 있었던 것은 푸이에 부인이 이 책의 판매 숫자에 눈독을 들였기 때문이 아니다. 오히려 이 책이 역사를 이야기하기보다는 프랑스 영웅주의를 탐색했기

---

21) 이것은 특히 모리스 크뤼벨리에(Maurice Crubellier)의 상세한 통계 덕택이다. 그의 미간행 발표문 "L'histoire dans les livres de lecture courante", *Colloque sur les manuels et la mémoire collective*, 1981년 4월, 파리4대학 참조. 모리스 크뤼벨리에는 《프랑스 일주》에서 다양한 위인들에 바쳐진 기사 숫자와 심지어는 행의 숫자까지 통계를 냈다. 인류의 은인에 대해서는 22개의 기사에 687행을, 전쟁영웅에 대해서는 16개의 기사에 694행을, 작가와 예술가에 대해서는 8개의 기사에 273행을, 정치가에게는 4개의 기사에 133행을 할애했다.

22) 〔역주〕 기원전 52년 카이사르의 골 정복 전쟁에 대해 알레지아에서 끝까지 저항했던 골족의 영웅.

23) 〔역주〕 프랑스혁명 때 라인 전투에서 공을 세우고 나폴레옹의 이집트 원정에 참여했던 프랑스 장군.

때문이다. 위대한 인물들은 이들이 프랑스 역사가 아니라 프랑스의 영원성에 경의를 표하도록 하게 하기 위해 시간계열 속에 배치되지 않고 대신에 프랑스를 중심으로 하여 하나의 원으로 배치된다.

비록 이 책이 배제시키기보다는 포함시키는 타협적 재능을 가졌음에도 혹자는 이 책을 편파적이라고 비난할 것이다. 이 책은 빛과 어둠이 교묘하게 배치된 몽타주라는 것이다. 이 공화주의적 베스트셀러에 마땅히 주목했던 다니엘 알레비는 이 책이 침묵한 부분(언급보다 더 웅변적인 침묵)에 대해 탁월한 해설을 했다.[24] 그에 따르면 두 어린이가 실제로 일주한 프랑스 가운데 일부가 교묘하게 잘라져 나갔다. 가톨릭 신부의 제의(祭衣)며 미사며 순례며 대공장이며 제복 등이 이 책에서는 사라져 버렸다, 단 한 명의 사제도 군인도 프롤레타리아의 그림자조차도 찾아볼 수 없다, 알자스와 로렌을 되찾겠다는 희망도 없고 독일에 복수할 마음도 없다, 앙드레와 쥘리앵은 고향 팔스부르를 떠나면서 고향으로 되돌아갈 생각이 없다, 마지막으로 앙시앵 레짐에 대한 어떠한 언급도 찾아보기 힘들다는 것이다.

다니엘 알레비는 이러한 누락의 목록에서 두 개의 결론을 이끌어 낸다. 하나는 《프랑스 일주》에서의 프랑스는 온통 고풍스런 농촌 프랑스라는 것이다. 그것은 향수적인 음조로 이미 묘사된 바 있는 "우리가 잃어버린 세계"로서의 프랑스다. 다른 하나는 역사적 뿌리도 종교적 뿌리도 없는 프랑스라는 것이다. 이 책은 기억용 책인 동시에 망각의 책이다. 그것이 기억용 책인 것은 그것이 이미 과거로 사라져 버린 프랑스를 1877년의 독자들에게 어두운 색조로 묘사해 주기 때문이다. 또한 그것이 망각의 책인 것은 그것이 프랑스를 과거의 전통과 단절시키기 때문이다. 이것은 푸이에 부인이 순응주의나 기회주의를 통해 혹

24) Daniel Halévy, *La République des ducs*, Paris, Grasset, 1937.

은 이 양자의 방법을 통해 조심스럽게 견지했던 모호함 때문이다. 이에 대한 결정적 증거가 있는가? 1906년에 펴낸 '개정판'은 그 증거가 된다. 푸이에 부인은 새로운 공교육 지침에 따르기 위해 이 책의 원본을 수정했다. 그녀는 1877년 원본에서 삭제했던 것보다 더 심하게 삭제해 버렸다. 이것은 그녀의 착상에서 변화가 있었음을 분명하게 암시한다. 연속간행된 《프랑시네》(*Francinet*)의 두 판처럼[25] 《프랑스 일주》의 두 판도 푸이에 부인의 마음속에서 일어난 "신(神) 관념의 꾸준한 퇴조"[26]를 보여준다는 것이다.

에메 뒤퓌의 조심스런 비판에도 불구하고 저명한 작가들이 여전히 인용하고 있는 이러한 주장은 면밀하게 검토해 보지 않으면 안 된다.[27] 그러나 이 문제를 구체적으로 논하기에 앞서 1910년 의회의 우파들로부터 구성이 딱딱하고 '저자'가 누군지 알 수 없다고 비난을 받았던[28] 개정판에 대해 간단히 살펴볼 필요가 있다. 쟁점이 된 이 개정판은 1904년판의 에필로그에 수록된 고전적인 이야기를 수정한다. 1904년판에서는 두 딸을 두고 있던 늙은 아버지 기욤이 개정판에서는

25) 푸이에 부인이 성공적인 초등학교 교과서 저자로 데뷔한 것은 역시 베스트셀러가 된 그녀의 다른 책 *Francinet, Principes généraux de la morale, de l'industrie, du commerce et de l'agriculture*, 1869를 통해서다. 이 책은 이후 판을 거듭하면서 *Livre de lecture courante*라는 간단한 제목으로 불리게 되었다.

26) 다니엘 알레비를 요약한 에메 뒤피의 표현.

27) 예컨대 Claude Digeon, *La Crise allemande de la pensée française (1870-1914)*, Paris, P.U.F., 1959. 클로드 디종(Claude Digeon)은 《프랑스 일주》에서 "독일에 대한 복수의 이상은 지워져 거의 완전히 소멸되었다. 전쟁은 언제나 경멸받고 알자스와 로렌은 잊힌 듯하다"고 썼다. 로제 타보(Roger Thabault)는 이보다 더 섬세하다. 그는 다니엘 알레비의 통찰력에 경의를 표하면서도 이렇게 지적했다. "우리는 단 하나의 사실만 본다. 즉 독일 점령지에서 추방되어 프랑스를 발견한 두 고아는 더 훌륭한 사람이 되고 프랑스인이 된다는 데 자부심을 갖고 매일 최선을 다한다."

28) 제라르 바레와 그루소(Gérard Varet et Groussau)는 그렇지만 특정한 저자를 비난하지 않고 있다. 1910년 1월 14일 논쟁에서 바레는 "난 그가 죽었다고 생각한다"고 말했다.

LE

TOUR DE LA FRANCE

PAR DEUX ENFANTS

I. — Le départ d'André et de Julien.

Rien ne soutient mieux notre courage que la pensée d'un devoir à remplir.

Par un épais brouillard du mois de septembre deux enfants, deux frères, sortaient de la ville de Phalsbourg en Lorraine. Ils venaient de franchir la grande porte fortifiée qu'on appelle *porte de France*.

Porte fortifiée. — Les portes des villes fortifiées sont munies de *ponts-levis* jetés sur les fossés qui entourent les remparts, le soir on lève ces ponts, on ferme les portes, et nul ennemi ne peut entrer dans la ville. — La petite ville de Phalsbourg a été fortifiée par Vauban. Traversée par la route de Paris à Strasbourg, elle n'a que deux portes : la *porte de France* à l'ouest et la *porte d'Allemagne* au sud-est, qui sont des modèles d'architecture militaire.

Chacun d'eux était chargé d'un petit paquet de voyageur, soigneusement attaché et retenu sur l'épaule par un bâton. Tous les deux marchaient rapidement, sans bruit ; ils avaient l'air inquiet. Malgré l'obscurité déjà grande, ils cherchèrent plus d'obscurité encore et s'en allèrent cheminant à l'écart le long des fossés.

L'aîné des deux frères, André, âgé de quatorze ans, était un robuste garçon, si grand et si fort pour son âge qu'il paraissait avoir au moins deux années de plus. Il tenait par la main son frère Julien, un joli enfant de sept ans, frêle et délicat comme une fille, malgré cela courageux et intelligent plus que ne le sont d'ordinaire les jeunes garçons de cet âge. A leurs vêtements de deuil, à l'air de tristesse répandu sur

42. 1877년 원판의 첫 페이지.

딸을 하나 더 얻는다. 그래서 두 딸의 결혼이 아니라 세 딸의 결혼으로 황혼을 행복하게 맞이한다. 그러나 의회의 논쟁을 가열시킨 것은 이러한 순진한 득녀(得女)가 아니었다. 그것은 (교육과정 지침에도 없는[29]) 하느님을 완전히 삭제하고, 놀람이나 신심을 나타내는 "나의 하느님"(*mon Dieu*)이라는 표현까지도 추방해 버렸기 때문이다. 대신에 개정판은 "얼마나 기쁜가!"(*quelle joie!*)라든지 "슬프도다!"(*hélas!*)란 표현을 더 선호했다. 어린이들이 더는 교회를 견학하지 않는다. 그들은 마르세유에 가서도 이프(If) 성채는 방문하지만 노트르담드라가르드 성당에는 눈길 한번 주지 않는다. 경배가 허용된 위인들 가운데서 보쉬에며 페늘롱이며 성 뱅상 드폴은 보이지 않는다. 특히 뱅상 드폴의 치욕은 그와 밀접한 관계를 맺고 있는 랑드(Landes) 도 전체로 확대된다. 우파들은 원본에서 삭제된 부분을 열심히 폭로하고, '성직자들'은 물론이고 뒤게클랭에 대한 언급까지도 기계적으로 배제시킨 것을 조롱했다. 우파 인사들은 "328쇄에서 노트르담 성당 종탑이 실종됐으며 '하느님의 저택'(Hôtel-Dieu)[30]도 더는 존재하지 않는다"고 화를 냈다.[31] 심지어 좌파의 조레스조차도 자신의 귀를 의심했다. 그는 "푸이에의 가치평가 속에서 훌륭한 사람이 이러한 삭제대상이 되는 것"[32]을 인정하고 싶지 않았다.

---

29) 종교교육은 1882년 이후 선택과목이 되었다. 그러나 도덕교과과정은 하느님에 대해 부정적인 방향으로 모호한 의무를 계속 환기시켰다. 《프랑스 일주》를 완전히 세속화하여 펴내는 문제는 교회와 국가가 분리된 이후에야 비로소 제기되었다.

30) 〔역주〕 사실은 '파리시립병원'을 의미하지만 신(*Dieu*)이라는 말을 살리기 위해 '하느님의 저택'으로 번역했다.

31) 우파진영의 비판가들은 이 작품의 충격을 은밀하게 인정한다. 그루소는 현재 나와 있는 《프랑스 일주》의 331쇄에서 '나의 하느님'(*mon Dieu*)을 '슬프도다'(*hélas*), '오오'(*oh*)로 대체하거나 그냥 삭제한 것에 주목했다.

32) 1910년 1월 토론에서, 그 작품은 흔히 알프레드 푸이에가 쓴 것으로 본다는 조레스의 지적("브루노가 인정하듯이 《프랑스 일주》는 알프레드 푸이에가 쓴 것이다")은 매우 소중하다.

그러나 저자의 고도한 중립정신이 요구되는 삭제보다 우리의 관심을 더 끄는 것은 다른 것으로의 대체다. 공화국이 당연히 중립을 지켜야 한다고 요구하는 지식사회의 정신에 충실했던 푸이에 부인이 삭제된 것을 다른 것으로 대체하려고 하지 않는 것은 잘못이라고 하면서 그저 완전히 삭제하는 것을 거부했기 때문이다. 하느님을 삭제할 때 그녀는 하느님을 때로는 행복한 형제애적 표현으로, 때로는 애국적 감정으로 대체했다. 전자의 예는 1877년판에서 어린이들이 그들의 영혼을 하늘로 고양시켰지만 1906년판에서는 서로를 팔로 껴안는 것에서 볼 수 있고, 후자의 예는 1877년판에서는 자연의 영광이 하느님의 영광을 찬양했지만 1906년판에서는 어린이들이 프랑스가 '그만한 가치가 있다'고 서약하면서 프랑스 대지와의 첫 번째 접촉의 기억을 자극시키는 것에서 볼 수 있다. 종교적 감정이 형제애적 감정으로, 기도가 서약으로 대체된다. 이 두 경우에 자아에서 벗어나 인류적 형제나 모국으로 뻗쳐 나간다. 우리는 푸이에 부인의 표현대로 "자신의 생각과 말과 행동을 가시적인 것들로 한정시키는 것"을 이 책이 거부하고 있음을 명확하게 알 수 있다.[33]

이러한 관찰은 개정판이 급격한 변화를 초래했는지에 대해 의심을 갖게 한다. 개정판이 하느님의 이름을 삭제하고 애국주의적 음조를 강화했다고 해서 원본의 정신이 알레비의 지적처럼 바뀌었는가? 알레비의 지적이 정당성을 가지려면 원판에는 하느님이 더 많이 등장하고 애국주의는 사실상 등장하지 말았어야 한다. 그러나 면밀하게 조사해 보면 사실은 그렇지 않다는 것이 확인된다. 그럼 원판으로 돌아가 보자. 프랑스인들은 이후에도 원판을 저버리지 않았다. 원판은 개정판이 출간된 이후에도 계속 팔렸다는 사실로 판단하건대 푸이에 부인의 선택은 생각보다 덜 자의적이다. 통계적으로 말하면[34] 프랑스인들의 기억

---

33) Alfred Fouillée, *Revue bleue*, Décembre 17-24, 1898. "의회민주주의 학교에서 도덕과 사회교육은 무엇에 기초해야 하는가?"

34) 개정판에도 불구하고 출판사에서 '초판'이라 부르는 원판은 1967년까지 판매되

에 깊이 각인된 것은 원판이다.

1877년판에서 앙드레와 쥘리앵은 실제로 교회를 방문하지만 교회에 사제는 없다. 미사도 거행되지 않고 고해도 듣지 않는 것처럼 보였다. 더욱 의미가 있는 것은 여행일정이 주일(主日)이나[35] 기독교 축일과는 상관없이 짜여 있다는 점이다. 성탄절도 딱 한 번만 언급되며 그것마저 신년축하인사와 결부되어 있었다. 성직자가 없는 교회, 축제가 없는 삶, 제의(祭儀)가 없는 프랑스였다. 그렇지만 외견상 이처럼 황량한 세계에서도 사람들은 "하늘에 계신 우리 아버지"를 운운했다. 교사용 지침서는 이러한 기도의 의미를 해독하는 데 도움이 되는 방법을 제공한다. 왜 "우리 아버지"란 표현을 사용했는가? 교사용 지침서에 따르면 하느님을 "우리 아버지"라 부르는 것은 "모든 인간이 하나의 같은 가족을 이루기" 때문이며 이를 통해 형제애가 번성하도록 하라는 것이다. 말하자면 그것은 신과 인간의 유대가 아니라 인간과 인간의 유대를 강조한다. "하늘"에 대해서도 교사는 학생들이 그 말을 문자 그대로가 아니라 아주 넓은 의미로, 즉 "모든 것의 근원이며 도처에 존재하면서 두루 작용하는 최고의 힘"이라는 의미로 사용하도록 권장해야 한다. 교사용 지침서에서는 하느님을 인간적으로 표현하여 "세계의 운행을 이성·화합·조화의 상태로 있게 하는 것"이라 규정한 사례들을 무수히 볼 수 있다. 섭리란 무엇인가? 그것은 좋은 법들에 의한 세계의 지배를 말한다. 영혼(*âme*)이란 무엇인가? 그건 정신(*esprit*)의 동의어다. 기도란 무엇인가? 그건 "선행을 베푸는 데 필요한 빛과 힘"을 받고자 하는 소망이다. 이신론(理神論)적 교리문답은 모든 것에 대한 답을 갖고 있다.

따라서 《프랑스 일주》 초판은 완벽하게 일관성을 유지하고 있다.

었다. 개정판은 1967년부터, 원판에 충실했던 100주년 기념판이 출간되기 전까지 10년 동안만 판매되었다.

35) 알프레드 푸이에(Alfred Fouillée)는 그의 *La France au point de vue moral* (Paris, Alcan, 1900)에서 주일이 종교적 속성을 갖지 않는다고 단언했다.

세계와 인간 운명의 근원에 관한 신앙은 결코 미신(어원상으로 '부차적이고 피상적인 구축물'이라는 의미에서의 미신)으로 치부되지 않는다. 오히려 그것은 인간정신의 원초적인 깊은 구조물과 관계가 있다. 도덕은 모든 인간에게 공통되는 그러한 신앙에 직접 연결되어 있다. 하느님이며 영혼이며 운명은 학교에서 운위되어도 무방하고 또 그래야만 한다. 반면에 미사와 천국이나 지옥이란 말은 입 밖에 내서도 안 된다. 하느님을 믿는 것이라든지 보편적 정의를 믿는 것이라든지 이상적인 낙원을 믿는 것은 모두 같은 것이다. 중요한 것은 믿는 것이다. 이를 통해 우리는 푸이에 부인이 하느님을 시민정신이나 형제애로 대체하는 것이 얼마나 용이했었겠는지, 그리고 그러한 삭제가 그녀에게는 얼마나 가벼운 일이었는지를 가늠할 수 있다.36) 그것은 그녀의 작품에서 "신 관념이 꾸준하게 퇴조했기" 때문이 아니라 오히려 인간에 대한 모든 형태의 믿음은 하나의 공통된 종교로 수렴되기 때문이다. 프랑스는 설사 사제와 순례가 없고 교회의 종소리가 들리지 않더라도 이러한 공통의 종교로 충만해 있다. 프랑스 그 자체가 미슐레에게처럼 그녀에게도 신앙이고 종교였기 때문이다.

따라서 우리는 푸이에 부인이 누락했다고 하는 두 번째 혐의, 즉 알레비에 따르면 그녀가 1877년판부터 알자스로렌 문제를 누락했다고 하는 혐의에 동의할 수 없다. 무엇보다도 앙드레와 쥘리앵이 팔스부르에 등을 돌리고 다시는 그곳으로 돌아가지 않았다고 말하는 것은 완전히 잘못이다. 그들은 팔스부르로 돌아갔다. 이것은 현실적으로는 프랑스 국적을 얻는 데 필요한 서류를 얻기 위해서였고, 상징적으로는 아버지 묘소를 참배하고 스승의 고향을 방문하기 위해서였다. 뿐만 아니라 에르크만과 샤트리앙의 소설이 나온 이후로 전형적 도시가 된 팔스부르는 그렇게도 용감한 어린 쥘리앵에게 향수병이라는 심각한 위기

---

36) 알프레드 푸이에는 1910년 1월 11일자 〈르탕〉(*Le Temps*)에 보낸 편지에서, 교사들의 정당한 평화욕구("이제부터는 행동을 자숙해야 한다. 자숙은 부정이 아니다")를 인용하면서 이러한 삭제를 정당화했다.

를 일으키고 책을 통해 어린이들의 준거기준이 되어 버렸다. "팔스부르는 언덕에 자리하고 있어서 (홍수 위험이 없기 때문에) 리옹보다 입지가 훨씬 더 좋다." 알레지아(Alésia)의 입지는 "내가 태어난 팔스부르, 독일군에 포위되었을 때 내가 있던 팔스부르와 비슷하다". 쥘리앵은 그랑랑드 항구에 도달했다고 믿는 순간, 전쟁으로 폐허가 된 이 도시를 보고서 "난 팔스부르를 다시 보는 느낌이야"라고 짧지만 웅변적인 외침을 토해냈다.37)

푸이에 부인이 그녀의 주인공들이 언젠가는 완수해야 할 군복무를 전혀 언급하지 않았다는 비난도 옳지 않다. 책의 마지막 페이지에서 쥘리앵은 입대할 마음의 태세가 되어 있음을 볼 수 있다. 실제로 앙드레와 쥘리앵은 국경을 넘는 순간부터 군인처럼 생활하고 '어린 신병처럼' 프랑스 도로를 씩씩하게 걷기 시작한다. 알자스로렌에 대한 은밀한 암시가 책 전편에 깔려 있다. 예컨대 마음씨 좋은 헌병은 알자스 출신임이 드러나고, 마콩 출신의 아름다운 귀부인은 이 두 어린이의 출신지를 알고는 이들에게 동정심을 갖는다. 사실 1877년에는 이 두 어린이가 어디 출신이라는 것 외에 사족을 달 필요가 없었다. "알자스로렌 출신의 두 고아"라는 표현은 곧바로 순진함과 불행을 연상시켰다.

사실 《프랑스 일주》는 알자스로렌을 잊지도 않았으며 독자들에게 "그곳에 등을 돌리고" 살아야 한다고 가르치지도 않는다. 오히려 그것은 교사용 지침서에 있는 수많은 사례들에서 볼 수 있듯이 단절의 기억을 생생하게 하는 책이다. 교사용 지침서는 상세하고 명확한 질문으로 1870년 전쟁을 신중하면서도 간명하게 언급하고 있다. 전비는 얼마나 소요되었는가? 프랑스는 그 빚을 어떻게 갚았는가? 전쟁은 어떤 간교한 사람의 책임인가? 교사용 지침서는 독자를 안심시키는 언급으로 가득하다. 어린이들은 프랑스의 심장부로 들어가기 전에 프랑스

37) 이 점에서 우리는 쥘리앵의 외침이 '너무 건조하다'고 보는 에메 뒤퓌(*op. cit.*)와 견해를 달리한다. 사실 쥘리앵은 더 장황하게 말할 필요를 느끼지 않았다. 운명의 이러한 반복에 대한 언급보다 더 효율적인 것은 없다.

'일주'를 했는데, 이것이 그들에게는 국경을 탐사하고 요새지를 방문하고 국경지역의 애국심을 테스트할 기회가 되었다. 브리앙송(Briançon)에 대해 언급할 때 책은 다음과 같은 암시를 한다. "행여 이탈리아인들이 우리를 침략하려고 한다면 그들은 어떠한 외국인들의 침입에도 자신들을 방어할 태세가 되어 있는 정력적이고 애국심에 불타는 도피네 사람들과 일전을 치르게 될 것이다." 그리고 앙드레와 쥘리앵이 팔스부르로 돌아왔을 때 그들은 "사람들이 소멸하는 것을 막는 것이 무엇인지"를 확인하는 기회를 갖는다.

혹자는 이 모든 것이 현상유지 포기를 위장하는 점잖은 술책이 아닌지, 이 책은 독일에 대한 복수의 언어와 사고를 고집스럽게 피하고 있는 것이 아닌지 하고 의구심을 품을 것이다. 그러나 이렇게 의심하는 것은 1877년에 강베타가 공식화한 '침묵의 준칙'[38] 이 준수되지 않은 일이 없다는 것을 잊는 셈이 될 것이고, 군복무가 국가에 대한 국민의 제2의 의무(의무교육 다음에, 납세의무와 투표의무 앞에 있는 의무)라는 사실을 등한시하는 셈이 될 것이다(교사들은 학생들에게 다짜고짜로 이렇게 묻는다. "여러분은 언제 입대하여 군인이 될 거예요?"). 뿐만 아니라 그것은 《프랑스 일주》가 추구하고자 했던 호전성의 전환을 읽지 못한 셈이 될 것이다. 이 책은 한 국가의 위대함이 영토의 크기에 달려 있는 것이 아니라, 국민들의 영혼의 힘이며 진취적 기상이며 역사의 총체성에 달려 있다고 가르친다. 학생들에게 전면공격을 준비하라고 가르치는 것이 아니라, 패배의 불행을 다른 분야에서의 성공과 승리로 벌충하라고 가르친다. 이 책은 독일에 복수하는 방법이 두 가지가 있음을 분명하게 제시한다. 하나는 예나(Iéna) 전투[39] 이후에 독일이 선택했던 것처럼 군대의 힘을 통해서이고, 다른 하나는 내재적 정의

---

38) 〔역주〕 독일의 위협에 대해 직접적 조치를 취하지 말고 영국 및 러시아와 협상하여 문제를 해결하자는 온건한 정책.

39) 〔역주〕 1806년 10월 4일 나폴레옹이 독일 동부 예나에서 프로이센군에게 승리했던 전투.

(*justice immanent*)[40]에 입각하여 미래를 위해 이룩한 업적과 도덕적 진보를 통해서다. 이 가운데 후자가 프랑스가 취할 복수의 방법이다.

1906년판에 부가된 에필로그는 이에 대한 본보기가 된다. 그것은 앙드레와 쥘리앵이 고향 팔스부르를 떠난 지 33년 만인 1904년에 찍은 그들과 자신들의 가족사진을 보여주고 있다. 알자스로렌은 여전히 독일 영토였지만 모든 사람이 열심히 일을 하고 있었다. 자신의 인격과 가정과 사업을 온전히 유지하기 위해 투입한 하찮은 노력들이 시련에 '저항하고' 재난을 '타개하는' 프랑스적 방법이다. 이것은 일종의 말없는 총동원이다. 식민지정복은 프랑스가 위대함을 세계에 과시한 것이고, 《마르셀의 어린이들》(*Les Enfants de Marcel*)에서 식민주의자들이 알제리에 있는 그들의 콩스탕티누아(Constantinois) 농장을 "작은 알자스(Petite-Alsace)"라고 불렀듯이 잃어버린 영토를 새로운 땅에서 재탈환한 것이다.[41] 과학적 정복은 프랑스의 존재이유가 인류에게 보편사회의 이념을 부여하는 것임을 세계에 과시했다. 이러한 '우등국가' 프랑스는 영토상실을 체념으로 받아들이지 않았음을 보여준다. 영토상실이라는 사실은 결코 잊힐 일이 아니었다. 《프랑스 일주》는 알레비가 개탄한 것처럼 "유감스런 망각"을 결코 하지 않았다. 오히려 잃어버린 영토에 대한 기억을 면밀하게 유지했다.

또한 우리는 알레비가 이 책에 대해 비난했던 교묘한 배제의 세 번째 문제, 즉 프롤레타리아와 대공장 문제를 트집 잡아야 하는가? 이 문제는 두 어린이가 크뢰조(Creusot) 공장을 방문했음에도 불구하고 회피하기 어려운 문제다. 그는 이 책이 큰 공장에 대해서는 20페이지만을, 노동자에 대해서는 몇 줄만을 할애했다고 비난했다. 이 점에서 《프랑스 일주》는 무기력으로 가득한 교과서와 문학장르의 계승자이자 선구자다. 이 책은 프랑스를 수공업과 농업의 나라로 묘사한다. 이

40) 〔역주〕 자연의 순리 자체에 의해서 이뤄지는 정의.

41) 푸이에 부인의 세 번째 베스트셀러 *Les Enfants de Marcel*은 1887년에 출간되었다. 이 책은 '공민도덕교육' 과목의 중급교재로 사용되었다.

책에서 대도시의 수공업 중심주의는 역력하게 드러나며 또한 대도시 방문도 건성으로 한다. 쥘리앵은 파리를 산책하면서 "난 파리를 정말로 사랑한다"라고 좀 메마르게 경탄한다. 그러나 대도시에 지쳐버린 쥘리앵은 서둘러 시골로 돌아간다. 따라서 《프랑스 일주》는 빛바랜 사진첩 같은 분위기를 자아낸다. 모르방(Morvan)에서 채취한 목재가 뗏목을 이루어 하천을 따라 흘러내려 가고, 약 400년 전에 이 뗏목운반의 "훌륭한 아이디어"를 제공했던 니에브르(Niévre) 사람 장 루베를 찬양한다(그러나 뗏목운반은 1880년대에 완전히 사라졌다). 어린이들은 운하망을 이용하여 여행하고 운하를 침이 마르도록 찬양한다(그러나 운하는 철도와의 경쟁에서 이미 패배하고 있었다).

이 점에 대한 알레비의 직관은 앞서 지적한 그의 다른 비판에 비해 더 정확하다. 그의 직관에는 약간 성급하게 표현된 측면이 없지 않다. 사실 칼공장에서부터 제지공장에 이르기까지 산업노동이 책에서 결코 누락되지 않았으며, 첨단기술을 포함한 다양한 기술들이 책에서 논의되었기 때문이다. 푸이에 부인이 노동자를 약간 대충대충 기술한 것은 사실이다. 다시 말하면 광부들은 갱도로 들어가서 어린이들의 시야에서 사라지고, 리옹의 노동자들이 "어둠침침한 집에서 멋진 옷감"을 만들어 내는 것은 마치 마술과도 같다. 다니엘 알레비가 바르게 느낀 것은 이 책이 농촌적인 프랑스, "한 지역을 가득 채우기도 하고 비우기도 하는"[42] 농민들에게 많은 지면을 할애한 점이다. 농업 관련 직종이 아직까지도 계속 증가하고 있는 프랑스에서 이 책이라고 달리 어찌할 수 있었겠는가?[43] 농업노동의 불변적 성격, 이것이 사람들의 계산과 기대에 부과한 불변성이 푸이에 부인과 그의 주인공들의 시야를 제약했다.

초등교육은 당연히 농촌에 머물러 있는 사람, 더는 발전시키기 힘든

42) 이 인용구절은 푸이에 부인에게서 따온 것이다.

43) 이 점에 대해서는 Eugen Weber, *La Fin des terroirs*, Paris, Fayard, 1983 참조.

사람을 겨냥한다. 주목할 만한 것은 쥘리앵이 반에서 일등을 함에도 불구하고 농업 외에 다른 직종에는 전혀 흥미를 느끼지 않는다는 점이다. "너는 선생이 되어야 해"라는 알리바바식의 주문을 어느 누구도 이 우등생에게 강요하지 않았다. 푸이에 부인의 다른 책 《프랑시네》에서 주인공 프랑시네는 주인의 딸로부터 특별교습을 받는다. 그러나 이러한 혜택에도 불구하고 그는 결국 훌륭한 노동자가 되는 것으로 그치고 만다. 푸이에 부인에게 사상의 진화가 있다면 그것은 바로 다음과 같은 점에 있다. 1877년에 《프랑스 일주》를 쓸 때 (그보다 8년 앞서서 《프랑시네》를 쓸 때처럼) 그녀에게는 개인적 운명의 안정성이 자폐적인 농촌 민주정의 준칙처럼 보였다. 그러나 1887년 《마르셀의 어린이들》을 저술할 때나 1906년 《프랑스 일주》의 개정판에 에필로그를 덧붙일 때 그녀는 우등생의 사회진출에 상당한 지면을 할애했다. 제르탈의 아들은 파스퇴르 연구소에 들어가고, 루이는 생시르 육군사관학교에 입학하고, 뤼시는 우체국 여직원으로 취직한다. 푸이에 부인은 열심히 공부하는 학생들의 운명이 1877년에는 훌륭한 농민이나 군인이 되는 것이라 믿었다. 몇 년 후 그녀는 이들 우등생을 에콜폴리테크니크(École Polytechnique)[44]에 입학시킨다. 여기서 우리는 인식의 점진적 변화를 감지할 수 있고, 출세의 지름길로서의 진학이 '거리의 학교'에 승리한 정도를 가늠할 수 있다.

이 모든 것은 《프랑스 일주》가 어떤 조건에서 집필되었는지, 저자의 의도가 무엇인지, 저자가 의도한 기억의 유형은 정확히 무엇인지에 대해 더 알고 싶은 우리의 지적 호기심을 자극한다. 저자는 "그"(*il*)인가 "그녀"(*elle*)인가? 우리는 저자가 여성이기에 "그녀"라고 쓴다. 그러나 오랫동안 저자는 "그"로 통했다. 저자는 흔히 알프레드 푸이에 씨

---

44) 〔역주〕 파리이공과대학.

(M. Alfred Fouillée)로 추정되곤 했다. 그 당시 그의 대중적 이미지는 다산의 작가이자 인기 있는 철학교과서 저술가였다. 사실, 진짜 저자를 대신하여 출판사와 접촉하고 외국어판 저작과 번역 문제를 해결한 것은 알프레드였다.[45] 그는 늘 남성으로 표시되고 "대학을 나오지 않았다"는 부정적 특징으로만 묘사된다. 푸이에는 그의 아내의 전반적인 기여가 직접 공격을 받을 때만 저자의 진실을 드러내기로 작정을 한 듯하다. 1899년 1월, '푸르니에르'라는 사람이 〈사회주의 평론〉(*Revue socialiste*)에 푸이에를 비난하는 글을 실었다.[46] 푸이에가 종교와 무종교를 교묘하게 절충하고, 그의 '아동용 교과서'를 지저분한 철학으로 가득 채웠다는 것이다. 이에 푸이에는 저자는 자신이 아니라 자신의 부인이라고 즉각 응수했다. "그녀가 '브루노'라는 필명을 사용하여 학교에 널리 보급된 교과서를 출판했다"[47]는 것이다. 그러나 이러한 진실이 널리 알려지는 데는 많은 시간이 소요될 것이다. 1910년 의회 토론에서 조레스는 아직까지도 여전히 그 책의 저자로 푸이에를 지목했고, 이에 대해 푸이에는 또다시 자신이 저자가 아니라고 반박해야 했다.[48]

이러한 출판비밀이 그토록 오랫동안 온존하게 된 것은 그것이 또 다른 사사로운 비밀을 담고 있었기 때문이다. 《백과대사전》(*Grande Encyclopédie*)에서 "뛰어난 여성"으로만 기술되는 그녀의 정체에 대해

---

45) 《프랑스 일주》의 주제가 프랑스를 중심으로 하고 있음에도, 그것은 프랑스는 물론이고 외국에서도 모방작을 자극했다. 전자의 예는 C. Améro, *Le Tour de France d'un petit Parisien* (1877년 이후에 출간된 이 책의 주인공 역시 로렌 출신 고아이고 그의 이야기는 《프랑스 일주》 주인공들의 여정을 많이 참고하고 있다)를 들 수 있다. 후자의 예로는 젤마 라거뢰프(Selma Lagerlöf)의 《닐스의 모험》을 들 수 있다.

46) 푸르니에르는 소심한 교과서 저술가와는 달리 "신앙이 없는 대중들은 이신론의 단계를 넘어섰다"고 푸이에를 반박했다.

47) *La France du point du vue moral*, *op. cit.*에서 인용.

48) 조레스 외에 정보가 충분치 못한 다른 사람들(제라르 바레와 레나크)은 저자가 죽었다고 주장한다.

FEMME DE LA LORRAINE BRODANT. — On appelle broderie un dessin tracé en relief sur un tissu avec du fil de soie, de coton, de laine, d'or ou d'argent. — Le métier de brodeuse est très fatigant pour la vue ; l'immobilité qu'il exige et la position assise sont également fâcheuses pour la santé. Il serait bon que les brodeuses eussent toutes un second état qui leur permit de temps à autre de se délasser du premier.

43

43. 잃어버린 알자스로렌 지방에 대한 암시.

44. 가내 작업장.

LE TRAVAIL DU SOIR DANS UNE FERME DU JURA. — C'est dans les fermes du Jura que se fabriquent en grande quantité les ressorts de montre les plus délicats. En passant près des fermes, il est rare qu'on n'y entende pas le bruit du marteau ou de la lime. — Le *métier à bas*, auquel travaille la fermière de droite, a été inventé par un Français, un ouvrier serrurier des environs de Caen. Avec ce métier on fabrique, bien plus vite qu'avec la main, des bas presque aussi solides.

44

LE SAPIN DES VOSGES. — Les Vosges sont presque entièrement recouvertes de vastes forêts de pins et de sapins qui atteignent jusqu'à 40 et 50 mètres de hauteur. Ces arbres fournissent un bois excellent pour la charpente des maisons et les mâts des navires.

45

LE MARTEAU-PILON À VAPEUR. — On emploie maintenant, pour la construction des ponts en fer ou des grandes machines, des pièces de métal tellement grosses, qu'aucun marteau mû par une main d'homme ne pourrait les façonner. Pour les forger, on a inventé l'énorme marteau-pilon que la vapeur met en mouvement et qui peut frapper depuis deux cents jusqu'à cinq cents coups par minute.

46

45, 46. 독자들의 집단기억에 깊은 인상을 오래 남기는 전나무 숲과 거대한 증기 해머.

우리는 추측에 기댈 수밖에 없다. 푸이에 부인은, 그녀의 책에 등장하는 가정주부가 가정에서 흔히 그렇듯이, 그녀의 작품에서 유능하고 사려 깊으면서 조용한 여성으로 존재한다. 몇 안 되는 그녀의 전기작가들은 철저하게 비밀에 숨겨진 그녀의 정체에 대해 난감해했다. 《프랑스 일주》가 처음 출간될 당시에 브루노는 '기요 부인'(결혼하기 전의 이름은 '튈르리')이라 불렸다. 또한 그녀는 비록 알프레드 푸이에와 동거했지만 이혼이 합법화된 이후에야 비로소 그와 정식결혼을 할 수 있었다. 이러한 비밀은 28년 동안—이처럼 장기간 비밀로 하는 데 얼마나 큰 희생을 치렀을지는 상상하고도 남음이 있다—대학촌 내외에 있는 동료들도 모를 정도로 철저하게 숨겨져 있었다. 절친한 친구들[49]과 보수언론조차도 전혀 짐작하지 못했다.[50] 보수언론이 1910년까지도 《프랑스 일주》의 개정판을 "이혼녀"의 저술이라 비난할 기회를 놓치고 말 정도로 말이다. 브루노는 푸이에와 결혼하기 30년 전에 이미 이혼을 한 전력이 있었다. 전남편 기요는 그녀와 결혼생활을 하는 동안 그녀를 구타하고 심지어는 살해하려고도 했던 듯하다. 1855년 라발(Laval) 상류층에서 일어난 이러한 이혼사건이 불러일으켰던 큰 스캔들에 충격을 받은 목격자가 하나 있었다. 그는 당시에 수사학도로서 자신보다 다섯 살 연상의 이 가련한 여성에게 깊은 사랑에 빠진 먼 친척뻘 되는 남자였다. 그가 바로 그녀의 반려자가 되어 그녀의 불행을 극복하는 일에 자신의 일생을 바쳤던 알프레드 푸이에다.

그러나 이 가증스런 기요는 아내에게 아들 하나를 넘겨주었다. 그가 바로 나중에 《미래의 무종교》(*Irréligion de l'avenir*)를 저술하고 어머니

---

49) 브루노는 1885년에 그녀의 친구 포생 부인(Mme Focin)에게 사람들이 나를 과부로 잘못 알고 있다고 말함으로써 자신이 재혼했음을 알려주었다. "난 28년여 전부터 내가 잘 아는 고귀한 사람으로부터 사랑과 경탄을 받았다."

50) 그녀의 이러한 전기적 전말은 *Nice historique*, janvier-mars 1968에 실린 M. 로베르 벨레뤼(M. Robert Vellerut)의 한 논문에서 빌려온 것이다. 벨레뤼는 포생 가족과 푸이에 가족 간에 오간 미간행 서한을 이용했다. 전기작가의 부인 포생은 푸이에 부인의 친구였다.

에게 삶의 열정을 불러일으키게 했던 장마리 기요다. 이러한 열정은 아들도 공유했다. 장마리 기요가 죽어가면서 잡고 싶었던 것은 어머니의 손이었다.[51] 또한 그는 이상하게도 정감 없는 목소리로 말하는 어머니의 이야기를 듣던 어린 시절의 백일몽을 회상했다. 그녀와 결혼하기 위해 30년을 기다렸던 알프레드 푸이에가 가장 그리고 싶었던 그녀의 초상도 이상적인 어머니로서의 그녀였다. 그는 헌신적 애정의 음조로 그녀를 그리고 있는데, 이것은 여성이 "섬세함과 미묘함에 매우 민감한 재능, 심리를 잘 읽고 육아를 잘하는 재능"을 독점적으로 향유한다는 그의 성차 심리학(*psychologie différentielle*)에 반영되어 있음을 볼 수 있다.[52] 그러나 다른 사람들은 그녀를 아내로 인식했다. 그녀의 아들은 늙어가는 이 부부에게 바치는 헌시를 썼다.[53] 그리고 1907년에 칼라데롱이 푸이에 부부 집을 방문했을 때(그러나 내심으로는 장마리 기요의 무덤을 참배할 생각이었다), 그는 이 부부에게서 "아름답고 친밀한 삶, 선과 이상을 위한 공동노력에 대한 한 편의 시"를 읽는 것 같다고 생각했다.[54]

곧이어 부부의 삶의 무대는 모든 직업적 의무로부터 벗어날 수 있는 해변휴양지 코트 다쥐르(Côte d'Azur)로 옮겨진다. 푸이에는 슬레이트 공장 감독의 재능 있는 아들로 태어났다. 어린 시절에 대한 특기할 만한 기억은 공장노동자 폭동이었다. 이 폭동은 아버지의 온정주의적 지혜로 진압되었지만 이 어린이를 공포에 떨게 했다. 이로 인해 그는 상

---

51) 이 광경은 기요의 생애를 추적한 Alfred Fouillée, *La moral, l'art et la religion*, 수정·증보 4판에 기술되어 있다. 다음 구절은 그의 죽음의 광경을 '피에타'(*pietà*)로 묘사한다. "아들처럼 창백한 얼굴을 하고 눈물을 흘리고 있는 어머니를 보고 있노라면 자신도 모르게 십자가에서 그리스도를 끌어내리는 이미지를 연상케 한다."

52) Alfred Fouillée, *Tempérament et caractère selon les individus, les sexes et les races*, Paris, Alcan, 1895.

53) "이 쌍둥이 젊음으로부터 한줄기 빛이 쏟아진다/끝없는 여명처럼 이마를 환히 비춰주는." Jean-Marie Guyau, *Vers d'un philosophe*, Paris, G Baillière, 1881.

54) Fr. Garcià Caladerón, *Profesores de Idealismo*.

황에 따라 인간에게 일어날 수 있는 갈등을 혐오하게 되었다. 아버지의 죽음(이것은 푸이에 부인의 작품에서 항상 등장하는 주제다)은 이 총명한 학생에게서 고등사범학교에 진학할 기회를 앗아갔다. 대신에 그는 어머니를 부양해야만 했다. '고등사범학교 출신'이 아니라는 원죄를 씻어내기 위해 일등을 차지해야 한다는 강박적 목표의식을 갖고 있던 그는 철학교사 자격증을 따기 위해 독학을 했다. 그는 논문이 통과된 후 명문학교 교사가 되었다. 그러나 3년이라는 짧은 교사생활을 한 뒤, 건강이 좋지 않아 코트 다쥐르로 은거하지 않으면 아니 되었다. 아내와 그녀의 아들("친아들보다 더 소중히 여기는 내 아들"[55])을 데리고 갔다. 나중에 장마리 기요의 배필감으로 그토록 힘겹게 구했던 한 젊은 여성이 이들에게로 왔다. 이 젊은 부부는 사내아이를 하나 낳았다. 기요가 요절하기 전까지 네 어른이 이 사내아이를 키웠다.[56] 기요가 죽은 뒤 세 명의 생존자는 그의 아버지가 장기여행으로 집에 없다고 고통스러우면서도 감동적인 이야기로 이 아이를 속이면서 함께 살았다.

우리는 망통 구릉에 자리 잡은 이 가정[57]이 아동 교육의 꿀벌 통 같았다고 생각할 수 있다. 알프레드 푸이에는 자신이 수집한 철학책과 논문들을 치워 버리고 언제고 초등학교 교과서를 쓸 계획을 품었다.[58] 그의 부인이 그를 대신하여 이것을 저술했다. 장마리 기요도 시와 교과서가 혼합된 철학작품을 출간했다.[59] 1875년에는 초급과정

55) Alfred Fouillée, *La Morale, l'art et la religion*, *op. cit*.

56) 1888년에 오귀스탱은 네 살배기 어린이었다.

57) 사실은 오귀스탱 기요가 그의 회고록에서 환기한 집이 1887년에 완성되기 전에 니스와 망통에 여러 채의 집을 갖고 있었다.

58) 이러한 사실은 한 편집자에게 보내는 편지에서 드러난다.

59) 기요는 짧은 생애 동안(33세에 요절)에도 고대도덕이며 영국도덕이며 현대미학 등에 관심을 갖고 시와 초등학생용 책을 쓸 시간적 여유를 가졌다. 특히 이러한 여유를 이용하여 자신을 유명하게 할 두 작품을 썼다. *Esquisse d'une morale sans obligation ni sanction*, Paris, Alcan, 1885 ; *L'Irréligion de l'avenir*, Paris, Alcan, 1888.

1년 교과서를 출간하고 1884년에는 준비과정 교과서를 펴냈다. 기요의 부인도 '피에르 윌릭'(Pierre Ulric)이라는 남성적 필명을 사용하여 청소년을 겨냥한 우수 어린 단편소설을 썼다.[60] 이들 두 남자와 두 여자들은 서로에 대한 지적·애정적 감사의 표시를 끝도 없이 주고받았다. 푸이에는 자신에게 배상적 정의(*justice réparative*) 개념과 더불어 '현대사회학'의 정수를 암시해준 것에 대해 아내에게 경의를 표했다.[61] 기요는 푸이에에게 부부간의 정분에 대한 자신의 시를 헌정했다. 푸이에는 기요의 유고집을 출간하고 그에 대한 서문을 써주었다. 또한 그는 며느리가 쓴 한 책의 서문도 써주었다. 그런데 이 책은 진실을 숨기고 있다—늘 그렇듯이 그는 "고귀하고 관대한 영혼"이란 표현을 사용하여 신비에 싸인 '저자'를 남성으로 위장하는 수법을 쓴다. 또한 이 책은 "내가 살아온 대로 다시 살고 싶다"는 기요의 유언을 포함시킴으로써 행복한 소수(*happy few*)에 대한 암시를 담고 있다.

이러한 유토피아적인 장미넝쿨 밑에서 다듬어진 것은 아동교육을 위한 공동작업이다. 기요의 교과서는 그의 모친의 교과서에 비해 재능이 떨어진다. 그렇지만 그도 모친과 동일한 관심을 갖고 있었다. 그것은 그 당시 하나의 모델 역할을 했던 한 책 《빵 한 입의 역사》(*Histoire d'une bouchée du pain*)[62]의 정신을 따라서 자신을 둘러싼 일상적인 일들을 어린이들에게 끊임없이 환기시키는 것이었다. (송년파티에 자신의 학생들을 초대한 한 교사의 약간 새디스트적인 이야기를 지은 것은 기요였다. 차·설탕·초콜릿 등과 같은 음식이 어디에서 생산되었는지 알아맞히는 학생은 마음대로 먹을 수 있다. 이렇게 하여 열등생은 굶주린 채

---

60) Pierre Ulric, *Aux domaines incertains*, Paris, E. Dentu, 1861 ; *Parmi les jeunes*, Paris, Grasset, 1911, 알프레드 푸이에의 서문.

61) Alfred Fouillée, *La Science sociale contemporaine*, Paris, Hachette, 1880. 알프레드 푸이에가 이런 감사의 표시를 한 것은 1910년판 서문에서다.

62) Jean Marcé, *Histoire d'une bouchée du pain*, Paris, E. Dentu, 1861. 또 다른 이 공립초등학교용 베스트셀러의 단골주제 가운데 하나는 "아침에 커피를 먹으려면 수족을 열심을 움직여라"라는 것이었다.

파티를 떠나는 반면에 우등생은 실컷 먹는다.) 뿐만 아니라 그것은 위대한 인물들(예컨대 앙드레와 쥘리앵처럼 고향에 돌아와서는 먼저 아버지 집을 방문하고 나중에 모교를 방문했던 벤저민 프랭클린과 같은 위인)은 물론이고 주변에서 자신들을 위해 일하는 사람들을 어린이들에게 끊임없이 환기시키는 것이었다. 마지막으로 그것은 신, 달리 말하면 최고 정의를 환기시키는 것이었다. 기요와 그의 모친이 초등학생들 사이에 긴밀한 상호연대망을 구축케 하는 일을 했다면, 푸이에는 이들의 재주를 매우 고통스런 작업을 통해 이론화했다.[63]

네 사람 각자가 상대방의 작품을 꺾꽂이하고 휘묻이하고 접목시키고 했던 이러한 아동교육 정원은 실제적 면모를 지니고 있었다. 기요는 "내 애기" 오귀스탱의 교육에서 그의 "철학적 본보기"[64]를 얻어오고, 네 사람 모두는 오귀스탱의 교육적 진전을 주의 깊게 관찰했다. 그를 위해서라면 어떤 수고도 아끼지 않았다. 부모와 조부모로부터 매일 받는 교습, 니스 중등학교 출신 교사들의 가르침, 자네(Janet)의 개인지도,[65] 외동아이로 지내는 외로움을 달래주기 위해 초대된 어린 사촌과의 놀이, 조모가 쓴 교과서 등 그에게는 부족한 것이 하나도 없었다. 그의 일생에서 가장 큰 충격은 양할아버지의 죽음이었다(아버지는 이미 요절했다). 오귀스탱 기요는 전쟁에서 죽기 전에, "찬란했던" 어린 시절의 공동생활이 자신에게 어떤 의미가 있는지를 공책에 낱낱이 적어 놓았다(이 공책은 그의 사후에 푸이에 부인의 서문과 함께 유고집으로 출간되었다[66]). 그는 그의 선생님들에게 감사를 표시하고 그들의 가르침을

---

63) 예컨대, Alfred Fouillée, *La Conception morale et civique de l'enseignement*, Paris, Édition de la *Revue bleue*, 1902 또는 *L'Enseignement au point de vue national*, Paris, Hachette, 1891.

64) 특히 *Éducation et hérédité*, Paris, Alcan, 1889에서 인용.

65) 오귀스탱 기요는 1907년 파리전기고등학교에 입학했다. 졸업하고 난 후 엔지니어가 되고 폴 자네(Paul Janet)의 지도 아래 학위논문을 준비했다. 자네는 제자의 유고작품 서문에 한 기사를 실었다.

66) Augustin Guyau, *Oeuvres posthumes : Voyages, Feuilles volantes, Journal de*

열심히 정확하게 받아들였음을 고백했다. 그의 말에 따르면, 예컨대 그는 조모로부터 《마르셀의 어린이들》을 정자에서 선물받는 순간 조국애에 눈을 떴다는 것이다.

이 세속주의적인 가정의 명상적 질서를 방해하는 것이 있지 않았는가? 기요도 푸이에도 반종교주의자는 아니었다. 기요는 "터무니없는 낡은 편견이 천여 년 동안 인간여로의 동반자였음을 감안한다면 그것에" 짜증을 내지 말라고 그의 극히 도전적인 책 《미래의 무종교》에서조차 권고한다. 그러나 푸이에는 민속적 방식의 장례를 요구하고 기요의 장례를 이렇게 치르라고 당부한다. "부활절에 세상 사람들은 완전한 구원의 희망을 찬양하지만, 이러한 종교적 장례행렬로부터 멀어진 우리는 그의 친구들로 구성된 장례행렬을 따를 것이다."[67] 푸이에가 보지 못한 여러 가지 확신으로부터 그리고 그가 며느리의 책에 썼던 서문으로부터 우리가 간파할 수 있는 것은 두 여성이 아직까지도 "구원에 대한 어떤 희망의 정당성"[68]에 남성들보다 더 애착을 갖고 있다는 점이다. 1886년 푸이에는 《프랑스 일주》의 종교적 성격에 대한 오벨라크 교수의 비판에 답하면서 이렇게 말했다. "내 아내는 하느님에 대한 자신의 신앙이 경멸을 자아낼지 모르는 요즘에도 그것을 숨기지 않는다. 마찬가지로 그녀는 자신의 자유로운 신앙이 사람들로부터 의혹의 눈총을 받을지 몰랐던 얼마 전까지도 그것을 숨기지 않았다."[69] 기요 부인의 무기력한 진술들에 대해서 말하자면, 이 진술들을 관통하고 있는 맥락은 남성과 여성 사이의 형이상학적 갈등, 이를테면 때로는 '배타적 지식'에 매몰된 지리학자 아버지와 이상에 깊이 빠진 딸 사

---

guerre. 가문의 전통에 따라 오귀스탱 기요도 조부의 업적에 대한 책을 썼다. *La philosophie et sociologie d'Alfred Fouillée*, Paris, Alcan, 1913. 그는 조모로부터 입수한 전기자료를 이 책에 수록했다.

67) *L'Art, la morale et la religion, op. cit.* 에서 인용.

68) *Parmi les jeunes*에 수록된 알프레드 푸이에의 서문. 그는 이 말을 피에르 윌릭, 즉 며느리의 말로 돌린다.

69) 블랭 출판사에 보관된 푸이에 파일에서 인용.

이의 갈등, 때로는 기독교 신자인 어머니와 사회주의자인 아들 사이의 갈등, 때로는 실증주의적 역사학 교수와, '직접적 확실성'[70] 보다 영원의 의미가 더 중요하다고 보는 그의 젊은 아내 사이의 갈등에 대한 강박적인 관심이다. 기요 부인의 큰 주제는 남성(아버지, 아들, 남편)의 물질주의적 잔인성이 여성의 섬세한 영혼에 가한 타격이다.

푸이에는 남성적 감성과 여성적 감성 사이에 있는 이 같은 불협화음을 그의 '성차심리학'에서 체계화했다. 이에 따르면 "여성적 정신은 살아 있는 정의와 살아 있는 사랑을 이 세상 너머에서 본능적으로 추구하려는 경향"[71] 이 있다. 남녀 간의 이러한 불협화음은 설사 그토록 결속된 이 아동교육학 관련 소집단을 갈라놓지는 않았더라도 그 안에서의 역할분담에 영향을 끼쳤을 것이라 상상한다면 그것은 진상을 왜곡하는 것이 될까? 어쨌거나 이러한 가설은 《프랑스 일주》 초판의 종교적 영감을 확증해줄 것이다. 뿐만 아니라 그것은 한 여성의 업적이 프랑스의 여성적 이미지의 신성화에 기여했음을 이해할 수 있게 할 것이다. 마지막으로 그것은 공화국 가정에서 남녀 간의 불화—이 불화는 '성차심리학'의 일반화와 남녀 간의 상호애정에 의해 약간 희석되고 완화되긴 했지만—의 참된 원인이 무엇인지를 파악할 수 있게 할 것이다.

그렇다면 이들은 어느 정도로까지 공화주의자였는가? 이들이 독자들에게 심어주려 했던 기억은 프랑스에 대한 기억인가, 아니면 공화국에 대한 기억인가? 다니엘 알레비는 《프랑스 일주》가 앙시앵 레짐에 대해 침묵한 것을 매우 웅변적이라 평가했다. 여기서도 그의 평가는 편파적

---

70) 그녀의 작품에 등장하는 한 여주인공은 이렇게 말한다. "까다로운 시대를 지난 다음, 이성주의자와 지식인들이 그들의 동료들도 억제할 수 없는 확신으로 돌아가지 않을지 누가 압니까?"

71) Alfred Fouillée, *Tempérament et caractère selon les individus, les sexes et les races*, *op. cit.*.

임이 확실하다. 《프랑스 일주》의 두 어린이가 옛 프랑스의 기념비적 건물을 별로 방문하지 않는 것은 사실이지만, 그러한 지적환경에서 기념비적 건물이 인물들과는 달리 민족의 위대한 창조물로 간주되지 않는 것도 사실이다. 또한 왕이 모범적 인물이기는커녕 오히려 위대한 남성들이나 위대한 여성들에 의해 계몽될 필요가 있는 지배자들(콜베르에 의해 계몽된 루이 14세, 잔다르크에 의해 계몽된 샤를 7세)이었던 것도 사실이다. 그렇지만 이 책이 진짜 겨눴던 비난의 과녁은 왕국이 아니라 제국이었다. 《프랑스 일주》는 나폴레옹에 대해 신중했지만, 교사용 지침서는 그에 대해 노골적으로 적대감을 표현했다. "나폴레옹 치세는 모든 국민들에게 위대한 교훈이 된다"는 것이다. 한 지도자가 제아무리 유능하더라도 국민들은 그에게 자신들을 내맡겨서는 안 된다. 나폴레옹의 모험으로 "프랑스는 혁명의 성과와 제국의 정복물을 잃었기" 때문이다. 새로운 나폴레옹의 새로운 상실물인 알자스로렌은 말할 것도 없다.

분명히 말하건대 이들이 공화주의자라면 그것은 주로 이들이 제국을 거부했기 때문이다. 오로지 이러한 혐오스런 체제에 대한 기억 때문에 푸이에는 강한 음조의 타협적 작품을 쓸 마음을 갖게 되었다. 그는 대학에 대한 깊은 감사를 표하면서 이렇게 썼다. "제국 치하에서 군대는 총을 쏘아대기 바쁘고 관리들은 유형에 처하기에 여념이 없고 성직자들은 강복을 비느라 바쁠 때, 제국에 대한 충성서약을 거부하는 것이 어찌 가능했겠는가?"[72] 제국이 몰락한 후 그는 공화주의 지지자로 통했다. 샬멜라쿠르와 강베타가 참여한 그의 학위논문의 구두심사가 끝난 후에는 특히 더 그랬다.[73] 그러나 자유와 결정론 사이에서 그가 취했던 타협노선에 두드러지게 혁명적인 것은 전혀 없다. 그럼에도 한 논문심사위원은 푸이에가 "사람은 이해하기 위해 사랑해야 한다"고

---

72) Alfred Fouillée, "La Réforme de l'enseignement philosophique et moral en France", *Revue des Deux Mondes*, 1880, XXXIX.

73) 1872년 이러한 학위논문 구두심사 이야기는 Fraçois Maury, *Figures et aspects de Paris*, Paris, 1910에서 다시 언급된다.

말한 것을 비난했고, 우파언론은 이러한 대담한 관용론을 비판하는 데 열을 올렸다. 하원에서는 뒤팡루 의원이 이 문제에 대해 대정부 질문으로 따지고, 푸이에의 신변보호를 위해 기병대가 파견될 정도였다. 쥘 시몽은 그의 논문 한 부를 긴급히 요구했다. 이로 이해 고등사범학교 교정이 들썩거렸다. 결국 뒤팡루 의원은 입을 다물고 그리하여 푸이에의 바리케이드들은 완성되었다. 그러나 '아카데미 프랑세즈' 출입을 금지당할 정도로 푸이에의 주변에서는 약하나마 이단 냄새가 계속 풍겼다.[74] 그는 사회주의자라고 소문이 나 있었다. 그에 대한 갖가지 의혹들은 정당화될 수 없다. 상대진영이 정의와 민족적 자존심에 관심을 갖는 것도 이해할 정도로 그는 매우 온건한 드레퓌스파였다. 사회주의는 그의 사고방식에서 가장 생소한 것이었다. 그는 계급투쟁을 "독일의 발명품"이라 간주했다.

푸이에는 — 그리고 앞에서 드러났듯이 그의 가족은 — 온건 공화국에서의 온건 휴머니즘을 결코 넘어서지 않았다. 이런 조건에서 《프랑스 일주》에서 발견되는 놀라움은 그것이 앙시앵 레짐에 대해 견지한 침묵이 아니라 새로운 체제에 대해 견지한 침묵이다. 이 책을 읽어보면 개미처럼 일하는 근면한 사람들만이 공화국에서 살아남을 수 있기 때문이다. 이와 동시에 설명이 필요한 것은 공화국이 분명히 현존함에도 왜 언급되지 않았느냐 하는 점이다.

왜 공화국을 언급하지 않았는가? (이 책이 씌어진 - 옮긴이) 1877년이라는 연대에 유의해야 한다. 그 당시 앙드레와 쥘리앵이 방문했던 하원과 상원은 파리에 있지 않고 아직도 베르사유에 있었다. 공화국은 출범한 지 겨우 두 해밖에 되지 않았다. 공화국 요람 주변에는 적대감

---

74) 그는 1893년 라베송(Ravaisson), 자네(Janet), 바르텔르미(Barthélemy)와 생 틸레르(Saint-Hilaire)의 지원을 받아 아카데미 프랑세즈 회원에 입후보했지만, 아카데미 프랑세즈는 "사회주의적 편향"을 이유로 그를 거부했다. 이 소문은 그의 불구대천의 라이벌이자 종교적 전통주의자인 올레 라프륀(Ollé-Laprune)에 의해 널리 퍼지게 되었다.

과 반대의 유혹이 어슬렁거리고 있었다. 그래서 ('공화국'처럼 - 옮긴이) 큰 소리로 외칠 수 없는 말들이 있었다. 또한 순진한 신생 공화국은 프랑스혁명의 산물이라는 사실도 잊지 말아야 한다. 이러한 사실은 《프랑스 일주》가 연속에 관심을 갖고 있음에도 그리 환기하고 싶지 않은 것이었다. 이 책이 혁명 부분에 할애한 미라보, 포르탈리스, 일부 장군들은 모두 공동체의 통일적 기억을 마비시킬 위험이 있다. 이 책이 숨기고 있는 것을 교사용 지침서는 노골적으로 언급한다. 앙드레와 쥘리앵은 콩코르드 광장을 방문하고 거기서 그 이름에 대해 깊이 생각해 봐야 한다는 충동을 느낀다. 이곳은 언제나 '화합'(*concorde*)에 기여하는가? 불행하게도 그렇지 않다. "루이 16세가 튈르리 궁에서 도주"(이것은 '8월 10일 폭동'에 대한 완곡어법이다) 한 후 "불행한 루이는 부왕의 죄에 대해 자기 머리로 대가를 치렀고 3천 명이 단두대에서 사라졌기" 때문이다. 따라서 '콩코르드'란 말은 과거의 불화에 대한 기억을 "말소하기 위해"(교사용 지침서에서 사용한 말) 채택되었다. 광장의 개조는 공동의 애국심을 가시화하도록 착상되었다. 다시 말하면 (그 당시 흔히 에델바이스로 장식하곤 했던 스트라스부르 같은) 프랑스 도시들이 돌로 원형의 광장을 만든 것은 일종의 '프랑스 일주'다.

그러나 책에서 체제와 역사의 산물로서의 공화국은 부재하지만 관념으로서의 공화국은 현존한다. 푸이에 부인의 수완은 이름을 붙이지 않은 체제를 과거에 대한 현재의 명백한 우월성에 연결시키는 데 있다. 침침한 과거, 밝은 현재—이 둘은 도시의 가로등과 해변의 등대에 의해 무차별적으로 조명될 수 있지만—이 둘 사이의 시간적 구획선은 오늘의 우월성을 직접 프랑스혁명 덕으로 돌릴 수 없을 정도로 모호하다. 그러나 교사용 지침서는 이 점에 대해 수사적 조심성을 보이지 않고 분명하게 자신의 입장을 밝힌다. 문제는 혁명의 소용돌이 역사가 아니라 혁명의 무시간적 '작동'이기 때문이다. 교사용 지침서는 다음과 같은 다양한 지침들을 언급한다. 즉 포르탈리스를 언급할 때는 '나폴레옹 법전'을 혁명의 혜택으로 찬양해야 한다. 몽주를 언급할 때는 1789년 이전에는 조세가 주민들 모두에게 공평하게 부과되지 않았음을 지적해야 한다. 드제를 언급할 때는 노예제 폐지의 영광을 국민의회와 국민공회 덕으로 돌려야 한다(그리고 나폴레옹이 노예제를 부활시켰음을 슬쩍 부언해야 한다). 상속문제가 제기되면 그것은 혁명 이전에는 "장자가 다른 자식보다 더 많이 상속받았다"고 지적할 수 있는 기회다. 이 모든 역사에서 마지막으로 언급하는 것은 법이다. "옛날에는" 한 개인의 의지를 표현했던 법이 "이제는" 국민의 의지를 표현한다.

현재의 우월성의 명백함, 영원한 평결로서의 현재 법의 수용 — 공화국의 영원성은 이것과 은밀하게 연결되어 있다 — 은 정치적·사회적 반란을 불신하는 결과를 초래했다. 오늘날 《프랑스 일주》가 그것을 읽은 독자들을 짜증나게 하는 것은 푸이에 부인의 온정주의, 빈자를 온후하게 대하는 그녀의 말재간, 공장에서의 어린이노동에 대한 그녀의 아주 태연한 묘사, 착취에 대한 고찰의 거부(착취 개념을 규정하는 것은 하층계급의 소관이다), 각자 자신의 운명을 수용토록 그녀가 기울인 노력 등에 있다. 그렇다고 해서 그녀가 가난한 사람들에 대해 연민을 갖고 있지 않았다는 말은 아니다.[75] 오히려 좋은 대모처럼 그녀는 앙드레와 쥘리앵의 보따리에 사회적 불행에 균형을 잡아주는 일, 즉 프랑스의 실상을 '확인'하는 일과 프랑스 사회문제를 해결할 '의지'를 슬그머니 집어넣는다.

두 어린이가 '확인'한 프랑스의 실상은 그들이 여행 중에 직접 목격한 것들이다. 예컨대 오늘날에는 모든 것이 얼마나 좋아졌는가! 인간조건이 얼마나 놀라울 만큼 개선되었는가! 푸이에 부인이 자주 지적할 필요를 느꼈듯이 "그러나 이것은 꿈같은 이야기가 결코 아니다". 이것은 꿈같은 이야기일는지도 모른다는 것을 암시한다. 그런 만큼 두 아이는 마법의 등불을 통해서 본 것처럼 경이로운 일들을 수도 없이 목

75) 이 모든 점에 대해서는 Yveline Fumat의 탁월한 논문, "La socialisation politique á l'école du *Tour de la France de deux enfants* aux manuels de 1977", *Revue française de pédagogie*, n° 44, juillet-septembre 1978 참조.

격한다. 에피날(Épinal) 제지공장이며, 방적기며, 증기의 힘으로 신속하고도 완벽하게 수행되는 대형공사 등—이 모든 것은 쥘리앵이 잘 알고 있듯이 "요정이 존재하지 않는" 세상에서 마담 제르트뤼드의 작품에 등장하는 요정들을 연상케 한다. 따라서 두 어린이가 일상생활에서 확인한 것은 최근에 이룩한 경이였을 것이다. 기요가 상상한 교사 미셸은 학생들에게 이렇게 말한다. 프랑스 왕이 (농부인) 자기 아버지 집을 방문했다면 "그는 여러분이 소유한 많은 것들에 큰 질투심을 느꼈을 것이다."[76] 미셸의 어머니가 자신의 옷장에 이자보 드바이에른[77] 보다 더 많은 속옷을 갖고 있는 것으로 미루어 공화국의 초가집은 옛날의 왕궁을 능가했다는 것이 사실일 것이다.

프랑스의 실상에 대한 이러한 '확인' 너머에는 '의지'가 작동한다. '의지'는 푸이에 부인에게 있어서 이른바 '사회문제' 해결의 열쇠였다. 《프랑스 일주》는 인간 연대(*solidarité*)의 연출무대다. 쥐라 산 치즈 노동자들이 실천한 연대 형태의 초라하지만 강력한 이미지에서 우리는 유기적 연대에도 공식적 연대에도 기초하지 않은 협동 관념을 발견한다—부언하면 유기체론에 대한 은유는 분명하게 전개되지만, 공식적 연대 개념은 계약에서 아직까지 명확히 규정되지 않았다. 부분적으로 유기적·계약적·생물학적·법적 성격들을 조금씩 띠고 있는 이러한 연대는 도덕적 '의지', 그러니까 자신을 넘어서려는 스스로의 노력에서 나온다. 1879년부터 푸이에는 프랑스를 서로에게 개입해 있는 4천만의 '의지'로 규정했다. 2년 전 그의 부인은 그녀의 이야기 주인공들이 형제애적 연대에서 형성하는 상호부조의 약속을 자신의 책 곳곳에 흩뿌려놓았다. 그리고 그녀가 그러한 "준(準) 계약"[78] 에 부여한 확신은

76) Jean-Marie Guyau, *Le Premier année de lecture courante*, Paris, A. Colin, 1875.

77) 〔역주〕 프랑스 국왕 샤를 6세의 왕비.

78) 공화국 이념과 준계약의 관계에 대해서는 Claude Nicolet, *L'Idée républicaine en France*, Paris, Gallimard, 1982 참조.

그녀가 사회계급문제를 가볍게 처리한 이유를 설명해 준다.

푸이에 부인이 계약적 유기체론을 창안한 것으로 보아도 무방하다. 남편에게 '배상적 정의' 개념을 불어넣은 것도 그녀였기 때문이다.[79] '배상적 정의'는 현세대가 구세대에게 지고 있는 집단적 채무 개념과 같은 것이다. 따라서 현세대는 그 빚을, "버림받을 처지에 있는 어린 이들"에게 호의며 부조며 교육으로 갚아야 한다.[80] 알자스로렌 출신의 두 고아들의 경우에는 이들에게 '자선'을 베풀 수 없다. 불행에 처한 그들을 돕는 것은 '자선'이 아니라 최소한의 '정의'이기 때문이다. 여기서도 교사용 지침서는 '자선'과 '형제애'(*fraternité*) 사이의 관계를 절대적으로 등치시킨 점에서 《프랑스 일주》 자체보다 더 계몽적이다.[81] 1877년에 이 책의 진보적·공화주의적 성격을 보여주는 것은 '자선' 이념을 '정의' 개념에 이처럼 흡수한 점이다. "도덕적 관점에서는 모든 것이 사랑이고 심지어는 정의인 반면 사회적 관점에서는 모든 것이 정의이고 심지어는 사랑이어야 한다"[82]는 푸이에의 주장을 듣고 분통을 터뜨린 반동적 비판가들[83]의 분노는 틀리지 않았다. 그들이 사사로운 자선의 조악한 형태로 해석한 '준계약'은 그들이 보기에 가장 혐오스러운 공화국의 공인된 신생종교다 — 시간에 관계없이 역사 밖에서 보편사회 이념을 포괄하는 신생종교 말이다.

이 책은 공화국의 연표에 그토록 무심한 채 영원의 분위기를 풍기는

---

79) 그는 *La Science sociale contemporaine*의 1910년판 서문에서 이것을 인정했다. "우리는 독창적 개념을 푸이에 부인 덕으로 돌린다. 그녀는 그의 대가적 교과서 첫 권을 저술할 때 경제적·사회적 문제에 천착했다." 이것은 *Francinet*를 두고 하는 말이다.

80) Alfred Fouillée, *La Propriété sociale et la démocratie*, Paris, Hachette, 1884.

81) 교사용 지침("사람들은 아직도 왜 자선을 형제애라 부르는가? 그것은 우리로 하여금 모든 인간을 형제로 인식하도록 하기 때문이다")을 참조.

82) Alfred Fouillée, *La Science sociale contemporaine*, second préface, édition de 1910, *op. cit*.

83) A. de Margerie, "La Philosophie d'A. Fouillée", *Annales de philosophie chrétienne*, Paris, A. Roger et F. Chernovitz, 1897.

47. "사려 깊은 푸이에가 젊은 철학자 기요를 부드럽게 진정시키는 가운데 기요는 진리의 신상의 베일을 벗기려 안간힘을 쓰고 있다." 드니 퓌에슈(Denis Puech)가 제작한 이 푸이에-기요 기념비는 1920년 두 과부와 에두아르 에리오(Édouard Herriot)가 참석한 가운데 제막되어 1959년에 파괴되었다.

기억을 집요하게 그리고 효율적으로 구축하려 했다. 그럼에도 이 책에는 '자유'의 원년(元年), 즉 의무교육 탄생사건이 들어 있다. 일견 그것은 역설로 보인다. 의무교육법이 1882년에 통과된 것을 감안하면 1877년에 씌어진 이 책에 대해 어떻게 그런 말을 할 수 있는가? 그러나 정확하게 말하면 출간 당시부터 고풍스럽다는 평을 들어온 이 책은 임박한 변화의 조짐 같은 것을 함축하고 있다. 《프랑스 일주》는 새로운 학교가 날로 더 많이 세워지는 것을 전해주고, 먼저 문맹퇴치를 위한 터전을 닦은 도(道)들을 찬양하고, 나머지 도들도 앞선 도들을 따라잡을 것임을 예고해준다. 쥘리앵이 팔스부르를 떠날 때 가지고 간 어린 시절의 유일한 기념물은 학교에서 사용하던 공책이었다.[84] 1877년판은 온통 한 사건의 도래를 향해 있었다. 그리하여 1885년의 교사용 지침서는 이에 대한 자신의 입장을 다음과 같은 질문의 형태로 개진하는 데 아무런 어려움이 없었다. 프랑스에는 매일 새로운 학교가 개교하고 있는가? 특히 학교는 언제부터 짓기 시작했는가? 원본은 손질할 필요가 없었다. 공식 커리큘럼이 공표되기 5년 전에 나온 이 원본은 (1882년의) 의무교육법과 놀라울 정도로 조화를 이루고 있었기 때문이다. 의무교육은 교사만이 축성을 받을 수 있는, 왕 없는 역사에서 세간의 이목을 끌었던 중요한 사건이었다. 그러나 이 책을 확실하게 오늘날의 책으로 만든 것은 다름 아니라 이 책의 미래 계시적 특징 때문이다. 《프랑스 일주》는 프랑스 역사에서 모든 것이 학교에 달려 있다고 보던 시대를 증언한다. 오늘날 우리는 교육왕국에 대한 이러한 자신감을 완전히 상실했다. 이것이 푸이에 부인의 선명한 필치가 우리에게 그토록 흐릿하게 보이게 한 까닭이다. 그리하여 《프랑스 일주》는 이제 우리가 볼 수 없는 것들의 떨림과 묘미를 되살려 주는 기억의 장소가 되었다.

84) 의미심장하게도 종전 후 푸이에 부인이 다른 유품인 장마리 기요의 학교 책상을 망통에 있는 초등학교에 유증했다.

7월 14일 기념일

분노의 날에서 기념일로

7월 14일
그날, 이 땅에
자유가 깨어났다.
그리고 천둥처럼 웃었다.

민중은, 그날 분노했다.
과거, 이 더러운 도적이여
파리는 사악한 바스티유의
덜미를 잡았다.

그날, 법령은
프랑스에서 어둠을 몰아냈다.
그리고 영원한 빛이
희망과 함께 밝아왔다.

빅토르 위고, 1859년 7월 14일[1)]

공화주의자 망명시인 빅토르 위고가 1789년 7월 14일을 이처럼 홀로 기념한 때로부터 21년 후인 1880년, 프랑스 전역에서는 파리 민중의 바스티유 함락을 기념하는 국경일의 기쁜 메아리가 울려 퍼졌다.

---

1) Victor Hugo, "숲에서 7월 14일을 기념함," *Les Chansons des rues et des bois, OEuvres complètes, poésie*, Paris, Ollendorff, 1933, t. VII, pp. 241~245.

두 시기 사이에 프랑스는 '공화국의 맏딸'이 되었다. 공화국의 건설자들이 우리에게 경건하게 물려준 상징, 날짜, 기호들로 가득한 민족적 상상의 집단적 기억 중에서 오늘날 남아 있는 것은 무엇인가? 그 상징, 날짜, 기호들이 관례화된 지 한 세기 만에 그것들의 본래의 필요성, 역사적 의미, 감정적 무게는 흔히 우리와는 실로 거리가 먼 것이 되었다. 그에 따라 이제 우리는 1880년 프랑스인들이 채택한 국경일의 근본적 효율성을 돌이켜 상상하거나, 그 날짜가 야기할 수 있는 정치적 표상의 다양성을 이해하기 어렵게 되었다. 나아가 이 국경일은 오래전부터 우리에게 탈정치화하여 민속화함으로써 특히 이 국경일의 기념이 1880년에서 1914년 사이에 불러일으켰던 논쟁의 격렬함을 이해하기 어렵게 되었다.

7월 14일 기념일의 의미가 약화된 데에는 몇 가지 이유가 있다. 7월 14일 기념일은 더 이상 민족적 삶의 확고한 중심이 되는 한 해의 좌표축이 아니다. 예전에 그것은 학년의 종료를 알리는 날이었고, 아마도 비신자들에게 있어, 부활절이 가톨릭 신자들에게 상징하는 그것과 같은 것이었다. 부활절은 종교적으로 한 해 전체에 의미를 부여하는 교회 제례력(曆)상의 중요한 날이다.

한 해의 경계표지라는 7월 14일의 특권적 지위는 막강한 것이어서 11월 11일[2]도, 5월 1일이나 5월 8일[3]도 경쟁상대가 되지 못했다. 결국 정치적 차원에서 반혁명의 마지막 현신이었던 비시 체제의 패배 이래 "프랑스 혁명은 끝났다[4]"고 '대체로' 말할 수 있을 것이다. 오랫동안 모든 정파는 대혁명에 대한 입장에 따라 정치적 스펙트럼에서 자신의 위치를 규정해왔으나 이제 더 이상 대혁명은 본질적인 이데올로기적 쟁점으로 여겨지지 않는다. 반면 1880년에 공화국의 지지자들과 반대파는 자신들의 투쟁이 1789년에 시작된 대(大)전투와 직결되어 있다는

2) 〔역주〕 제1차 세계대전 종전 기념일.

3) 〔역주〕 유럽에서의 제2차 세계대전 종전 기념일.

4) François Furet, *Penser la Révolution française*, Paris, Gallimard, 1978, p. 11.

느낌을 공유했다. 그들이 보기에 이 새로운 "백년전쟁"은 대혁명의 주요단계들, 상징적으로는 바스티유 함락에 대한 찬반 해석을 둘러싸고 벌어지는 본질적인 역사학적 논쟁으로부터 자양분을 공급받고 있었다.

따라서 "여기 그리고 지금" 프랑스혁명이 더 이상 결정적인 기억의 대상으로 인식되지 않는 만큼, 우리는 오늘날 역사적·정치적 실체가 빠져나간 국경일을 지키고 있는 것이다. 특히 7월 14일 기념일이 쥘 페리의 비종교학교와 더불어 공화주의 사상을 전파하는 특권적 매체 중 하나였고, 그 공화주의 사상이 확고부동하게 국민 전체의 지지를 획득한 만큼, 제 3공화국 아래서 그토록 격렬했던 "혁명적 사투르누스 축제들(*saturnales révolutionnaires*)"[5]을 둘러싼 투쟁은, 제 4공화국과 제 5공화국의 시기에, 아마도 투사들이 사라지면서 중단되었다. 게다가 〈렉스프레스〉(*L'Express*)지가 최근 실시한 여론조사는 "〔프랑스인의 70%가〕 프랑스혁명을 민족의식의 토대가 되는 신화로 여긴다"는 것을 보여준다. 또한 "프랑스혁명의 역사는 프랑스혁명 그 자체와 마찬가지로 끝나지 않았다"는, 1884년에는 적절해 보였던 쥘 클라르티의 선언이 100년이 지난 지금은 시대에 뒤떨어진 것으로 보인다.[6]

7월 14일 기념일에 대한 집단적 기억의 변화는 어떻게 진행되었는가? 7월 14일의 기념에 내재한 역사적·상징적·사회적 기호들, 오직 공화주의적 좌파에 의해 신성시되었던 그 기호들은 어떻게 전 프랑스인들에게 점차 내면화되어 전 민족의 기호가 되었는가? 어떻게 7월 14일 기념일은 우파에게서 '분노의 날'이라는 지위를 잃고, 모든 프랑스인들에 의해 모든 프랑스인들의 '기념일'로 간주되게 되었는가?[7]

---

5) 〔역주〕 사투르누스 축제는 로마신화의 농경신 사투르누스에게 그해의 풍작을 비는 축제로서 환락의 축제로 유명하다. 여기서는 7월 14일을 기념하는 의례들을 가리킨다.

6) Jean-Bernard Passerieu, *Histoire anecdotique de la Révolution française, 1789*, Préface de Jules Claretie, Paris, 1884, p. 1.

7) 7월 14일 기념일과 관련하여 정치적인 것에서 인류학적이고 민속적인 것으로의 변화, 역사에서 기억으로의 변화에 대한 연구는 국경일에 관한 새로운 역사

I. 날짜의 선택

"위대한 날짜는 위대한 기억을 상기시킨다. 어떤 시기들은 명예롭게 기념하는 것이 정당하다."[8] 1880년 "영광스러운" 날짜를 국경일로 채택할 것을 요청받은 공화파 의원들은 아마도 1878년 위고가 한 이 말을 생각했을 것이다. 사실상 프랑스사에 대한 역동적이고 의지주의적이고 직선적인 이해를 전제로 하는 이 선택은 대번에 젊은 공화국의 이상에 부합하고 새로운 체제의 결정적이고 확고한 건국신화로 기능할 수 있는 한층 중요한 의미를 부여받았다. 겉보기에 상황은 단순해 보였다. 공화국이 스스로 프랑스혁명의 후계자로 자처한다면 그 공화국이 기념해야 하는 것은 프랑스혁명이었기 때문이다. 그러나 혁명의 어떤 순간을 기념할 것인가? '시의주의자들'(*opportunistes*)[9] 에게 소중한 1789년의 부르주아 혁명인가? 아니면 급진적 극좌파가 중시하는 1792년의 민주주의적 혁명인가?[10]

— 로즈몽 상송(Rosemond Sanson)의 고전적 저서 *Le 14-Juillet: fête et conscience nationale, 1789-1975*, Paris, Flammarion, 1976이 그 예를 보여준다 — 라기보다는 이제껏 별로 이용되지 않은 정치적 담론, 선전과 논쟁 책자들, 신문기사들에 근거하여 공화주의적 기념일과 기억을 인류학적으로 분석하려는 시도이다. 이 자료들은 프랑스 서부에서 7월 14일 기념일이 직면한 반응을 잘 보여준다. 앙드레 시그프리드(André Siegfried)에 따르면 1789년의 원칙이 확산되는 데 대한 옛 왕정 지지자들의 저항은 이 지역에서 가장 격렬했지만 또한 이 지역에서 "세속적 신앙"(F. Buisson)은 그것이 맞닥뜨린 적대감에 상응하는 열렬한 의식을 자극하기도 했다. "이 지역의 여러 곳에서 내전이 사람들의 정신 속에서 계속되었다고 해도 과언은 아닐 것이다"(*Tableau politique de la France de l'Ouest*, Paris, A. Colin, 1913, p. 510). 조언과 정보를 제공해준 모나 오주프(Mona Ozouf), 피에르 노라(Pierre Nora), 장 엘 가멜(Jean El Gammel)에게 감사를 전한다.

8) Victor Hugo, "Inauguration du tombeau de Ledru-Rollin, 24 février 1878," *OEvres politiques complètes, oevres diverses de Victor Hugo réunies et présentées par Francis Bouvet*, Paris, J.-J. Pauvert, 1964, p. 765.

9) 〔역주〕 1879~1899년 집권한 온건파 공화주의자들을 지칭하는 말. 쥘 페리와 레옹 강베타가 여기 속한다.

공화파 내부의 분열을 피하기 위해 당대의 다른 혁명, 즉 1830년, 1848년 또는 1870년 혁명으로 '만족'하는 것이 나은가? 그러나 그 혁명들은 지지자들이 있다 해도 처음부터 핸디캡이 커 우위를 점하기 어렵다. 예를 들어 1830년 7월 혁명에는 오를레앙주의의 인장이 너무나 강하게 찍혀 있다. 마찬가지로 1848년 2월 24일은 루이 블랑의 노력에도 불구하고 제외되었다. 확고한 정치체제를 수립하고자 하는 제3공화국으로서는 단명(短命)과 비극적 종말로 인해 자신의 출발에 비극적 전조를 드리우고 아마도 왕당파와 보나파르트파의 책동을 부추길 그 체제(2월혁명으로 수립된 제2공화국을 의미 - 옮긴이)에 의지할 마음이 없었을 것이다. 1848년 2월 24일이 열렬한 지지자들을 보유했던 반면, 1870년 9월 4일[11]은 아무런 지지도 얻지 못했다. 좌파 중 누구도 프랑스 공화국이 스당에서의 프랑스 군대의 궤멸 덕에 부활했음을 상기시키고자 하지 않았기 때문이었다. 어느 누구도 고대 공화국들의 기억을 기념하거나 중세 혁명들의 기억, 더군다나 파리코뮌이 선포된 3월 18일의 기억을 기념하려고는 하지 않았으므로 오직 프랑스혁명만이 적합한 날짜를 제공할 수 있었다.

그러나 대혁명의 위대한 날들 중 어느 날짜를 채택할 것인가? 각 날짜를 지지하는 사람들 사이의 대립은 사실상 당대의 정치적 대립과 일치하는 만큼 날짜들 사이의 경쟁은 치열했다. 시간적 순서로 1789년 5월 5일, 6월 20일, 7월 14일, 8월 4일, 그리고 10월 5~6일, 1790년 7월 14일, 1792년 8월 10일, 9월 20일 또는 22일, 1793년 1월 21일, 1794년 열의 달(thermidor) 9일(7월 27일)은 국경일의 자격을 다소간 정당하게 주장할 수 있다. 그리고 궁극적으로 7월 14일이 선택된 것은 다른 경쟁적 날짜들 중 하나의 선택이 공화파에게 야기했을 심각한 문

10) 날짜의 선택에 대해서는 Mona Ozouf, "Le premier 14-Juillet de la République, 1880," *L'Histoire*, n° 25, juillet-août 1980, pp. 10~19.

11) 〔역주〕 9월 1일 나폴레옹 3세가 프로이센군에 항복한 후 공화파 의원들이 파리 시청에서 제3공화국을 선포한 날.

제들을 피하기 위한 것이었을 뿐 아니라 아마도 7월 14일이 나름의 고유한 장점을 가지고 있었기 때문일 것이다.

루이 16세가 윤허한 삼신분회 개회일인 1789년 5월 5일은 지나치게 왕당파의 이익에 이로운 것으로 보였다. 반면 1789년 6월 20일 부르주아 제 3신분의 테니스 코트의 선서는 공화파의 주목을 받았지만, 그들이 보기에 테니스 코트의 선서는 민중의 대부분을 배제한다는 커다란 약점을 가지고 있었다. (테니스 코트의 선서는 다른 문제들도 제기하는데 이에 대해서는 뒤에 언급할 것이다.) 1789년 10월 5~6일 봉기는 파리코뮌 시기 파리와 베르사유 사이의 대립을 상기시킬 위험이 있었으므로 지지자를 갖지 못했다. 1792년 8월 10일 왕정의 폭력적 전복은 온건파의 혐오감을 불러일으켰고, 게다가 제정기의 국경일인 8월 15일과 너무 가깝다는 문제를 가지고 있었다. 발미 승전일과 공화국 선포일(각각 9월 20일과 21일)은 애국적이고 정치적인 요구에 온전히 부합했지만, 9월대학살과 가깝다는 치명적인 결함에 의해 실격되었다. … 망명지에서 돌아온 격정적인 인물 앙리 로슈포르를 제외하면 좌파의 인물 중 누구도 감히 루이 16세의 처형일을 제안하지 못했다. 열의 달 9일로 말하자면, 그날을 국경일로 삼는 것은 1794년 이래 좌파를 분열시켜 온 주요대립을 공식화하고 제도화하는 일이 될 것이며(이는 우파에게만 유리할 뿐이다) 이 오랜 논쟁(동시에 여전히 현실적 문제이기도 한), 즉 온갖 종류의 비극을 수반하는 1793년은 1789년의 자연적 연장이며 피할 수 없는 귀결인가, 아니면 반대로 궤도를 벗어난 일탈인가 하는 논쟁을 반자코뱅적 방향으로 종결짓는 일이 될 것이다. 다른 한편, 열의 달 9일은 소극적인 측면에서 재난을 쫓아낸 날짜이지만 정치적 차원에서 매력적인 전망을 거의 제공하지 못하며 새로운 체제에 흥미로운 건국신화 역시 거의 제시하지 못한다.

그렇다면 이제 남는 것은 두 개의 7월 14일, 즉 바스티유 함락과 연맹제, 그리고 8월 4일 밤이다. 봉건제의 붕괴와 귀족과 성직자로 이루어진 '특권층'의 종말을 상징하는 8월 4일은 그 자발적이고 공적인 성격으로 인해 두 진영의 온건파, 특히 상원의 마음에 들 수 있다는 큰 장점을 갖는다. 근엄한 신문 〈주르날데데바〉(*Journal des débats*) 도 8월 4일에 호의적이었고, 8월 4일은 폭력 없는 민족적 타협을 구현했던 만큼 중도우파와 중도좌파에게 받아들일 만한 날짜가 될 수 있었다. 그러나 8월 4일의 민족적 성격이 우파에게 유리했다면 8월 4일은 같은 이유로 좌파와도 결부될 수 있었다. 좌파는 1789년 8월 4일이 1789년 7월 14일의 '귀결'에 불과하다고 주장했기 때문이다. 여기에서 진정한 공화주의자에게 소중한 관념, 즉 가장 어두운 색조로 뒤덮인 수치스러운 구체제와의 '단절'이라는 관념이 논의에 끼어든다. 그것은 특히 시스몽디, 미슐레, 그리고 프랑스혁명을 전제적 구체제에 대항한 민중의 최종공격이라고 묘사한 앙리 마르탱이 예시하는 자유주의적이고 공화주의적인 역사서술로부터 이어져온 주제이다. 앙리 마르탱은 전제적 구체제에 대한 민중의 공격이 12세기 코뮌의 해방에서 시작되어 14세기 에티엔 마르셀의 무산된 시도에 의해 지속되었고 1789년 7월 14일 영웅적인 바스티유 함락으로 완수되었다고 보았다. 따라서 도덕적 측면에서, 불완전한 타협을 공화국의 신화적 기원으로 제시할 수는 없었다. 그 타협은 파리 민중을 무대 뒤로 내쫓고, 전통적으로 전제정의 가장 완강한 옹호자이자 '자유'의 가장 위험한 적인 '특권층'을 호의적으로 내세우는 심각한 잘못을 저지르는 것이었다.

그런데 여기서 '자유'는 대혁명의 성과를 요약하고 상징하며 공화국 창설 날짜에 의미를 부여하는 핵심어이다. 공화파의 관점인 이 해방의 관점에서 1789년 7월 14일은, 그리고 오직 7월 14일만이 '이전'과 '이후'의 확고부동한 경계를 분명히 설정할 수 있었다. 오직 7월 14일만이 불치의 선고를 받은 구체제와 근대 프랑스, 즉 19세기의 수많은 반동적 시도들을 물리치고 봉건제, 교권(敎權), 그리고 군주제라는 삼중의 멍에로부터 궁극적으로 해방된 근대 프랑스 사이에 넘을 수 없는 경계선을 그을 수 있었다. 결국 7월 14일만이 음침한 중세적 바스티유의 붕괴와 더불어 "낡은 시대가 끝나고 새로운 시대가 시작되었음"을 알릴 수 있었다. 다른 어떤 날짜도 아닌 1789년 7월 14일을 국경일로 선택함으로써 공화파는 프랑스혁명의 위대한 옹호자들, 특히 미슐레와 빅토르 위고의 작품에 충실했다. 예를 들어 1874년에 발표된 빅토르 위고의 《93년》은 "89년, 바스티유의 붕괴, 민중의 고난의 종결," "7월 14일은 해방을 가져왔다," "바스티유의 함락은 인류의 해방이다"와 같은 수많은 간결한 표현들을 통해 7월 14일을 대중화하는 데 기여했다. 그러나 특히 빅토르 위고는 바스티유의 유명한 탑 라투르그(La Tourgue)가 "파리에서는 바스티유, 영국에서는 런던 탑, 독일에서는 슈필베르크 성, 에스파냐에서는 엘에스코리알,[12] 모스크바에서는 크렘린, 로마에서는 산안젤로 성이라고 불리는 과거의 치명적 결과물"이라고 생각했다. "라투르그에는 1500년의 역사, 중세, 주종제, 영주토지(*glèbe*), 봉건제가 압축되어 있다.[13]"

바스티유와 중세, 그리고 구체제의 동일시는 정확히 1872년 7월 14일 강베타가 라페르테수주아르(La Ferté-sous-Jouarre)[14]에서 한 연설에서도 나타난다. 그에 따르면 파리 민중이 봉기한 것은 "돌로 된 바스티유를 무너뜨리기 위해서가 아니라 진정한 바스티유, 곧 중세, 전제정, 과두제, 왕정을 파괴하기 위해서였다!(일제히 쏟아지는 박수갈채. 환호성)"[15]

그러나 1880년에 사람들이 기린 7월 14일 기념일은 1789년 7월 14일만 기념한 것은 아니었다. 7월 14일은 바스티유 함락과 연맹제를 동시에 지시하는 쌍두(雙頭)의 날짜였다. 두 번째 사건, 즉 연맹제는 민족적이고 보편적인 측면에 의해 바스티유 함락의 폭력적이고 유혈적인

---

12) 〔역주〕 16세기에 세워진 에스파냐의 수도원.

13) Victor Hugo, *Quatrevingt-Treize*, Paris, Garnier-Flammarion, 1965, pp. 117, 151, 342.

14) 〔역주〕 파리에서 가까운 일드프랑스 지역의 작은 도시.

15) Léon Gambetta, *Discours prononcé à La Ferté-sous-Jouarre, le 14 juillet 1872*, Paris, Leroux, 1870, p. 10.

성격을 지워 버리고 어렵지 않게 온건파를 안심시킬 수 있었다. 그러나 진정한 공화파에게 있어 7월 14일 기념일이 경의를 표하는 대상은, 민중이 저지른 과도한 유혈에도 불구하고 우선, 그리고 무엇보다 1789년 7월 14일이었다. 그들이 보기에 연맹제는, 말하자면 1789년 7월 14일 형제애 가득한 축제 분위기 속에서 스스로를 기념하고 자축한 유례없는 현상의 복제품에 불과하다. 샤를 페기가 《클리오》(*Clio*)에서 말한 것이 바로 그 점이었다.

> 바스티유 함락은 본질적으로 하나의 축제였다고, 바스티유 함락의 첫 번째 축하, 첫 번째 기념, 즉 첫 번째 기념일이었다고 역사는 말한다. 아니 결국 바스티유 함락은 영 번째 기념일이었다. 우리는 잘못 알고 있다고 역사는 말한다. 우리는 일면을 보았고, 다른 면을 보아야 했다. 우리는 보았다. 바스티유 함락의 첫 번째 기념, 첫 번째 기념일은 연맹제가 아니다. 첫 번째 연맹제, 미완의 연맹제가 바스티유 함락이다.[16)]

다른 한편, 이날의 주인공은 민중, 익명의 군중이다. 공화파는 민중의 영웅적 행위를 찬양함으로써 이중의 효과를 거두었다. 공화파는 자신들의 민주주의적 성향을 크게 힘들이지 않고 입증했고, 7월 14일이 아니라 6월 20일이나 8월 4일을 선택했을 경우 제3신분 주요 인물들의 혁명적 역할을 둘러싸고 틀림없이 일어났을 논쟁을 피할 수 있었다. 바이이, 미라보, 라파예트 등 그날들의 영웅들은 혁명이 급진화하면서 사실상 "타락"했고, 이후 혁명을 배신했거나 적어도 중간에 포기한 인물들에 대한 경의를 혁명에 대한 찬사로 바치기는 어려웠을 것이다.

공화파는 1789년 7월 14일에 결정적인 추가기능을 부여한다. 그 기능이란 불가피하고도 난처한 혁명의 연대기를 폐지하고 혁명을 시간 밖에 두는 것이다. 이 신성한 날짜는 단순히 프랑스혁명의 시작을 상

16) Charles Péguy, *Clio*, Paris, Gallimard, 1932, pp. 114~115.

징하는 것이 아니라 대혁명 자체를 요약하고 완수하는 것인 만큼 그 날짜는 1789년에서 1794년 사이에 일어난 극적사건들을 초월하고 특히 "격렬했던 시기"(*les années de plomb*),[17] 즉 1793년과 1794년을 은폐할 수 있었다. 두 해를 상기시키는 것은 논쟁을 불러일으키고 '시의주의자들'이 선언한 자발적인 민족적 통일과 화합의 의지에 위배될 위험이 있었다.

마지막으로 사회적 차원에서 7월 14일의 기념은 '사회문제'의 존재를 완강하게 부인하고 바스티유 정복자들의 보편적 이미지를 내세우는 온건 공화파, 즉 '시의주의자들'의 이해관계에 놀랍도록 부합되었다. 바스티유 정복자들의 보편적 이미지 속에는 파리 부르주아, 도시와 농촌의 민중, 그리고 군대가 현대 프랑스 사회를 위한 일종의 절대적 이상으로서 공존하고 있었다. 강베타는 라페르테수주아르의 연설에서 공화국의 사회적 안정을 위한 토대로서, 바스티유 공격을 위해 자발적으로 조직되었다가 19세기의 반동적 정부들에 의해 결국 중단된 "도덕적 연맹제"를 재건한다는 생각을 장황하게 제시했다. 강베타는 "8월 10일, 〔…〕 9월 22일, 〔…〕 프랑스혁명의 가장 중요한 날들은 그날들을 뒤덮고 있는 첫 번째 사건, 즉 1789년 7월 14일 안에 포함되고 내포되어 있으므로" 1789년 7월 14일의 신성화를 계획하기까지 했다.

"그리고 또한 바로 그러한 이유에서 그날은 진정으로 혁명적인 날, 프랑스를 뒤흔든 날입니다.〔…〕 바로 그날 우리의 신약성경이 우리에게 주어졌고, 모든 것이 거기에서 비롯되었음을 우리는 알고 있습니다(옳소! 옳소! 박수갈채).[18]"

따라서 1789년 7월 14일을 국경일로 선택하는 것은 공화파에게 온전히 이익이 되었다. 그 선택은 프랑스 사회가 대립하는 계급으로 나뉘어져 있음을 부인함으로써 위협적인 과거를 쫓아냈지만, 프랑스혁명

---

17) 〔역주〕 이 말은 원래 1970～1980년대 유럽에서 테러가 격화되었던 시기를 일컫는다.

18) L. Gambetta, *op. cit.*, pp. 13～14.

이 시간부족으로 지키지 못했던 도덕적·지적 해방의 약속을 수행하고자 하는 의지를 선언함으로써 과학, 이성, 그리고 진보에 기반한 미래라는 전망을 열었다. 바스티유 함락은 프랑스인들의 평등을 선언함으로써 사회적 차원에서 그들을 해방시켰다. 1848년 2월혁명은 보통선거를 부여함으로써 프랑스인들을 정치적 차원에서 해방시켰다. 이제 제3공화국은 비종교학교를 설립하고 교회와 국가를 분리함으로써, 신앙을 질식시키는 교권의 멍에로부터 프랑스인들을 해방시켜야 했다. 결국 공화파는 1872년 이래 매년 사적인 의식으로 7월 14일을 기려왔다. 따라서 7월 14일을 국경일로 변모시킨 1880년 7월의 결정은 어떤 의미로는 앞선 관행을 제도화한 것이었다.

공화파의 단합된 선택에 직면해 우파는 혼란에 빠진 듯 보였고 신뢰할만한 대안을 제시할 수 없는 듯했다. 그것은 특히 우파가 오를레앙파, 보나파르트파, 정통왕당파의 세 경쟁적 정파로 나뉘어 있었기 때문이었다. 루이필리프가 1830년 7월의 사망자들뿐 아니라 1789년 7월의 사망자들을 기려 바스티유 자리에 7월혁명 기념주를 세우게 한 반면 오를레앙파는 어렵사리 7월 14일을 거부할 수 있었다.[19] 언제나 1789년의 원칙을 내세웠던 보나파르트파는 7월 14일의 국경일 채택을 반대하는 데 불편함을 느꼈다. 반면 바스티유 함락으로 전복된 구체제의 옹호자들이었던 정통왕당파는 보나파르트파와 동일한 거리낌을 갖지는 않았지만 전체적으로 달리 제안할 만한 것이 없었다. 구 프랑스의 유명한 날짜는, 어느 것도 논의의 여지 없이 우세하지는 않았지만, 물론 없는 것은 아니었다(톨비아크[20]에서 요크타운[21]까지). 그러나 구

---

19) "1830년 7월과 1789년 7월의 희생자들을 기리는 기념물의 원칙은 1830년 12월 13일 가결되었다," Catalogue de l'exposition *Du faubourg Saint-Antoine au bois de Vincennes*, Musée Carnavalet, avril-juin 1983, p. 23, notice n° 24.

20) 〔역주〕 Tolbiac, 고대 갈리아의 도시. 프랑크족의 왕 클로도베우스가 496년 이곳에서 알라만족을 물리쳤다.

21) 〔역주〕 Yorktown, 미국 버지니아 주에 있는 도시. 미국 독립전쟁 중이었던 1781년 미 반란군과 프랑스군이 이곳에서 영국군에게 결정적 승리를 거두었다.

체제를 혁명에 대비하는 것은 그 자체로서 가버린 시간의 반동적 옹호자로 보이지 않는가? 또 그것은 그들의 적수인 공화파가 주장하는 것처럼 1789년이 정말로 낮과 밤을, 빛과 어둠을 나누는, 즉 낯선 두 세계를 나누는, 프랑스 역사에서 극복할 수 없는 단절임을 인정하는 것이 아닌가? 결국 바스티유 함락에 반대하기 위해 순수하게 역사적인 날짜를 제안하는 것은, 정통왕당파로서는 자신들의 가톨릭적 · 군주제적 이상을 포기하는 일이 될 것이다. 왕좌와 교권의 비타협적 옹호자이며 클로도베우스와 성 루이의 오랜 왕국의 추종자인 정통왕당파는 군주의 이름을 수호성인 명(名)으로 하는 정통성 있는 국왕의 축일(즉 앙리 5세 이름을 딴 성 앙리 축일 - 옮긴이) 이외에 프랑스를 위한 다른 축일을 생각할 수 없었고, '교회의 맏딸'이 15세기에 걸친 가톨릭을 부인하는 것을 보고 괴로워했다. 결국 정통왕당파 지도자들은 신성모독적 기념일을 피하기 위해서뿐 아니라 '앙리 5세'의 대의와 인물을 기리기 위해 성 앙리 축일, 즉 7월 15일 사망한 샹보르 백작 축일을 기념할 것을 그 추종자들에게 요청했다.[22)]

우파로서는 1789년 7월 14일의 상징적 의미를 거부하면서 역사적 장(場) 위에서 정치적 투쟁을 계속할 수밖에 없었다. 우파는 1871년 이래 대혁명 전반, 특히 바스티유의 역사에 대해 적수인 공화파가 퍼뜨린 '중상'과 '왜곡'에 맞서 싸우기 위해 대중적 팸플릿들을 끊임없이 발표해온 만큼 기록에 능수능란했다. 1873년에서 1877년 사이에 특히

---

22) 그럼에도 불구하고 "몇몇 왕당파들은 적진에서 서툰 싸움을 시도하면서 7월에서 정통왕당파의 색채를 찾아내고자 애썼다. 그러나 1830년 알제의 함락도, 하물며 1099년 십자군의 예루살렘 함락도 비교가 되지 않았다." Pascal Ory, *La République en fête, catalogue de l'exposition de la B.P.I.*, Centre Georges-Pompodou, juillet-octobre 1980, p. 6.
〔역주〕 샹보르 백작 또는 보르도 공작으로 알려진 앙리 다르투아(Henri d'Artois)는 복고왕정의 마지막 왕 샤를 10세(재위 1824~1830)의 손자로서 1830년 7월 혁명이 발발한 후 영국으로 망명했다. 루이필리프가 통치한 7월왕국과 나폴레옹 3세가 통치한 제2제국 시기에도 정통왕당파는 샹보르 백작을 '앙리 5세'로 칭했다.

"도덕질서"(Ordre moral)[23] 하에서 발간된 이 팸플릿들은 감옥으로 변모한 바스티유의 이미지, 즉 수천의 무고한 사람들이 무거운 쇠사슬에 묶여 더러운 독방에서 썩어가고, 미슐레가 주장한 것처럼, 그들을 구하기 위해 파리 민중이 1789년 7월 14일 자발적으로 봉기한다는 그 이미지를 조롱했다. 왕당파에게 그것은 동화이고 순전한 거짓말이었으며, 다음의 몇 마디 말로 요약되는 훨씬 덜 명예로운 진실로 대체되어야 했다. 1789년 7월 14일 바스티유는 공격을 받아 함락된 것이 아니라 실상은 싸워 보지도 않은 채 항복한 것이다. 거짓 승자들은 무고한 자들을 학살함으로써 스스로 명예를 더럽혔다. 군중들이 바스티유에서 찾아낸 죄수는 제대로 대우받고 있던 7명에 불과했다. "제대로 방어되지 못한 요새는 폭동에 직면해 스스로 문을 열었다. 악당들은 항복을 이용해 무장해제된 사람들을 학살했다. 그것이 전부이다.[24]"

모든 팸플릿의 결론은 명료하다. 반란, 탈영, 배신, 그리고 살인을 국경일로 기념하려 하는 것은 글자 그대로 비정상적인 것이다. 왜냐하면 7월 14일은 공포정치의 첫 번째 날이기 때문이다. 자유주의자들은 민중선동적 독재가 시작된 날을 영광스러운 날짜로 받아들일 수 없다. 자유의 축제는 잘려진 머리를 끌고 다니는 축제가 아니기 때문이다.

"7월 14일은 10월 6일, 8월 10일, 1월 21일, 5월 31일로 이어지는 혁명적 정복의 시기를 시작했다. 그날들의 승리의 결과는 루이16세의 처형과 민족대표체의 노예화이다.[25]"

"파리 시의회가 국경일로 축성하고자 하는 7월 14일이라는 날짜는 단지 반란의 승리만을 상기시키는 것은 아니다. 그것은 또한, 그리고 특히 공포정치를 예비했지만 이미 그것을 능가했던 살육과 잔학행위의

23) 〔역주〕 1873년 브로이 공작을 수반으로 조직된 정부에 붙여진 이름. 당시의 대통령 마크마옹이 이 정부의 목적 중 하나가 도덕질서의 재확립이라고 선언한 데서 유래했다.

24) Léon de Poncins, *La Prise de la Bastille*, *Brochures populaires sur la Révolution française*, Paris, société bibliographique, 1873, p. 28.

25) L. de Poncins, *op. cit.*, p. 35.

장면들을 상기시킨다.[26]"

7월 14일에 대한 이 묵시록적이고 수정주의적인 이미지는 이폴리트 텐의 문학적 재능에 의해 강화되고 체계화될 것이다. 그의 저서《현대 프랑스의 기원》중 1789년에 할애된,《아나키》(*L'Anarchie*) 라는 의미심장한 제목이 붙은 제1권은 1878년에 나왔다. 1880년에서 1914년 사이에 모든 반동적 신문은 '살인의 축제', 공화국의 '사투르누스 축제'에 대한 논박의 대부분을 대혁명에 대한 극단적 반감으로 가득한 이 병기로부터 최대한 끌어냈다.

당연히 좌파에서는 이러한 탈신화화의 시도에 분개한 공화파 논객들이 자신들의 팸플릿을 통해 동일한 어조로, 미슐레, 루이 블랑, 그리고 빅토르 위고가 주장했던 것처럼 바로 1789년 7월 14일에 전제정의 폐허 위에 자유의 찬란한 여명이 밝아왔다는 생각을 강조하는 것으로 대응했다.[27]

이 모든 논쟁은 적어도 두 가지 사실을 입증한다. 첫째, 국경일로 채택되기 이전에 7월 14일은 좌파에게나 우파에게나 강력한 감정적 영향력을 갖는 특별한 상징으로 인식되었다. 둘째, 첫 번째 7월 14일 기념일의 막이 오르기 전에 이미 이 문제에서 완강한 지지자들과 반대파 사이에 타협의 여지는 거의 없었으며 각 진영에서는 그 후로도 오랫동안 "각자가 자신의 진실"을 가지고 있었다.

---

26) Auguste Vitu, *Le Contrepoison, extrait du Figaro du 21 mai 1878*, p. 4.

27) Jacques Malacamp, *Vous en avez menti! Réponse péremptoirement prouvée adressée aux détracteurs systématiques de ce fait à la fois légitime et glorieux : la prise de la Bastille* [Bordeaux], 1874.

II. 의례(儀禮)의 확립

1. 전투적 기념일 : 1880~1889

좌파 : '민중을 이끄는 자유'

이 시기는 7월 14일 기념일의 전투적이고 격정적인 단계를 나타낸다. 이 시기에 7월 14일의 영웅적 이미지는 요컨대 1881년에서 1887년 사이에 수행된 비종교적 초등교육을 위한 투쟁, 그리고 그 급진적 언설에도 불구하고 반대파에 의해 반혁명적 운동과 동일시되었던 불랑제운동에 대항한 투쟁과 긴밀하게 결합되었다. 1880~1890년의 10년간 1789년 7월 14일 기념일은 아마도 '골수 프랑스인들'(*la France profonde*), 그리고 특히 여전히 귀족과 성직자로 이루어진 전통적 명사층의 지배 아래 있던 농촌에 공화국이 뿌리내릴 수 있게 만든 가장 중요한 수단들 중 하나였을 것이다. 좌파는 민중층 내에서 이 국경일을 지지하는 교육운동을 전개했다. 이 교육운동은 두 가지 수준의 기억, 즉 지하감옥과 민중들에게 사용된 끔찍한 고문도구들로 가득한 바스티유라는 전통적인 흑색전설을 중시하고 강조하는 고유한 역사적 측면, 그리고 중세와 구체제의 폐허 위에 밝아오는 자유의 여명을 이후 의례화될 방식으로 기념하는 상징적인 수준을 결합한 것이었다. 수많은 것들 중 두 가지 예를 들어보자.

> 여덟 개의 탑을 거느린 이 어둡고 음침한 요새 바스티유는 파리 전역을 내려다보며 대포의 포화로 파리를 지배하고 있었다. 그것은 민중의 배를 짓누르는 전제정의 발이었다. 귀족의 변덕에 희생된 사람들, 비정한 봉인장에 의해 살아 있는 자들의 명부에서 이름이 지워진 불행한 사람들이 바로 그곳의 감옥에서 썩고 있었다. 〔…〕

파리의 가슴을 짓누르던 거대한 돌덩이는 그렇게 쓰러졌다.
귀족과 특권층의 전제정을 실물로 구현하던 이 화신은 민중의 분노의 입김 아래 바람에 흩날리는 가벼운 깃털처럼 사라졌다.[28)]

7월 14일!
찬란한 기념일!!
대혁명의 첫 승리!!!
뼈와 살을 지닌 거인이 화강암의 거석에 달려들었다. 민중은 봉건제 전체를 떠받치고 있던 그 석조건물을 공격했다. 바스티유를 파괴함으로써 파리는 세계에 커다란 자극을 주고, 군주제의 톱니바퀴를 망가뜨리고, 왕좌를 쓰러뜨리고, 원칙을 폐기하고, 특권적 카스트를 무너뜨리고, 쇠사슬을 깨뜨리고, 수세기 동안 굴종해온 프랑스를 일으켜 세우고, 독립을 쟁취하고, 자유를 준비했다. 〔…〕
민중의 놀라운 폭발!
민중이여! 투쟁을 시작하는 순간, 그대의 첫 번째 임무는 귀족의 납골당을 파괴하는 것이다. 교외 지역의 사자인 그대는 마침내 포효하는구나! 허리를 펴고 일어서는구나! 왕들이 자신을 방해하는 사람들, 자신의 정부(情婦)의 마음에 들지 않는 사람들을 가두어둔 괴물 같은 요새를 파괴하는 데에는 그대의 단 한 번의 일격으로 충분하다. 군주들의 오만, 매춘부들의 원한이 바스티유를 순교자로 채우고, 흐느낌, 한숨으로 채우고, 눈물로 채우는구나. 그대, 그대가 그것을 무너뜨렸다.
혁명이 시작되었다! 〔…〕
그날, 민중은 처음으로 자신의 쇠사슬을 끊었다![29)]

게다가 공화국 지지자들과 반대파 사이의 적대감이 (대혁명 당시의 - 옮긴이) '공화파'(Bleus)와 '왕당파'(Blancs) 사이의 대립과 직접 연결

28) 퀴르네르(Kürner)의 판화 "Sainte République-Fête nationale 14 juillet 1881 : prime offerte par le Génie moderne," Bibliothèque nationale — Estampes의 설명글.

29) J.-B. Passerieu, *op. cit.*, pp. 115~117.

되어 있는 상황에서 공화파는 국경일 날, 자신들이 1789년의 영웅들의 직계후손임을 상징적이고 극적인 행위들을 통해(필요하다면 조상들의 행위들을 되풀이함으로써) 입증하는 데 관심을 쏟았다. 예를 들어 '올빼미당' 반란[30] 지역인 멘에루아르 도(道) 내의 고립된 공화파 도시였던 소뮈르에서는 1880년 7월 14일, 성대한 의식을 열어 바스티유 요새의 돌 하나를 시청 정문 외벽에 고정시켰다. 이 돌은 바스티유의 "정복자들" 중 한 사람이었던 오뱅 본메르가 고향인 이 도시에 보낸 후 19세기의 "반동적인" 체제들에 의해 창고에 던져져 잊혔던 돌이었다. 공화파는 오뱅 본메르의 후손이자 그 자신 1789년 7월 14일에 관한 역사가였던 외젠 본메르[31]가 참석한 가운데 거행된 이 연극적 행위를 통해 자신들이 본메르 가(家)의 모범대로 조상의 메시지와 업적을 충실히 따르고 있음을 보여주었다.

국경일의 전투적 성격은 마지막으로 강력한 반교권적 암시에 의해 표현되었다. 바스티유의 붕괴가 사회적인 차원에서 그리고 궁극적으로는 정치적인 차원에서 프랑스인들을 해방시켰다면, 공화파는 민족의 도덕적·정신적 해방은 여전히 건재하고 여전히 위협적인 교권의 바스티유를 함락함으로써 이루어질 것이라는 점을 강조하기를 좋아했다. 1880년에서 1889년 사이의 시기는 또한 공립학교의 탈종교화와 프랑스 사회의 세속화에 대한 가톨릭교회의 필사적인 투쟁의 시기이기도 했던 만큼, 이 시기의 반교권주의는 매우 격렬했다. 그때 반교권주의는 다른 방식들로도 표현되었다. 1889년 르제에서는 다음과 같은 선언이 나올 수 있었다. "여전히 다른 바스티유들이 건재하다. 그 바스티유들은 우리가 방금 말한 것과는 달리 탑들을 거느리지도, 외호, 도개교, 난공불락의 성벽으로 방어되지도 않았지만, 여전히 자유에 위협적이다.

---

30) 〔역주〕 1791~1799년 프랑스 서부에서 간헐적으로 일어난 반혁명 반란. 올빼미는 반란 지도자 중 한 사람인 장 코트의 별명에서 유래했다.

31) Eugène Bonnemère, *1789 : la prise de la Bastille, 14 juillet-4 août*, Paris, Librairie centrale des publications populaires, 1881.

48. 1880년. 7월 14일은 국경일이 되었다. 승리한 공화국이 삼색기의 배열을 주재하고 있다.

우리에게는 여러 곳에 있는 무지와 미신의 바스티유를 무너뜨리는 일이 남아 있다. 그리고 나는 우리의 조상들이 1789년 생탕투안 가의 바스티유에 대해 그랬듯이 여러분이 그 무지와 미신의 바스티유에 대한 공격을 시도하여 승리하리라 믿고 싶다.[32]"

프랑스 서부의 다른 지역에서 사람들은 국경일의 초라함과 전통적인 종교행사의 화려함 사이에 인과관계가 있다고 신랄하게 비난했다. 예를 들어 1883년 라로슈베르나르(La Roche-Bernard)의 공화주의자들에 따르면 "국경일이 성공하지 못하도록 하기 위해 시 당국은 할 수 있는 모든 일을 할 것이다. 반면 주교구 순시 중이던 반(Vannes)[33] 주교가 라로슈에 왔을 때는 마치 마술처럼 개선 아치가 세워졌고, 집들은 깃발로 장식되었으며, 젊은이들은 주교를 마중하기 위해 일종의 기마행렬을 조직했다.[34]"

그러나 가톨릭교회와 가톨릭교도들의 '반동적' 태도의 권위를 떨어뜨릴 수 있는 가장 유용한 방법은 개신교도들과 유대인들의 공민적 태도를 찬양하는 것이었다. 그들의 교회당은 흔히 유일하게 자발적으로 공화국의 깃발을 꽂고 있었다. 신문 〈루아르 강의 등대〉는 낭트에서 "가톨릭교회 건물들은 모두 가장 캄캄한 어둠에 빠져 있었던 반면 유대교회당과 개신교회는 환하게 불을 밝히고 있었다"는 사실을 강조했다.

"이 의미심장한 대비 덕분에 종교건물들은 그 건물이 속한 종교 각각의 성격을 상징했다. 국가가 인정하는 세 종교 중 단 하나만이 빛을 두려워하고, 단 하나만이 민족의 공적생활에 참여하기를 거부하고, 단 하나만이 7월 14일의 축제를 고통스럽게 바라보았다. 이 축제는 다른 어떤 혜택보다도 특히 양심의 자유를 우리에게 가져다준 위대한 민중운동을 기념하는 것이다.[35]"

---

32) *Le Phare de la Loire*, 16 juillet 1889. Fondé en 1814, 이 공화파 신문은 제3 공화국 시기 가장 중요한 지방지 중 하나였다.

33) 〔역주〕 프랑스 서부 모르비앙 도의 도청 소재지.

34) *Le Phare de la Loire*, 20 juillet 1883.

이러한 비판의 간접적 변형도 있었다. "1848년 2월혁명 지지자"들의 위대한 전통에 따라 교리의 족쇄와 교권적 계서제에서 해방된 공화주의적 가톨릭을 찬양하고, 교회에서 배척당하고 비난받는 비교조적 가톨릭교도들에게 경의를 표하는 것이 그것이었다. 예를 들어 1883년 〈루아르 강의 등대〉지는 한 음식점 주인을 치하했는데, 그는 커다란 그리스도 상을 집 앞에 세우고, 성경의 격언과 공화국의 표어를 결합한 글을 삼색기에 새겨 그 삼색기들로 그리스도 상을 둘러싸게 했다.

자유	평등	형제애
나는 자유롭게 하려고 왔다.	첫 번째도 마지막도 없다.	서로 사랑하라.

> 라므네, 조르주 상드, 그리고 피에르 르루의 공화주의 학교를 상기시키는 이 독창적인 사상은 강렬한 성공을 거두었다.
> 이 사상은 오늘날 가톨릭을 고집하는 사람들, 그리스도께서 첫 설교자 중 하나였던 이 평등의 원리에 완강히 반대하는 사람들의 분노를 샀을 것이다.[36]

1885년 뤼네빌에서 공화주의자들은 갈리캉 교회의 위대한 인물 그레구아르 신부의 동상 제막식을 가졌다. 그는 당시의 교황권지상주의자들로부터는 그리 높이 평가받지 못하는 인물이었다. …

그러나 7월 14일 기념일의 당파성은 바스티유 함락을 "다시 시작해야 할 전투로서가 아니라 궁극적인 승리로서[37]" 기념한다고 선언한 '시의주의자들'의 의지에 의해 완화되었다. 이러한 의미에서 의례화되

---

35) *Ibid.*, 15-16 juillet 1882.

36) *Ibid.*, 16 juillet 1883.

37) *Ibid.*, 18 juillet 1880.

고 제도화된 7월 14일은 우파의 주장처럼 결코 반란의 공식적 호소가 되지는 못했고, 오히려 새로운 파리코뮌의 유령을 쫓아냈던 것이다. 다른 한편 1880년에서 1889년 사이에 바스티유 함락에 대한 언급이 도처에 남아 있었다 해도 연맹제의 기억이 은폐된 것은 아니었다. 시의주의자들의 공화국은 프랑스와 프랑스인들에 대해 우애로운 연맹제의 평화로운 이미지, 즉 자신의 군대 및 역사와 화해한 나라라는 이미지를 제시하고, 이제는 프랑스에서 질서와 진보, 민주주의와 자유를 결합시킬 수 있으며 그러한 가치들을 오직 투표용지를 통해 수호할 수 있다는 일상적인 증거를 외국에 보이고자 했다. 그러나 우파가 7월 14일 기념일은 혁명의 산물일 뿐임을 주장하기 위해 격분하여 거부한 것은 바로 1790년 연맹제에 대한 이러한 언급이었다.

우파 : '자유의 유령'

공화국의 국경일에 대한 우파의 공격은 상호보완적인 세 가지 차원, 즉 첫째, 정치적 차원, 다음으로는 역사와 기억의 차원, 마지막으로는 종교의 차원에서 이루어졌다. 우파가 보기에 상황은 명료했다. 공화국 정부는 옛 코뮌파를 사면(1880년 7월 11일)하자마자 탈영과 정당한 권위에 대한 반란을 기념함으로써 공개적으로 새로운 무장반란을 촉구하고 있다. 코뮌파의 복귀와 첫 번째 7월 14일 기념일이, 1880년 3월 27일 통과된 쥘 페리 법에 따른 예수회의 추방과 며칠의 차이를 두고 일치했던 만큼 가톨릭교도들의 비난은 맹렬했다. 가톨릭교도들이 보기에 그러한 일치는 우연이 아니었다. 즉 공화국은 살인자들을 환영하고 그들의 범죄적 계획이 활개 치도록 하기 위해 "정직한 사람들"을 일부러 쫓아낸 것이다.

> 낭트인들이여 등불을 들어라!
> 가장 소중하고 깊숙한 감정에 상처를 입은 남녀 기독교도들이여, 등

> 불을 들어라! 무엇을 한탄하는가? 수도원은 폐쇄되고, 감옥은 열리고, 세상은 바뀐다. 등불을 들어라!
> 등불을 들어라! 1871년 파리 거리의 대전투에서 머리가 깨진 바보들의 어머니, 누이들이여. 가난한 이들은 조롱하는 적에 맞서 감히 내전의 깃발을 들어 올렸다. 그대들의 아들들은 이 수치를 씻기 위해 피를 흘렸다. 바로 오늘 이 벽에 붙어 있는 이 붉은 벽보를 보라. 유명한 신문의 공고가 보일 것이다. 기자들의 이름을 잘 읽어보라.
> 로슈포르, 펠릭스 피야, 아무루! 상중의 여인들이여, 돌아온 이자들을 아는가? 10년 전, 저곳에서 그대들의 자식을 죽인 자들이다. 그대들은 아직 내어줄 아들들이 남아 있다. 등불을 들어라!
> 그리고 그대들, 1793년의 희생자들의 딸들이여, 등불을 들어라! 우리가 내일 기념할 이 기억할 만한 날에 용감한 민중은 피 맛을 보았다. 그리고 만족해했다. 여러분의 아버지들은 불행히도 그런 일을 겪었다. 등불을 들어라! 〔…〕[38]

그러나 우파는 7월 14일 기념일이 공개적으로는 그토록 두려워했던, 그러나 내심으로는 기대했던 무질서를 야기하기는커녕 해가 갈수록 더 큰 대중적 성공을 거두고 있음을 마지못해 인정해야 했고, 그에 따라 이 국경일이 파리코뮌의 서막이라는 비난을 자제하고 자신이 잘 아는 영역, 즉 역사와 기억의 영역으로 후퇴했다.

역설적으로 공화파와 보수주의자들은 정치적 차원에서 명확한 한 가지 사실, 즉 1789년이 프랑스혁명을 구현하고 요약한다는 점에 일치를 보았다. 그러나 그들의 일치는 거기까지였다. 1881년에서 1890년까지, 공화국에 적대적인 신문들은 1789년 7월 14일이 영광의 날이기는커녕 공포정치의 참혹한 서막이며 혁명적 사투르누스 축제의 표본이라고 끊임없이 주장했다.

38) *L'Espérance du peuple, journal de la Bretagne et de la Vendée*, 14 juillet 1880. 이 신문은 교권적인 정통왕당파의 주요 기관지들 중 하나였다.

질문 : 1789년 7월 14일이 무엇인지 정말로 정직하게 말씀해 주시겠습니까? 〔…〕
답 : 1789년 7월 14일은 그 자체로나 결과에서나 무질서의 날, '술 취한 하층민의 폭동'의 날이었으며, '비겁함과 거짓'의 날, 배신의 날, '불복종·반역·탈영'의 날, '약탈'의 날, '잔혹한 야만'과 '잔학행위'의 날이었습니다. … 한마디로 말해 7월 14일은 모든 범죄의 복권이자 지극히 정당하게도 공포정치라 불리는 시기의 진정한 출발점이었습니다.[39]

대혁명이 '32명'의 용병과 '82명'의 상이군인에 대한 5만의 무장한 야수들의 승리를 성대하게 축하하는 것은 대혁명의 본성에 따른 것이다. 대혁명은 그렇게, 게다가 아주 서툴게 그 영광의 빈약함을 입증한다.
모든 존재는 자신이 할 수 있는 것을 한다. 기독교는 자신의 신, 자신의 영웅, 자신의 성인, 자신의 순교자들의 축일을 기념한다. 군주정은 장엄한 국가적 책력(冊曆)을 가지고 있다. 톨비아크 전투, 부빈 전투,[40] 타이유부르 전투,[41] 마리냥 전투,[42] 아르크 전투,[43] 이브리 전투,[44] 로크루아 전투,[45] 퐁트누아 전투,[46] 마렝고 전투,[47] 아우스터리츠 전투,[48] 예나 전투,[49] 알제 전투,[50] 세바스토

39) *Une leçon d'histoire ou le 14 juillet 1789 avec ses antécédents et ses conséquences*, Grenoble, 1880, p. 9.
40) 〔역주〕 1214년 프랑스 왕 필립 오귀스트가 도시 민병대들로 이루어진 군대를 이끌고 플랑드르 백작과 독일 황제의 동맹군에게 승리를 거둔 전투.
41) 〔역주〕 1242년 성왕 루이가 반란을 일으킨 봉신들에게 승리를 거둔 전투.
42) 〔역주〕 1515년 프랑수아 1세가 밀라노를 방어하던 스위스 군대에 승리를 거둔 전투.
43) 〔역주〕 1589년 앙리 4세가 가톨릭 동맹군에 승리를 거둔 전투.
44) 〔역주〕 앙리 4세가 가톨릭 동맹군에 승리를 거둔 전투.
45) 〔역주〕 1643년 앙겡(Enghien) 공작이 이끄는 프랑스 군대가 에스파냐 군대에 승리를 거둔 전투.
46) 〔역주〕 오스트리아 왕위계승 전쟁 중이던 1745년 루이 15세의 군대가 네덜란드에서 오스트리아군에 승리를 거둔 전투.

폴 전투,[51] 마젠타 전투[52] 등. 공화국은 비겁함, 반역, 살인을 기념한다.
당연하다.[53]

그러나 1880년에서 1889년 사이에 우파가 특히 즐겨 사용한 전술은 타종(打鐘) 중단, 교회의 깃발장식 거부, "1789년 7월 14일, 정당한 권위와 나라의 법을 수호하기 위해 쓰러진 불행한 희생자들을 위한[54]" 진혼미사의 집전 같은 "영적 무기[55]"를 이용하는 것이었다. 성모 교회는 마리안 수호성인 축일에 무관심하지 않았던 것이다. 전투적인 일부 성직자들은 그보다 더 멀리 나아갔다. 1882년 방데 지방 스제(Cezais)의 신부는 설교 중에 신도들이 그의 본당에서 멀지 않은 곳에서 열린 진짜 사투르누스 축제에 참석하여 묘지를 '모독'했다고 비난했다. "그들에게는 7월14일 기념일을 축하하는 것으로 충분치 않았다. 〔…〕 그들은 불을 밝히고, 불꽃놀이를 하고, 무덤 위에까지 폭죽을 터뜨리고, 그러는 내내 야만인처럼 고함치고 짐승처럼 울부짖으면서 죽은 자들을

47) 〔역주〕 1800년 제1통령이던 나폴레옹의 군대가 오스트리아군에 승리를 거둔 전투.
48) 〔역주〕 1805년 황제 나폴레옹 1세의 군대가 오스트리아군과 러시아군을 궤멸시킨 전투.
49) 〔역주〕 1806년 프랑스군이 프로이센군에 승리를 거둔 전투.
50) 〔역주〕 1830년 샤를 10세가 파견한 프랑스 원정대가 알제를 점령하면서 130년에 걸친 알제리 지배가 시작되었다.
51) 〔역주〕 크림 전쟁 중이던 1854년 프랑스군과 영국군은 러시아 영토이던 크림반도에 상륙하여 항구도시 세바스토폴을 점령했다.
52) 〔역주〕 1859년 나폴레옹 3세가 이끄는 프랑스군과 사르데냐군이 오스트리아군에 승리를 거둔 전투.
53) Eugène Roulleaux, *La Prise de la Bastille et la fête du 14 juillet*, Fontenay-le-Comte, Imprimerie vendéenne, 1882, p. 1.
54) *OEuvres de Mgr Charles-Émile Freppel, évêque d'Angers : oeuvres pastorales et oratoires* (5), Paris, Roger et Chernoviz, 1895, t. VII, p. 424.
55) René Rémond, "La droite dans l'opposition," *L'Histoire*, n° 54, mars 1983, p. 29.

49, 50. 7월 14일 기념의례. 공화국 광장에서 진행된 군대의 사열과 학생들의 행진.
위는 롤, 〈7월 14일〉, 1882년. 아래는 1883년의 통속화.

모욕하고 그들의 거처를 모독해야 했다.[56]"

이러한 "영적 무기"의 이용은 가톨릭교도들의 개인적 행위들 속에서도 나타난다. 적극적인 소수는 인상파와 야수파 화가들이 영롱한 기억으로 남겨준, 빛나는 바닷물결이 되어 도시마다 펄럭이고 거리와 광장에 넘쳐나는 삼색기의 물결에 대한 반대를 말없이 표현하기 위해 농촌으로 도피하거나, 덧문을 닫아걸거나, 화려한 장식을 삼가는 것으로 그치지 않았다. 그들은 때로 발코니에 성상과 성물을 세웠고, 이 성상과 성물은 그 속죄의 능력으로 혁명의 상징들을 쫓아내는 것처럼 보였다. 1883년 〈루아르 강의 등대〉지는 낭트의 한 집에 대해 짓궂게 보도했다. "그 집의 발코니에는 어떤 깃발도, 등불도 물론 없었고, 반대로 아마도 공화주의의 전염을 막기 위한 부적인 듯 작은 석고 성모상들이 세워져 있었다.[57]"

이 신앙의 무기들 속에는 예수의 성심(*Sacré-Coeur de Jésus*) 숭배도 있었다. 가톨릭교도들은 1789년 7월 14일에 대해 1689년 6월 28일을 내세움으로써 본질적으로 사악한 1789년의 원칙들을 분쇄하고자 했다. 1689년 6월 28일은 파레르모니알(Paray-le-Monial)[58]에서 예수의 성심이 마르그리트 마리 알라코크에게 처음 모습을 보인 주요 날짜 중 하나였다. 그에 따라 1889년은 불길한 대혁명의 백주년이 아니라 파레르모니알의 기적의 200주년이라는 것, 그리고 가톨릭 왕정으로 복귀함으로써 '교회의 맏딸'이 혁명으로 인한 한 세기 동안의 곤경으로부터 빠져나오게 되리라는 것을 보여주어야 했다. 간단히 말해 "1889년의 프랑스는 1789년의 프랑스를 지워버릴 것이다[59]".

그러나 이 경건한 희망은 공화국의 백주년 기념 피날레가 파리 만국

---

56) *Souvenirs judiciaires de la République aimable et neutre : procès de M. l'abbé Murzeau, curé de Cezais*, Fontenay-le-Comte, 1882, p. 20.

57) *Le Phare de la Loire*, 16 juillet 1883.

58) 〔역주〕 프랑스 부르고뉴 지방의 작은 도시.

59) *Les Trois 89 : 1689-1789-1889 par M... B...*, Paris, René Haton, 1889, p. 44.

박람회의 성공으로 더욱 부각되고 빛을 발함으로써 좌절되었다. 구체제가 몰락한 지 한 세기 후, 공화국은 전제정, 광신, 무지에 대한 이성·과학·진보의 승리를 선명하게 입증하는 에펠 탑을 중세의 상징인 바스티유에 이분법적으로 대비함으로써 스스로를 축하했다. 한편에는 자신의 세계와 흉측한 과거에 틀어박힌 어둡고 둔중한 요새가, 다른 한편에는 하늘로 힘차게 용솟음쳐, 구 프랑스의 폐허 위에서 미래를 정복한 공화국을 구현하는, 투명하고 우아한, 젊은 기념물이 있었다.[60] 10년간의 전투적인 실천이 이 승리를 가능하게 하고, 특히 국경일이 지방에 뿌리내리게 하는 데 기여했다. 이제 궤도에 오른 의례는 오랫동안 확고부동하게 남아 있었다.

2. 기념일의 공간과 시간

처음부터 7월 14일 기념일은 기억해야 할 날짜의 추상적 기념에 그치지 않았다. 그 주창자들에게 7월 14일 기념일은 공화주의적 가치들을 행위와 볼거리들(*spectacles*)로 구현한 것이었으며 그 가치들은 공들여 조직해야 하는 집단적 환희를 통해 개인적으로 내면화되는 것이었다. 이 '특별한 날'은 단순히 '되찾은 시간'이 아니었다. 그것은 올바르게 정해지고 적절하게 표지가 세워진 공간 안에서 우애 있게 경험되고 공유되는 현재의 시간이었다. 1880년 성공을 거둔 공화파의 시도는 지속적으로 민중의 지지를 얻을 수 있었다. 더 이상 흔들리지 않을 이 성공은 아마도 날짜의 선택, 축제의 공간 자체와 그 공간의 장식, 다양한 행위자들 사이의 역할배분, 행위와 볼거리의 체계적 조직과 같은 본질적으로 유희적인 요소들의 행복한 결합에 기인한다고 할 수 있을 것이다.

---

60) Estampe de P. Clemençon : *Gloire au centenaire, 1789-1889*, Bibliothèque nationale, Estampes.

날짜는 분명히 이 국경일의 빛나는 성공과 무관하지 않다. 화창한 날씨는 당연히 열병식, 연회, 놀이, 운동경기, 무도회, 불꽃놀이 같은 야외축제에 유리하다. 대략 한 해의 중간에 해당하는 7월 14일은 오랫동안 바캉스의 출발과 동일시되고 당시에는 휴가가 없던 노동자와 수공업자들, 그리고 수확 직전의 농민들에게 쉼, 소중한 휴식, 일종의 무료 기분전환이 되었을 것이다.

동상 제막식, 열병식, 온갖 종류의 기념행사, 야간 횃불행렬 등 공개적으로 진행되는 기념일의 다양한 내용에 힘입어 공화국은 1815년 이래 가톨릭교회가 비종교적 공간에서 행사해온 거의 배타적인 지배권을 회복하고, 축제와 놀이의 영역에서 신성성을 종교적인 것에서 비종교적인 것, 공민적인 것, 세속적인 것으로 이전시켰다. 예전에는 양탄자가 깔리고 본당의 육중한 깃발이 엄숙하게 펄럭이고 순백의 노변 제단들이 배열되고 성가가 불리고 성체첨례 행렬이 천천히 이어지던 거리에서 이제는 폭죽의 소음과 동네 선술집의 신나고 활기찬 음악이 울려 퍼지는 축제 분위기 속에서, 삼색기로 장식되고 수많은 등불을 밝힌 발코니 아래, '마리안' 축일의 세속적이고 화려한 행사들이 전개되었다. 그러나 종교의식과는 반대로 기념일 장식의 풍부함과 빈약함은 시민들이 부유한가, 가난한가가 아니라 그들이 지닌 공화주의적 신념이 강렬한가, 미약한가에 달려 있었다. 따라서 파리 북부와 동부 민중구역의 주민들은 고급주택가의 주민들이 도시를 떠나거나 '매춘부'(*la Gueuse*)[61]의 기념일을 무시하려 한 것만큼이나 열성적으로 공화국을 기념했다. 따라서 파리와 대도시들에서 7월 14일 기념일의 장식은 프랑스 도시 지역의 정치적 견해의 정확한 지리적 분포를 입체적으로 그릴 수 있게 해준다.

축제 자체는 이어지는 두 단계, 즉 일반적으로 공식적이고/이거나 당파적인 시위에 할애되는 오전과 민중적 놀이와 오락을 위한 오후로 나

---

61) 〔역주〕 왕당파가 공화국을 경멸적으로 부른 명칭.

뉘어 진행된다. 이 두 단계에서 세 범주의 주체들, 즉 관리들, 투사들과 동조자들, 넓은 의미의 민중들이 상호보완적인 기능을 부여받는다. 아침에는 연설과 정치활동으로 행사의 대부분을 담당하는 관리들과 투사들에게 적극적인 역할이 부여된다. 좌파의 입지가 확고했던 파리와 붉은 남부(Midi rouge),[62] 그리고 공화국의 기억이 지속적으로 뿌리내리기 위해서는 그 기억을 상징적으로 명료히 표현할 필요가 있던 프랑스 서부에서는 마리안의 흉상이나 여러 동상 같은 우의적 기념물의 제막식이 빈번히 거행되었다. 그 동상들은 1789년의 선구자들 또는 그렇게 여겨지는 사람들(1885년 볼테르, 1886년 디드로, 1888년 에티엔 마르셀), 19세기 정치적 투쟁의 주역들(1885년 베랑제, 1886년 라마르틴, 1889년 라스파이), 그리고 마지막으로 1888년 강베타처럼 고인이 된 공화국의 건설자들에게 공화파가 바치는 헌정물이었다.[63] 이러한 당파적인 시각에서 볼 때, 바스티유 함락을 기념한다는 것은 단순히 역사의 어느 정해진 시점에 궁극적으로 고정되어 있는, 고립된 사건을 기념하는 것이 아니라, 우연인 만큼이나 필연적으로 상호결부된, 숙명적인 일련의 날짜들, 제3공화국이 그 직접적인 결과이자 연장인 날짜들을 상기하는 것이다. 그것은 말하자면 공화국의 기억과 상상력을 집단적으로 측량하고, 1789년, 1792년, 1830년, 1848년, 1870년, 1880년처럼 상징적 경계와 지표 역할을 하는 중요한 시기에 표지를 붙이는 것이다. 파리에서 이러한 혁명적 공간과 시간의 신성화는 예를 들면, 1883년 7월 14일 샤토도 광장(오늘날의 레퓌블리크 광장)에서 제막식이 거행된, 모리스(Morice)의 〈공화국 상〉의 저부조에서 발견할 수 있다[64].

62) 〔역주〕 정치적으로 진보적이었던 프랑스 남부를 지칭하는 말.

63) Paul Marmottan, *Les Statues de Paris*, Paris, Henri Laurens, 1886. 공화주의적 민간전승에 대해서는 물론 모리스 아귈롱의 저작을 보라. 특히, "Imagerie civique et décor urbain dans la France du XIXe siècle," *Ethnologie française*, t. VIII, n° 2-3, 1978, pp. 145~172. *Marianne au combat: l'imagerie et la symbolique républicaines de 1789 à 1880*, Paris, Flammarion, 1979.

그러나 이 의식에 참여한 사람들이 모두 공화국 대의의 지지자나 투사였던 것은 아니며 많은 사람들, 특히 성직자와 장교들은 강요에 의해 축제의 조직에 참여했다. 종교협약에 의해 국가로부터 봉급을 받던 성직자들은 힘껏 타종해 마리안에게 경의를 표하라는 명령을 받았고 이는 정치적·종교적 대립이 심하던 지역에서 수많은 마찰을 야기했다. 장교들은 공공연한 왕당파적 신념에도 불구하고[65] 전통적인 열병식에서 병사들을 지휘해야 했다. 이 열병식은 군이 주둔한 모든 도시에서 열렸고, 특히 열병식이 롱샹에서 거행되던 파리에서는 점차 축제의 '클라이맥스'가 되고 볼거리 중의 볼거리(장식이 달린 유니폼, 기병대, 군악 등의 볼거리)가 되고 있었다.

일반적으로 오전에 진행되는 열병식과 오후의 민중적 놀이와 오락 사이에 좌파 집단사교성(*sociabilité*)의 중심이자 미사의 세속적 변형인 전통적인 공화국 연회가 있었다. 사람들은 이 연회에 다시 모여 노래를 부르고 공화국을 위해 건배하고 과거의 승리한 투쟁에 대해 이야기하고 당시의 정치적 문제들에 대해 토론했다. 바로 이 공화국 연회에서, 이 화기애애한 연회의 열기와 열정 속에서 공화국의 기억에 대한 당파적이고 전투적인 이해가 이미 연사에게 우호적인 청중 앞에서 가장 공개적으로 표현되었다. 연설은 때때로 제3신분이 17세기 이래 봉건제, 교회, 왕정에 대항해 수행한 대투쟁을 상기시키고, 바스티유 함락이 혁명을 시작하고 민족을 창설한 행위임을 전형화된 똑같은 서정적 표현으로 기념했다. 공화국 연회는 특히, 대부분의 민중에게 매력을 발휘하고 그 오랜 관행으로 '마리안' 신도들을 매료시켰던 것으로 보이는 가톨릭 의식의 전도(顚倒)가 이루어지는 장소였다. 이 경건한

---

64) 달루(Dalou)의 작품인 이 저부조는 1789년 6월 20일, 1789년 7월 14일, 1789년 8월 4일, 1790년 7월 14일, 1792년 7월 11일, 1792년 9월 20일, 공화력 2년 목초의 달(prairial) 13일(1794년 6월 2일), 1830년 7월 29일, 1848년 3월 4일, 1870년 9월 4일 그리고 1880년 7월 14일을 나타낸다.

65) William Serman, *Les Officiers français dans la nation (1848-1914)*, Paris, Aubier Montaigne, 1982를 보라.

신도송(信徒頌)들을 조롱하는 행위가 냉소적 반교권주의의 산물인 만큼이나, 세속적 축제를 신성화하고 신성을 공화국의 틀 안에 넣어 주조하려는 은밀한 욕망의 산물인지 누가 알겠는가?[66] 어쨌든 1880년 7월 14일, 루아르에셰르 도(道) 몽(Mont)의 연회에 참석한 사람들은 이 이상한 공화국의 '기도들'을 낭송했다.

주의 기도

엘리제 궁에 계신 우리 아버지, 이름이 찬양을 받으시오며, 당신으로 인해 자유, 평등, 형제애가 지상을 지배하며, 1789년 우리 선조들의 의지가 인간을 자신의 주인으로 만듦으로써 완성되기를 바라나이다. 우리에게 매일 자유를 주시고, 우리가 공화국에 지었을지 모르는 잘못을 용서해 주시고, 우리에게 민주주의의 삼위일체를 수호할 힘을 주시고, 우리가 모르는 사이에 그 삼위일체에 저질렀을지 모르는 죄악을 용서해 주소서.
아멘.

아베 마리아

프랑스인들의 유일한 신이신, 오 소중한 자유여, 경배를 드립니다. 진정한 행복은 당신과 함께 있습니다. 당신은 압제받는 민족들로부터 축복을 받으셨으며, 결속은 당신의 열매입니다.
자연의 딸인 신성한 자유여, 노예에서 해방된 당신의 자녀들을 보호하소서. 그리하면 우리가 이제와 우리 죽을 때에 열심을 다해 당신을 지키겠나이다.
아멘.

---

66) 이 공화주의 팸플릿의 익명의 저자는 "우리의 국경일은 신성한 축제로 존속될 것이다"라고 주장한다. *Réponse à la prétendue leçon d'histoire ou le 14 juillet 1789* 〔Grenoble〕, 〔1881〕, p. 7.

사도신경

공화국과 그의 충성스런 아들들이며 우리의 동료 시민들인 그레비와 강베타를 나는 믿나이다. 두 분은 인간의 권리들을 보존하기 위해 잉태되어 나시고, 제정 아래 고난을 받으사 죽은 자처럼 계시다가 1870년 9월 4일 다시 살아나시고 연단에 올라 곧 국민의회의 의석에 앉아 계시면서 그곳에서 배신자들, 도덕질서의 각료들을 심판하신 줄 믿나이다.
평등과 고결한 공화국을 믿으며 민족들의 통공(通功)을 믿으며 몽상으로부터의 회복과 공동의 행복을 믿으며 영원히 사는 것을 믿나이다.
아멘.

고해의 기도

저는 예속된 민족들을 보호하시는 자유, 법 앞의 권리들의 평등, 모든 고결한 마음들의 형제애, 그리고 명예로운 인간과 충성스런 시민의 자질인 모든 미덕에게 고백합니다. 저는 저의 잘못, 참으로 큰 잘못에 의해 생각, 말, 행동에서 그토록 오랜 동안 노예로 머물러 있었음을 뉘우칩니다. 그러한 연유로 저는 자유, 평등, 형제애, 이 민주주의의 삼위일체께 우리나라를 보살펴 주시고 결국에는 이성의 지배가 우리에게 강림하게 하시기를 빕니다.
아멘.[67]

만도(저녁기도 - 옮긴이)의 종이 울리는 시간이 되면 지방의 관습에 따라 다른 공공축제가 다시 시작되고, 그때까지는 차라리 수동적인 구경꾼이었던 군중이 훨씬 더 적극적인 역할을 맡게 된다. 군중은 지방의 스포츠와 음악 단체들을 통해 기꺼이 지방 당국을 지원한다. 아마추어 극단, 시립 군악대와 오케스트라, 스포츠 팀〔수상 스포츠 시합에서

67) J. A. M. Bellanger, *Prières d'un républicain et commandements de la République et de la Patrie*, Blois, 1880, pp. 23~30.

구기(*boules*) 시합이나 9주희(*quilles*) 시합까지], 공립학교의 직원과 학생들이 조직한 자선바자가 늦은 오후의 분위기를 고조시킨다. 그리고 기념일은 무더운 밤, 늦게까지 계속되는 구역과 촌락의 무도회로 마무리된다. 수많은 하층민들에게는 춤출 수 있는 드문 기회였던 이 무도회는 아마도 7월 14일 기념일을 전설로 만들고(르네 클레르의 작품을 보라) 틀림없이 이 기념일의 성공에 중요한 요인이 되었을 것이다.

그러나 기념일의 성공은 주로 민중의 자발적인 참여 여부에 달려 있었다. 그런데 1880년 이래 민중들은, 서부를 제외하면, 촌락에서 공화국의 가장 강력한 상징은 아니더라도, 결국은 강력한 상징이 된 7월 14일 기념일의 주관자들에게 지원을 아끼지 않았다. 이러한 열광은 우선 한편으로는 오전의 행사에 공화파가 부여한 정치적 목표와 다른 한편으로는 오후의 유희적이고 축제적인 측면들 사이에 균형이 추구되어 성취된 결과였다. 그러한 열광은 또한 아마도 대혁명기 이래 처음으로 하층민들이 입헌군주정과 제국의 시기처럼 그들을 배제하는 공식축제에 자신들이 그저 구경꾼으로 나서고 있다고 느끼는 것이 아니라 자신들의 축제에 참여하도록 요청받고 있다고 느꼈다는 사실로도 설명될 것이다. 게다가 1880년 이래로 7월 14일 기념일에는 "프랑스 자신이 스스로를 축하한다"는 생각이 확산되었다.[68] 7월 14일 기념일은 모든 사람들의 축제, 곧 가족, 어린이, 노인의 축제였고, 그날 하루라도 사회적 계서의 엄격함을 가상으로 폐지하는 축제였다. 특히 도시의 대중무도장에서 아코디언 소리에 맞추어 부르주아와 봉제공이 나란히 춤을 추고, 소(小)수공업자가 심부름꾼 아이와 왈츠를 추었다. 비록 환상이 뒤섞인 짧은 만남이었지만, 사회질서가 도덕질서를 대신한, 여전히 장벽들이 존재하는 이 사회에서 일상의 질서로부터의 일탈은 아마도 그 해의 남은 시간을 더 잘 견디게 해주었을 것이다.

7월 14일 기념일 의식은 적어도 1914년까지 전체적으로 거의 변화

68) Paul Berne, *Souvenir du 14 juillet 1880 : trois dates : fête nationale du 14 juillet 1880 - le 14 juillet 1789 - le 14 juillet 1790...*, Lyon, 1880, p. 6.

가 없었고 다른 모든 의식들처럼 결국 경직화되었다. 또 1880~1889년을 특징짓는 격렬한 논쟁들은 서부 지방을 제외하면 1890년 이후 분명히 수그러들었다. 이러한 상황은 일차적으로 불랑제운동의 패배에 따른 정치적 긴장의 완화로 설명할 수 있다. 특히 1889년의 국제박람회 덕분에 공화파는 "충직한 장군(불랑제를 의미 - 옮긴이)"의 이질적 지지자들이 체제에 가하던 매우 실질적인 위협으로부터 벗어났다. 이제 공화국은 승리했고, 국경일을 통해 대원칙과 위대한 기억들을 재확인해야 할 필요성은 더 이상 그렇게 절박하게 요구되지 않았다. 1890년에서 1899년 사이에 프랑스는 기꺼이 '유화'에 대한 소망을 공언하던 매우 온건한 각료들(특히 멜린)의 지배를 받았고, 우파 자신은 한편으로는 모든 사람들에게 의심받는 소수의 '동조자들'(공화국 동조자들 - 옮긴이)과, 다른 한편으로는 공화국과 그 상징들을 비난하면서도 왕정이 시대에 뒤떨어진 구체제로의 복귀와 구분이 안 되는 것으로 보이기에 감히 더 이상 왕정을 요구하지 못하는 다수의 불명예스러운 왕당파로 나뉘어 있었던 만큼 더더욱 그러했다. 우파로서는 1894년 이래 1429년 잔다르크의 오를레앙 해방일인 5월 18일을 일종의 반공화국 대항시위이자 가톨릭 국경일로 성대히 기념했던 만큼 7월 14일 기념일을 둘러싼 오랜 논쟁을 재개할 이유가 없었다.[69]

불랑제운동이 북돋아 놓은 프랑스 민족주의의 확산으로 롱샹(Longchamp)[70]의 열병식이 더 높이 평가되고 인기를 얻게 되었다는 것 역시 주목해야 한다. 이 열병식은 점차 7월 14일 기념일 자체의 주요한 구경거리이자 나아가 상징이 되었고 그에 따라 기념일의 일차적인 역사적 의미를 가리게 되었다. 이러한 상황에서 어떻게 우파가 7월 14일 기념일이 1789년 프랑스 근위대의 반란과 탈영의 기억을 고양하고 있

69) Rosemonde Sanson, "La fête de Jeanne d'Arc en 1894 : controverse et célébration," *Revue d'histoire moderne et contemporaine*, XX, 1973, pp. 444~463.

70) 〔역주〕 파리 불로뉴 숲에 있는 타원형 경기장.

다고 프랑스인들을 설득할 수 있겠는가? 점점 더 많은 수의, 점점 더 열광하는 군중들이 "프랑스 군대를 보고 칭송하기" 위해 몰려들고 있는데 말이다. 심지어 드레퓌스 사건이 한창이던 1899년 7월 대도시들에서는 재심의 지지자들과 반대자들이 7월 14일 기념일의 열병식에서 (각자 열병식을 조직하여 - 옮긴이) 대결하기까지 했다.

그러나 전체적으로 바스티유 함락 기념일은 더 이상 1880~1889년과 같은 격렬한 논쟁을 불러일으키지 않았다. 단, 역설적으로 혁명적 극좌파만이 예외였는데, 이들은 19세기의 마지막 10년간 "부르주아의" 7월 14일 기념일에 대해 강력하게 5월 1일의 노동자 시위를 내세웠다. 1892년 7월, "바스티유 함락으로 유일하게 이익을 챙긴 부르주아지에게 7월 14일을 기념하는 노고를 넘긴다고 선언한" 생나제르(Saint-Nazaire)[71] 노동조합들의 태도가 이를 입증한다.

그들은 "오늘날도 1789년과 똑같이 피해를 입고 있으므로, 모든 행사에 참여하지 않을 것이며 이제부터는 전 세계 노동자들이 그들의 요구를 선포하고 푸르미(Fourmies)[72]의 사망자들을 애도하기 위해 선택한 날인 5월 1일만을 기념일로 인정할 것"이라고 선언했다.[73]

그러나 이러한 현상은 여전히 제한적이었고, 대부분의 노동자를 포함한 프랑스인들이 열성적으로 7월 14일 기념일, '그들의' 국경일에 참여하는 것을 막지는 못했다. (1890년 이후 관례적 기념행사로 굳어진 - 옮긴이) 7월 14일 기념일에 1880~1889년의 강렬함에 비견할 만한 특별한 차원을 부여하고 이제 '프랑스의 열정'에 효과적으로 통합된 기념 의례와 역사적 기억을 교란하기 위해서는 국내외적 차원에서 예외적인 사건들이 있어야 했다. …

71) 〔역주〕 프랑스 서부 루아르아틀랑티크 도(道)의 항구도시.

72) 〔역주〕 프랑스 북부 노르 도(道)의 도시. 1891년 5월 1일 군대가 파업노동자들에게 발포하여 8명이 사망했다.

73) *Le Socialiste*, n° 95, 17 juillet 1892 ; cité par Maurice Dommanget, *Histoire du premier mai*, Paris, Société universitaire d'édition et de librairie, 1953, p. 358.

III. 7월14일 기념일의 결정적 시기들

20세기 들어 7월 14일 기념일의 중요한 시기들인 1906~1914년, 1935~1936년, 1939년 그리고 1945년은 결코 동일한 특징을 보여주지 않았다. 이 시기들은 매번 당시의 정치적·사회적·국제적 상황에 의해 다시 시사성을 얻은 7월 14일 기념일의 본래의 기억 위에 수많은 독창적 변주들을 만들어 냈다. 그 정치적·사회적·국제적 상황은 그 시기의 특별한 공식의례와, 판에 박힌 전통적 기념행사로 축소될 수 없는 민중의 실천을 결정했다.

1. 1906~1914년 : '경멸의 시기'

20세기 초에는 가장 극단적이고 극렬한 두 정파가 공화국을 규탄했다. 이 격렬한 항의는 특히 일반적으로는 공화국, 특수하게는 7월 14일 기념일의 가장 상징적인 표상들을 비난하고 조롱하는 것으로 나타났다. 민족주의적이고 반유대주의적이며 외국인을 혐오하는 극우파는 바스티유 함락을 독일의(!)… 공로라고 분개하여 지칭한 반면, 혁명적 극좌파는 부르주아지의 축제에 분통을 터뜨렸다.

1890년에서 1905년 사이에, 아직 회복단계에 있던 극좌파가 7월 14일 기념일에 대한 참여를 거부하고 기념일을 비난하면서 그에 대해 5월 1일을 내세운 것은 전적으로 간헐적이고 지방적인 차원의 문제였다. 1906년에서 1914년 사이에 비난은 더 체계화되고 신랄해졌다. 이러한 비난은 당연히 노동총동맹(C. G. T.)과 노동거래소(bourses du travail)를 통해 조직된 혁명적 생디칼리즘의 비약적 발전과 결부되어 있었고, 의회민주주의 및 그 상징〔국기, 국경일, 국가(國歌) 등〕과 제도들, 특히 노동자의 투쟁을 탄압하는 특별수단으로 여겨진 군대에 대한 뿌리 깊은 불신과 근본적 적대감을 표현했다. 게다가 조르주 클레망소의 권위주의적 내각(1906~1909) 하에서 경찰과 군대는 드라베이(Draveil)[74]와 빌뇌브생조르주(Villeneuve-Saint-Georges)[75]에서 파업참여자들과 시위자들을 유혈진압함으로써 노동자들의 7월 14일 기념일 참여에 대한 생디칼리스트들의 반대를 격화시켰다.[76]

혁명적 극좌파가 7월 14일 기념일을 비난한 것은 단지 반군국주의에 따른 것은 아니었다. 혁명적 극좌파는 그 외에도 두 가지 주요한 점에서 7월 14일 기념일을 비난했다. 먼저 7월 14일 기념일은 선동가들의, 소리만 요란할 뿐 내용은 없는 연설이 울려 퍼지는, 부르주아적 위선의 정점이다. 그 연설들에서 나타나는 자유, 평등, 형제애에 대한 서정적 고양은 대부분의 노동자들이 처해 있는 비인간적 생활조건과 노동조건에 의해 매일매일 반박된다. 특히 혁명적 극좌파는 7월 14일 기념일을 술주정의 축제로 간주했다. 고용주들과 정부는 그 축제를 이용해 노동자에게 그의 운명을 잊게 만들고 인간으로서의 존엄성을 도랑에 빠뜨리게 만들려 하는 것이다. 7월 14일 기념일은 민중의 아편이다. 1910년 〈민중의 목소리〉지는 이렇게 권고했다. "5월 1일은 술잔치와 구토가 거드름피우는 연설이나 공식연회와 함께 축제의 일부가 된 7월 14일 기념일과 같은 것이 되어서는 안 된다.[77]"

20세기 초의 가장 탁월하고 가장 신랄한 풍자화가 중 한 사람인 아리스티드 들라누아는 1907년 발간된 〈버터접시[78]〉 특별호에서 '좋은 시절'(*Belle Époque*)[79]에 무정부주의적·혁명적 극좌파가 표출한 온갖

74) 〔역주〕 파리 인근 일드프랑스 지역의 소도시.

75) 〔역주〕 파리 남동부 교외 지역의 도시.

76) Jacques Julliard, *Clemenceau briseur de grèves*, Paris, Gallimard-Julliard, 1965.

77) *La Voix du peuple*, 1er-8 mai 1910 ; cité apr M. Dommanget, *op. cit.*, p. 360.

78) 〔역주〕 정치권력 따위로 인한 '이권'을 의미한다.

79) 〔역주〕 제1차 세계대전 후의 유럽인들이 바로 앞 시기인 1890~1914년을 지칭하는 데 사용한 표현. 이 표현에는 그 시기 유럽의 모습으로 제시되는 팽창, 평화, 진보에 대한 신념 등에 대한 향수가 담겨 있다.

51. 좌파로부터 경멸당하는 마리안. 마리안이 클레망소 경찰의 피 묻은 손에서 꽃을 건네받고 있다.

52. 공화국의 삼위일체 자유, 평등, 형제애 아래 앉아 있는 현실의 삼위일체 사법관, 자본주의, 군대. 이들을 프롤레타리아가 환멸의 시선으로 바라보고 있다.
〈버터접시〉에 실린 들라누아의 풍자화. 1907년.

불만들을 그 누구보다도 잘 요약했다. 그의 풍자화에서 모든 인물은 격에 맞는 모습으로 등장한다. '경찰'로 변장한 클레망소는 무도회를 열고 뚱뚱하고 못생긴 마리안에게 정육점 포장지로 싼 꽃을 바치고 있다. 공화국 국경일의 위선은 진짜 털북숭이 고양이(*chat fourré*)[80] 모습을 한 법관, 양팔 가득 황금을 안고 있는 자본가, 피 묻은 칼을 들고 있는 해골 모양의 군인이 자유-평등-형제애의 표어 아래 앉아 있는 관청 연단으로 표현된다. 반면 연단 아래에는 한 노동자가 "— 말들 … 해악들"(*des mots... des maux*)[81]이라고 중얼거리며 곡괭이를 휘두르고 있다.

또 다른 캐리커처는 그날 사람들이 점잖게 지껄인 어리석은 말들을 조롱한다. 임원 한 명이 거창하게 낭독한다. "선조들 … 바스티유 … 정부 …. 공화국." 그러자 한 노동자가 옆 사람에게 묻는다. "뭐라고 노래를 하는 거야?" "늘 똑같지 뭐… 그런데 오늘은 삼박자로 소리를 지르는군."

여러 개의 캐리커처들은 민중을 타락시키고 굴종시키는 알코올중독의 해악을 고발한다. 그중 하나는 7월 14일 기념일이 당국에게는 "영광의 날"일지 몰라도 "유권자에게는 음주의 날"이라고 주장한다. 두 취한(醉漢)의 포옹을 그린 다른 캐리커처의 설명문은 민족적 '술잔치'에 대한 들라누아의 최종적 판단을 요약적으로 보여준다고 할 수 있다.

> 7월 14일
> — 자유, 평등, 형제애, 마시자, 오줌 누자, 공화국 만세, 이봐! 방광, 이봐! 가로등![82]

---

80) 〔역주〕 흰담비 모피로 장식한 법복을 입은 법관을 지칭하는 라블레의 농담.

81) 〔역주〕 동음이의어를 이용한 표현.

82) 〔역주〕 술에 취해 마구 지껄이는 것을 묘사한 것. 프랑스어에서 '방광을 가로등으로 보다'는 터무니없는 착각을 하는 것을 말한다.

7월 14일 기념일에 대한 이러한 일련의 혹독한 비난은 당시의 프랑스 대통령 팔리에르로 보이는 뚱뚱한 인물이 자신의 집 발코니 아래서 왈츠를 추는 군중을 가리키며 냉소적으로 말하는 장면으로 끝이 난다. "저들은 춤추고 있는 동안은 우리를 가만히 내버려 둔다니까![83]"

게다가 극좌파가 이용한 격렬한 어투를 극우파는 놓치지 않았다. 극우파는 공화주의 진영의 분열을 증폭시키고 그 분열을 왕당파에 이롭도록 이용하기 위해 그 메아리들을 기꺼이 되풀이했다. 〈민중의 희망〉지는 1907년 7월 C. G. T. (노동총동맹)가 배포한 플래카드의 구절을 자신의 기사 속에 삽입하기까지 했다.[84]

그러나 극우파는 자신들의 눈앞에서 벌어지는 공화파의 형제살해적 투쟁에 구경꾼으로 남아 있지 않았다. 극우파는 프랑스 서부를 제외하곤 15년간 진정되어 있던 오랜 논쟁을 1906년부터 스스로 재개했다. 이러한 정국의 악화는 일차적으로 교회와 국가의 분리 이후 가톨릭교도들을 뒤흔든 긴장과 결부되어 있었다. 그 긴장은 1906년 교회의 재산목록 작성에 대한 저항으로, 그리고 1909년부터는 초등교육의 중립성을 훼손한다고 비난받은 비종교적 윤리 및 역사 교과서에 대한 투쟁으로 표출되었다. 게다가 주교들이 요주의 대상으로 지목한 역사교과서에 대한 주요 불만 중 하나는 정확히 그것이 혁명사 전반, 특수하게는 7월 14일 기념일을 노골적으로 공화파의 이익에 부합되도록 "왜곡"했다는 것이었다. 예를 들어 대량인쇄된 가톨릭 소책자 《그림과 함께 보는 민중의 선전문》은 바스티유 함락이 "'두 프랑스의 상징,' 즉 하나는 패배한 민족적 프랑스, 다른 하나는 외국인들과 손잡고 승리를 거둔 의기양양한 프랑스의 상징"이라고 비난했다. 이 소책자에 따르면 "광란에 빠져 약탈하고 살상한 7월 14일의 사람들은 외국에서 들어온 사악한 교리들로 인해 타락한 프랑스, 즉 이 나라의 도덕을 타락시키

83) *L'Assiette au beurre*, n° 328, juillet 1907, pp. 246~259.

84) *L'Espérance du peuple*, 14 juillet 1907.

기 위해 독일과 영국이 매수한 유대인, 신교도, 계몽철학자, 프리메이슨을 대표한다. 그들의 임무는 프랑스의 힘인 가톨릭을 파괴하고 그럼으로써 프랑스의 분할을 준비하는 것이다[85]".

우파의 그러한 비판은 또한 반혁명적 역사서술의 부흥과도 잘 들어맞았다. 예를 들어 1909년 귀스타브 보르는 《1789년 혁명의 음모, 공범들, 희생자들》이라는 의미심장한 제목의 책을 발간했다. 〈민중의 희망〉지는 곧 이 책에 찬사를 보내고 "살상의 축제"를 공격하는 새로운 논거들을 이 책으로부터 끌어냈다.[86]

그러나 7월 14일에 대한 극우파의 더 강경해진 어조와 비타협적인 태도는 주로 1905년 악시옹 프랑세즈 동맹(Ligue d'action française)의 요란한 등장으로 활기를 되찾은 극우파 자체의 변화에 기인한 것으로 보인다. 류머티즘에 걸려 몸이 성치 않고, 신앙이 독실하고, 불평투성이인 정통왕당파 시골귀족들로 이루어진 늙고 소심한 왕당파 근위대는 정력적이고 활동적인 젊은 '국왕의 카물로들'(Camelots du roi)[87]에게 자리를 내주었다. 이들은 "잔다르크를 모욕하는 자들," "1789년의 아첨꾼들"과 싸울 것을 요구했으며, 묵주뿐 아니라 지팡이를 다루는 데에도 전문가이고 레옹 도데처럼 기도와 주기도문만큼이나 라블레풍의 상스러운 욕설에도 능하다는 것을 입증했다. 따라서 7월 14일 기념일에 대한 가장 신랄한 비난이 1907~1908년부터 나타났다는 것은 우연이 아니다. 이 시기는 악시옹 프랑세즈가 1908년 3월 일간지를 발행하면서[88] 몇몇 원로들(*barons et barbons*)의 불평에도 불구하고 왕당파운동의 선봉으로 인정받고, 성직자들에게 열렬한 지지를 얻게 된 시점과

---

85) *Le Tract populaire illustré*, périodique bi-mensuel, 1914.

86) *L'Espérance du peuple*, 15 juillet 1909.

87) 〔역주〕 1908년 창설된 극우파 청년 조직. camelot란 행상, 노점상을 뜻하는 말로, camelots du roi라는 명칭은 왕당파 신문 〈악시옹 프랑세즈〉를 팔고 다니는 청년들을 지칭하는 데서 유래했다.

88) 〔역주〕 일간지 〈악시옹 프랑세즈〉가 정간물 〈르뷔 닥시옹 프랑세즈〉(*Revue d'action française*)의 뒤를 이어 발간되기 시작했다.

일치한다. 이제 극우파는 샤를 모라스의 《군주정 탐구》와 더불어 공화주의 원리에 대적할 일관된 교의를 갖게 되었다.

그런데 모라스의 '완전한 민족주의'에 내재된 외국인 혐오는 당시 왕당파 신문들이 퍼뜨리던 바스티유 함락에 관한 풍자화로 파급되었다. '살상의 축제,' '잘려진 머리'라는 불변의 주제에 바뤼엘 신부가 제기한 프리메이슨의 음모라는 주장을 되살려 공격적 민족주의와 결합한 새로운 역사적 차원이 덧붙여졌다. 그에 따라 생탕투안 대로의 요새(바스티유를 의미 - 옮긴이)는 어떻게 외국, 특히 독일에서 꾸민 음모의 결과 함락되었는지, 그리고 프로이센인들은 프리메이슨, 신교도, 계몽철학자들에 의한 프랑스의 전복이라는 야심찬 포부의 마지막 장애물이었던 가톨릭 프랑스를 쓰러뜨리기 위해 어떻게 파리 하층민들의 지원을 받아 그 음모를 체계적으로 실행에 옮겼는지가 매우 진지하게 설명된다. 반드레퓌스파의 반유대주의적 망상을 상기시키는 이 상식을 벗어난 시각에서 바스티유 함락은 파리 민중이나 프랑스 근위대의 성과가 아니라 사회 최하층 출신이며 '반프랑스'의 상징인 한 줌의 배신자들의 지원을 받은 프랑스 거류 외국인들의 업적이었다. 반박할 수 없는 역사적 기록에 근거한다고 내세우는 이러한 주장들은 1911년 7월 아가디르(Agadir) 사태[89] 이후 민족주의와 반독일 감정이 극에 달한 1911년에서 1914년 사이에 정점에 이르렀다. 다음은 정도를 벗어난 이러한 비판의 한 예이다.

> 1789년 7월 14일, 또는 외국인들이 계획한 프랑스혁명
> 프랑스혁명을 일으킨 것은 프랑스인들이 아니다.
> 프랑스혁명은 첫 번째 '사업'이었다.

---

89) 〔역주〕 1911년 봄 모로코에서 내란이 발생하자 프랑스가 진압을 위해 군대를 파견하고 이어 독일이 모로코 남서부 도시 아가디르에 군함을 파견함으로써 양국 간에 긴장이 조성되었다. 협상 끝에 독일이 양보하고 모로코는 프랑스의 보호령이 되었다.

Détruisons la Bastille !!!

A tous les Français !

« On a tellement fêlé le cerveau de ce pays, disait Henry Maret, qu'il s'imagine n'être plus opprimé lorsqu'au lieu d'être opprimé par un **seul** maître, il l'est par **plusieurs**... »

Le fait est que *si un* **Roi** *ou un* **Empereur** *avait fait le* **quart** *du mal qu'a accompli la République maçonnique* les barricades se seraient dressées toutes seules dans la rue !

Pourtant si le peuple tient un peu à sa liberté il ne doit pas plus supporter l'oppression maçonnique qu'aucune autre oppression.

EN 1789

En 1789, le peuple français était persuadé — ou plutôt certains meneurs avaient cherché à persuader au peuple qu'il ne posséderait la véritable liberté que le jour où la Bastille — prison d'Etat — serait à terre.

Le 14 juillet 1789, le peuple de Paris renversa la Bastille mais... la liberté ne vint pas.

Il renversa la royauté, guillotina le meilleur des monarques et... ce fut la tyrannie sanglante et jacobine qui s'installa au Pouvoir.

AUJOURD'HUI...

Après plus d'un siècle écoulé,
Après avoir fait trois révolutions,
Après avoir conquis le suffrage universel,
Sous une République *soi-disant* démocratique... le peuple de France est PLUS ESCLAVE QUE JAMAIS.

D'où vient cela ?

Cela vient de ce que, sous cette étiquette *menteuse* de « République », la secte maçonnique qui détient le pouvoir, a rétabli à *son profit et en les aggravant,* **tous**

53. 우파의 도전: 훌륭한 언론과 신사들에 의해 무너진 프리메이슨의 바스티유. 1908.

> 프랑스혁명은 외국인들에 의해 결정되고, 군사적 침공계획처럼 대략적 경로가 정해졌으며 '이를 위해 프랑스에 침투한 외국 비적들의 군대에 의해' 실행되었다.
> 혁명의 계획은 프리메이슨 독일 지부들에 의해 수립되었다.
> 독일 지부들의 원정계획은 오래전부터 프랑스에서 소요를 야기하고 불평분자, 시샘꾼, 양심의 가책을 모르는 자들, 무뢰한들로 이루어진, 여전히 수많은 병사를 거느린 군대를 매수하고 끌어들이는 것으로, 간단히 말해 프랑스인들의 손으로 왕좌를 쓰러뜨리게 하는 것으로 제한되지 않았다.
> 독일 지부들은 당연히 그것이 불가능하다고 판단했다.
> 외국의 원조, 외국의 침략군이 필요했다.
> 그에 따라 독일 지부들은 봉기에 신호를 주고, 폭력행위를 시작하기 위해 진짜 비적들의 군대를 프랑스에 들여보냈다.
> 이 군대는 1789년 초 파리에 침투했다 〔…〕
> 암호를 일러준 지휘관들 아래서 완벽하게 조직되고, 특별한 표시가 새겨진 에퀴(*écus*)화(貨)로 호주머니를 채운 그들은 마찬가지로 끌어들인 프랑스의 비적들과 합류했다 〔…〕
> '독일인들은 바스티유의 정복자들이다'.
> 바스티유를 함락한 것은 그들이다 〔…〕[90]

이 정치적 긴장기에 악시옹 프랑세즈는 자신의 신문을 통해 감언이설을 퍼뜨리는 데 만족하지 않고 공개강연을 조직하고 바스티유에 대한 흑색전설을 반박하는 선전문들을 배포했다. 예를 들어 1911년과 1912년, 베르주라크(Bergerac)[91]의 왕당파 그룹은 여러 회합에서 바스티유를 "정신병원의 치욕을 면하게 해주고 싶었던 사람들, 의학적 · 사회적 이유로 명예를 회복시켜 주어야 했던 사람들을 위한 신중한 피신처"라고 소개했다.[92] 다른 한편, 1912년 7월 14일 전날, 악시옹 프

---

90) *Ibid.*, 15 juillet 1911.

91) 〔역주〕 프랑스 남서부 아키텐 지방에 있는 소도시.

92) Maurice d'Auteville, *La Bastille, légende-histoire : conférences données aux*

랑세즈의 낭트 지부는 다음과 같은 민족주의적이고 반유대주의적인 벽보를 도시에 내걸었다.

> 바스티유의 잔해 위에 세워진 공화국은 기요틴, 익사형, 총살형으로 200만 이상의 프랑스인을 절멸시켰다 〔…〕
> 결국, 바스티유는 우리에게 무슨 가치가 있었는가?
> 익명의 집단적 독재가 우리를 짓누르고 있다.
> 공화파는 스스로 분열되어 있고, 프랑스를 분열시키고 있다.
> 특급 사기꾼인 거물 유대인들은 비싼 값으로 의회의 보호를 사고, 반면 공화국의 바스티유들은 생디칼리스트들과 국왕의 카물로들로 가득 찼다.[93]

게다가 제 3공화국의 어휘 속에서 '바스티유'라는 단어는 의미상의 변천을 겪었을 뿐 아니라 20세기 초에는 그 당파적 의미가 변화했고, 그 단어를 공격적으로 사용한 측은 좌파가 아니라 극우파였다. 1880년 공화파는 집단적 기억 속에서 구체제를 국왕의 자의적 통치와 '국왕의 의지'(*bon plaisir*)의 명료한 상징인 바스티유의 봉인장에 관한 불명예스러운 기억과 결합시킴으로써 구체제의 평판을 떨어뜨렸다. 25년 후 극우파는 공화국을 바스티유로 지칭하고 프리메이슨이 그 성벽을 엄중히 지키고 있다고 주장함으로써 마찬가지 방식으로 좌파에 응수했다. 〈라바스티유, 반(反)프리메이슨 신문〉이라는 주간지는 1902년에서 1914년까지 "훌륭한 프랑스인들"에게 공화국을 쓰러뜨릴 것을 정력적으로 촉구했다. 새롭게 복자로 추대된 잔다르크 자신이 공화국

---

membres de l'Action française, *Bergerac le 25 novembre 1911 et le 10 mars 1912*, Bergerac 1912, pp. 84, 111. 모라스 자신은 1907년과 1911년에 발표되어 *Entre le Louvre et la Bastille*, Paris, Éd. du Cadran, 1931, pp. 64~77에 실린 글들에서 바스티유를 옹호했다.

93) *L'Espérance du peuple*, 14 juillet 1912. 이 신문은 같은 호에서 1912년 출간되어 좌파로부터 냉랭한 대접을 받은 아나톨 프랑스의 《신들은 목마르다》를 바스티유를 공격하는 데 이용했다.

의 바스티유와 싸우는 민족주의적 십자군에 가담했다.[94]

> 그 당파(공화파 - 옮긴이)가 요새에 숨듯 숨어 민중을 노예로 만들고, 가톨릭 민족에게 가장 치명적인 법들을 대포알 대신 민중에게 날리는 이 '의회'야말로 '프리메이슨의 바스티유들' 중 제일의 것이 아닌가?
> 민중의 자녀를 이 영혼의 사형집행인… 신에 대한 믿음과 더 나은 세상에 대한 희망을 빼앗는 무신론자 교사에게 넘겨 버리는 이 '세속 학교'야말로 '프리메이슨의 바스티유'가 아닌가?
> 우리 아이들의 순수함, 우리 성직자들의 평판, 군대의 명예와 깃발, 조국의 가장 훌륭하고 신성한 전통을 마치 강철주먹처럼 내리치는 추잡한 신문들이 매일 아침 발간되는 이 음침한 소굴들 역시 프리메이슨의 바스티유들이다![95]

그러나 7월 14일 기념일에 반대하는 극우파뿐 아니라 극좌파의 온갖 선전공세에도 불구하고 그들의 혁명적 또는 수정주의적 주장의 울림은 제한된 신봉자 집단을 제외하고는 거의 영향을 미치거나 관심을 끌지 못했던 것으로 보인다. 7월 14일의 부르주아적 기념에 대한 노동총동맹의 비난과 프리메이슨 프로이센 지부의 음모에 대한 악시옹 프랑세즈의 터무니없는 주장은 상당수 도시민들의 흥미를 끌지 못했다. 그들에게 7월 14일 기념일은 이제 쉬는 날이자 소중한 축제일이었다. 따라서 〈루아르 강의 등대〉지는 1911년 7월, 양극단 '반체제인사들'의 실패와 7월 14일 기념일의 '클라이맥스'가 된 열병식의 성공을 자축할 수 있었다. 열병식이 끝난 후 "사람들은 지치고 먼지투성이가 되어 집으로 돌아왔다. 그러나 피곤한 것쯤은 아무것도 아니었다. 왜냐하면

---

94) J. Le Lorrain, *Sous l'étendard de la bienheureuse Jeanne d'Arc : appel à la France*, Paris, Téqui 〔1909〕.

95) *Tract affiche du Petit Patriote*, "*Détruisons la Bastille!!!*", Auxerre, Imprimerie du *Petit Patriote*, 1908, p. 2.

그들은 프랑스가 여전히 건재하다는 것을 느꼈기 때문이었다".

"열병식은 국경일의 위대한, 진정한 볼거리이다. 사람들은 물론 공놀이를 하러 가기도 하고, 학교 바자회에 가기도 하고, 불꽃놀이를 보러 가기도 한다. 그러나 그것은 같은 것이 아니다.[96)]"

실제로, 3년 군복무 법, 이른바 '국왕 레몽 푸앵카레 법'(Raymond Poincaré regnante)이 가결되었을 때, 평화주의자이며 반군국주의자들인 혁명적 극좌파는 1913년 7월 14일 롱샹에서 열리는 군대의 성대한 열병식을 막고자 했으나 실패했다. … 그러나 당시 프랑스에 확산되던 민족주의의 물결은 열병식만을 특별대우했던 것은 아니다. 민족주의의 물결은 역사적 전거에도 영향을 미치고 7월 14일에 대한 기억에도 전염되었다. 1914년 7월, 모리스 숍은 〈루아르 강의 등대〉지에 쓴 "되살아난 바스티유"라는 제목의 글에서 앙시(Hansi)에 대한 독일 법원의 유죄판결을 언급하고, 국제적 긴장과 반독일 분위기 속에서, 독일제국을 거대한 바스티유에 비교했다.[97)] 언젠가는 그 거대한 바스티유를 점령해 불행한 두 포로, 알자스와 로렌을 구출해야 할 것이다. "우리가 우리의 바스티유 파괴를 기념하는 그날 독일은 자신의 바스티유의 문을 연다." "자유와 마주한 압제.[98)]"

그렇다면 1914년이면 7월 14일 기념일은 심지어 프랑스 서부에서조차 풍속에 효과적으로 통합되어, 바스티유 함락이라는 시조신화, 즉 1789년 7월 14일의 '영웅적 축제'라는 전거는 그 짧은 축제(매년 거행되는 7월 14일 기념일을 의미함 - 옮긴이)에 의해 빛을 잃었다는 것인가? 그 경우에도 그렇다고 답하는 것은 대도시에서의 집단적 삶과 촌락의 집단사교성(*sociabilité*)을 혼동하는 일이 될 것이다. 촌락의 사회생활은

---

96) *Le Phare de la Loire*, 15 juillet 1911.

97) 〔역주〕 알자스 지방 콜마르(Colmar) 출신의 삽화가인 앙시(본명 장자크 왈츠 Jean-Jacques Waltz, 1873~1951)는 1912년 출간한 《앙시 아저씨가 프랑스 어린이들에게 들려주는 알자스의 역사》에서 1870년 이후 알자스로 건너온 독일인들을 모욕한 죄로 독일 법정으로부터 벌금형과 징역형을 선고받았다.

98) *Ibid.*, 16 juillet 1908, p. 4.

익명의 도시보다 한층 더 정치적 대립을 일상적 삶과 가족관계 및 친교의 망 속에 통합시키고 있었다. 예를 들어 〈루아르 강의 등대〉지는 낭트에서 7월 14일 기념일을 보도하면서 이미 오래전부터 내면화된 그것의 역사적 근거와 정치적·상징적 의미에 대해 상기시킬 필요를 느끼지 못했다. 반면 이 신문의 내륙판은 루아르엥페리외르 도의 작은 지역들에서 행해진 여러 연설들을 실었는데, 이 지역들에서는 7월 14일 기념일이 1880년 그것에 부여된 해방의 의미를 완전하게 보존하고 있었던 것으로 보인다. 따라서 1908년 쿠에롱(Couëron)[99]에서 공화주의자들은 지방의 정치적 변동들에 따라 이 자유의 축제의 해방적 차원을 되살릴 수 있었다.

> 시민 여러분, 올해 우리는 기뻐할 이유가 하나 더 있습니다. 왜냐하면 우리 역시 우리의 작은 바스티유를 무너뜨렸기 때문입니다. 우리의 반동적인 옛 시 정부는 사실상 요새를 닮았습니다. 〔…〕
> 1789년 7월 14일, 무너진 바스티유가 온갖 종류의 특권과 폐해, 모든 편견들, 가장 명백한 사회적 불의를 그 잔해 속에 묻어 버리고, 전제군주들의 몰락을 야기하고, 예속된 민중을 주권자 민중으로 만들었던 것과 마찬가지로 지난 시 정부 선거는 쿠에롱에서 반동적 정책에 종지부를 찍었습니다.[100]

그것은 프랑스 서부에서 '공화파'와 '왕당파' 사이에 오랜 대결이 계속되는 곳, 그리고 공화파가 소수파이거나 취약한 다수파인 곳에서는 어디에서나 적의 압력과 적대감에 직면하여 집단 내부의 결속을 유지하기 위해 말과 의식을 통해 위대한 원칙과 위대한 기억을 상기시키는 것이 필수적임이 드러났기 때문이었다. 사람들은 그것의 새로운 증거를 발견했지만 이번에는 인민전선의 위대한 시기에 프랑스 전체에 대

---

99) 〔역주〕 프랑스 서부 루아르아틀랑티크 도(道)의 소도시. 낭트에서 가깝다.
100) *Ibid.*, 16 juillet 1908, p. 4.

해 유효한 증거였다.

2. 1935~1936년 : '되찾은 시간.' 회복된 기억

1918년의 승리 이후 7월 14일 기념일은 부르주아 민족주의의 표현이라고 빈번히 비난받았고,[101] 노동조합, 사회당, 공산당으로 이루어진 좌파는 이 기념일을 무시했다. 그러나 1934년 2월 6일 시위[102]와 극우파 동맹이 공화국에 가한 '파시스트' 위기의 충격으로, 7월 14일 기념일의 민주주의적 · 해방적 · 민중적 의미는 1935년, 갑작스레 다시금 활력을 얻었다. 1934년 2월 6일 이후, 그때까지 정치적 차원에서는 사회당과 공산당으로, 노동조합의 차원에서는 노동총동맹과 통일노동총동맹(C. G. T. U. Confédération Générale du Travail Unitaire)[103]으로 심각하게 분열되어 있던 좌파는 화해하고 1935년 7월 14일, 재회를 성대하게 기념했다. 드라로크 대령의 불의 십자가단(Croix-de-Feu)[104]은 샹젤리제 대로(axe impérial)를 빽빽하게 열을 지어 행진한 반면, 50만 명으로 추정된 군중은 통합의 회복을 기뻐하고 더 나은 미래를 희망하며 바스티유 광장에서 나시옹 광장까지 파리 동부의 민중 구역

---

101) 예를 들어 1930년 4월 20일 〈생디칼리스트 관리〉(*Le Fonctionnaire syndicaliste*)지 49호는 이렇게 보도했다. "〔7월 14일 기념일은〕 성신강림 축일의 월요일이나 8월 15일 축일처럼 습관적으로 또는 오락거리로 기념된다. … 이제는 어느 누구도 열의 달의 이 날짜에 '사회적' 중요성을 부여하지 않으며 노동자들은 〔…〕 이날이 아무런 혁명적 의미도 갖고 있지 않다는 것을 알고 있다." M. Dommanget, *op. cit.*, p. 361에서 재인용.

102) 〔역주〕 급진당 달라디에 정부가 경찰국장 시아프를 경질한 데 항의하여 극우파동맹이 벌인 시위. 시위대가 경비대와 충돌하여 15명이 사망했다.

103) 〔역주〕 1922년 노동총동맹의 급진파가 따로 만든 조직.

104) 〔역주〕 제 1차 세계대전 후 십자무공훈장을 받은 전역병들의 모임으로 1927년 설립되었다. 1931년 프랑수아 드라로크가 의장이 되면서 정치적 · 민족주의적 성격이 강화되었다.

을 가로지르며 7월 14일 기념일에 해방과 혁명의 의미를 되돌려주었다. 그러한 장관 앞에서 베테랑 정치투사들과 생디칼리스트들은 드레퓌스 사건을 둘러싼 투쟁 이후 그토록 거대한 민중의 운동을 본 적이 없음을, 찬탄하며 인정했다.[105] 게다가 그런 현상은 파리에만 국한되지 않았다. 지방 역시 인민전선을 탄생시키는 데 크게 기여했다.

다른 한편, 이날의 충격은 매우 커서 '파시즘'에 대한 저항을 특징으로 하는 1935년 7월 14일의 '정신'은 국경일 훨씬 너머까지 확장되었다. 그날의 충격은 1936년 봄의 선거운동을 자극하고 그 기반이 되었으며, 인민전선의 승리에 기여했다. "단 하나의 선택: 2월 6일 아니면 7월 14일!" 급진파 신문 〈활동〉(*L'Oeuvre*)지는 입법의회 1·2차 선거 사이에 바로 이 간결한 구호를 통해 선거의 목표를 요약할 수 있었다.[106] 이런 상황에서 파리와 지방의 열광적인 남녀는 1936년 7월 14일 승리의 날이, 노동자들에게 다른 권리에 앞서 무엇보다 최초의 유급휴가를 부여한 정부에 대한 민중의 지지의 표현이며 나아가 2월 6일의 시위와 선동적 당파들에 대한 복수라고 느꼈다. 1936년 7월 14일의 성공은 파급력이 컸다. 그것은 1937년 5월 1일의 분위기에도 영향을 미쳐 그날은 7월 14일 기념일의 되풀이가 된 것처럼 보였다. 이러한 변화는 조르주 뒤물랭처럼 노조운동에 일생을 바친 노투사로서는 거의 인정할 수 없는 것이었다. "5월 1일은 부르주아적 축제의 모방이나 행복한 11월 11일[107]과 같은 것으로 변질되거나 훼손되어서는 안 된다.[108]"

---

105) *Le Populaire*, 15 juillet 1935. 자크 뒤클로가 다음과 같은 유명한 말을 한 것은 1935년 7월 14일이다. "우리는 삼색기에서 과거의 투쟁의 상징을, 우리의 적기에서 미래의 투쟁과 승리의 상징을 보고 있습니다." *Les Cahiers des droits de l'homme : bulletin de la Ligue des droits de l'homme*, 31 juillet 1935, p. 527.

106) Louis Bodin et Jean Touchard, *Front populaire, 1936*, Paris, A. Colin, 1961, p. 62.

107) 〔역주〕 제1차 세계대전 종전 기념일.

108) *Syndicats*, n° 29, 29 avril 1937 ; M. Dommanget, *op. cit.*, p. 290에서 재인용.

54. 1936년 바스티유 광장에서 열린 대규모 축제. 마라, 드게이테르, 루제 드릴, 로베스피에르, 디드로, 볼테르와 루소의 초상화가 걸려 있다.

그러나 1936년 여름의 "서정적 환상"은 현실의 시련을 극복하지 못했고, 곧 그 환상에서 깨어나야 했다. 7월 14일 기념일은 "거대한 희망"을 갖게 했지만, 에스파냐의 비극과 경제적 곤경은 그 희망을 잔혹하게 몰아냈다. 인민전선은 1937년부터 와해되기 시작했고, 다시 한번 분열한 좌파는 1939년 침울한 바스티유 함락 150주년을 각자 뿔뿔이 기념했다. 뮌헨 회담[109] 직후의 무거운 분위기 속에서 1939년 7월 14일은 1935년과 1936년 7월 14일과 달리 민족적 기억의 중대한 시기가 될 수 없었다.

인민전선 시기는 비록 짧았지만 7월 14일 기념일에 있어서는 중요한 전환점이었다. 이 기념일에 참석한 사람들은 공화국의 기억과, 삼색기, 라마르세예즈, 바스티유 함락 같은 혁명적 상징들을 '좌파 민중'이 다시금 의식적으로 '전유'하고 평화적으로 '재정복'한 것에 박수를 보냈다. 예를 들어 1935년 인권동맹(Ligue des droits de l'homme) 의장 빅토르 바슈는 "이날이 유명한 1789년 7월 14일, 1790년 7월 14일과 짝을 이루고 있다는 것을" 완전히 인식하고 있었다. 우파는 1918년 승리의 도취감 속에서 그러한 기억과 상징들을 빼앗아 그 본래의 의미로부터 벗어나게 만들었었다.

"1789년 7월 14일에 파리 민중이 국왕의 성채를 돌 하나하나 완전히 파괴했던 것처럼, 1935년 7월 14일에 민중들은 150년간의 격렬한 투쟁과 네 차례의 혁명으로도 무너뜨릴 수 없었던, 살아남은 바스티유들, 즉 파시즘의 바스티유, 악법들의 바스티유, 빈곤의 바스티유, 경제 및 금융 단체들의 바스티유를 공격하기로 결심했다![110]"

다음 해 인민전선이 승리함으로써 당연히 1789년의 민중운동과 1936년의 민중운동이 비교되었다.

---

109) 〔역주〕 1938년 9월 29~30일 나치 독일의 수데텐란트 병합 문제를 수습하기 위하여 영국, 프랑스, 독일, 이탈리아 4국이 뮌헨에서 개최한 정상회담. 이 회담 결과 수데텐란트는 독일에 할양되었다.

110) *Les Cahiers des droits de l'homme*, *op. cit.*, p. 517.

> 잊을 수 없는 1936년 7월 14일 기념일에 깨어난 것은 프랑스혁명의 늙지 않는 정신, 곧 1789년의 정신이다.
> 모든 것이 그것을 환기시킨다. 바스티유 함락의 이미지들, 프리지아 모자, 다시금 민중의 찬가가 된 되찾은 노래 〈라마르세예즈〉, 그리고 파시스트들에게 빼앗겼다가 다시 자유의 상징이 된 이 삼색기들! 우리는 말하기 주저하지만 〔…〕 그럼에도 불구하고 느끼고 있다. '1936년 7월 14일에, 1789년 7월 14일만큼이나 위대한 것이 성취되었다는 것을'[111] …

마지막으로 인민전선의 특징은 예술적으로 특히 풍요했다는 것, 그리고 혁명의 기억을 중심으로 한 품격 있는 진정한 민중문화를 창조하려는 독창적인 시도들이 있었다는 것이다. 많은 예들 중 유명한 두 가지를 상기해보자. 하나는 장 르누아르가 공산주의자 역사가 장 브뤼아(Jean Bruhat)의 자문을 받아 감독한 영화 〈라마르세예즈〉이고 다른 하나는 로맹 롤랑의 작품 《7월 14일》이 알람브라(Alhambra)[112]에서 재상연되어 거둔 커다란 민중적 성공이다.

> 7월 14일 저녁, 알람브라에 모여든 군중은 바스티유에서 집으로 돌아가던 중이었다. 〔…〕 7월 14일에 본래의 의미를 회복시킨 그들은 그날 밤 그것이 태어났을 때 불려진 자장가를 들으며 그 기원을 다시 찾아내기 위해 왔던 것이다.
> 군중들은 '극장에' 가듯 그곳에 온 것이 아니었다. 〔…〕 이 군중은 바스티유를 함락하러, 최초의 지도자들을 확인하러, 그리고 자유를 정복하러 거기에 온 것이었다.
> 그것은 경이로운 것이었다. 객석에서 무대로 흐르는 전류는 너무도 강렬하고 연속적이어서 가상의 극은 긴 세월과 함께 소멸되었다. 객석의 사람들에게 말하고 있는 것은 맡은 역을 연기하는 배우들이 아

---

111) Albert Bayet, *La Lumière*, 18 juillet 1936 ; L. Bodin et J. Touchard, *op. cit.*, pp. 134~135에서 재인용.

112) 〔역주〕 파리 제1구에 있던 유명한 음악 홀. 1967년에 문을 닫았다.

55. 1939년. 계보 : 1789년 상퀼로트에서 1939년 프랑스 사회당으로.

56. 바스티유 함락 150주년을 기념하는 국민교육부의 우의(寓意)적 포스터.

> 니라 마라, 데물랭, 오슈 〔…〕 1789년의 민중에게 말하고 있는 그들 자신이었다. 1936년의 그날 저녁, 바스티유는 '진짜로' 함락되었다. 그리고 극이 끝나고 배우, 단역, 관객이 한목소리로 〈라마르세예즈〉와 〈인터내셔널가〉를 부를 때, '들으러' 온 사람, '보러' 온 사람, 역을 맡은 배우는 더 이상 없었다.[113]

프랑스 공산당은 종파주의, 이데올로기적 교조주의, 그리고 소련에 대한 무조건적 추종으로 뚜렷해진 15년간의 내적망명 끝에 자신의 정치적 고립을 극복하고 민족공동체에 재통합되기 위해 1789년 신화의 부활과 공화주의적 기억의 회복을 나름대로 매우 교묘하게 이용했다. 1939년 〈뤼마니테〉지는 바스티유 함락 150주년을 기념하기 위해 자신의 달력 표지에 파리 상퀼로트의 모습과 프랑스 공산당의 주요 지도자들인 토레즈, 뒤클로, 카셍이 적기에 둘러싸인 7월혁명 기념원주 아래서 프랑스혁명에 경의를 표하는 모습을 사진편집으로 포개어 놓았다. 1793년 파리의 혁명운동과 공산당의 정치적 활동 사이의 이러한 역사적 연관은 공산당을 혁명적 민중의 유일한 계승자이자 공화주의적이고 나아가 민족적인 기억의 특권적 수호자로 내세우는 다음의 유명한 후렴구로 강조되었다. "우리가 프랑스를 이어간다!"(*Nous continuons la France!*)[114]

113) François Lassagne, *Vendredi*, 24 juillet 1936 ; L. Bodin et J. Touchard, *op. cit.*, pp. 161에서 재인용. 장 브뤼아는 다음의 책에서 장 르누아르와 작업할 당시의 자신의 역할에 대해 언급했다. *Il n'est jamais trop tard : souvenirs*, Paris, Albin Michel, 1983, pp. 98~99.

114) *Calendrier de l'Humanité : cent-cinquantième anniversaire de la Grande Révolution, 1789-1939.*

3. 1919~1945년 : 승리의 기억

1945년 7월 14일, 파리는 적어도 언뜻 보기에 1919년의 웅장한 행진을 연상시키는 새로운 개선축제를 경험했다. 1919년과 1945년에 공히 포슈, 조프르, 들라트르 드타시니 같은 명망 높은 군 지휘관들이 열광하는 군중들 앞에서, 승리를 거둔 군대의 선두에서 말을 몰지 않았는가? 물론 1919년에는 개선문에서 콩코르드 광장까지였고, 1945년에는 바스티유 광장에서 에투알 광장까지로, 코스는 달랐지만 말이다. 1919년과 1945년 프랑스의 상황은 겉보기와는 달리 근본적으로 차이가 있었고, 민족적 기억의 이 두 축과 그것들이 담고 있는 상징적 의미들을 상기해봄으로써 두 승리 사이에 프랑스가 경험한 국제적 지위의 급격한 추락을 측정할 수 있다.

1919년 7월, 조프르와 연합군 사령관 포슈가 이끄는 프랑스 군대가 모든 승전국 군대에 앞장서 행진할 때, 승리의 환상에 젖은 프랑스인들은 베르사유 조약에 대한 실망에도 불구하고 여전히 그들의 국가가 과거의 세계적 패권을 회복했다고 믿을 수 있었다. 반면 1945년 7월 14일 아침에 행진한 군대는 세 '강대국'이 모인 얄타와 포츠담 회담에서 발언권을 갖지 못한 프랑스 군대에 불과했다. 1919년 7월, 프랑스는 힘겹게 얻은 승리와 평화에 대한 기쁨을 표현했다. 반면 1945년 7월, 프랑스는 자신이 여전히 살아 있음을, 그리고 프랑스 역사상 최대의 재난을 극복하고 살아남았음을 자신과 의심 많은 세계에 입증하기 위해 자신의 해방을 기념했다. 1919년에 7월 14일 기념일은 갈등에 영광스러운 종지부를 찍었다면, 1945년에 그 기념일은 전전(戰前)의 축제의 전통을 회복함으로써 모든 것이 정상으로 돌아왔고, 있을 수 있는 최상의 세계로 돌아왔음을 입증하고자 했다. 간단히 말해 1919년 7월 14일이 과대평가된 프랑스의 위대함의 증거를 제시했다면, 1945년 7월 14일은 드골 장군의 노력에도 불구하고 프랑스가 더 이상

57. 1919년. 샹젤리제에서 연합군을 이끄는 포슈와 조프르.

58. 1945년. 바스티유 광장에서 드골이 군대의 사열을 지켜보고 있다.

일등국가의 대열에 가담할 수 없게 된 뒤집힌 세계에서 단지 프랑스의 영속성을 증언했을 뿐이다.

물론 〈르몽드〉지가 그랬듯이, "6년 만에 맞이한 프랑스의 7월 14일은 1919년 7월 14일보다 더 웅장했다. 1919년에는 단지 승리를 축하했을 뿐이다. 반면 오늘의 행진은 승리와 자유, 두 가지를 축하한다[115]"고 여전히 주장할 수 있었다. 그러나 그것은 1945년의 승리가 독일 군대에 대한 프랑스 군대의 군사적 승리일 뿐 아니라, '동시에' 적과 '협력'한 프랑스인들에 대한 다른 프랑스인들의 승리이기도 하다는 것을 은연중에 상기시키는 것이 아닌가?

그러나 〈르몽드〉지의 지적은 민족적 기억의 차원에서 1919년 7월 14일과 1945년 7월 14일을 갈라놓는 모든 것을 강조하는 한에서 적절하다. 1919년 승리의 기쁨은 바스티유 함락 기념을 애국적이고 군사적인 의식들로 완전히 뒤덮어 버릴 만큼 큰 것이었다. 반면 1945년에는 현재의 자유의 승리를 과거 바스티유 붕괴의 기억과 결부시키는 것이 자연스러웠다. 그러나 이러한 연관은 너무도 분명한 정치적 의도에 따라 이루어진 것이었고, 그에 따라 국경일은 새로운 헌법과 불가결한 제도개혁의 전망 속에서 자신의 입지를 강화하기 위해 참석한 여러 파트너들이 이용하는 압력수단으로 변형되었다. 실제로 1919년에는 승리한 공화국이 불의 시련을 통해 단단해지고 강해진 반면, 1945년에는 전쟁과 점령으로 황폐해진 나라에서, 제3공화국이 1940년 붕괴한 만큼, 경제적 토대뿐 아니라 정치제도 역시 재건해야 했다. 따라서 해방 이후 처음 맞은 7월 14일 기념일은 프랑스의 정치적 미래를 둘러싼 근본적인 분열이라는 상황 안에 갇혀 있었고, 드골 장군과 공산당 사이의 새로운 힘겨루기 시합의 초점이 되었다. 강력한 행정부를 지지하는 드골 장군은 7월 12일 라디오로 중계방송된 담화에서 자신의 구상을 제시했다. 반면 공산당은 레지스탕스에서 기원한 조직들을 교묘하

115) *Le Monde*, 15-16 juillet 1945.

게 바람막이로 이용했다. 이 조직들이 때맞춰 7월 10일 파리에 모여 〈프랑스의 재생을 위한 삼신분회〉를 구성했을 때, 공산당은 이 기회를 이용해 드골 장군이 맹렬하게 반대하는 계획이자 공산당이 효과적으로 지배하리라 기대했던 주권적 제헌의회의 선출을 요구하고, "모든 민주적 자유를 회복하기 위해," 그리고 드골 장군의 행동과 계획에 분명하게 반대하기 위해 7월 14일 프랑스 전역에서 시위에 나설 것을 민중들에게 촉구했다. 7월 14일, 대결은 특히 3판 2승제로(오전 열병식에서는 드골과 공산당이 무승부를 이루었지만, 오후 행진에서는 공산당이 승리하여 최종승자가 되었다는 의미 - 옮긴이), 그리고 두 행진으로 진행되었다.[116)]

7월 14일의 열병식은 잔다르크, 앙리 4세, 나폴레옹, 클레망소, 드골 같은 지도자들, 즉 신이 내린 '구세주'들에 의해 차례로 구현된 영원한 프랑스의 신화 속에 이 군사적 과시를 새겨 놓고자 했던 드골파의 기억과 그것(열병식)을 1789년, 1830년, 1848년, 1871년 혁명을 상징하는 파리 봉기의 전통에 결부시키고자 했던 공산당의 기억 사이의 타협의 산물로 보였다. "공화주의적이기 보다는 민족주의적인[117)]" 드골파의 기억은 1919년 승리의 기쁨을 누린 기념일을 이어받고자 한 반면, 자코뱅적인 공산당의 기억은 독소조약에 대한 공산당의 거북한 찬성을 더 잘 은폐하기 위해 인민전선의 행복한 시절과 관련을 맺고자 했다. 공식연단이 바스티유 광장에 세워져 기념의식에 민주주의적이고 공화주의적인 성격을 부여했다면, 보병들의 행진은 뱅센 산책로에서 드골이 사열하는 것으로 시작되었고, 특히 기계화부대의 행진은 샹젤리제 대로에서 끝이 났다. 따라서 공산당에 의해 활력을 되찾은 공

116) 7월 14일 기념일은 공산당과 드골 장군 사이의 정치적 대결의 장이었던 전체 기념의식들 안에 포함되어 있었다. 그 투쟁은 다음에 잘 묘사되어 있다. Gérard Namer, *Batailles pour la mémoire : la commémoration en France de 1945 à nos jours*, Paris, S. P. A. G. /Papyrus, 1983, pp. 89~113. "테니스 코트의 선서와 제국의 영광 사이의 1945년 7월 14일."

117) G. Namer, *op. cit.*, p. 27.

화주의적 기억은 드골과 군대가 구현하는 민족주의적 기억에 에워싸였고 그 기억과 평형을 이루었다. 적어도 이론상으로는 그러했는데, 그것은 파리의 민중이 기념되는 그 사건의 기억에 더 적합한 혁명적 의미를 기념일에 돌려줌으로써 스스로 게임의 규칙을 바꾸었기 때문이다. 〈르몽드〉지가 강조했듯이, "오늘 아침, 파리는 다시 한 번 군대를 환영했다. 그러나 민중들이 몰려든 곳은 더 이상 특권층의 대로가 아니었다. 그곳은 바스티유 광장, 연합국 국기들로 뒤덮인 '영광의 삼일'[118] 기념주 아래였다. 병사들은 오래전 바리케이드 위의 시민들이 자유를 위해 죽어갔던 교외지역으로부터 모습을 드러냈다."[119] 오후에 공산당과 노동총동맹, 그리고 그 관련단체들의 지도자들이 〈프랑스의 재생을 위한 삼신분회〉에 둘러싸여 콩코르드에서 바스티유까지 왔던 길을 되돌아 행진할 때(그곳의 지리는 여전히 강력한 정치적·상징적 의미를 함축하고 있다), 자코뱅의 기억은 자신의 우위를 강조하고 있는 것으로 보였다. 같은 시간, 파리 시민들을 즐겁게 하기 위해(그리고 그들의 관심을 돌리기 위해) 센 강에서 수상시합이 조직되었지만, 결국 남은 인상은 공산당이 그날의 주인공이라는 것이었다. 드골 장군이 설욕하기 위해서는 1959년 7월 14일까지 기다려야 할 것이다.[120]

7월 14일이 국경일로 제정된 지 100년이 지난 지금, 몇몇 극적인 상황 속에서 그것에 예외적인 광채를 부여했던 일련의 쟁점들은 프랑스에서 더 이상 예전 같은 현실성을 갖지 못하는 것으로 보인다. 관례화된 의식은 매년 관광용 분위기 속에서 진행되고, 그 분위기는 이미 오래전부터 당파적·전투적 성격을 잃어버린 것으로 보인다. 따라서 무덤덤한 심정으로 7월 14일 기념일에 유명한 "죽은 신들이 잠드는 자

---

118) 〔역주〕 1830년 7월혁명을 의미함.

119) *Le Monde*, 15-16 juillet 1945.

120) 〔역주〕 드골은 1953년 정계에서 은퇴했다가 알제리 위기 때인 1958년 복귀하여 1959년 1월 대통령에 취임했다.

줏빛 수의(壽衣)"를 덮고 싶어질지 모른다. 그러나 1989년으로 예정되었던 국제박람회의 취소가 1983년 7월 정계와 여론에 불러일으킨 격앙된 반응은 혁명의 기억에 대한 평화적 시각이 아직은 때 이른 것임을 입증하는 것으로 보인다. 처음에 논쟁의 핵심은 경제위기로 인해 불확실해진 이 기획이 재정적으로 적절한 것인가 하는 문제였음은 사실이다. 그러나 곧 논쟁은 박람회의 목적 자체, 즉 바스티유 함락 200주년과 프랑스 공화국에 대한 성대한 기념으로 옮겨갔다. 그 기념은 끝난 줄 알았던 오랜 논쟁에 다시금 불을 붙였고, 사람들은 7월 14일 기념일(그리고 공화국)의 반대자들과 지지자들이 한 세기 전에 주고받은 주장들, 그리고 사회당 정부의 경제·사회·문화 정책을 둘러싼 다툼과 좌파지식인들의 역할에 대한 논쟁 등 당대의 정치적 투쟁에 의해 되살아난 그 주장들을 한 세기 만에 다시 읽고 있다는 느낌을 받았다.

우파의 캠페인은 〈르피가로〉지에 의해 조직되었는데, 그 어조는 물론 한 세기 전보다 훨씬 더 균형 잡히고 차분한 것이었다. 민중들 내에서 바람이 일고 있음을 느낀 우파는 아마도 우파가 보기에는 단순한 상식에 속하는 진실을 알리기 위해 목소리를 높일 필요가 거의 없었을 것이다. 예를 들어 티에리 몰니에는 "바스티유를 함락한 그 유명한 7월 14일이 진정한 역사적 전환점인지, 그리고 공화국 신화의 캘린더에서 첫 번째 자리를 차지할 만한 자격이 있는지" 묻고, 이어서 다음과 같이 대답했다. "거의 폐쇄되다시피 하여 제대로 방어되지도 않은 감옥인 바스티유의 함락, 그것은 파리 역사의 수많은 다른 봉기들과 다를 바 없는 하루 동안의 봉기 끝에 그 총독의 머리를 창끝에 꽂아 끌고 다닌 사건에 불과하며 따라서 기념할 가치가 없다.[121]" 나아가 〈르피가로〉지는 1983년 7월 14일, "바스티유의 신화"와 보잘것없는 사건을 창설신화로 왜곡하는 것을 비난하는 기사의 삽화로 이 피 묻은 머리의 그림을 실었다.[122] 정권을 장악했지만, 지적 차원에서는 수세라

121) *Le Figaro*, 8 juillet 1983.

고 느끼던 좌파는 상황을 극화(劇化)하고, 스스로 위협받는 공화주의적 기억의 수호자로 자처하고, 제3공화국의 한창때 그랬던 것처럼, 자신의 적들을 공화국 자체의 적과 동일시하는 경향이 있었다. 그에 따라 막스 갈로는 혁명의 유산에 대한 새로운 우파(또는 그렇게 가정된 우파)의 문화적 공세를 비난했다. "프랑스혁명에 대한 샤를 모라스의 주장은 1789년을 '프랑스 민족의 토대가 된 살인'이라고 보는 논평자들에 의해 확산되었다. 〔…〕 이제 코셍(Augustin Cochin)은 1789년에 대한 모든 '진지한' 반성의 본보기가 되고 있다."[123] 〈뤼마니테〉지는 국제박람회에 대한 우파의 비판을 반박하는 데 거추장스럽게 신중한 표현을 찾으려 하지 않았고, 7월 9일 일면에 다음과 같은 제목을 달았다.

RPR[124] 대(對) 국제박람회,
그들은
바스티유를 더 좋아한다.

7월 14일, 앙드레 뷔름제(André Wurmser)는 공격을 재개했고, 이번에는 진지하게 우파를 반혁명 망명귀족들과 동일시했다.

> 경계하라, 시민들이여! 참으로 수치스럽게도, 파리는 프랑스가 국제박람회를 통해 프랑스혁명 200주년을 기념하는 것을 거부하고 있으니, 이는 첫 번째 경종이다. 이 사냥개 무리를 채찍으로 후려치기 위해서는 위고의 목소리, 아라공의 목소리가 필요하다. 적어도 모든 정당의 민주주의자들은 귀족들이 코블렌츠로 망명하던 때처럼 자본

122) "미슐레는 그것을 전제정의 소굴로 만들었지만, 그곳에 갇혀 있던 자들은 화폐위조자 넷, 미치광이 둘, 그리고 편집증환자 하나가 전부였다." *Le Figaro*, 14 juillet 1983.

123) *Le Monde*, 26 juillet 1983.

124) Rassemblement pour la République, 공화국연합. 드골주의를 표방하는 프랑스 우파정당. 2002년 자유민주당(DL), 프랑스민주연합(UDF)과 함께 '대통령여당연합'을 구성한 후 당명을 대중운동연합(UMP)으로 바꾸었다.

59. 1976년. 파리의 무도회.
60. 공화국 문화인가, 시민종교인가? 1978년 보클뤼즈의 한 촌락에서 진행된 '마리안' 흉상 행렬.

> 이 해외로 유출되는 지금, 대혁명에 대항한 유럽의 동맹에 맞섰던 그때처럼 핵의 위험에 직면해 있는 지금, 1789년 이래 늘 그랬듯이 1983년에 어떤 종류의 연합된 우파와 직면해 있는지 알 것이다. …

그러나 혁명기 프랑스의 상황과 현재의 현실 사이의 과장된 비교에도 불구하고, 일반적으로는 프랑스혁명의 기억, 특수하게는 7월 14일 기념일의 기억은 이제 전적으로 민족적 유산에 속하고 그 기억들은 프랑스인들을 나눠놓고 있는 정치적 분열들을 초월하는 것임이 명백하고 뚜렷해 보인다. 프랑스의 왕좌를 요구하던 파리 백작이 1983년 프랑스인들에게 보낸 '서한' 속에서 그 가장 좋은 증거를 발견할 수 있지 않은가? 파리 백작은 "바스티유 함락으로 상징되는 그 사건은, 그것을 비난하는 것도, 심지어 그것을 유감스러워하는 것조차 아무런 소용없는 그런 차원의 것"임을 아무런 회한도 없이 인정하면서, 우리 현대사의 이 창설적 행위를 민족적 연속성 안에 평온하게 통합시켰다.[125] 마치, 프랑스혁명 200주년의 시대에는 "그리운 옛날" 백주년의 시대처럼 우파와 좌파를 이분법적으로 대립시켜서는 안 되며 단지 좌파를 그 자신에게 대립시켜야 하는 것처럼? …

125) Henri, comte de Paris, *Lettre aux Français*, Paris, Fayard, 1983, p. 31.

공화국에서 민족으로

집필자들 각자의 관심사와는 별개로, 이 열여덟 편의 심층탐사(=논문)가 윤곽을 보여주고 명확하게 제시한 것은 그 핵심 부분이 아주 신속하게 자리 잡은 일종의 기억장치이다. 이 기억장치는 20세기의 무거운 현실들이 그것에 가한 변형과 변환(*métamorphoses*)을 고스란히 겪으면서도, 집단적인 기억 자산 속에 빠르게 녹아들어가 그 배경막이 되었으며 요컨대, 오늘날까지도 지속되고 있다. 하나의 순수한 기억, 토대와 준거가 되는 기억의 견고한 덩어리가 만들어진 것이다.

이 기억은 공화국적인가 민족적인가? 집필자들이 각각 나름대로 제기했으나 답변을 허용치 않는 이 물음은 급속한 상호 문화접변이 이루어졌음을 보여주는 기호이다. 공화국의 도제수업(*apprentissage*)은 공간과 정신과 시간의 신속하고 집중된 점유로 나타났다. 요컨대 그것은 "공화국의 영성(*spirituel*)"을 세우고, 공화국 건국의 원칙들을 중심으로 한 동원(動員)을 통해 공화국의 헤게모니를 굳히는 능력으로 나타났으며, 산 자와 죽은 자를 함께 축성하고 기억의 자기관리 제도가 주술적 서사시로 바뀌는 일종의 번성하는 다신교의 형태를 띤, 만신전과 순교자 명부와 성인전을 갖춘 사실상의 시민종교로 나타났다. 다양다기하고 동시다발적인 제례(祭禮)가 공화국의 신화와 공화국의 제식을 발명하였고, 공화국의 제단을 세웠으며, 공화국의 신전을 건설했고, 항구적인 교육용 볼거리로서의 공화국의 매체 — 조각상, 프레스코화, 거리표지판, 학교교과서 — 를 증가시켰다.

그러나 기억의 정치적 활용 그 자체는 특별히 공화국적이지도 심지어 프랑스적이지도 않았다. 그것은 당시 유럽의 모든 나라가 경험한 하나의 시대현상이었고, 그것을 에릭 홉스봄은 멋들어지게 '만들어진 전통'이라고 명명하였다.[1] 대중시대의 도래는 상승하는 민족주의들로 하여금 그때까지 적어도 이런 규모로는 알려지지 않았던 수단들을 사용하게 했고, 역시 그때까지 알려지지 않은 규모로, 모든 새로운 것들에 신속히 과거를 꾸며낼 필요성을 부과하였다. 잉글랜드 왕국이나 독일제국과 같은 다른 나라들과 비교할 때, (기억을 정치적으로 활용하는 일에 - 옮긴이) 공화국 프랑스는 오히려 한걸음 뒤처져 있는 듯하다. 소박한 건축물, 마리안(Marianne) 같은 추상적 상징들, 범속한 공민적 흉상들, 기억관행의 그리 과시적이지 않은 활용 따위가 바로 그러하다. 반면에 공화국은, 권위적 · 단일적 · 배타적 · 보편적이면서 동시에 아주 회고적인 기억을 깊숙이 심어주고 체계적으로 구축했다는 점에서 다른 나라들과 구별되었다.

공화국 기억이 권위적인 성격을 띠게 된 것은 그것이 새로운 체제(*régime nouveau*)[2]와 밀접히 관련되어 있었기 때문이다. 새로운 체제는 오른편에서 그리고 곧 이어서 왼편에서 도전을 받게되자 일종의 중앙집권적 자코뱅주의에 의해서 (프랑스) 혁명의 유산을 단호하게 부과하지 않을 수 없었다. 그리고 위기와 무력행사를 언제나 무력으로 극복하지 않을 수 없었으며, 교회가 교회에 대해 그리고 사회가 사회에 대해 이데올로기적으로 대립하게 하고, 금융 및 산업계의 대부르주아지와 농민계급의 연대를 공고히 하고, 제도들을 부여하고, 불복하는 군대를 제압하고, 서둘러 공화국이라는 용광로(*melting pot*)를 만들어낼 수밖에 없었던 것이다.

---

1) Eric Hobsbaum & Terence Ranger (dir.), *The Invention of Tradition*, London, Cambridge University Press, 1983. 특히 제7장 "Mass-Producing Traditions: Europe 1870-1914"(E. Hobsbaum)을 참조하라.

2) 〔역주〕 프랑스혁명 전 체제인 앙시앵 레짐(*ancien régime*)과 대비되는 말.

공화국 기억은 단일적이다. 19세기의 모든 역사서술, 특히 우리를 가르쳤던 제3공화국의 학교교과서의 역사서술이 당시 그것을 우리에게 당연한 것으로 여기게 만들었던 이러한 단일성은 단지 지리적·행정적 단일성뿐만이 아니라 정신적·이데올로기적 단일성이기도 했다. 이러한 단일성은 주민들과 지방들과 언어들의 믿을 수 없는 잡다함, 프랑스의 민족적 불완전성과 칸막이식 구조를 알아채지 못하게 만들었는데, 우리가 이러한 사실을 되돌아보는 데에는 테오도르 젤딘과 유진 웨버와 같은 앵글로색슨적 시각이 필요했다.[3] 이러한 관점에서 생각해 보면, 집단기억의 구축은 하나의 최우선적인 필요성, 즉 이질성들로 인해 생겨나는 무기력증에 맞선 대항권력, 삶과 죽음의 방식이 모자이크처럼 조각난 것에 균형을 잡아주는 평형추, 즉 각 지역의 기억들을 민족문화라는 공동자산 속에 등록하고 모든 사람을 "1789년의 아들들"[4]로 만드는 절대적 의무였던 것 같다. 학교, 군복무, 선거의례, 정당들의 합법적 결성 따위를 통해 공화국은 국가를 장악한 데 이어서 사회를 장악했다. 이제 공화국을 하나의 정권 이상의 존재로, 하나의 교리나 하나의 철학 이상의 존재로, 즉 하나의 시스템, 하나의 문화, 거의 하나의 도덕적 문명이 된 것이다.

공화국 기억은 자신이 배제한 것으로부터 자신의 응집력을 얻어냈다. 그것은 적들에 반(反)하는 것으로 스스로를 정의했고, 심지어 적들을 먹고 살았다. 적들은 실재적인 동시에 가상적이기도 했다. 공화국은 전체, 즉 민족을 구성하는 사회 전체를 구현하는 자신의 생성 능력을 발달시키기 위해 반대자들이 필요했다. '노동자들' 대 독점기업은 말할 것도 없고, 제3신분 대 '특권층', 애국자 대 '특권귀족', 서민 대

---

3) Cf. Theodor Zeldin, *Histoire des Paysans françaises*, Paris, Ed. Recherches, 1978, 4 vols., Eugen Weber, *La Fin des terroirs, la modernisation de la France rurale 1870-1914*, Paris, Fayard, 1983.

4) Cf. Mona Ozouf, "Unité nationale et unité de la penée de Jules Ferry", communication au colloque Jules Ferry, janvier 1982, l'E. H. E. S. S.

'부자', 인민 대 인민의 압제자들 따위의 대립구도를 만들어낸 것이다.[5] 공화국은, 반대파의 음모라는 흔한 가상적 사례에서 잘 나타나듯이, 적대성에 의해 자신의 일체감을 확고히 하려는 본연적인 욕구를 프랑스혁명으로부터 물려받았다. 앵글로색슨적 민주주의와는 달리, 프랑스는 사회계약을 개별 이익들의 타협으로 이해하지 않고 일반의지의 표현으로 이해했으며, 일반의지는 그것으로부터 배제된 자들을 필요로 했다. 그리고 오직 공화국 형태로만 정치적 민주주의를 경험했다는 사실로 인해 프랑스는 무의식적으로 다원주의와 정권교체에 대해 알레르기 반응을 일으켰던 것 같다.[6] 공화국은 전투적 일체감을 목말라 했다. 민족공동체의 상상할 수 있는 유일한 얼굴이 되었음에도 불구하고 공화국이 균열 없는 일체감 속에 완전히 하나로 용해되지 못한 이유가 바로 이것이다. 좌파연합과 더 이상 자동적으로 연결되지 않음에도 불구하고 공화국이 모든 형태의 정치적 투쟁성을 포기하지 않은 이유, 하나의 공통 문화가 되었음에도 불구하고 공화국이 여전히 신비의 의상을 벗어던지지 못한 이유, 민속놀이 정도로 주저앉았음에도 불구하고 공화국이 우리 역사의 모든 중요 국면마다 엄청난 동원력을 줄곧 발휘할 수 있었던 이유가 바로 여기에 있다. 공화국은 전쟁이며, 그것을 위해 우리가 싸우기를 원치 않고 죽음을 마다하지 않는 공화국은 죽은 공화국이다. 공화국을 통한 합의(*consensus républicain*)가 민족에 뿌리내리는 것을 결정적으로 완성한 핵심적인 두 에피소드가 그것을 입증해 준다. 하나는 제1차 세계대전의 승리가 1918년 클레망소에 의해 쟁취되었다는 사실[7]이고, 다른 하나는 공화국을 파산하게 만

---

5) Cf. Alain Bergounioux & Bernard Manin, "L'exclu de la nation, La Gauche française et son mythe de l'adversaire", *Le Débat*, n° 5(octobre 1980).

6) Cf. Odile Rudelle, *La République absolue, 1870-1889, Aux origines de l'instabilité constitutionnelle de la France républicaine*, Paris, Publications de la Sorbonne, 1982.

7) 〔역주〕 1917년 11월 20일 수상이 된 클레망소는 사회주의자, 평화주의자들을

든 유일한 정권(비시정권 - 옮긴이)에 맞서서 레지스탕스와 '프랑스의 어떤 이념'을 설파한 장군(드골 장군 - 옮긴이)이 공화국을 복원했다는 사실이다.

공화국 기억은 보편적이다. 왜냐하면 공화국의 창건 이데올로기가 프랑스혁명의 유산 안에서 선별과 동시에 융합을 이룩해낼 줄 알았으며, 이로 인해 어느 경우든 프랑스혁명이 〈인권선언〉의 자유주의적 의미에 고정되었기 때문이다.[8] 고대의 공화국들처럼 직접적인 연관이 별로 없는 역사적 전통들을, 또는 리트레, 페리 그리고 심지어 뒤르켐 같은 공화국의 사제들에게 큰 영향력을 미친 오귀스트 콩트의 실증주의처럼 무관하거나 심지어 모순되는 지적 전통들을 프랑스혁명이 남긴 유산과 뒤섞을 줄 알았다는 점에서 공화국 기억은 보편적 성격을 지닌다.[9] 공화국이 자신의 기억을 이성에 맞추어 그리고 이성을 토대로 구축할 줄 알고, 사회에 대한 지식—역사적 및 사회학적—의 발달을 자신의 정당성 부여를 위해 활용할 줄 알았다는 점에서, 그리고 공화국이 특정한 한 민족의 모험을 인류의 해방적 전위대로 만들 줄 알고, 진보의 판단기준 자체를, 아니 좀더 자세히 말하자면, 역사 안에서 그리고 역사를 통해 실현되며 공화국이 물론 그 중요 단계를 이루는 진보의 한 판단기준을 도입할 줄 알았다는 점에서 공화국 기억은 보편적 성격을 지닌다.

시간 층위에서의 이러한 중요한 지표설정은 공화국의 기억이 비록

억압하고 경제와 군사작전을 위한 특별법을 통과시켜 제1차 세계대전 승리의 주역이 된다.

8) Cf. François Furet, *Penser la Révolution française*, Paris, Gallimard, 1978. 그리고 *Débat*에 실린 퓌레(Furet)와 아귈롱(Agulhon)의 대담(n° 30) 및 퓌레의 두 논문, "La Révolution sous la Terreur? Le débat des historiens du XIXe siècle"(n° 13), "La Révolution dans l'imaginaire politique français"(n° 26)을 참조하라.

9) Cf. Claude Nicolet, *L'Idée républicaine en France*, Paris, Gallimard, 1982, chap. VI.

미래에 대한 전망을 담고 있더라도 본질적으로 회고적인 성격을 지니게 만든다. 일반적으로 과거에 대한 애착과 연속성에 대한 존중은 반작용(*réaction*)과 연결되어 있다는 점에서, 달리 말하자면 기억이란 과거에 관한 것이라는 점에서, 이러한 주장은 얼핏 모순적이고 동어반복적으로 보일 수 있다. 그럼에도 불구하고 그 의미는 명확하다. 공화국을 통한 합의의 힘은 공화국 기억 위에 세워졌고, 공화국 기억은 기념제 위에 세워졌다. 이 책에 인용된 페기의 말처럼, 7월 14일이 그 자체로 공화국의 첫 번째 생일이었던 것과 마찬가지로, 제 3공화국은 그 자체로 완전히 자기 자신에 대한 축하였다. 공화국이 역사 속에 직접 이름을 새긴 것, 그리고 공화국이—사회 안에, 공간 안에, 제도들 안에, 정치 안에—체현된 것은 공화국이 자기 고유의 전통에 대한 준거틀로 자신의 정체성을 정의하는 데 불가분의 작용을 했다. '공화국 전통'(*Tradition républicaine*)이 생긴 것이다! '공화국 전통'이야말로 이미 너무 두꺼워진 이 책에 한 장(章)을 할애해서, 물론 그 역사적 전개과정[10]에 대해서가 아니라 그 표현양태들에 대해서, 기꺼이 다루어야 마땅했던 공화국의 진정한 기억의 장소이다. 의회의 웅변술, '연회(*banquets*)[11]의 파급 열기', 라틴문화 논쟁, 바칼로레아 시험문제의 변천, 다 잊혀져도 남기 마련인 문화, 《프티 라루스》(*Petit Larousse*)[12]의 총천연색 페이지, 지방을 정의하는 신성한 삼각지대, 울름 가(街),[13]

---

10) 뤼델(Odile Rudelle)은 '공화국 전통'이라는 표현의 첫 용례를 1900년 4월 11일 발덱루소(Waldeck-Roiusseau)의 하원 연설에서 찾는다. "나는 조금 전에 공화국 전통에 대해 말했습니다.…" communication au colloque *La France sous le gouvernement Daladier*, 4-6 décembre 1975, Fondation nationale des sciences politiques.

11) 〔역주〕 7월왕국 말 불법화된 집회 대신 많은 사람이 모여 식사를 함께 하는 대규모 연회 형식을 빌려 선거법 및 의회개혁 캠페인을 벌였고, 이것의 금지가 1848년 2월혁명의 원인이 되었다.

12) 〔역주〕 1905년에 출판된 삽화가 들어간 한 권짜리 백과사전. 여러 차례 수정판이 나온 대표적인 학습용 사전.

13) 〔역주〕 울름 가(rue d'Ulm)는 파리고등사범학교(ENS)가 위치한 곳이다.

에두아르 에리오라는 표준적 인물, 굳이 말하자면 기억과 일체화된 인간이 그 중심부를 차지하는 급진당의 통치기조 따위가 마땅히 다루어졌다면 더 좋았을 것이다.[14]

공화국적인가 민족적인가? 중요한 것은 이 둘 중에 하나에 있는 것이 아니라 공화국 기억이라는 견고한 덩어리가 국가와 사회와 민족을 일종의 애국적 종합 속에서 유기적으로 구성해 냈다는 사실에 있다. 베르됭[15]에서 그 절정에 이르렀으나 오늘날에는 내용이 없는 형식이 되어버린 종합 말이다.

*

공화국 기억의 변환을 이해하려면, 아마도 20세기 프랑스의 역사를 체계적으로 다시 쓰는 일이 필요할 것이다. 이 변환은 다음과 같은 네 종류의 요인들에 달려 있었다.

우선 공화국의 성공 그 자체이다. 내적이든 외적이든 구체적인 위협이 부재했고, 교권주의나 왕정이나 독재의 위험도 더 이상 없었고, 공화파의 실지회복 외침도 영원한 숙적도 더 이상 없었다. 공화국의 합법성을 위태롭게 하는 이 모든 것들은 과거지사였다. 1934년 2월 6일[16]과 같은 실질적인 위협들은 '공화국 방어'(*défense républicaine*)라는 반사행위에 부딪혔다. 해방 당시 공산주의자들이 무력시위를 할지 모른다는 두려움, 쿠데타를 기도한 장군들의 지지를 얻어 1958년에 드골이 집권한 일, 1961년 알제리 전쟁 중에 바로 이 장군들이 반란을 도모한 일과 같은 잠재적인 위협들도 사라졌다. 아니 좀더 명확히 말

14) Cf. Jean-Thomas Nordmann, *La France radicale*, Paris, Gallimard, 1977.

15) 〔역주〕 재차 세계대전 당시 독일과의 격전지. 프랑스의 애국심과 총화단결의 상징이다.

16) 〔역주〕 극우파가 국회의사당 앞에서 무장시위를 일으켜 15명이 사망하고 1,500명이 부상당한 사건.

해, 1958년 헌법 제16조가 남용될 위협도 사라졌고, 한때 드골 장군이 왕조계승의 속내를 지녔다는 뜬소문의 위협도 사라졌다. 민족적 패배 속에서 등장하고 독일의 패배로 쫓겨난 비시 정부는 골수 반(反)공화주의를 청산했고, 거부(拒否)만을 일삼는 낡은 프랑스를 부수적 존재로 만들었다. 공화국 기억은 보편적 지평을 얻었다.

민족의 기억자산 속에 이와 같이 지속적으로 뿌리내리기를 한 결과 공화국 기억은 때로는 그 허약성 탓에 때로는 그 난폭성 탓에 더욱더 내적인 무기력과 비난에 시달려야만 했다. 한 체제가 한 번은 '이상한 패배'(마르크 블로크)로, 또 한 번은 1958년에 공화국 장성들로 인해 모두 두 차례나 파산했을 때, 그리고 1934년 2월과 1947년 가을[17]에 모두 두 차례나 파산 직전에 이르렀을 때, 뮌헨[18]의 '비굴한 위안'을 제공받았을 때, 그리고 알제리에서 고문을 자행함으로써 공화국의 명예가 땅에 떨어졌을 때, 그리고 이 기간 내내 내각의 불안정, 의회의 무기력, 제도의 마비를 보여주었을 때,[19] 공화국 기억은 그 자신의 허약성에 대한 회상(*souvenirs*)과 '배반'에 대한 계속된 질타로 뒤덮였다. 특히 공산당 측은 이러한 '배반'에 대한 공세의 일환으로, 공화국의 최고 가치들을 구현하고 있다고 여겨진 사회주의 전통을 직접 겨냥했다. 즉 1914년 제1차 세계대전 직전의 사회주의 인터내셔널의 배반, 1936년 스페인 내전에 대한 불간섭,[20] 1956년 알제리의 프랑스인 문제에 대한 공화국 전선의 책임회피 따위를 들추어냈다.

---

17) 〔역주〕 공산당과 노동총동맹의 주도 아래 전국적으로 발생한 파업과 봉기로 공화국 체제가 위협받은 일을 말한다.

18) 〔역주〕 영·독·불·이 4개국 대표가 모여 독일의 체코 영토 장악을 용인해준 1938년 9월의 뮌헨회담을 말한다.

19) Cf. 특히 공화국 대통령 뱅상 오리올(Vincent Auriol)의 감동적인 회고록을 참조할 수 있다. *Mon septennat 1947-1954*, Paris Gallimard, 1970, *Journal du Septennat*, Paris, Armand Colin, 7 vols.

20) 〔역주〕 스페인의 인민전선이 군부 쿠데타로 위험에 처했음에도 불구하고 프랑스 사회당 정부가 국익을 핑계로 군사적 지원을 거부한 일을 말한다.

이와는 반대로 공화국의 난폭성에 대한 비난도 있었다. 공화국이 중앙집권적이고 관료주의적인 자코뱅 좌파와 오랫동안 동맹을 맺고 있었다는 점, 이제 혁명과 반동, 좌파와 우파 사이가 아니라 원래의 좌파 즉 공식 좌파와 한때 "두 번째" 좌파라고 불렸던 또 다른 좌파(지방권익의 수호, 지방분권적 의지, 시민과 지방정부의 상호접근, 차이점의 존중 등을 중시했다) 사이의 대립 따위가 들추어졌다. 평등주의적 야망의 배후에 동질화의 속셈을 감추고 있는 전제적인 얼굴을 한 공화국, 즉 모든 것을 평준화하려 하고 강압적인 권력체의 화신에 대한 비난은 알비(Albi) 십자군에서 방데(Vendée) 반혁명 세력의 학살과 지방어의 근절을 거쳐 "프랑스의 일급 경찰관" 클레망소에 이르는, 전혀 다른 기억의 풍경을 부각시켰다. 요컨대 소비에트의 경험에 의해 그 부정적 성격이 절정에 이르게 된, 대혁명의 또 다른 유산이 들추어진 것이다.

그러나 공화국의 이미지의 약화는 무엇보다도 민족주의 기억과 혁명 기억이라는 두 계열의 기억들 사이의 경쟁에 기인했다. 이 두 계열의 기억들은 19세기 말 이래로 줄곧 공화국에 이의를 제기하였고, 제2차 세계대전과 그 이후에는 드골주의와 공산주의의 형태로, 민족적·공화주의적 상상계(想像界)에 강한 호소력을 발휘했는데, 그 호소력은 지지자들의 숫자나 권력과의 현실적 관계에 의해서가 아니라 프랑스, 즉 '참된' 프랑스를 구현한다는 그들의 주장의 정당성에 의해 측정되었다.

그렇다고 이 두 기억들에 대해 그리고 공화국과의 관련성에 대해 그 대칭적 균형을 너무 멀리 밀고나가서는 안 될 것이다. 드골주의의 기억은 파산한 공화국에 대한 하나의 대안으로 자처할 수 있었고, 공산주의는 공화국의 논리적 심화, 공화국의 자연스러운 연속, 그리고 공화국의 가장 견고한 성벽으로 자처할 수 있었다. 하지만 공산주의 기억은 자신의 역사의 위대한 순간에도, 그 활동반경이 그렇게 컸음에도 불구하고, 좌파에 국한된 분파적 기억으로 남았으며, 그 밖의 시기에는 공화국적 합의의 외부에 위치해 있었다. 반면에 드골주의는 민족사의 벅찬 순간이었고, 공화국의 제도들 안에 확고하게 착근되어 있었다. 누구나 구분을 지었던 이 두 기억, 시간의 흐름 속에서 전혀 다른 형태들을 내보였던 이 두 기억 사이의 대조는 한 걸음 더 나아갔다. 공화국 기억에 가장 가깝다고 스스로 느끼는 한 기억(공산주의 - 옮긴이)은 하나의 교리(맑스주의), 하나의 전략(계급투쟁) 그리고 하나의 역사적 경험(소비에트 볼셰비즘)에 의존하고 있는데, 이러한 것들은 외래적인 것일 뿐만 아니라 스스로를 철저하게 좀먹을 수 있다는 사실을 잊어서는 안 된다. 반면에 또 다른 한 기억(드골주의 - 옮긴이)은 한 인물에 의존하고 있는데, 이 인물은 그의 훈육, 그의 감성, 그의 사상으로 볼 때 공화국 전통에 상당히 낯선 존재임에 틀림이 없지만, 그의 두 번에 걸친 위대한 민족적 개입은 처음에는 공화국의 회복으로 끝을 맺었으며, 다음에는 공화국을 강화할 제도적 수단을 그에게 부여하는 것으로 끝을 맺었다.

그러므로 이 두 기억의 대칭적 균형은 허상에 가까운 것이지만 일종의 상호보완 효과를 지니고 있다. 이 두 기억의 헤게모니는 완벽하게 같은 시대에 발휘되었고, 그 쇠퇴도 1970년대 중반에 나란히 진행되었다. 민족에 대해 이 두 기억은 일종의 설득력 있는 연속성을 대변했다. 이 두 기억은 공화국의 정통성을 공화국의 합법성이라는 유일한 경계선상으로 후퇴시킬 수 있었다. 공화국의 눈으로 보면 "모반꾼"에 지나지 않을 프랑스인민연합(R. P. F.)과 "모스크바 앞잡이"에 불과한 공산주의자들이 '공화국'을 유권자의 1/3에도 못 미치는 수준으로, 30%로 축소시켰던 1947년 지자체 선거가 그 대표적인 사례이다.[21] 이 두 기억은 보통선거로 치러진 1965년의 최초의 대통령선거와 같은 장엄한 순간에 누가 공화국의 대변자인가를 놓고 서로 다툴 수 있었다. 이때 앙드레 말로는 프랑수아 미테랑에게 "공화파의 단일후보여, 공화국을 잠들게 내버려 두라!"라고 소리쳤다. 이 두 기억은 스스로를

---

21) 〔역주〕 1947년 10월의 지자체 선거에서 프랑스 인민연합이 38%의 득표로 대성공을 거두고 공산당이 30%로 현상유지에 성공한 반면, '공화국' 슬로건을 내건 중도 정파들은 겨우 30%를 얻는 데 그쳤다.

공화국과, 공화국의 방어와, 공화국의 위대한 순간과 일체화했을 때(공산주의자들에게는 인민전선, 레지스탕스, 1958년 5월, 드골주의자들에게는 해방 당시의 샹젤리제 행진, 1958년 9월의 공화국 광장에서의 연설, 반란 장군들에 맞선 1961년 2월의 공화국 방어 호소)에 비로소 민족의 이미지를 구현할 수 있었다. 이 두 기억은 능숙하고 소리 없는 역할분담을 통해서, 앙드레 말로가 "우리와 공산주의자들이 있고 나머지는 아무것도 아니다"라고 단언할 수 있었던 바로 그때에, 민족적 상상계로부터 공화국을 지워버릴 수 있었다.[22]

공화국 기억의 낡은 토대의 변환을 가져온 네 번째이자 마지막 요인, 가장 덜 분명하지만 아마도 가장 적극적인 요인은 바로 프랑스가 30년 동안 경험했지만 오늘날에는 사라져 버린 유례없는 경제발달이었다. 이것은 그 자체로 결정적인 요인인데, 왜냐하면 공화국이 기억에 입각하여 이루어낸 민족적 합의가 경제성장으로 인해 공화국에 가장 낯선 가치들 — 경제, 현재, 개발계획, 소비, 평화, 사회보장, 근대성 따위 — 로 대체되어 버렸기 때문이다. 바로 이러한 점에서 경제성장은 공화국의 가치들을 무력화시키는 데, 그리고 그것들을 다소 시대에 뒤떨어진 것으로 만드는 데 크게 이바지했다. 정치적으로 중립적인 테마[23]인 경제성장이 아무튼 드골주의 아래서, 공화국 대통령(드골)이 공업 근대화를 조르주 퐁피두에게 위임하고 정작 자신은 기억에 대한 수사학적 조작만을 전담하는 식의 기묘한 역할분담 속에서 이루어졌다는 점에서도 또한 경제성장은 진정으로 결정적인 요인이었다고 할 수 있다. 바로 여기에서 경제와 정치 이 두 과정의 미묘하고 복잡한 변증법이 시작되는데, 이에 따라 복고주의의 전통적 집적소였던 우

22) 드골주의 기억과 공산주의 기억의 내용 및 그 정치적 활용에 대해서는 《기억의 장소》 제3부 《프랑스들》에 실릴 〈드골주의자와 공산주의자〉에서 다시 다룰 것이다.

23) François Fourquet, *Les Comptes de la puissance, histoire de la comptabilité nationale et du plan*, Paris, Ed. Recherches, 1980에 실려 있는 대담들은 이 점에서 매우 시사적이다.

파 주위에서 역설적이게도 근대성의 가치들이 맴돌게 되었으며, 좌파는 고루하고 확실한 공화주의적 가치들의 담지자로 보이게 되었다. 하나 더 덧붙이자면, 이러한 변증법적 과정은 같은 시기에 공산당이 나름대로 민족의 주변화를 모색하기 시작하지 않았다고 할지라도 결국 그러한 주변화를 낳았을 것이다.

오랜 역사의 유위전변을 넘어서서 그 전반적인 결과는 명확하다. 일반적인 동의 속에서 힘을 잃고, 자신의 허약성 또는 자신의 난폭성으로 인해 비난받고, 더 활력적인 두 기억들과의 경쟁에 시달리고, 다른 가치들에 사람들이 몰려듦에 따라 무기력해지면서, 이제 공화국적인 민족 기억은 그 위세를 잃었다. 공화국 기억은 한때 국가의 기억인 동시에 민족의 기억이며 사회의 기억이라는 그 위용을 유지했었다. 국가의 형태에 대한 합의? 그것은 이루어졌다. 민족? 지도력을 발휘하는 세계적 역량을 지녔던 민족이 지금은 중간급의 민주적 강국의 지위를 모색하고 있다. 사회? 압도적으로 농촌중심이었고 보수적이었던 사회가 지금은 자발성을 존중하고 서비스 업종으로 충만한 사회가 되었다. 국가와 민족과 사회라는 이 세 심급(審級)은 각자의 자율성을 되찾았다. 공화국 기억은 태환지폐의 견실함을 더 이상 가지고 있지 않다.[24] 공화국 기억 또한 인플레이션과 평가절하를 경험한 것이다.

*

최근에 나타난 여러 가지 일들은 이 새로운 배치를 다시 바꾸어 놓았다. 기억이라고 하는 이 장기지속적인 현상의 역사적 의미를 거기에서 도출해 내기에는 우리에게 너무나도 근접해 있는, 그러나 동시에 새로운 지형변화의 지표가 될 수 없다고 하기에는 너무나도 대대적이고 너

24) 〔역주〕 태환지폐였던 달러화의 태환성이 공식적으로 포기된 것은 1971년 8월이었다

무나도 시간적으로 응축되어 있는, 여러 일들이 발생하고 있다. 우선 위기에 대한 그리고 장기적인 무성장(*non-croissance*) 시대로의 진입에 대한 뒤늦었지만 갑작스러운 각성이 나타났다. 경제도약은 이제 영영 불가능해진 과거지사가 되었다. 다음으로 정권교체의 경험을 겪었으며 좌파에게 영구 쿠데타라는 반(反)공화국적 표현으로 보였던 제도들이 바로 좌파에 의해 사용되기 시작했다. 드골이 (1958년에 - 옮긴이) 만든 헌법은 25년 후에 공화국의 민족적 헌법이 되었다. 마지막으로 드골주의와 공산주의가 둘 다 세력을 잃었다. 공산주의와 드골주의가 후퇴한 것은 아주 다른 그리고 상반된 이유에서였다. 공산주의의 경우 그것은 현실적인 주변화의 문제였는데, 이로 인해 공산주의는 대부분의 좌파의 견해에 따르자면 공화국을 통한 민족적 합의의 변방에 놓이게 되었다. 반면에 드골주의의 경우, 그것은 세 가지 방향에서의 유산파열의 문제였다. 즉 민족적 영예의 팡테옹에 합류해 버린(1970년에 드골이 사망한 것을 말함 - 옮긴이) 창설자에 대한 역사적 거리감이 생긴 것, 드골의 제도적 성취물들이 공동자산 속에 융합되어 버린 것, 민족적인 주제가 여론의 한 부문으로 그리고 한 정당 안으로 국지화된 것 등 세 방향으로 말이다. 이런 사태들 가운데 그 어떤 것도 우리를 처음 출발선으로 다시 되돌려 주지 않았으며, 이러한 사태들이 한꺼번에 발생하자 새로운 상황이 만들어졌다.

민족적인 것의 회귀와 공화국의 오래된 최소 가치들로의 후퇴는 정치집단의 모든 지평에서 확연히 나타난다. 왼쪽에서, 특히 공산주의자들에게서는 최근의 신용실추로 말미암은 것이지만 아마도 오랫동안 뿌리내린 소비에트 사회주의의 불명예를 떨쳐 내려는 욕구, 그리고 공화국에 대한 그들의 충성심에 대해서는 어떤 의혹도 남기지 않으려는 노력이 감지된다. 사회주의자들에게서는, 공산주의자와 한패라는 딱지를 떼어내는 동시에, 맑스주의적 정통성을 포기하는 가운데 드골주의의 몽상적인 제스처에 대해 프랑스 인민의 근면한 태도를 맞세우려는 이중의 욕구가 감지된다. 이러한 '공화국을 향한 경주'는 우파가 더

열을 올림으로써 점입가경에 이르렀다. 민족적 드골주의의 이제는 확고부동해진 유산은 우파에게 "매춘부"(*gueuse*, 왕당파가 공화제를 가리켜 부르는 명칭 - 옮긴이)에 맞선 그들의 오랜 투쟁을 잊게 해주었으며, 더 나아가 "사회주의와 공산주의의 동맹"에 맞서 진정한 공화국 정통성의 확고부동한 옹호자로 자처할 수 있게 해주었다. 이리하여 기묘하고도 일시적인 선회가 나타났다. "7만 5천 명의 총살자"를 낸 정당(공산당 - 옮긴이)이 적어도 명분상으로 공화국의 최후의 성소이자 의심할 바 없는 수호자로서의 위신을 등에 업게 되었을 때, 우파는 1940년의 패배와 비시 정권의 페탱주의에 대한 기억으로 인해 민족의 배신자라는 늘 따라다니는 혐의를 온통 뒤집어쓴 바 있다. 그런데 다름 아닌 이 공산당이 자신의 민족 신화를 벗어던짐으로써 똑같은 혐의(민족배신자라는 혐의 - 옮긴이)를 받게 되었을 때, 늘 그들의 최대 적수였던 자들은 똑같은 명분으로 공산주의자 및 그들의 연합세력에 맞서 공화국 수호의 횃불을 가로챌 수 있게 된 것이다.

정치의 유위전변을 넘어서 그리고 거대 이데올로기들의 소멸로 인한 전반적인 혼란 속에서, 민족적인 것으로의 회귀는 집단기억의 의도적 재활성화로 나타났는데, 최근에 공화국 대통령 자신이 앞장서서 이러한 재활성화의 대변인 역할을 했다. 가장 현저한 특징들 중 하나는 바로 첨단의 과학적 역사서술이, 오랫동안 기피해온 민족사로 다시 복귀하고 있는 현상이다. 그것은 또 다른 프랑스의 복귀, 대중의 의식이 세계적 각축장의 현실에 재조정되고 있음을 나타내는 또 다른 시선의 복귀를 의미한다. 프랑스는 중간 강국으로 낮아졌지만 그 역사에 의해 여전히 위대하다. 어떻게 프랑스가 자신의 역사를 계발하지 않을 수 있겠는가?

두 개의 거대한 사이클이 완료되었다. 이제 새로 시작되는 사이클은 공화국을 우리가 이 연구의 초입에서 정의한 그것으로, 다시 말해 치열하게 체험된 전투도 아니요 습관적으로 체험된 전통도 아닌 하나의 기억의 장소로 만든다.

I.

프랑스 역사가 피에르 노라(Pierre Nora)가 기획한 《기억의 장소》(*Les Lieux de mémoire*, 1984, 1986, 1992)는 출간 당시부터 '역사학의 혁명'으로 받아들여질 정도로 큰 성공을 거두었다.[1] 《로베르 프랑스어 대사전》에 신조어로 수록되기도 한 '기억의 장소'는 이제 역사학계의 주요 담론이자 일상용어로 널리 쓰이고 있으며, 갈리마르 출판사의 현직 편집장인 노라는 일약 프랑스 학술원 회원으로 선임되는 영예를 안았다. 《기억의 장소》는 미국〔7권, 컬럼비아 대학출판사에서 1996~1998년에 나온 *Realms of Memory*(전 3권)와 시카고 대학출판사에서 2001~2009년도에 1~3권이 나온 4권으로 예정된 *Rethinking France*의 2종이 있다〕, 독일(1권), 일본(3권), 러시아(1권), 불가리아(2권), 이탈리아에서 이미 번역판이 출판되었고, 노라의 작업에 자극받아, 프랑스 국내에서뿐만 아니라 독일, 이탈리아, 에스파냐, 네덜란드 등지에서 각각 자국민의 기억을 대상으로 한 연구가 줄을 잇고 더 나아가 유럽의 '기억의 장소'를 모색하는 작업이 선보이고 있다는 사실은 《기억의 장소》가 갖는 국제적 영향력을 가늠케 하기에 충분하다.[2]

1) "La révolution des *Lieux de mémoire*", *Le Monde*, 5 février 1993.

2) Ph. Martin & F. Roth, dir., *Mémoire et lieux de mémoire en Lorraine*, Pierron, 2003; E. François & H. Schulze (dir.), *Deutsche Erinnerungsorte*, 3 vols, Beck, 2001; M. Isnenghi (ed.), *Luighi della Memoria*, 3 vols.,

애초에 4권(《공화국》 1권, 《민족》 2권, 《프랑스들》 1권)으로 기획했던 《기억의 장소》는 십 년에 걸친 공동작업 과정에서 새로운 탐색을 거듭하면서 총 7권(《공화국》 1권, 《민족》 3권, 《프랑스들》 3권)으로 그 규모가 늘어났다. 1984년에 출판된 제1권 《공화국》이 20편의 길잡이 논문들을 모아놓은 선집에 불과했다면, 10년 후에 마무리된 그 최종결과는 노라 자신의 표현을 빌리자면, "여러 갈래로 회랑이 뻗어 있어 서있는 지점에 따라 달리 보이며 도무지 불가사의하고 생각을 뒤헝클어 놓는 거대한 성당이자 미궁을 연상케 하는, 130여 편의 논문(정확하게는 136편의 논문 및 소개의 글로 구성되어 있다)으로 구성된 거대한 조립건물"[3]이 되었다. 요컨대, 《기억의 장소》는 우선 총 7권, 6천여 페이지에 걸쳐 거의 120명에 달하는 전문 역사가들이 동원된 방대한 규모만으로도 현대 역사학의 기념비라 할 만하다.

그렇다면 노라가 '기억의 장소'를 문제 삼는 이유는 무엇이고, 그것은 왜 그렇게 큰 반향을 불러일으킨 것일까? 우선 프랑스의 역사를 대상으로 노라의 문제제기를 간단히 살펴보자. 노라에 의하면 1960년대 중반 이후 프랑스는, ① 농민층이 전체 인구의 10% 미만으로 줄어들고 교회에서 라틴어 공식미사가 사라진 사실로 요약되는 농민세계의 종언, ② 드골 이후 시대의 도래, ③ 프랑스의 정치적-지식인적 체계의 자족성의 붕괴라고 평가되는 혁명적 맑스주의의 붕괴, ④ 강국에서 이류 국가로의 프랑스의 국제적 지위하락, ⑤ 경제적 무(無)성장시대로의 진입 등의 변화를 겪는다.[4] 그리고 1970년대 중반에 이런 변화

Laterna, 1996 ; P. den Boer & W. Frijhoff (dir.), *Lieux de mémoire et identités nationales*, Amsterdam University Press, 1993 ; B. Krulic (dir.), *Europe, Lieux communs*, Editions Autrement, 2004.

3) Pierre Nora (dir.), *Les Lieux de mémoire*, Gallimard, 1984, 1986, 1992(이하 *LM*으로 약함). III-1, p. 11.

4) 1960년대 중반 이후의 변화에 대해서 노라는 여기저기서 여러 차례 이야기했

들이 하나로 수렴되면서, 1970년대 말과 1980년대 초에 기억의 폭발이라는 미증유의 현상이 나타났고, 그것은 문명의 모든 영역에 그리고 모든 나라에 영향을 미쳤다. 한마디로 과거와 현재 사이의 연속성은 희미해지고, 미래는 불확실해져 버린 가운데, 중요해진 '현재'를 문제 삼는 새로운 형태의 역사학(*history of the present*)이 필요해졌고, 그 필요성은 특히 프랑스에서 높았다는 것이다.

그렇다면, 1960년대 중반 이후의 변화들이 기억의 폭발을 낳고, 그것이 《기억의 장소》라는 새로운 민족사학의 등장으로 이어지는 내적 논리는 무엇일까? 이에 대한 노라의 설명을 듣기 위해서 우리는 그가 안내하는 대로 그 역사적 출발점인 19세기 후반으로 일단 거슬러 올라가 볼 필요가 있다. 노라에 의하면, 제2제국 말기에 뒤뤼(Victor Duruy)가 공교육부장관으로서 역사교육을 조직화하고, 제3공화국에서 역사를 가르치는 것이 공민의식과 애국심을 기르는 핵심도구가 되었을 때, 1789년 혁명은 역사의 종점으로 여겨졌고, 프랑스혁명 이후의 역사는 변화무쌍한 정치의 영역이었다. 동시에, 랑케식 독일사학의 영향으로, 프랑스혁명 이후 시기는 역사연구대상에서 제외되었는데 왜냐하면 랑케 사학이 무엇보다도 중시하는 문서고가 폐쇄되고 아주 최근의 사건은 객관적인 판단을 하기 어렵다는 생각이 팽배해 있었기 때문이다. 시간이 흐르면서 역사의 종점은 1870년의 프랑스-프로이센 전쟁으로 그리고 다시 제1차 세계대전으로 이동하였지만, 1979년에 법이 바뀌어 공문서가 60년, 100년, 경우에 따라서는 120년 만에 공개되기 전까지, 프랑스현대사는 역사학의 연구대상에서 배제되어 있었고, 중세나 근대 초기의 보다 고상한 역사에 비해 빈약한 것으로 간주되었으며, 대개는 정치과학의 틀 속에서 연구되는 정도였다. 현대사에 대한 이런 배제는

지만, 이에 관한 가장 자세한 논의는 *LM*, III-3, pp. 992~997에 있다.

아날학파의 시대에 들어와서도 계속되었고, 특히 브로델의 영향으로 사건사가 경시되고 구조와 장기지속을 다루는 사회경제사에 우선권이 주어지면서, 민족사(*histoire nationale*)는 비난의 대상이 되었다. 요컨대, 정치적인 것, 민족적인 것, 현대적인 것은 민족사와 동일한 것으로서 기피대상이 되었고, 이 셋은 1960년대의 프랑스 역사서술의 맹점이었다.[5)]

그런 가운데, 프랑스는 1970년대에 결정적인 변화를 겪는다. 1970년대 이전의 1세기에 걸쳐 프랑스인들이 가지고 있던 전통적인 정체성은 민족과 역사학과 기억이 하나의 공생관계[6)]를 유지하는 데에서 비롯되는 아주 독특한 것이었다. 즉 전통적으로 프랑스인들은 자신의 역사 및 자신의 과거와 감정적, 정치적으로 아주 밀착된 관계를 유지해왔고, 이 관계는 제3공화국이 수립되면서 하나의 구심점을 갖게 되는 바, 이제 역사는 사회적, 정치적 결속의 신경중추가 된다. 즉 한편으로는 학교교육을 통해 라비스의 역사교과서(*Petit Lavisse*)와 《두 어린이의 프랑스 일주》 같은 어린이용 도서들이 민족 집단의 거대서사를 구축하면서 베르생제토릭스와 알레지아 전투에서 시작하여 십자군, 루이 14세, 계몽주의, 프랑스혁명, 나폴레옹, 식민지정복, 제1차 세계대전, 그리고 드골로 끝나는 집단적인 민족사가 거의 모든 학생들에 의해 암송되고 있었고, 다른 한편으로는 노동자, 유대인, 근왕주의자, 브르타뉴인, 여성 등 특수집단의 수많은 사적(私的) 기억이 존재하고 있었다. 그리고 역사는 종교적인 교리문답처럼 사적 기억들을 눌러 버리는 종교적인 것이고, 각자에게 삶을 부여하는 조국의 역사로서 신성한 것이고, 사회통합, 결속, 지위상승의 추진력 역할을 하는 하나

---

5) Pierre Nora (dir.), *Rethinking France*, University of Chicago Press, 2001, General Introduction, vii-x.

6) *LM*, I, xxii.

의 전설이었다. 이렇듯 프랑스인의 전통적 정체성은 집단적 민족사와 소수집단에 대한 기억들 위에 구축되어 있었다. 그러다가 1930년대의 위기로 기억과 역사 사이에는 아주 새로운 관계가 만들어졌다. 전체주의를 낳은 이데올로기의 위기, 사회문제를 부각시킨 경제위기, 의회민주주의의 한계를 드러낸 정치적·민족적 위기가 몰아닥치면서, 역사연구의 틀로서의 민족(국가)이라는 개념 자체가 무너지고, 지방, 도, 도시와 같은 민족(국가) 내부의 현실과 대규모 인구추세와 경기변동과 같은 초(超)민족(국가)적 현실이 새로운 연구대상으로 부각되었고, 이 과정에서 개인들과 인민들은 구조라는 감옥 속에 수감된 존재로 인식되었다. 민족적 정체성이 사회적 정체성으로 바뀌었고 이제 모든 사람이 자신들과 동일시했던 주관적인 민족적 현실의 주체성이 통계숫자와 자명한 과학적 진리를 내세우는 과학적 역사에 의해 도전받게 되었다. 그리고 이러한 과학적 역사와 민족적 기억 사이의 결별은 탈식민화와 경제성장에 따른 민족의식의 변화와 맞물리면서, 1960년대에 다시 한 번 강화되었다. 탈식민화는 서구의 합리성을 다른 문화들, 문명들, 심성들과 대결하게 만들었고, 경제성장은 과거를 아주 낯선 존재로 만들었고, 역사와 기억이 연결되는 방식이 크게 바뀌었다. 이제 기억은 역사적인 것에서 심리적인 것으로, 사회적인 것에서 개인적인 것으로, 전달가능한 것에서 주관적인 것으로, 되풀이되는 것에서 회상하게 만드는 것으로 변했고, 그때부터 기억은 사적인 일이 되었다. 그리고 기억이 사적인 일로 일단 내면화되면, 그 기억은 한 인간의 전 존재에 자신을 관철시킨다. 기억이 개인의 정체성의 핵심이 되어버린 것이다.

그 결과 역사와 기억이 연결되는 방식의 변화가 일어났다. 한마디로, 이전의 역사(학)가 우리와 과거와의 거리를 없애는 수술이었다면, 이제 역사학은 그 거리를 강조하는 수술이 되기 시작하였다. 과거는 우리에게 현재와는 근본적으로 다른 것으로 주어지고, 과거는 우리가 그것으로부터 영원히 떨어져 나온 세계가 된 것이다. 그래서 우리를 과거로부터 분리시킨 그 거리를 아주 명확하게 알아야만 우리의 기억의 진실이 밝혀진다. 마치 단 한 번의 칼질로 (과거를 현재의 우리로부터 분리시킨) 거리(距離)를 없애는 수술을 받고 기억을 되찾는 것처럼 말이다.[7] 이리하여 기억은 역사에 의해 장악되었고, 이제 역사는 우리에게 시간을 가로지르는 연속성을 가져다주기보다는 우리를 '타자'로 재창조하였다. 서로 닮고 비슷해지는 역사가 아니라 차이를 만들어 내는 역사가 된 것이다.[8]

1980년대 이후 또 다른 종류의 재구성(*recomposition*)이 역사가들을 사로잡았는데, 그것은 일반화된 기억의 등장에 의존하고 있다. 통상 역사의 가속화라고 부르는 이 현상은, 사물들이 급속히 사라지고 점점 더 불확실해지는 미래로 이동함에 따라, 기억에 대한 의존이 우리가 영원히 갈라져 나온 어두운 과거와 어두워져 가는 미래의 함수가 되어버린 현상을 말한다. 요컨대, 우리는 우리가 어디로 가고 있는지, 어디에서 왔는지 더 이상 알지 못한다. 한때 우리는 미래와 미래의 목표에 대한 명확한 관점을 가지고 있었다. 그래서 사람에 따라 복고적 입장을 취하든, 무한한 진보를 지지하든, 어떤 형태의 혁명을 꿈꾸든, 과거로부터 무엇을 지키고 미래를 위해 무엇을 준비해야 할지를 알고 있었다. 이를테면, 프랑스는 혁명의 산모였기 때문에, 혁명을 중심으로 조직화된 시간개념에서는 미래를 준비하기 위해 과거로부터 무엇이 보존되어야 하고 무엇이 억압되고 망각되고 파괴되어야 하는지도 분명했다는 것이다.[9]

---

7) *LM*, I, xxxii.

8) *Rethinking France*, xiv-xviii.

9) *Ibid.*, xiii, xviii.

그러나 혁명사상이 종식되면서 혁명사상에 지배되었던 역사적 시간의 소멸이 과거에게 그것의 자유, 그것의 불확정성, 그것의 명성을 회복시켜 주었고, 그에 따라 전통의 정통성이 회복되었는데, 이때 전통이란 혁명모드에서처럼 우리가 그것의 후계자나 유지자이어야 하는 전통이 아니라 우리가 그것으로부터 영원히 분리되어 나온 하나의 전통, 그렇기 때문에 더 귀하고, 신비롭고, 불확실한 의미가 깃들어 있는, 그래서 우리가 그것을 회복하는 것이 우리의 과제가 되는 그런 전통이라는 것이다. 그리하여 1970년의 《라루스 백과사전》이 문화재를 여전히 "아버지나 어머니로부터 온 재산"에 국한시켰다면, 문화재의 해인 1980년에는 문화재의 개념을 극단적으로 확대하는 일이 벌어졌다는 것이다. 즉, 모든 과거를 완전히 보존하면서 동시에 모든 현재를 완전히 저장하려는 기록보관에 대한 강박관념이 우리 시대의 특징이 되었고, 그리하여 지난 몇 십 년 동안에 공공 기록보관소의 기록보관량이 천 배로 늘어나는 혁명이 일어나게 되었다. 그것이 가리키는 것이 어떤 기억인지 정확히 알지 못할지라도 모든 것을 보관하고, 기억을 가리키는 징표들을 모두 보존해야 할 뿐만 아니라 기록보관소를 만드는 것, 그것이 이 시대의 명령이 되었다는 것이다.[10] 요컨대, 우리의 현재가 기억의 노예가 되면서, 모든 것이 역사적이고, 모든 것이 기억할 가치가 있고, 모든 것이 우리의 기억에 속하게 되었다는 것이다.

그렇다면, 이 일반화된 기억체계 속에서 우리가 상속받은 민족적 기억은 지금 어떻게 되어가고 있는 걸까? 아니, 살아 있는 기억이 아니기 때문에 희미해지고 사라져 가는 우리의 전통적인 민족적 기억은 앞으로 어떻게 될 것인가? 이것이 바로 노라의 문제의식이고,[11] 이 물

10) *LM*, I, xxvii-xxviii.

11) *Rethinking France*, xviii.

음은 노라로 하여금, 이 민족적 기억이 구체화된, 그리고 사람들의 행동이나 수세기에 걸친 작용을 통해 그것들의 아주 특별한 표상과 아주 뚜렷한 상징물로 남게 된 중요한 장소들(*loci*)—물질적, 비물질적—을 추적하게 만들었고, 그 결과가 바로 《기억의 장소》라는 것이다.

II.

'기억의 장소'란 무엇인가? 노라가 말하는 기억의 장소는 단순히 특정 시간과 공간 속에서 눈에 띄는 것만을 의미하지 않는다. 기억의 장소는 두 가지 실재의 접합을 전제로 한다. 하나는 만져질 수 있고 포착할 수 있으며 때로는 물질적이고 때로는 덜 물질적이지만 공간, 시간, 언어, 전통 따위에 깃들어 있는 실재이고, 다른 하나는 순수하게 상징적이며 역사를 응축하고 있는 실재이다. 즉 기억의 장소라는 개념은 공통적으로 가지고 있는 '그 무엇'(*quelque chose*)을 토대로 물질적 대상과 상징적 대상을 모두 포괄하기 위해 고안된 것이고,[12] 따라서 프랑스어 이외의 언어로 번역하기 어려운 용어이다. "기억의 장소들은 단순하면서 중의적이고, 자연스러우면서 인위적이고, 가장 감각적인 경험에 직접적으로 주어지면서 동시에 가장 추상적인 정신작업 영역에 속한다"[13]는 것이다.

그렇다면 이러한 기억의 장소는 구체적으로 무엇인가? 노라는 우선 "한 공동체가 지닌 기념자산의 상징적 요소들, 즉 민족적 기억이 구현되어 있는 장소들"을 찾아 나선다. 노라가 작성한 '장소'의 품목은 기

12) *LM*, III-1, p. 20.
13) *LM*, I, xxxiv.

록보관소, 도서관, 기념비, 동상, 시청, 성당 등 '사물적'(*matériel*) 차원은 물론이거니와 유언장, 학교교과서, 참전용사회, 역사학 등 '기능적'(*fonctionnel*) 차원 그리고 기념제, 국가(國歌), 풍물, 거리이름, 순례 등과 같은 '상징적'(*symbolique*) 차원 등 무려 120여 가지에 달한다. 그러나 여기서 중요한 것은 프랑스인들의 과거와 현재를 연결해 주는 허다한 기억의 '장소'로서의 지위를 얻으려면 각각 정도는 다르더라도 이러한 '사물적'·'기능적'·'상징적' 차원을 모두 지녀야 한다는 것이다. 노라가 건립한 프랑스인의 기억의 전당에서 우리는 프랑크족과 골족의 투쟁에서 대독 항전파와 협력파까지, 노트르담 사원에서 에펠 탑까지, 클로도베우스의 대관식에서 〈라마르세예즈〉까지, 나폴레옹법전에서 현대 아날학파까지 2천 년 프랑스사의 영고성쇠를 간직한 장구한 민족적 기억의 파노라마를 살펴볼 수 있다.

《기억의 장소》는, 그러므로, 기억의 장소로 선택된 여러 상징적 주제들을 간추리고 분석하는 경험적 작업과 이를 바탕으로 프랑스 민족사(*histoire national*)를 다시 쓰고자 하는 방법론적 실험의 두 축으로 구성된 야심찬 기획이라고 할 수 있다. 전문 역사가들이 집필한 136편의 개별 논문들(이 책은 그 가운데 41편을 골라 번역하였음)은 그 자체로 흥미롭게 읽히고 연구될 수 있지만 책의 전반적인 구성과 취지뿐만 아니라 '새로운 역사쓰기'로서의 방법론적이고 인식론적인 지향을 설정한 것은 이미 1절에서 지적했듯이, 온전히 노라의 몫이었다. 노라가 1984~1992년에 나온 7권으로 된 프랑스어판 《기억의 장소》의 편집자일 뿐만 아니라 컬럼비아대학 출판사에서 1996~1998년에 나온 영역본 《기억의 영역》(*Realms of Memory*, 전 3권)과 시카고대학 출판사에서 2001년도에 첫 권이 나온 《프랑스를 다시 생각하기》(*Rethinking France*, 전 4권)의 책임편집자인 것은 결코 우연이 아니다. '기억의 장소'는 진정 "노라의 것"이었다.[14] 그렇다면 노라가 구상하는 역사학은 무엇인가? 그가 민족사(*histoire nationale*)와 구분하기 위해 민족사학사(*historiographie nationale*)라고 명명하기도 하는[15] 새로운 프랑스사는 어떤 특징을 갖는가?

노라에 따르면, 지금까지 씌어진 프랑스사는 어김없이 유기적인 전체성, 프랑스라는 실체(*entité*)가 실재들(*réalités*)의 총합으로 구성된다는 전제를 공유하고 있었다. 역사가들이 확립하고 분석해 온 것은 역사적이든 지리적이든 물질적이든 제도적이든 바로 이런 실재들이었다. 구체적으로, 지금까지 프랑스사 서술의 모태 역할을 해온 것은 ① 낭만주의 모델(미슐레) ② 실증주의 모델(라비스) ③ 아날 모델(브로델)의 세 가지인데, 이것들은 당시의 정치적 사회적 변화에 따라 앞선 모델과의 단절을 이루면 발전해 왔다. 실증주의 역사가들의 비판적 단절(*discontinuité critique*)이 1870년 프랑스-프로이센 전쟁에서의 패배에 뒤이은 것이라면, 아날 역사가들의 구조적 단절(*discontinuité structurale*)은 제 1차 세계대전과 1929년 경제공황과 그에 따른 정치적 민족적 위기로 집약되는 1930년대의 위기에 따른 것이다. 마찬가지로 심성사(*histoire des mentalités*)와 '새로운 역사'(*nouvelle histoire*)의 대두로 나타난 소위 민속학적 단절(*discontinuité ethnologique*)은 1954~1962년 알제리 전쟁으로 인한 사회적 격변 속에서 나온 것으로서 미셸 푸코의 《광기의 역사》가 그 서막을 장식했다. 1960년대, 70년대 프랑스에서 유행한 심성사는 그래프와 통계로 분석한 사료를 통해 죽은 기억을 간접적으로 되살리려는 학문적 노력이었던 셈이다. 그러나 이러한 차이에도 불구하고 이 세 가지 모델은 모두 "과거에 실제로 일어난 것에 의해 현재를 설명하고 나아가 여러 층위들 사이에 일관성 있는

14) G. Krumeich, "le 'Grand Nora'", *Magazine littéraire*, n° 307 (février 1993), p. 51.

15) *LM*, III-1, p. 13.

연쇄를 확립하는"[16] 작업으로 이루어졌다. 즉 지금까지의 프랑스사는 민족에 의해 민족을 설명하고 프랑스에 의해 프랑스를 설명하는 식의 순환논법에 갇혀 있었다는 것이다.[17]

반면, 성장시대의 종언과 경제 위기, 드골시대 이후의 민족적 정체성의 쇠퇴, 혁명 이데올로기의 붕괴 등으로 특징지어지는 1980년대 이후 프랑스의 역사학은 사학사적 단절(*discontinuité historiographique*)을 경험하고 있다. 1980년대 초에 모든 나라에서 과거와의 전통적인 관계가 뒤바뀌기 시작하면서 새로운 역사학에 대한 요청이 생겨났다는 것이다. 이제 진보의 개념을 주축으로 한 역사적 시간의 연속성은 완전히 파열되었으며 과거-현재-미래 사이의 유기적 연결이 사라졌다. 현재가 더 이상 과거와 미래 사이의 교량 역할을 못하게 되자, "과거와 미래 사이의 상호의존관계가 현재와 기억 사이의 상호의존관계로 대체되었다".[18] 기억이 역사의 전면에 등장한 것이다. 그러므로 '기억의 장소'를 대상으로 역사를 쓴다고 할 때, 그것의 주된 내용은 기억의 장소가 가지고 있는 '그 무엇'을 분석하고 그 메커니즘을 해부하는 일, 눈가림과 겉으로 드러나는 꾸밈을 고발하고 핵심을 부각시키며 숨어 있는 뜻을 읽어내는 일이고, 이것은 바로 역사가의 몫이다. 대상을 포착하는 일은 숨겨진 것을 드러내는 작업과 관련된다는 점에서 중요하지 않다고 말할 수는 없지만, 그것 자체가 역사가의 본령은 아니라는 것이다. 역사가에게 중요한 것은 '장소'를 포착하는 일이 아니라 그 장소가 간직하고 있는 기억을 펼쳐내는 일이다. 기억의 장소란 따라서 인간의 의지와 시간의 작용에 의해 어떤 한 공동체가 지닌 기억 문화재의 상징적 요소로 되어버린 물질적·관념적 의미의 총화인 것이

16) *LM*, III-1, p. 24.
17) *LM*, III-1, p. 17.
18) *LM*, III-3, p. 1009.

다.[19] 그리고 여기서 공동체란 프랑스이자 민족을 말하므로 《기억의 장소》는 민족을 대상으로 하는 일종의 표상의 역사라고 할 수 있다. 그러나 그것은 지난 세기에 군림한 실증주의적 민족사와는 아주 다른 것이며, 심성사와도 아주 다르다. 이런 의미에서 노라는 《기억의 장소》를 지금까지 있었던 첫 번째 단계의 역사를 넘어서는 '두 번째 단계의 역사'(*histoire au second degré*)[20] 라고 부른다.

그러므로 《기억의 장소》가 민족에 대한 지금까지와는 전혀 다른 모델을 전제로 한다는 사실을 강조할 필요가 있다. 이 새로운 민족모델은 프랑스가 중간급 강국의 대열에 안착하고 갈등의 소지를 안고 있지만 다원적이고 평화적인 전체 유럽 안에 편입되었다는 사실과 맞물려 있으며, 그것은 또한 국내적으로는 현대적 생활양식의 일반화, 지방분권의 강화, 현대적 형태의 국가개입, 전통적 형태의 동화정책에 흡수되기 어려운 이주민 인구의 급증 등과 맞물려 있다. 그것은 또 자코뱅주의와 애국주의 성향을 지닌 좌파 민족주의이든 보수적이고 반동적이며 바레스와 모라스적인 우파 민족주의든 민족의 최종형태인 공화국의 수립이 구현하고 있었던 그리하여 지난 한 세기 동안 우리가 그것에 익숙해져 있었던 민족주의의 쇠퇴와 맞물려 있다. 그리고 20세기의 가장 중요한 두 정치현상인 드골주의와 공산주의의 붕괴도 이런 변화를 촉진시키는 역할을 하였다.[21]

그러나 전통적 민족주의로부터의 이러한 거대한 이탈은 민족감정의 약화를 가져온 것이 아니라 오히려 그 역동성을 해방시켰고, 이 점은 아무리 강조해도 지나치지 않다고 노라는 말한다. 민족주의로부터의

19) *LM*, III-1, p. 20.

20) P. Nora, "Pour une histoire au seconde degré", *Le Débat*, n° 122 (novembre-décembe 2002), pp. 24~31. *LM*, III-1, p. 25.

21) *LM*, III-1, p. 30.

이탈은 프랑스로 하여금 그 위대함을 되찾게 해줄 수 있는 것들로의 거의 강박관념에 가까운 막강하고 근본적인 회귀를 낳았다는 것이다. 전통적 기준에서 보면 민족감정이 감소된 것처럼 보이지만 그것은 강도가 변한 것이 아니라 층위와 표현양식이 변한 것이다. 과거에 그것이 호전적이고 침략적이었다면 이제는 경쟁적이 되어 산업경쟁력과 스포츠 기록경신에 대한 예찬으로 나타나고, 자기희생, 장례식, 국토방위가 아니라 놀이, 골동품, 관광여행으로, 학교교육이 아니라 대중매체로, 집단이 아니라 개인, 심지어 개인주의적으로, 요리백과 프랑스 미슐랭 여행책자 프랑스로 나타난다. 그리하여 민족에 대한 "소속의식은 더 이상 전통적 민족주의의 결연한 방식으로 체험되는 것이 아니라, 유럽으로의 편입, 현대적 생활방식의 일반화, 지방분권화에 대한 열망, 국가개입의 현대적 형태들, 관습적인 프랑스 문화규범으로 귀착될 수 없는 이주민 인구의 엄존, 프랑스어 사용권의 축소 등이 민족에게 요구한 새로운 조건에 필히 적응하는 것과 결합되어 있는 민족적 특수성에 맞는 일신된 감정적 방식으로 체험된다". 민족감정이 과거에 아주 국민계도적이었다면 이제는 정서적이고 거의 감상적이고, 과거에 보편주의적이었다면 이제는 개별화되고 있고, 과거에 몸으로 겪는 것이었다면 이제는 상징으로 경험된다. 프랑스는 이제 있을 수 있는 모든 프랑스들의 공통분모가 되어버린 것이다.[22]

다시 말해 민족국가의 뛰어난 그리고 오래된 본보기였던 프랑스는 예외적인 연속성과 혁명을 통한 그 연속성의 급격한 파열을 모두 경험하였고, 이렇듯 근대세계의 격변들을 유난히 심하게 겪는 가운데, 프랑스는 역사 속의 자아에 대한 깨달음으로부터 기억 속의 자아에 대한 깨달음으로의 전환, 즉 하나의 민족모델로부터 다른 민족모델로의 전

22) *LM*, III-1, pp. 30~31.

환이라는 결정적인 변화를 겪었던 것이다. 그리고 이 두 번의 변화가 기억의 장소와 정체성의 상징들에 대한 체계적 연구를 허용하고, 정당화하고, 필요로 하는 친밀성과 낯설음의 혼합을 설명해 준다.[23] 요컨대, 오늘날 역사가란 공증인도 예언자도 아닌 해석자, 중개인, 안내인이다. 과거와 미래 사이의 안내인이 아니라 맹목적 요청과 계명된 응답 사이의, 공적 압력과 실험실에서의 고독한 연구 사이의, 자신이 느끼는 것과 자신이 알고 있는 것 사이의 안내인이다. 역사가가 어떤 의미를 찾고 아직까지 어떤 사명감을 표명하는 것은 바로 이러한 양자 사이의 교류, 나눔, 오고감에서 나온다는 것이다.[24]

III.

그렇다면, 《기억의 장소》에 대한 필자 자신의 평가는 무엇인가? 이것은 엄연히 이 번역서를 읽는 독자들의 몫이지만, 한두 가지 정도는 지적해 둠직하다.

첫째, 《기억의 장소》는 우리에게 민족(주의)의 문제가 아직 끝나지 않은 현재진행형의 문제라는 사실을 새삼 일깨워 준다. 이 자리에서, 영국, 프랑스, 독일, 러시아, 미국의 민족주의를 비교분석한 다음, "민족주의는 역사적 현상이다. 그것은 한 시대에 등장했고 다른 시대에 사라질 수 있다. 그러나 그것이 사라진다면 우리가 사는 세계는 지금과는 다른 세계일 것이고, 그것이 대체했던 신분사회가 우리가 알고 있는 세계와 다른 것처럼, 또 다른 세계가 우리가 알고 있는 이 세계

23) 직접인용은 *LM*, II-3, p. 651. 그 밖의 것은 *Rethinking France*, xxi 참조.
24) *LM*, III-1, p. 32.

를 대체할 것이다"[25] 라고 결론지은 그린펠드를 굳이 자세히 언급할 필요는 없겠지만, 그린펠드를 비롯한 최근의 민족주의 연구자들 대부분이 세계화 시대에 민족과 민족주의는 이미 끝난 것이 아니라 여전히 생명력을 갖고 계속 힘을 발휘하거나 틀을 다시 짜고 있다고 주장하고 있다[26] 는 점을 지적해 둘 필요는 있다.

민족주의가 여전히 진행되고 있는 역사적 현상이라면, 민족주의의 개념을 어떤 특정한 입장에 서서 정의하거나 규정하는 것은 민족주의에 대한 올바른 이해에 방해가 된다고 할 수 있다. 예컨대, 비교적 잘 알려진 '민족주의는 반역이다'라는 주장을 찬찬히 읽어보면, 거기서 말하는 그 민족주의는 19세기 말 이후에 유럽에서 등장한 우파 민족주의(그 중 하나가 파시즘)라는 사실을 금방 깨닫게 되는데, 이런 주장은 현재 우리 사회가 가장 경계해야 할 민족주의는 우파 민족주의라는 역사적 교훈을 담고는 있지만 이렇게 민족주의를 좁게 규정해 버리면, 프랑스혁명이 선언한 민족공동체(*la Nation*)를 실현하는 운동으로서의 민족주의, 즉 민주주의적이고 민중적이고 진보적인 민족주의의 존재를 무시하거나 망각하는 결과를 낳는다. 그렇다고 프랑스혁명기의 민족주의를 국민주의라고 번역하자는 주장도 받아들이기 어렵다. 이런 주장은 커다란 산을 놓고, 그 산 전체를 파악하여 이름을 붙이기보다는 주로 그 남쪽 사면만을 보고 남산, 북쪽 사면만을 보고 북산, 서쪽 사면만을 보고 서산이라고 따로 이름을 붙이는 것과 같다. 이런 점에서 보면, 노라의 《기억의 장소》는 민족주의에는 우리에게 이미 알려

---

25) Liah Greenfeld, *Nationalism: Five Roads to Modernity*, Harvard University Press, 1992, p. 491.

26) 이와 같은 주장에 대해서는 특히 Roger Brubaker, *Nationalism Reframed, Nationhood and the National Question in the New Europe*, Cambridge Univ. Press, 1996. Anthony D. Smith, *Nations and Nationalism in a Global Era*, Polity Press, 1995를 참조하라.

진 남쪽 사면, 북쪽 사면, 서쪽 사면만 있는 것이 아니라 아직 알려지지 않은 동쪽 사면도 있다고 주장하고 있는 셈이다. 다시 말해, 노라가 문제 삼는 민족은 세계주의가 정착하는 과정에서 자신의 정체성을 상실한 사람들에게 권하는 반성 내지 성찰의 대상으로서의 민족이지 한 나라의 한 민족만을 위한 배타적이고 유해한 집단주의의 주체로서의 민족이 아니다〔노라는 이를 '민족주의 없는 민족'(*nation sans nationalisme*)의 건설이라고 표현한다[27]〕. 노라는 제 2부의 권두언에서 "공화국은 민족이 마침내 도달한 형식이었다. 공화국은 민족의 모든 유산을 흡수하려는 자신의 분명한 의지를 통해 민족과 뒤섞였다"고 전제하면서 이렇게 말한다. "(민족은) 하나의 체제도 아니요, 하나의 정치도 아니요, 하나의 교리도 아니요, 하나의 문화도 아닌 그 모든 표현의 틀(*cadre*)이요, 하나의 순수한 형식(*forme*)이요, 다른 나라의 모든 근대적 사회 공동체처럼 우리 사회 공동체의 확고부동하면서 계속 변화하는 공식(*formule*)이다. 그것은 시간이 경과하면서 끊임없이 진화하고, 상상할 수 있는 모든 강생(降生)이 다 일어날 수 있다. … 유산이든 계획이든, 꿈이든 현실이든, 축하를 받든 비난을 받든, 거기에는 민족이 있고 그것은 하나의 소여(所與)이다. … 민족은 단지 법적인 개념도 아니요, 단지 하나의 영토적 단일체도 함께 살려는 의지도 아니요, 단지 '기억의 풍부한 유산'도 르낭이 말했던 '매일 매일의 국민투표'도 아니다. 민족은 그 지표들을 재발견하고 그 회로들을 밝히는 것이 문제인 인간집단의 하나의 상징적 조직이다."[28] (지금까지의 고찰만으로도 이 번역서에서 nation을 '국민'이나 '국가'가 아니라 주로 '민족'으로 번역한 이유가 어느 정도 밝혀졌으리라고 본다.)

---

27) P. Nora, "La nation sans nationalisme", *Espace Temps*, V. 59-60-61 (1995), pp. 66~69.

28) *LM*, II-1, x. xx.

아울러 《기억의 장소》는, 프랑스의 민족주의가 프랑스혁명이 낳은 좌파 민족주의, 19세기 말의 우파 민족주의와 좌우 이데올로기를 나름대로 극복한 20세기 중엽의 드골주의라는 또 하나의 민족주의를 거쳐, 성찰적 민족주의라는 제 4의 단계로 나아가고 있다는 점도 확연히 보여준다. 요컨대, 하나의 민족주의가 있는 것이 아니라 여러 개의 민족주의들이 있다는 것,[29] 그리고 이런 여러 민족주의들을 좌파 민족주의 우파 민족주의 식으로 대립시키기보다는 그러한 민족주의들이 상호 문화접변에 의해 뒤엉켜 서로 구분할 수 없게 되었고, 이제 기억에 의해 하나가 되었으며, 그 결과 모호해진 그러나 풍요로워진, 그러므로 "깊이를 잃은 시대에 깊이를 부여하고, 참된 소설이 없는 시대에 소설을 부여"[30] 해야 하는 역사의 주제로서의 '민족'이 이제 새롭게 문제가 된다고, 아니 되어야 한다고 그는 주장하고 있는 것이다. 민족과 민족주의를 근대의 산물로 규정해 버리고 말 것이 아니라 문화적 유대와 정치공동체 사이의 보다 넓은 역사적 교차지대에 집어넣고 보아야 한다는 앤서니 스미스[31] 와 마찬가지로 노라에게 있어서 민족과 민족주의는 아직 끝나지 않았다. 그것은 아직도 진행중이라는 것이 노라의 주장인 것이다.

둘째, 《기억의 장소》는 일찍이 토마스 쿤이 《과학혁명들의 구조》[32] 라는 책에서 패러다임(*paradigm*)이라는 용어를 구사하여 자연과학의 발전과정을 역사적으로 분석, 설명한 것처럼, 역사학의 발전과정을

---

29) Brian Jenkins, *Nationalism in France, Class and Nation since 1789*, Barnes & Noble Books, 1990, p. 189.

30) *LM*, I, xlii.

31) Anthony D. Smith, *Nation and Nationalism in a Global Era*, Polity Press, 1995, p. 5.

32) Thomas S. Kuhn, *The Structure of Scientific Revolutions*, University of Chicago Press, 1970.

새로운 역사적 상황에 대한 역사가들의 대응의 산물로 설명한다. 그러므로 노라의 작업은 노라 혼자만의 것이라기보다는 시대가 노라로 하여금 그렇게 하도록 시킨 것으로 묘사되고, 그래서 노라는 "몇몇 사람들이 《기억의 장소》를 전통적인 의미에서의 '프랑스사'가 아니라 오늘날 프랑스가 필요로 하는 역사로 보아준 것"[33]에 대해 무엇보다도 감사를 표한다. 요컨대 "현재의 독자성에 민감하면서도 브로델의 장기지속 사상의 이점을 유지함으로써 현재를 과거와 연결시켜 주는 하나의 방법, 하나의 접근방식을 우리가 발견할 수 있을까?"[34]가 노라의 문제의식인 것이다.

노라의 극복대상인 페르낭 브로델이, "현재의 절반 이상은 끈질기게 살아남으려는 과거의 먹이가 아닐까? 또 과거는 그 규칙성, 차별성 및 유사성을 통해서 현재를 진지하게 이해하는 데 필수불가결한 열쇠가 되는 것이 아닐까?"[35]라고 하면서 현재와 과거는 분리될 수 없다는 입장을 취하고 있다면, 그리고 그 브로델이 "사람들은 역사의 가속화에 대해서 지나치게 큰 중요성을 부여하고 무조건 믿는 경향이 있다는 점을 아울러 고려해야 한다"[36]고 하면서 역사의 가속화에 따른 현재와 과거와의 단절을 과장하지 말라고 충고하는 사람이라면, 노라는 최근 몇 십 년 동안 세상이 얼마나 엄청나게 바뀌었는지를 강조하면서, 역사의 가속화에 따른 현재와 과거와의 단절을 하나의 엄연한 사실로 받아들이고, 그런 조건 하에서 현재와 과거를 연결시키기 위해서 기억의 중요성을 강조하고, 기억이 역사의 중심이 되었음을 선포하고 있는 것이다. 요컨대 브로델이 민족적 단일성을 전제로 하면서 프랑스의 다양

33) *Rethinking France*, xviii.

34) 앞의 책, x.

35) 페르낭 브로델, 주경철 역, 《물질문명과 자본주의》(까치, 1997), III-1, p. 16.

36) 앞의 책, III-1, p. 101.

성을 강조하는 국가중심의 민족적 종합의 시대에 속하는 인물이었다면, 노라는 민족적 단일성/다양성이라는 프랑스에 대한 이해의 양식은 이미 시효를 상실했다고 주장하면서 현 상황에 맞는 새로운 역사학을 제안하고 있는 것이다. 그리하여 최근 몇 십 년간의 엄청난 변환(變換)으로 인해 끊어져 버린 현재와 과거를 연결시키려면 지금까지와는 다른 역사학이 필요하다고 주장하는 것이다. 한마디로 오늘날 역사가들은 골동품수집가이거나 과거에 대한 깊은 이해를 바탕으로 앞날을 내다보는 고고한 예언자가 아니라 민족 공동체의 구성원들에게 올바른 기억을 일깨우는 파수꾼, 바람직한 역사의식을 함양하도록 북돋우는 중개인이어야 한다는 것이다.

그렇기 때문에 과거들이 현재와 도도하게 연결되는 페르낭 브로델의 글이 유장하다면, 그리고 인류의 미래를 다소 어둡게 그리고 있음에도 불구하고 브로델의 역사해석이 여전히 유럽 중심적이고 낙관적이라면, 과거와 현재와의 연결이 죄다 끊긴 상태에서 기억을 통해 과거의 의미를 현재에 되살리려는 노라의 글은 그 바탕화면이 아예 캄캄한 검정색이고, 따라서 어설픈 자신감은 아예 존재하지조차 않는다. 그래서인지 노라의 글은 매우 시사적이고 압축적이고, 호흡이 가쁘고 번잡하다. 아울러 노라의 현재주의는 그의 글의 논리를 때로는 모호하게 하고 때로는 견강부회하고 있다는 느낌을 주기도 한다. 긴 경제성장기인 영광의 30년 끄트머리에 쓰인 책과 무(無)성장시대를 겪으면서 세기 말에 쓰인 책의 차이이기도 하겠지만, 어쩐지 노라의 그릇의 크기가 브로델에는 못 미친다는 느낌이 드는 것도 사실이다.

그러나 노라의 현재주의는 우리에게는 비난의 대상이 되어서도 경원의 대상이 되어서도 안 된다는 것이 필자의 생각이다. 우선, 우리나라의 지식인사회가 사회전반의 변화를 미처 따라가지 못하고 있고 따라서 '현재'에 대한 공부가 필요하다는 것이 그 첫 번째 이유이다. 20

세기 후반의 '문화혁명'이 사회에 대한 개인의 승리, 즉 과거에 인간들을 사회라는 직물로 짜 넣어온 실을 모두 끊어버리는 결과를 서양사회에 초래했고 이것을 이미 저들이 잘 인식하고 있다면,37) 압축성장으로 초급속의 근대화를 달성한 우리는 그 문화혁명이 지금 우리 사회에서 또 다른 형태로 진행되고 있음에도 불구하고 근대화의 단맛에 취해 그것을 잘 인식하지 못하거나 대비하지 못하는 우를 범하고 있는 듯하다. 그리하여 한편에서는 우리 사회의 미래에 대한 근거도 없는 낙관론이 팽배하고 있고, 다른 쪽에서는 현재 우리 사회에서 벌어지고 있는 문제들을 이미 시대에 뒤처진 낡은 도구나 개념을 가지고 분석하고 비판하는 것으로 만족하는 지적 게으름이 동시에 벌어지고 있다. 이 잘못된 양극단을 벗어나 중도로 돌아오기 위해서라도 노라의 문제제기 —일례를 들자면, 지금까지 '전체사'가 협소한 정치사에 반(反)하여 정의되었다면, 이제는 정치가 우리가 알지 못했던 모습을 보이면서, 좀더 포괄적인 역사적 도구로 다시 이용되어야 한다는 문제제기 —를 우리가 우리 것으로 소화하려고 노력할 필요가 있다.

둘째, 《기억의 장소》가, 앞서 지적한 대로, 하나의 민족모델로부터 다른 민족모델로의 전환을 통해 기억의 장소와 정체성의 상징들에 대한 체계적인 연구를 허용한 프랑스의 지적 산물이라면, 이것은 왜곡된 민족주의의 역사를 지닌 우리에게는 아주 좋은 타산지석이 아닐 수 없다. 주지하다시피 현재 한반도에는 분단을 극복하는 남북통일운동으로서의 민족주의와 박정희 시대의 국민교육헌장이 만들어 내려고 했던 한국민족주의, 그리고 주체사상으로 불리는 북한의 민족주의가 공존하고 있는 가운데 민족주의를 둘러싼 이념투쟁이 벌어지고 있다. 그런데, 이러한 이념투쟁을 극복하려면, 우선, 민족 개념의 시간적 공간적

37) 에릭 홉스봄, 이용우 옮김, 《극단의 시대: 20세기 역사》(까치, 1997), pp. 444~475, 특히 464 참조.

가변성을 인정하고, 아울러 민족 개념이 사회 또는 시민사회가 설명하지 못하는 부분을 보충하거나 대신할 수 있는 요긴한 연구도구가 된다는 점을 인정해야 하는데,[38] 이런 점들을 적극적으로 인정하게 하고 그것을 통해 민족주의를 둘러싼 우리의 이념투쟁의 극복의 실마리를 풀어줄 연구가 바로 《기억의 장소》이기 때문이다.

이런 측면에서 특히 주목할 점은 노라가 기억을 통한 민족의식의 확인의 중요성을 강조하는 가운데, 프랑스인의 민족적 정체성을 먼 과거에까지 소급 적용한다는 것과 그렇게 함으로써 민족주의와 프랑스혁명과의 긴밀한 관계를 약화시킨다는 사실이다. 즉 민족 이념에 대한 프랑스 특유의 두 개념, 즉 공화주의와 인권으로 상징되는 프랑스혁명기의 민족 이념과 '토지와 죽은 자들의' 프랑스로 상징되는 프랑스혁명 이전의 민족 이념이 상충적이 아니라 상보적인 것으로 파악되고 있는 것이다. 예컨대, 프랑스는 옛날 켈트인이 살았던 시대에 "귀여운 갈리아의 예쁜이"로 태어나, "카롤루스 대제 시절에는 나이 어린 소녀", "루이 성왕 시절에는 하얀 옷의 성체배령자", "루이 15세 시절에는 얼굴에 분을 바른 세련되고 변덕스러운 처녀"로 성장하고, 프랑스혁명 시기에는 군인들에게 밥해주는 엄마가 되어 전쟁터를 누비다가 보나파르트가 "그녀의 이마에 걸려 있는 아주 아름다운 월계관을 자신의 칼로 베어내"는 수모를 겪고, 그 후에는 모습의 변화 없이 19세기 혁명들을 겪고, 마지막에는 상복을 입고 잃어버린 알자스로렌에 대한 기억으로 괴로워하는 "시련에 빠진 엄숙하고 슬픈" 여인의 모습으로 단(壇) 위

38) 조홍식, "민족의 개념에 관한 정치사회학적 해석", 김인중·박창호 외 공저, 《이제 문명의 조우이다》, 서울경제경영, 2009, pp. 79~106. 조홍식은 '사회 또는 시민사회가 국가와의 관계에서 합리적이고 물질적인, 달리 말해 경제적 이익의 차원이 중점적으로 논의된다면 민족과 국가라는 상호관계는 보다 정서적이고 이념적인 정치적 열정의 차원에서 규정된다고 할 수 있다'고 하면서 '연구대상으로서 민족이 (제공하는) 풍부한 주제'임을 강조한다(pp. 97~99).

에 서서 그녀 앞에서 깃발을 내려 경례를 하는 롱샹의 군대 행진을 지켜보는 모습으로 그려진다. 요컨대, 20세기가 넘는 긴 여정을 거치는 동안 그녀의 얼굴에서 그녀의 주인, 즉 그녀의 군주나 그녀의 대표의 얼굴과 그녀의 얼굴을 구별케 해주었던 특징이 사라진 것이다. 프랑스를 비유하는 인물과 공화국을 비유하는 인물이 서로서로 뒤섞이고, 서로서로 분간할 수 없게 된 것이다.[39]

이처럼 프랑스 민족이 고대 켈트인이 살았던 시대로부터 오늘날에 이르는 긴 시간에 걸쳐 지속되어 온 존재로 이해된다는 사실은 우리의 경우와 비교할 때, 많은 점을 일깨워 준다. 보통의 한국인의 상상계 속에서 한(韓)민족은 구체적으로 어떻게 이해되고 있을까? 예컨대, 나라를 지킨 민족의 영웅을 상상할 때, 대부분의 한국인이 상상할 수 있는 영웅은 조선 중기의 이순신 장군이 한계가 아닐까? 거의 대부분의 나라의 국가(國歌)에 등장하는 강력한 민족적 정체성을 만들어낸 대개는 수백 년 전의 위대한 전투장면이 우리나라의 애국가에 아예 등장하지 않는다는 사실은 해방을 제 손으로 이루지 못한 데서 나온 그리고 분단으로 인해 우리의 민족적 상상력의 시간적 한계가 의외로 좁아진 데서 나온 하나의 결과가 아닐까? 또 대부분의 젊은이들이 군복무를 극도로 싫어하는 근본적인 이유도 민족적 상상력의 한계 때문이 아닐까? 냉전이 종식되었다는 지금까지도 한국전쟁은 우리의 민족적 상상력을 냉전의 논리 안에 가두고 있는 게 아닐까? 그리하여 반만 년의 역사가 한낱 역사책 속에 머물러 있지 기억 속에 똬리를 튼 우리의 공유재산이 되지 못하고 있는 것이 아닐까? 그리하여 우리는 선진국 국민들이 우리를 흔

39) *LM*, I, pp. 29~32. 민족에 대한 이러한 장기지속적 이해는 민족에 대한 국가중심주의적 이해를 넘어서서, 상징, 기호, 표상, 기억으로서의 민족을 민족에 대한 이해 속으로 끌어들이는 역할을 한다. 그것을 통해 민족 개념이 풍요로워짐은 두말할 나위가 없다.

히 그렇게 보듯이 제 2차 세계대전 이후에 그것도 주로 남의 힘으로 식민지 상태를 벗어난 일개 신생국 국민이 지닐 법한 그런 짧고 보잘것없는 역사만을 지닌 민족이 되어버린 것이 아닐까?

그렇다고 프랑스인들이 '골족 조상'을 민족정체성의 일부로 내면화했듯이, 단군신화나 고조선의 역사를 무조건 신봉하자는 이야기가 아니다. '골족 조상'이라는 신화의 성공 자체가 여러 차원의 권력에 의해 동원된 이데올로기의 주입과정의 산물이라는 비판이 프랑스에 엄존하듯이, 역사의 신화화는 경계의 대상이 아닐 수 없다. 그러나 우리의 상상계에서 시간이 단절 또는 왜곡되어 있다는 것은 엄연한 사실이다. 그리하여 상당수의 지식인들의 글에서 서양의 중세가 버젓이 우리의 중세인 양 설정되고, 그 결과 서양(주로 유럽)의 역사를 담은 시간이 한국 근현대사를 담은 시간과 억지로 이어지는 기현상이 빈번하게 나타난다. 아마도 일본 식민지 시대의 유산임에 틀림없는 이러한 단절 내지 왜곡에서 벗어나지 않고서는 한(韓)민족을 주인공으로 하는 우리의 상상계의 존재 자체가 불가능해진다는 이야기를 하려는 것뿐이다. 그러므로 필자가 보기에, 노라의 《기억의 장소》에서 우리가 얻어야 하는 가장 큰 교훈은, 이 책을 읽는 독자가 좌파이든 우파이든 상관없이, 우리의 상상계를 적어도 19세기 이전으로 확장해 올라가야 하고, 그래야만 민족주의를 둘러싼 이념투쟁이라는 우리의 당면과제를 비로소 풀 수 있는 실마리를 얻을 수 있다는 것이다. 한마디로 우리나라의 사회과학은 역사학과 결합되지 않고서는 우리의 당면문제를 풀 수 없다고 주장하려는 것이다. 또 더 이상 우리의 삶을 물질적 경제성장이나 무차별적 민주화에만 국한시켜 논의해서는 안 된다고 주장하려는 것이다. 좌파든 우파든 우리의 상상계가 20세기 이후의 시간에 국한되어서는 한 단계 높은 경제성장도 민주화도 불가능해진 시대에 접어들었다는 것이 필자의 판단이다. 이런 점에서 보면, 《기억의 장소》는 또 다른 의미에서 민족 간의 경쟁이 앞으로 치열해지리라고 예언하고 있는 예언서이기도 하다.

그 치열한 경쟁에 대비하기 위해서 그리고 진정한 애국자가 되기 위하여, 이제, 노라의 《기억의 장소》가 이 번역서를 읽는 독자들로 하여금 우리 민족의 기억이 적어도 수백 또는 수천 년 전으로 소급해 올라가고 그때부터 지금까지의 긴 시간대에 걸친 수많은 이야기들이 우리 민족의 이야기로 살아 움직이고 기억될 수 있게 만드는 계기가 되기를 기원하자. 그리하여 노라가 "기억의 전제(專制)가 잠시 동안만 지속된다면, 그것은 바로 우리 시대이다"라는 말로 《기억의 장소》 마지막 구절을 장식했다면, 우리는 '기억을 되살려 우리 민족의 상상계를 넓히고 그것을 통해 민족주의를 둘러싼 이념투쟁을 종식시키는 것, 그것이 바로 우리 시대가 해야 할 일이다'라는 말로 이 글을 끝맺기로 하자.

가르니에파제스, 루이 앙투안(Garnier-Pagès, Louis Antoine: 1803~1878) 프랑스의 정치가. 1848년 혁명 이후 임시정부 각료와 파리 시장을 역임하고 나폴레옹 3세가 몰락한 뒤에는 국방정부에도 참여했다.

갈로, 막스(Gallo, Max: 1932~) 프랑스의 작가, 역사가, 정치가. 젊은 시절 공산당원이었으나 1981년 사회당에 입당하여 사회당 정부에 참여하기도 했다. 수많은 역사서, 소설, 전기를 발표했다.

강베타, 레옹(Gambetta, Léon: 1838~1882) 프랑스의 정치가. 제2제국 말기에 자유주의 투쟁을 벌이고 국방정부에 참여했던 그는 제3공화국 초기 과격공화파에서 점차 현실주의적 정치가("정치는 가능성의 예술이다")로 변신했다.

갱스부르, 세르주(Gainsbourg, Serge: 1928~1991) 텔레비전에서 500프랑짜리 지폐를 불사르고, 성의 중독성을 찬미하고, 영국 여배우 제인 버킨과 결혼, 센세이션을 일으킨 가수 겸 작곡가. 국가를 레게 버전으로 만든 〈라마르세예즈, 무기를 들어라 등등〉으로 인해 군대로부터 맹렬한 항의를 받았다.

고세크, 프랑수아(Gossec, François Joseph: 1734~1829) 농촌 출신의 합창단원으로 파리에 정착해서 라모(Rameau) 덕택에 라푸플리니에르(La Pouplinière) 오케스트라의 악장이 되었다. 1775년 오페라극장의 음악감독, 1780년 부극장장, 1782년 극장장이 되었다. 1784년 왕립합창학교 교장이 되고 1795년 사레트(Sarrette)와 함께 왕립합창학교를 국립음악원(Conservatoire national)으로 바꾸었다. 1795년 학술원 창립 시 학술원 회원이 되었다. 많은 미사곡과 혁명찬가를 썼다.

구비옹 장군(général Gouvion, Laurent, Marquis de Gouvion Saint-Cyr: 1764~1830) 프랑스의 원수. 툴(Toul)에서 태어나 미술학도로 로마에

가서 공부하기도 했으나, 1792년 의용군 대위로 혁명군에 참여, 군대에서 급속히 진급, 2년 만에 사단장이 되고, 이후 여러 전과를 세우고 1801년 레종도뇌르 수여 장교가 되었다. 왕정이 복고되자 상원이 되고, 1817년 후작 작위를 받았다.

그레구아르, 앙리바티스트(Grégoire, Henri-Baptiste: 1750~1831) 프랑스의 성직자. 프랑스혁명의 지도자 중 한 사람으로 제헌의회에서 보통선거의 채택과 노예제 폐지를 주장하고 국민공회에서는 공교육 확립에 앞장섰다.

그레비, 쥘(Grévy, Jules: 1807~1891) 프랑스의 정치가. 1879~1887년 대통령을 역임했다.

기요, 오귀스탱(Guyau, Augustin: 1883~1917) 프랑스의 문필가. 장마리 기요의 아들이다.

기요, 장마리(Guyau, Jean-Marie: 1854~1888) 프랑스의 시인이자 철학자. 마담 푸이에의 아들로 도덕·미학·종교적 감수성에 관한 저술을 남겼다.

기조, 프랑수아(Guizot, François Pierre Guillaume: 1787~1874) 1812년 소르본 대학의 근대사 강좌 주임교수로 부임, 롸이예콜라르(Royer-Collard)와 함께 독트리네르(parti des doctrinaires)를 결성하고 정계에 진출했다가 1820년 대학으로 되돌아와 자유주의자로서 복고왕국을 비판한 역사교수로 명성을 날렸다. 1830년 7월혁명 후 하원의원으로 당선되고 1840~1848년에는 실질적인 내각수반이 되었다. 이성주권론에 입각한 제한선거제와 프랑스 초등교육의 토대를 놓은 1833년 6월의 공교육법을 제정한 보수적 자유주의자였다.

니자르, 데지레(Nisard, Désiré: 1806~1888) 프랑스의 문학비평가. 제2제국 체제에 참여하고 대학에서 화려한 경력을 쌓았으며 《프랑스 문학사》를 저술했다.

다르부아, 조르주(Darboy, Georges: 1813~1871) 프랑스의 주교. 1863년 파리 대주교가 되었다가 파리코뮌에 인질로 잡혀 1871년 5월 24일 총살되었다.

다부, 루이 니콜라(Davout, Louis Nicolas: 1770~1823) 1792년 욘 의용군 대장으로 선출되어, 나폴레옹의 이집트, 이탈리아 원정군에 참가하고, 1804년 원수로 승진했다. 나폴레옹의 100일천하 당시 육군대신이었다.

다비드, 자크 루이(David, Jacques Louis: 1748~1825) 화가이자 데생화가. 로베스피에르를 칭송하며 국민공회 의원으로 루이16세의 처형에 찬성했다. 각종 공화국의 축제를 조직하고, 혁명의 순교자들을 그렸다. 후일 나폴레옹 지지자로 변신했다.

데룰레드, 폴(Déroulède, Paul: 1846~1914) '누구 만세? 프랑스'를 모토로 내걸고 1882년에 '애국자동맹'을 결성, 20만 명의 회원을 확보하고 독일에 대한 복수와 반유대주의를 주장한 민족주의 작가이자 정치가.

델브뤼크, 한스(Delbrück, Hans: 1848~1929) 독일의 역사가, 정치가. 국민의회 의원을 역임하고 베를린대학에서 근대사를 강의했다. 제1차 세계대전 강화협상 때 독일 책임 문제의 전문가로 활동하고 여러 권의 역사책을 저술했다.

도데, 레옹(Daudet, Léon: 1867~1942) 프랑스의 작가, 언론인, 정치가. 1908년 〈악시옹 프랑세즈〉지의 편집장이 된 후 30여 년간 왕당파, 반유대주의자, 반의회주의자로서 극우파의 가치를 옹호하는 글들을 썼다.

도밍고 데 구즈만(Domingo de Guzmán: 1170~1221) 도밍고 수도회 설립자. 그의 검약하고 청빈한 삶을 존경하는 수도사를 중심으로 형성된 그의 탁발교단(도밍고회 또는 도미니쿠스회)은 1216년 교황 호노리우스 3세에 의해 승인을 받고 이단척결에서 큰 역할을 했다.

뒤게클랭, 베르트랑(du Guesclin, Bertrand: 1320~1380) 백년전쟁 때에 활동했던 프랑스의 기사. 문학에서 프랑스의 애국주의적 영웅으로 추앙받았다.

뒤뤼, 빅토르(Duruy, Victor: 1811~1894) 프랑스의 역사가, 정치가. 제2제국 말기 공교육부장관으로 재임하는 동안(1863~1869) 철학교수 자격시험 도입, 초등학교와 중등학교에 현대사 강좌 도입 등 교육의 자유화 개혁에 크게 기여했다.

뒤마, 알렉상드르(Dumas, Alexandre: 1802~1870) 《앙리 3세와 그의 궁정》(1829), 《삼총사》(1844), 《몽테크리스토 백작》《여왕 마고》《적색가문의 기사》(1846) 등 유명한 작품들을 쓴 프랑스의 희곡작가. 역사를 다룬 그의 작품들은 확실한 사료에 입각하지는 않았으나 재치와 생명력이 넘쳤다.

뒤무리에, 샤를 프랑수아(Dumouriez, Charles François: 1739~1823) 프랑스의 장군. 프랑스혁명 때 지롱드파 정부에서 외무부장관을 역임하고 북부군 사령관에 임명되었으며 발미 전투와 제마프 전투에서 각각 프로이센군과 오스트리아군을 물리치는 데 큰 공을 세웠다.

뒤클로, 자크(Duclos, Jacques: 1896~1975) 1920년에 통합사회당(S. F. I. O)으로부터 분리되어 공산주의 인터내셔널 프랑스지부(Section française de l'Internationale communiste; S. F. I. C)로 창당되고 1922년에 정식으로 프랑스 공산당(Partie communiste-section française de l'Internationale communiste; P. C. F)이 된 정당의 창당멤버. 1926년 당 중앙위원회, 1931년 당 정치국, 1935년 제3 인터내셔널의 집행위원회 위원이 되었다. 당 기관지인 〈뤼마니테〉의 편집인을 역임했다.

드게이테르(Degeyter, Pierre: 1848~1932) 벨기에 출신의 노동자이자 음악가. 〈인터내셔널가〉를 작곡한 것으로 유명하다.

드레퓌스, 알프레드(Dreyfus, Alfred: 1859~1935) 유대계 출신의 프랑스군 장교. 간첩혐의로 처벌을 받자 프랑스를 드레퓌스파와 반드레퓌스파로 갈라지게 했던 '드레퓌스 사건'의 장본인이다.

드제 드베구(Desaix De Veygoux, Louis Charles Antoine des Aix: 1768~1800) 프랑스의 장군. 혁명기에는 라인 사단장으로 혁혁한 무공을 세우고 나폴레옹의 이집트 원정에 참여하여 현지인들로부터 '의로운 술탄'이란 별명을 얻었다.

드타유, 에두아르(Detaille, Édouard: 1848~1912) 화가이자 데생화가. 군에 관련된 대형그림을 전문적으로 그렸으며, 영웅적 장면과 세부묘사로 유명했다.

들라트르 드타시니, 장마리(De Lattre de Tassigny, Jean-Marie: 1889~1952) 프랑스의 군인. 제1차 세계대전과 제2차 세계대전에 참전했으며 제2차 세계대전에서 프랑스가 독일에 항복한 후 드골 지휘하의 대독항전에 참전했다.

디트리슈, 필리프 프레데리크(Dietrich, Philippe Frédéric, baron: 1748~1793) 프랑스 정치인. 1790년 스트라스부르 시장. 디트리슈의 집에서 루제드릴이 최초로 〈라마르세예즈〉를 불렀다. 1792년 8월 10일 직후 망명했다가 되돌아왔으나 체포되어 처형되었다.

라므네, 위그펠리시테로베르 드(Ramennais, Hugues-Félicité-Robert de: 1782~1854) 프랑스의 작가이자 기독교 철학자. 기독교 민주주의, 사회가톨릭, 자유주의적 가톨릭의 선구자로 평가받는다.

라비스, 에르네스트(Lavisse, Ernest: 1842~1922) 이른바 프랑스 국민의 교사로 불렸던 프랑스의 역사가. 《4세기에서 오늘날까지의 통사》(1893~1900), 《프랑스 현대사》(1920~1922)를 책임편집하였고, 1892년 아카데미 프랑세즈 회원이 되었다.

라스파이, 프랑수아뱅상(Raspail, François-Vincent: 1794~1878) 프랑스의 화학자이자 정치가.

라파예트(La Fayette: 1757~1834) 장군이자 정치가. 미국독립전쟁 참가, 전국신분회 귀족대표, 바스티유 점령사건 후 국민적 영웅으로 부상되고 국민방위군을 조직, 사령관이 되었다. 샹드마르스 발포사건으로 인기를 잃었으나, 루이 16세에게 전쟁을 촉구하고 군사령관으로 활약했다. 100일천하 시 센의 하원의원으로 나폴레옹의 퇴위를 주장했다. 복고왕국 시기 카르보나리 당원이었으며, 1830년 혁명에 참가했다.

라페, 드니 오귀스트 마리(Raffet, Denis Auguste Marie: 1804~1860) 화가, 조각가, 데생화가. 공화국과 제국의 병사들을 그린 그림으로 인기를 얻었다. 발칸 반도에 오랫동안 머물면서 러시아의 유명한 예술애호 가문의 일원인 데미도프 공의 여행기를 그린 유명한 데생들을 남겼다. 알제리, 벨기에, 이탈리아에 가서 병사들의 병영생활과 전투를 데생했다.

라포플리니에르, 알렉상드르 장 조세프(La Popelinière, Alexandre Jean Joseph LE RICH DE: 1693~1762) 총괄징세청부인으로 사치와 연애편력과 예술가 특히 음악가 후원으로 유명했고 자신의 소유인 파시의 대저택에서 문인들의 모임을 주도했던 인물.

랑글루아, 샤를 빅토르(Langlois, Charles Victor: 1863~1929) 프랑스의 역사가. 소르본 대학에서 고문자학과 중세사 교수를 역임했으며, 샤를 세뇨보스와 함께 실증주의 역사학의 옹호자 가운데 한 사람으로 평가받는다.

랑송, 귀스타브(Lanson, Gustave: 1857~1934) 프랑스의 문학비평가. 문학사에 탄탄한 토대를 부여하기 위해 역사학 방법을 적용하려 시도한 그의 접근방법은 반대자들로부터 문학연구를 경직화시켰다는 비판을 받았다.

랑케, 레오폴트 폰(Ranke, Leopold von: 1795~1986) 독일의 역사가. 신학과 철학을 공부하고 역사학을 전공했다. 객관적 역사연구로 독일에 역사주의를 최초로 도입한 역사가로 평가받고 있다.

레나크, 살로몽(Reinach, Salomon: 1858~1932) 프랑스의 철학자, 고고학자. 그리스와 로마의 조각과 회화, 중세와 르네상스의 회화를 연구했고 국립 생제르맹앙레 고대 미술관 관장을 역임했다.

로네, 베르나르 조르당 드(Launey, Bernard Jordan de: 1740~1789) 아버지에 이어 1776년 바스티유 감옥 총책임자가 되었다. 파리 민병대에게 무기 양도를 거부하고 그를 만나러 온 고등법원 대표에게 사격명령을 내렸다는 혐의로 바스티유 점령 후 살해되었다.

로베스피에르, 막시밀리앵 마리 이지도르(Robespierre, Maximilien Marie Isidore: 1758~1794) 프랑스의 정치가. 일찍이 고아가 되어 내성적이면서도 조숙한 성격으로 계몽사상에 심취하고 혁명에 가담한 그는 그의 공포정치를 두려워한 온건파에 의해 처형되었다.

로슈포르, 앙리(Rochefort, Henri: 1830~1913) 프랑스의 언론인, 정치가. 1871년 파리코뮌에 참여하여 종신유형을 선고받았으나 1874년 유형지를 탈출하였고 1880년 사면되어 귀국했다. 그러나 이후에는 불랑제주의자, 반드레퓌스파로 변모한 뒤 극우파에 가까워졌다.

루제 드릴, 샤를 클로드(Rouget de l'Isle, Charles Claude: 1760~1836) 프랑스의 작곡가, 장교. 스트라스부르에 주둔한 수비대의 공병장교로 근무하면서 〈라인 강 수비대의 노래〉를 작곡했다. 이 노래가 나중에 프랑스 국가인 〈라마르세예즈〉가 되었다.

뤼드, 프랑수아(Rude, François: 1784~1855) 프랑스의 조각가. 〈라마르세예즈〉라고도 알려진 유명한 조각작품 〈1792년 의용군의 출병〉을 남겼다.

르낭, 에르네스트(Renan, Ernest: 1823~1892) 프랑스의 작가. 어려서 신학을 공부한 그는 종교가 현실의 시에 의해 대체되어야 한다고 보고 합리주의적·비판적 기독교에 기초한 작품을 썼다.

르누아르, 장(Renoir, Jean: 1894~1979) 영화감독으로 인민전선을 축하하는 〈라마르세예즈〉(1936)를 만든 후 3편의 명작, 〈위대한 환상〉(1937), 〈인간 짐승〉(1938), 〈게임의 규칙〉(1939)을 감독했다.

르루, 피에르(Leroux, Pierre: 1797~1871) 프랑스의 정치가, 철학자. 성경의 가르침과 더불어 민족들 간의 자유로운 동맹, 자유, 생산수단의 집단적 소유, 민중교육이 이상사회의 토대라고 주장했다.

리슐리외, 아르망 장 뒤플레시스(Richelieu, Armand Jean du Plessis: 1585~

1642) 루이 13세 밑에서 절대왕정의 확립을 꾀한 추기경이자 재상(재임 1624~1642). 위그노를 압박하고 귀족 세력을 누르며 중앙집권적인 관료제의 확립에 진력했다.

마담 베토(Madame Veto) 루이 16세의 부인 마리 앙투아네트를 말한다.

마르탱, 앙리(Martin, Henry: 1810~1883) 프랑스의 역사가. 과학적 역사학의 발전에 의해 빛을 잃은 그의 《프랑스사》는 프랑스 문명의 발생에서 골족의 영향을 지나치게 강조했다는 비판을 받고 있다.

말비, 루이(Malvy, Louis: 1875~1949) 프랑스의 정치가. 급진 사회주의자로서 내무부장관에 임명된 그는 1917년 파업진압에 강경한 태도를 취하지 않았다는 이유로 우파로부터 공격을 받았으며 독직혐의로 대법원에서 5년 추방형을 선고받았다.

메윌, 에티엔(Méhul, Etienne: 1763~1817) 프랑스 작곡가. 10살 때에 오르간주자가 되고, 1778년 파리에 정착, 글루크가 그에게 무대음악 작곡을 요청했다. 1790~1807년에 25개의 오페라 내지 희가극을 썼다. 프랑스혁명기에는 〈출정가〉(1794년)와 같은 애'향'적인 작품을 썼다. 음악원(Conservatoire) 창설(1795년) 시 4명의 장학관 중 하나였으며, 그의 오페라 〈조제프〉는 나폴레옹이 만든 음악상을 수상했다. 대규모 연극을 위한 음악작품들을 남겼다.

멜린, 쥘(Méline, Jules: 1838~1925) 프랑스의 정치가. 제 2제국에서 공화주의자로 의회에 진출했으며 1896년 총리에 지명되었다. 1898년 드레퓌스의 재심에 반대하여 사임했다.

모라스, 샤를(Maurras, Charles: 1868~1952) 프랑스의 정치가, 시인, 언론인. 1905년 악시옹 프랑세즈 동맹을 창설하고, 신문 〈악시옹 프랑세즈〉를 주도했다. 에스파냐의 프랑코 장군과 이탈리아의 무솔리니를 지지하고, 독일 점령기에는 비시 정부를 지지했다. 고대 그리스를 좋아하고 질서와 이성을 숭배했던 그는 전통과 국가주의를 종합한 '통합국가주의'를 주장하고 파시즘을 지지하기도 했다.

모리스, 레오폴(Morice, Léopold: 1846~1919) 프랑스의 조각가. 레퓌블리크 광장의 〈공화국 상〉이 그의 가장 유명한 작품이다.

몰니에, 티에리(Maulnier, Thierry: 1909~1988) 프랑스의 언론인, 문학비평가, 극작가. 제 2차 세계대전 전에는 〈악시옹 프랑세즈〉지에, 전후에는 〈르피가로〉지에 글을 썼다.

몸젠, 테오도르(Mommsen, Theodor: 1817~1903) 독일의 역사가, 정치가. 로마의 비명사료와 중세사료 편찬에 크게 기여한 그는 고대 로마 화폐의 역사에 조예가 깊었다.

몽주, 가스파르(Monge, Gaspard: 1746~1818) 프랑스의 수학자, 기하학자. 혁명에 참여하여 에콜폴리테크니크와 고등사범학교 창설에 기여하고 두 학교에서 기하학을 가르쳤다.

무네쉴리, 장(Mounet-Sully, Jean: 1841~1916) 프랑스의 배우. 비극배우로서의 고결한 기품과 연기력으로 인해 고전주의와 낭만주의 작품의 주역으로 크게 활약했다.

뮈세, 알프레드 드(Musset, Alfred de: 1810~1857) 프랑스의 작가. 환상의 추구, 격렬한 감정의 묘사, 열렬한 자유의 추구, 유파에 대한 무관심을 통한 공격적인 낭만주의를 표현한 작품을 썼다.

미라보, 오노레가브리엘 리케티 드(Mirabeau, Honoré-Gabriel Riqueti de: 1749~1791) 프랑스의 웅변가, 정치가. 귀족 태생으로 혁명에 참여했으나 금전에 매수되어 왕당파에 가담한 혐의로 자코뱅 클럽에서 축출되었다.

미슐레, 쥘(Michelet, Jules: 1798~1874), 고등사범학교 역사교사를 거쳐 1831년 국립기록보관소의 역사담당자로 임명된 후 6권으로 된 《프랑스사》(1833~1844)와 7권의 《프랑스혁명사》(1847~1853)를 저술했다. 1851년 루이 나폴레옹의 쿠데타 이후 모든 공직에서 물러나 《새》(1856), 《바다》(1861) 등과 같은 애국적인 저술을 남긴 프랑스의 대표적인 민족적 역사가이자 작가이다.

바레스, 모리스(Barrès, Maurice: 1862~1923) 프랑스의 저널리스트, 소설가, 정치가. 1889년 블랑제파 하원의원으로 당선되었다. 민족주의 잡지인 〈라코카르드〉를 창간하고, 거기에 자신의 삼부작을 썼다. 열렬한 반드레퓌스파이자 반유대주의자로 군대를 옹호했으며 악시옹 프랑세즈에 가입하지는 않았으나 모라스와는 친밀한 관계를 유지했다. 1906년부터 파리 하원의원이자 학술원 회원이었다. 문학활동과 정치활동을 동시에 겸했던 그는 도덕적 개인주의, 반드레퓌스주의, 군대옹호 등을 골자로 한 국가주의와 애국주의 작품을 남겼다.

바뤼엘 신부(l'abbé Barruel: 1741~1820) 예수회신부로 《자코뱅의 역사를 설명하기 위한 회상록》(1797)에서 프랑스혁명은 무신론자, 계몽사상가, 그리고 프리메이슨이 교회와 왕정을 무너뜨리기 위해 꾸민 음모의 결과라고 주장했다.

바슈, 빅토르(Basch, Victor: 1863~1944) 프랑스의 철학자, 대학교수. 오스트리아계 유대인이며 사회주의자. 1898년 〈인권동맹〉을 창설하였고, 매우 일찍부터 나치즘의 대두를 우려했다. 1944년 나치의 명령으로 리옹 프랑스 민병대에 의해 살해되었다.

바이양, 에두아르마리(Vaillant, Édouard-Marie: 1840~1915) 프랑스의 사회주의자. 제1인터내셔널과 파리코뮌에 참여했던 맑스주의자로서 영국으로 도피했던 그는 조레스의 친구로서 제1차 세계대전 초기 신성동맹에 가담했다.

바이이, 장실뱅(Bailly, Jean-Sylvain: 1736~1793) 1763년 학술원 회원이 된 학자 출신의 정치인, 제3신분 대표로 테니스 코트 서약 시 국민의회 의장으로 제일 먼저 서약서에 서명했다. 바스티유 점령 이후 파리 시장으로 선출되었으나 1793년 체포되어 샹드마르스에서 처형되었다.

바젠, 프랑수아 아실(Bazaine, François Achille: 1811~1888) 1870년 프랑스-프로이센 전쟁 시 로렌의 프랑스군 사령관. 마크마옹이 지휘하는 샬롱의 프랑스 군대와 합동작전을 펴지 않고 메츠에서 적에게 항복했다.

발롱, 앙리(Wallon, Henri Alexandre: 1812~1904) 1875년 1월 그의 이름을 딴 수정안에서 상하원의 출석 과반수로 공화국의 대통령(임기 7년, 재임가능)을 선출하는 법안이 통과되면서 공화국체제가 선포되지는 않았으나 암묵적으로 인정되었다. '공화국의 아버지'로 불린다.

뱅빌, 자크(Bainville, Jacques: 1879~1936) 프랑스의 저널리스트, 역사가. 바레스와 모라스의 제자로 보수주의와 민족주의의 신봉자인 그는 자신의 저서 《프랑스사》에서 근왕주의적 정책을 지지했다.

뱅상 드폴(Vincent de Paul: 1581~1660) 프랑스의 사제. 1605년 마르세유를 여행하다 바이에른 해적들에 잡혀 2년간 포로 생활을 하고 로마로 탈출했다. 그 이후 빈자에 대한 자선활동을 벌였다.

베랑제, 피에르장 드(Béranger, Pierre-Jean de: 1780~1857) 시인이자 가수. 복고왕국 시기에 자유주의적이면서 애국적인 시로 유명했고, 반교권주의적이고 단순한 리듬의 시로 오랫동안 민중의 사랑을 받았다.

베르, 폴(Bert, Paul: 1833~1886) 프랑스의 심리학자, 정치가. 심리학 공부를 버리고 정치에 가담한 후 공교육부장관으로서 교육개혁에 기여했으며 안남과 통킹의 총독을 역임했다.

베르그송, 앙리(Bergson, Henri: 1859~1941) 유심론과 진화론의 영향을 받아 경험주의, 합리주의, 상대주의를 멀리하고 직관과 종교를 중시한 1900~1940년대의 대표적인 프랑스 철학자로 생의 창조적 진화를 주장하였다. 1900~1914년 콜레주드프랑스 교수를 역임했고 《물질과 기억》(1896), 《창조적 진화》(1907), 《지속과 동시성》(1922) 등 많은 철학저서를 남겼다.

베르생제토릭스(Vercingétorix: 기원전 72?~46) 골의 족장. 카이사르의 골 정복에 맞서 기원전 52년에 알레지아에서 저항하다 포로로 잡혀 나중에 로마에서 최후를 맞았다.

베를렌, 폴(Verlaine, Paul: 1844~1896) 서정시인. 상징파의 지도자로 말라르메, 보들레르와 함께 이른바 데카당을 이루었다. 근대 언어음악의 선구자로 낭만주의에서 상징주의로 넘어가는 과도기를 대표하는 인물이다.

베를리오즈, 엑토르(Berlioz, Hector: 1803~1869) 프랑스 작곡가. 의학을 공부하러 파리에 왔다가 1826년 국립고등음악학교(Conservatoire)에 들어감. 1830년 로마대상을 수상하고, 이탈리아로 유학했으나 조기귀국했다. 아일랜드 여배우와 결혼하고 생활비를 벌기 위해 많은 잡지에 글을 썼다. 〈환상교향곡〉, 〈로미오와 줄리엣〉 등 많은 작품을 썼고, 1856년 프랑스 학사원 회원이 되었다. 중부유럽, 러시아, 오스트리아, 독일 등지를 떠돌아다니면서 오케스트라 단장을 역임하다 파리로 돌아와 사망했다.

보방, 세바스티앵 르프레스트르 드(Vauban, Sébastien Le Prestre de: 1633~1707) 프랑스의 총사령관. 프랑스 각지에 요새, 항구, 운하, 상수교 등을 건설하는 데 크게 기여했다.

보쉬에, 자크베니뉴(Bossuet, Jacques-Bénigne: 1627~1704) 갈리카니슴과 왕권신수설을 주장한 프랑스의 주교, 신학자, 작가. 루이 14세 밑에서 일하면서 수많은 설교와 추도연설을 남겼고 《보편사론》(1682) 등의 저서를 남겼다.

볼테르(Voltaire: 1694~1778) 본명은 프랑수아 마리 아루에(François Marie Arouet). 프랑스의 대표적인 계몽사상가로 프로이센의 프리드리히 2세에게 초빙되어 3년간 포츠담에서 살았고, 러시아의 예카테리나 2세와도 서신을 교환하였다. 영국의 경험론을 소개하였으며 합리주의의 입장에서 종교적 관용을 주장하여 가톨릭교회와 대립하고 구체제를 비판하는 등 계몽사상의 기초를 닦았다.

부르제, 폴(Bourget, Paul: 1852~1935) 프랑스의 소설가. 졸라의 자연주의에 반대하고 영성주의와 가톨릭주의로의 회귀를 역설했다.

부예(Bouillé: 1739~1800) 루이 16세를 국외로 도주시킨 후 파리로 진격하여 왕권을 다시 세우려고 했던 인물.

부트루, 에밀(Boutrou, Émile: 1845~1921) 프랑스의 철학자. 과학주의에 반대하고 과학적 지식분석을 통한 결정론을 비판했으며, 자유는 물리적 필연의 희생 위에 발전한다고 보았다.

불랑제, 조르주(Boulanger, Georges: 1837~1891) 프랑스의 장군. 1886년 클레망소의 천거로 육군부 장군이 된 후 채택한 일련의 정책들로 인기를 얻어 급진파에서 보나파르트파, 군주주의자, 민족주의자를 망라하는 반정부 세력의 중심이 되었다. 1889년 쿠데타 기회를 놓치고 도주했다가 1891년 자살했다.

뷔송, 페르디낭(Buisson, Ferdinand: 1841~1932) 프랑스의 교육자, 정치가. 공교육부 장학관과 급진 사회주의 의원을 역임했으며 교육의 세속화·무상화·의무화와 여성참정권을 위해 투쟁했다.

브누아, 피에르(Benoît, Pierre: 1886~1962) 프랑스의 소설가. 40여 편의 작품을 남길 정도로 다작의 작가였으며, 전통적인 단조로운 이야기의 구사, 능숙한 묘사, 분위기의 묘사 기술에서 탁월했다.

브라운슈바이크, 샤를(Brunswick, Charles Guillaume Ferdinand, duc: 1735~1806) 브라운슈바이크는 독일의 오래된 제후국이자 제후가문의 이름임. 7년전쟁, 바이에른 계승전쟁(1778), 홀란트에 대한 군사 개입(1787) 시 프로이센군에서 두각을 나타냈다. 1792년 프랑스에 침범한 대 프랑스 연합군 사령관으로 롱위, 베르됭을 점령하고 파리로 진격할 때 〈브라운슈바이크 선언문〉을 포고했다. 발미 전투(1792년 9월 20일)에서 패배하고 퇴각. 1793년 프랑스로부터 마인츠를 탈환하였으나, 게베르(Geisberg)에서 오슈(Hoche)에게 패배당하고, 연합군 사령관직을 그만두었다.

브로이, 빅토르(Broglie, Victor, duc: 1785~1870) 프랑스의 유명한 귀족가문 출신. 프랑스의 원수였던 빅토르 프랑수아 브로이(Victor François

Broglie: 1718~1804)의 손자로, 복고왕국의 상원의원으로 자유주의적 정치를 지지하고 루이필리프에 가담했다. 1835~1836년 수상직을 맡음.

브루스, 폴(Brousse, Paul: 1844~1912) 프랑스의 정치가. 무정부주의적 의사로서 제1인터내셔널과 파리코뮌에 참가했으며, 나중에는 개량적 사회주의자가 되어 혁명 없는 사회변혁을 주장했다.

브루투스, 마르쿠스 유니우스(Brutus, Marcus Junius: 기원전 85~42) 고대 로마의 정치가. 카이사르의 양자임에도 카시우스와 함께 카이사르를 암살하고 마케도니아로 도피했다가 자살했다.

블랑, 루이(Blanc, Louis: 1811~1882) 프랑스의 사회주의자 정치가, 역사가. 1848년 2월혁명에 참여하여 임시정부의 각료를 지냈다.

블룸, 레옹(Blum, Léon: 1872~1950) 작가이자 정치가, 통합사회당 당수, 인민전선 초대 정부수반.

상드, 조르주(Sand George: 1804~1876) 프랑스 낭만주의를 대표하는 여성 작가. 자유연애를 옹호하는 연애소설과 민중을 역사의 주인으로 옹호하는 사회소설, 여러 전원소설을 썼다.

샤를 10세(Charles X: 1757~1836) 루이 15세의 손자이자 루이 16세, 루이 18세의 동생. 1824~1830년 프랑스 왕위에 올랐으나 7월혁명으로 퇴위했다.

샬멜라쿠르, 폴 아르망(Challemel-Lacour, Paul Armand: 1827~1896) 프랑스의 정치가. 강베타와 함께 제3공화국 수립에 기여하고 쥘 페리 내각에서 외무장관을 역임했다.

샹보르 백작(Chambord, comte de: 1820~1883) 베리 공작의 유복자로 부르봉 왕가 적통의 마지막 인물. 1830년 샤를 10세가 7월혁명으로 물러나자 정통파 왕위계승권자로 등장, 1871년 정통파와 오를레앙파의 타협으로 프랑스 왕이 될 뻔했으나 백색기를 고집하다가 타협에 실패했다.

세뇨보스, 샤를(Seignobos, Charles: 1854~1942) 프랑스의 역사가. 이른바 실증주의적인 독일 역사학연구방법론을 프랑스에 도입했다. 랑글루아와 공저로 펴낸 《역사연구방법론》(1897)과 《현대 유럽 정치사》(1897)를 저술하여 이른바 정치사, 사건사 중심의 역사학을 구축하였다.

세잔, 폴(Cézanne, Paul :1839~1906) 은행가의 아들로 태어나 법관이 되기를 바라는 가족의 요구를 무시하고 화가가 되었다. 프랑스 후기인상파에 속했으나 색채묘사를 버리고 자연의 형태를 단순화시켜 독자적인 화풍을 확립하였다. 피카소, 마티스, 레제, 몬드리안과 같은 20세기 미술가들에게 지대한 영향을 끼친 현대미술의 개척자이다.

쉴리, 막시밀리앵 드베튄(Sully, Maximilien de Béthune: 1560~1641) 프로테스탄트 가문에서 성장한 앙리 4세의 총신이자 재무대신으로 관직매매와 농업을 장려하여 국가재정을 안정시킨 정치인.

슈트라우스, 다비드 프리드리히(Strauss, David Friedrich: 1808~1874) 독일의 역사가, 철학자. 헤겔의 영향을 받고 튀빙엔 대학에서 가르쳤으나 복음서에 대한 비판적 연구를 한 혐의로 해직되었다.

스트라보(Strabo, 또는 Strabon: 기원전 58~서기 23?) 그리스의 지리학자, 역사학자. 그의 저서 《역사적 약술》(47권)은 현존하지 않지만, 기원전 20년 이후 로마에 장기간 체재하면서 저술한 《지리지》(17권)는 대부분 남아 있다. 이 책은 단순한 지리서가 아니라 유럽, 아시아, 아프리카의 전설 및 정치적 사건, 중심도시, 주요인물에 대한 역사적 서술도 있어서 중요한 사료로 평가받고 있다. 또 그는 지구가 구형이며 우주의 중심에 고정되어 있다고 생각했다.

시몽, 쥘(Simon, Jules: 1814~1896) 프랑스의 정치가, 철학자. 제3공화국 초기 공교육장관을 연임했으나 쥘 페리의 학교정책에 반대입장을 견지했다.

시스몽디, 시몽드 드(Sismondi, Simonde de: 1773~1842) 스위스의 역사가이자 경제학자. 처음에는 애덤 스미스의 영향을 받았으나 이후에는 경제적 자유주의가 노동자의 빈곤을 가중시킨다고 보고 노동계급을 보호하기 위한 국가개입 프로그램을 작성했다. 역사서로는 《프랑스인들의 역사》가 있다.

아미엘, 앙리 프레데릭(Amiel, Henri Frédéric: 1821~1881) 19세기 독일 관념철학에 매료된 스위스 태생의 작가로, 명료하고 아주 진지하고 성찰적인 일기를 남겼다.

알만, 장(Allemane, Jean: 1843~1935) 프랑스의 사회주의자. 파리코뮌에 참여한 혐의로 종신강제노동형을 선고받았다가 사면되었다. 혁명적 사회주의 노동당을 창건하고 총파업을 프롤레타리아트 투쟁의 중요한 수단으로 삼았다.

알브박스, 모리스(Halbwachs, Maurice: 1877~1945) 베르그송과 뒤르켐의

제자로 '집단표상'과 자살과 종교와의 관계에 대해 연구한 프랑스 사회학자. 《기억의 사회적 틀》(1925), 《기억과 사회》(1950) 등의 저술을 남겼다.

에귀용, 아르망(Aiguillon, Armand de Vignerot du Plessis de Richelieu, duc: 1761~1800) 전국신분회의 귀족 대표로 헌법제정에 찬성하고, 1789년 8월 4일 밤 봉건제 폐지 선언에 결정적인 역할을 했다. 1792년 라인 강 주둔군 원수였다.

에르크만과 샤트리앙(Erckmann-Chatrian, 본명은 Émile Erckmann: 1822~1899; Louis-Alexandre Chatrian: 1826~1890) 두 사람은 일찍부터 함께 일하기로 작정한 뒤(이 동업관계는 1889년 명예훼손에 관한 소송 사건으로 깨졌음) 거의 평생 동안 친구로 지냈다. 그들이 처음으로 공동 출판한 책은 《환상적인 콩트》(1847) 라는 단편소설집이었다. 그들은 별다른 문학적 주장을 내세우지 않고, 소박한 지방소설로 평판을 얻었다. 그들의 작품무대는 대개 알자스였고, 프랑스-프로이센 전쟁(1870~1871) 이 일어난 뒤에는 그들의 작품에 애국적인 경향이 더 뚜렷이 나타났다.

오벨라크, 알렉상드르 아벨(Hovelacque, Alexandre Abel: 1843~1896) 프랑스의 언어학자, 인류학자, 언어인류학 교수.

오슈, 라자르(Hoche, Lazare: 1768~1797) 프랑스 장군. 프랑스혁명기 공안위원회에서 프랑스의 군사적 상황을 보고하자, 카르노가 북군의 대대장으로 임명하였고. 그 후 모젤 군사령관으로 프로이센과 오스트리아군을 격파했다. 방데 반란의 진압 책임자였다.

워딩턴, 윌리엄 헨리(Waddington, William Henry: 1826~1894) 영국 태생의 프랑스 고고학자, 정치가. 중세 고고학을 전공했으며 공교육부 대변인, 외무부 장관, 런던 대사를 역임했다.

위그 카페(Hugues Capet: 941~996) 카롤루스 조(朝)를 이은 카페 조(朝)의 창시자. 프랑스의 왕(987~996). 자기 아들을 미리 왕으로 선출하고 축성함으로써 왕조를 안정시켰다.

이자보 드바이에른(Isabeau de Bayern: 1371~1435) 프랑스 국왕 샤를 6세의 왕비. 샤를 6세가 미친 후에 섭정을 하면서 장 대신에 오를레앙 공을 지지하여 내분을 일으키게 했다.

자네, 폴(Janet, Paul: 1823~1899) 프랑스 철학자. 자아에 대한 성찰이 형이상학적 실재에 도달하는 길이라 주장했다.

제임스, 윌리엄(James, William: 1842~1910) 미국의 실용주의 철학자. 심리학을 실증적 자연과학으로 만들고자 했다. 그의 실용주의의 두 가지 특징은 경험적 검증과 인간존재의 깊은 필요의 만족이었다.

조레스, 장(Jaurès, Jean: 1859~1914) 프랑스의 사회주의 정치가. 1904년 자신이 창간한 〈뤼마니테〉를 통해 공화주의를 바탕으로 프랑스 좌파의 통합을 역설하고 1905년 통합사회당 창당에 결정적인 역할을 했다. 사회당 당수를 역임하고 제1차 세계대전에 대한 반전운동을 벌이다 극우 민족주의자에 의해 암살되었다.

조프르, 조제프(Joffre, Joseph: 1852~1931) 프랑스의 군인. 제1차 세계대전에서 마른 전투를 지휘하고 북부전선의 안정을 책임졌으며 1916년 원수에 임명되었다.

지라르댕, 에밀(Girardin, Émil: 1806~1881) 프랑스의 언론인이자 정치인. 결투를 통해 아르망 카렐을 죽이고(1936), 1834년부터 하원의원, 1851년 쿠데타 이후 망명했다가 귀국해서 〈라리베르테〉 등의 신문을 발간하고(1866), 1872년 〈르프티주르날〉을 창간하고 티에르를 지지했으나 1877년에는 마크마옹과 브로이를 비판했다.

지벨, 하인리히 폰(Sybel, Heinrich von: 1817~1895) 독일의 역사가. 〈역사학 잡지〉를 창간하고 베를린 국립문서보관소 소장을 역임했다.

지스카르 데스탱, 발레리(Giscard d'Estaing, Valéry: 1926~) 파리 에콜폴리테크니크(Ecole Polytechnique)와 국립행정학교(E. N. A.)를 졸업한 뒤 주요관직을 거쳐 퐁피두 대통령 밑에서 재정경제부장관을 역임하고 1974~1981년 프랑스 대통령을 지낸 프랑스 정치인. 저서로는 《프랑스 민주주의》(1976)가 있다.

카르노, 라자르 니콜라 마르케리트(Carnot, Lazare Niclas Marquerite: 1753~1823) 프랑스의 정치가이자 군사기술 전문가. 공안위원회의 군사담당관으로 선임되어 국민공회에 보고서를 제출, 총원징집법이 가결되게 하였다. 나폴레옹에 의하여 육군장관, 내무장관을 지냈다. 복고왕국 후에 추방되어 독일의 마그데부르크에서 망명생활을 하다가 생애를 마쳤다.

카텔, 샤를 시몽(Catel, Charles Simon: 1773~1830) 프랑스 작곡가, 혁명기의 축제를 위해 작품을 썼고, 1795년 음악원(Conservatoire) 교수가

되었다. 6개의 피아노 소나타, 3개의 4중주, 6개의 5중주와 서정적인 작품들을 남겼으며, 1802년에는 《화성론》을 집필했다.

켈레만, 프랑수아 크리스토프(Kellermann, François Christophe: 1735~1820) 프랑스의 원수. 앙시앵 레짐기 장교로 혁명에 가담했으며 뒤무리에 장군 휘하에서 발미 전투에서 큰 공을 세우고 복고왕국 시기에는 부르봉 왕조파에 가담했다.

코민, 필리프 드(Commynes, Philippe de: 1447~1511) 루이 11세와 샤를 8세 치세에 관한 8권으로 된 《회고록》을 남긴 프랑스의 역사가.

코셍, 오귀스탱(Cochin, Augustin: 1876~1916) 프랑스의 역사가. 프랑스혁명기 공포정치에 대한 저작인 《혁명정부의 활동(1793년 8월 23일~1794년 7월 27일)》을 남겼다.

콜랭, 아르망(Colin, Armand: 1842~1900) 프랑스의 출판업자. 그가 1869년 파리에 설립한 출판사 〈아르망 콜랭〉은 교과서를 주로 펴냈으나 나중에는 고급문화의 대중화와 고등교육에 전념했다.

콜베르, 장바티스트(Colbert, Jean-Baptiste: 1619~1683) 프랑스 정치가. 루이 14세 치하에서 도지사와 재무총감을 역임하고 중상주의 정책을 펼쳤다.

클라르티, 쥘(Claretie, Jules: 1840~1913) 프랑스의 작가이자 역사가.

클레르, 르네(Clair, René: 1898~1981) 프랑스의 작가, 영화감독. 〈파리의 지붕 아래〉(1930), 〈르밀리옹〉(1930), 〈우리에게 자유를〉(1931), 〈침묵은 금이다〉(1947), 〈악마의 아름다움〉(1949) 등의 작품이 있다.

클레망소, 조르주(Clemenceau, Georges: 1841~1929) 프랑스의 정치가. 의사로 정계에 입문하여 극좌파 의원으로 활동했으며 자신이 창간한 〈로로르〉(*L'Aurore*)지에 졸라의 "나는 고발한다"라는 글을 실어 드레퓌스를 후원했다.

텐, 이폴리트(Taine, Hippolyte: 1828~1893) 프랑스의 문학비평가, 철학자, 역사가. 엄격하고 체계적인 연구방법으로 문학비평, 철학, 역사학에 관한 작품을 남겼으며, 1870년 전쟁과 파리코뮌 직후에는 그에 대한 원인을 분석하기도 했다.

토레즈, 모리스(Thorez, Maurice: 1900~1964) 광산노동자로 통합사회당에 가입, 프랑스 공산당의 총서기(1930)로 인민전선의 주역이 된 프랑스 정치인.

투르타이오스(Turtaios, 프랑스어로는 티르테(Tyrtée): 기원전 7세기) 아티카에 살았던 그리스 서정시인. 메세니의 두 번째 전쟁기간 동안 스파르타인의 용맹을 노래했다.

트라이치케, 하인리히 폰(Treitschke, Heinrich von: 1834~1896) 독일의 역사가. 비스마르크의 정책과 범게르만주의를 옹호하고 프랑스와 오스트리아에 적대적이었으며 《19세기 독일사》라는 유명한 역사서를 남겼다.

티에르소, 쥘리앙(Tiersot, Julien: 1857~1936) 프랑스의 음악학자. 1883년 음악원의 부(副)사서, 1903년 정식 사서가 되었으며, 1889년 《프랑스 민중적 샹송의 역사》를 썼다. 고대음악과 베를리오즈 음악의 전파에 힘썼으며, 글루크, 쿠페랭, 루소, 바흐의 전기, 음악가들의 편지와 프랑스혁명기의 음악에 관한 글을 남겼다.

티에리, 오귀스탱(Thierry, Augustin: 1795~1856) 고등사범학교 출신으로 한때 생시몽 백작의 비서를 하다가 저널리즘에 종사했다. 종족 간의 정복과 피정복이라는 장기적인 투쟁과정으로 역사를 해석한 작가이자 역사가로 《노르만족의 잉글랜드 정복사》(1825)를 써서 자기의 이론을 증명해 보이기도 했다.

티에보, 폴(Thiébault, Paul: 1769~1846) 1792년 의용군으로 혁명전쟁에 참가했다. 1800년 육군준장에 올라 아우스터리츠 전투에서 부상을 당했고, 1813~1814년 독일로 파견되어 다부 원수를 보좌했다.

파리 백작(comte de Paris, Henri d'Orléans: 1908~1999) 7월왕국의 국왕 루이필리프 오를레앙의 후손으로 오를레앙파 왕위계승 요구자.

파스키에, 에티엔(Pasquier, Etienne: 1529~1615) 변호사, 인문주의자, 프랑스의 역사가. 프랑스 제도의 기원과 특히 왕권의 성장과정을 정교하게 연구한 《프랑스 탐구》(1599)를 집필하였기 때문에 흔히 프랑스 최초의 역사가로 간주된다.

파스퇴르, 루이(Pasteur, Louis: 1822~1895) 프랑스의 화학자, 생물학자. 미생물학을 창시했다. 그의 이름을 딴 '파스퇴르 연구소'가 1888년에 창설되었다.

팔리에르, 아르망(Fallières, Armand: 1841~1931) 프랑스의 정치가. 1906년 프랑스 대통령에 선출되어 1913년까지 재임했다.

페기, 샤를(Péguy, Charles: 1873~1914) 프랑스의 작가, 시인. 초기에는 사회주의자이자 드레퓌스파였으나, 1908년 가톨릭으로 개종했다. 고등사범학교 재학 시 로맹 롤랑, 베르그송에게 배웠다. 드레퓌스 사건 때 조레스를 지지했으나 1900년 반교권주의, 반군사주의에 동의할 수 없다는 이유로 조레스 등과 결별하고 애국심을 고취하는 문학활동을 하다가 제1차 세계대전에 참가하여 육군중위로 전사했다.

페늘롱, 프랑수아 드살리냐크 드라모트(Fénelon, François de Salignac de la Mothe: 1651~1715) 프랑스의 고위성직자. 부르고뉴 공작의 가정교사를 역임한 그는 무모한 정치적 견해로 루이 14세의 눈 밖에 나기도 했다.

펠탕, 외젠(Pelletan, Eugène: 1813~1884) 프랑스의 정치가. 점진적 진보의 이론가인 그는 제2제국을 반대하고 나폴레옹 3세의 퇴위 뒤 국방정부에 참여했으며 상원의원을 역임했다.

포르탈리스, 장 에티엔 마리(Portalis, Jean Étienne Marie: 1746~1807) 프랑스의 정치가, 법률학자. 공포정치 하에서 체포된 적이 있으며 1804년 나폴레옹 법전 편찬에 기여했다.

포티에, 외젠(Pottier, Eugène: 1816~1887) 정치인이자 파리코뮌과 프롤레타리아트를 찬미한 혁명시인. 1848년 봉기자 편에 서서 제2제국에 반대했으며 제1차 인터내셔널과 파리코뮌에 적극 참여했다가 영국, 미국으로 망명했다. 1880년 사면 후 게드, 라파르그와 함께 노동당을 결성했다.

푸앵카레, 레몽(Poincaré, Raymond: 1860~1934) 파리의 유명한 변호사로 하원의원(18987~1903), 상원의원(1903~1913), 두 차례에 걸친 수상 역임에 이어 1913년 1월 대통령이 되었다. 일찍이 반교권주의운동을 폈으며, 대통령이 된 후에는 군대의 근대화를 추진하고 군복무기간을 늘이는 등 권위적이고 민족주의적 정책을 폈다.

푸이에 부인(Mme Fouillée: 1833~1923) 프랑스 작가. 본명은 오귀스틴 튈르리(Augustine Tuillerie)이고 일명 브루노(G. Bruno)라고도 알려진 그녀는 첫 남편 기요(Guyau)와 이혼하고 알프레드 푸이에(Alfred Fouillée)와 재혼했다. 유명한 《두 어린이의 프랑스 일주》를 저술했다.

푸이에, 알프레드(Fouillée, Alfred: 1838~1912) 프랑스 철학자. 그의 부인이 《두 어린이의 프랑스 일주》를 집필하는 데 기여했다.

퓌스텔 드쿨랑주, 뉘마 드니(Fustel de Coulanges, Numa Denis: 1830~1889) 프랑스의 역사가. "역사는 예술이 아니라 순수과학이다"라고 주장한 그는 철저한 사료 검증과 객관성에 입각하여 저술한 유명한 《고대도시》를 남겼다.

프로사르, 샤를 오귀스트(Frossard, Charles Auguste: 1807~1875) 프랑스의 장군. 나폴레옹 3세의 측근으로 1859년 이탈리아원정에 참가했으며 1870년 프랑스-프로이센 전쟁 초기에 패배, 로렌을 적에게 넘겨주었다.

프로이트, 지그문트(Freud, Sigmund: 1856~1939) 심리분석의 토대를 놓은 오스트리아의 정신병리학자, 신경학자. 나치스의 박해로 런던에 망명, 히스테리 치료 시 활용하는 자연연상법을 발전시키고, 그로부터 정신분석학을 창시하여 체계를 세웠다. 《꿈의 해석》(1899~1900), 《정신분석학 입문》(1916) 등의 저서로 20세기 사상에 지대한 영향을 미쳤다.

프루스트, 마르셀(Proust, Marcel: 1871~1922) 드레퓌스사건, 반교권주의 법령, 제1차 세계대전을 경험한 세대를 대표하는 프랑스의 작가. 심리분석을 사용하는 독창적인 수법으로 과거를 재구성한 《잃어버린 시간을 찾아서》 전 7편 13권을 집필, 20세기 프랑스문학의 정점의 하나를 구축했다.

프루아사르, 장(Froissart, Jean: 1337경~1405경) 시인이자 소설가인 중세 프랑스의 대표적인 연대기작가. 1325년부터 시작되는 4권의 《연대기》를 남겼다.

플레엘, 이그나츠(Pleyel, Ignaz: 1757~1831) 오스트리아 작곡가. 하이든의 제자. 스트라스부르 성당의 악장 프란츠 크자베르 리히터(Franz Xaver Richter)의 조수를 거쳐 1789년에 스트라스부르 성당의 악장이 되었다. 1791년 12월부터 1792년 5월까지 런던에 머물면서 하이든과 경쟁했고, 1795년에는 알자스에서 기요틴에 처형당할 뻔한 일을 겪은 후 파리에 거처하면서 출판사를 세워 1834년까지 운영했다. 약간의 성악곡을 작곡했으며, 1801년에는 하이든의 4중주 전집을 최초로 출판했다.

플로케, 샤를(Floquet, Charles: 1828~1896) 프랑스의 정치가. 공화파 의원으로 불랑제주의에 적대적이었던 그는 불랑제와의 논쟁 중에 그에게 상처를 입힌 것으로 유명하다.

피야, 펠릭스(Pyat, Félix: 1810~1889) 작가, 저널리스트, 정치인. 프랑스

사회주의 지도자의 한 사람으로 제 2공화국의 임시정부 파견위원으로 활동했다. 1849년 6월 13일 사건으로 영국으로 망명했다가 귀국, 1871년 파리코뮌 시 공안위원이자 집행위원을 역임했다.

피카르, 루이 조제프 에르네스트(Picard, Louis Joseph Ernest: 1821~1877) 프랑스의 정치가. 변호사와 언론인 출신인 그는 공화 극좌파와 거리를 둔 좌파의 입장을 견지하며 국방정부의 재무부장관과 그 후 티에르의 천거로 내무장관을 역임했다.

필스, 이시도르(Pils, Isidore: 1813~1875) 1833년 로마에서 대상을 받고 종교화, 파리의 풍경화를 그리다가 크림 전쟁 이후 군대에 대한 그림을 그린 프랑스 화가. 대표작으로는 〈라마르세예즈를 부르는 루제 드 릴〉(1849)이 있다.

찾아보기 (인지명)

ㄱ~ㄹ

ㅁ~ㅂ

ㅅ~ㅈ

ㅋ~ㅎ

찾아보기
(용어 · 작품 · 매체)

ㄱ~ㄷ

ㄹ~ㅁ

ㅂ~ㅅ

기타

피에르 노라 (Pierre Nora, 1931~)

프랑스 사회과학연구원(EHESS) 연구주임교수, 잡지 〈르데바〉(*Le Débat*) 편집장 역임. 1970년대부터 '새로운 역사학'의 기치 아래 프랑스 역사학의 방법론을 쇄신하는 많은 작품을 남겼다. 2001년에 아카데미 프랑세즈(Académie française) 회원으로 선임되었으며, 2006년에 레종도뇌르 훈장을 받았다. 자크 르고프(Jacques Le Goff)와 함께 《역사만들기》(1974, 3vols.)를 편집했으며, 130여 명의 역사가를 동원해 기념비적인 대작 《기억의 장소》(1984~1992, 7vols.)를 완성했다.

라울 지라르데 (Raoul Girardet, 1917~)

악시옹 프랑세즈, 레지스탕스, 알제리전쟁에 참여한 직업군인가문 출신의 역사가로 파리대학, 파리정치학연구소, 생시르 군사학교 현대사 교수를 역임하였다. 저서로는 《현대 프랑스 내의 군대사회, 1815~1939》(1953), 《프랑스 민족주의(1971~1914)》(1983), 프랑스 한림원 Gobert상을 수상한 《프랑스의 식민사상(1871~1962)》(1972)이 있다.

미셸 보벨 (Michel Vovelle, 1933~)

파리1대학(팡테옹-소르본) 프랑스혁명사 강좌 주임교수, 로베스피에르학회 회장, 프랑스혁명사연구소 소장, 프랑스혁명 200주년 기념학술연구전국위원회 위원장을 역임하였다. 18세기와 프랑스혁명기의 사회사와 심성사에 관한 중요한 저술로 《바로크적 경건과 비기독교화》(1973), 《왕국의 몰락, 1787~1792》(1972), 《이데올로기와 망탈리테》(1982)가 있다.

앙투안 프로 (Antoine Prost, 1933~)

파리고등사범학교 출신으로 파리1대학(팡테옹-소르본)과 파리정치학연구소 교수를 역임하였다. 20세기 프랑스 사회사가로서 명성을 쌓았으며, 현재 프랑스 교육문제 전문가로 활약중이다. 〈20세기 사회사연구소〉 소장을 거쳐 현재 〈사회운동협회〉 및 〈메트롱 친선협회〉 회장을 맡고 있다. 주요 저서로는 《인민전선기의 노동총동맹》(1964), 《1800~1967년의 프랑스 교육》(1968), 박사학위 논문인 《퇴역군인들과 프랑스사회(1914~1939)》(1977, 3vol.), 《사회사로서의 레지스탕스》(1997), 《프랑스 교육에 대한 역사적 시선》(2007) 등이 있다.

자크 오주프(Jacques Ozouf, 1928~2006)
소르본에서 역사학교수자격을 획득하고 사회과학연구원 연구주임교수를 역임했다. 세속공화국의 가치에 대단한 애착을 갖고 부인 모나 오주프와 함께 제1차 세계대전 이전의 공립학교 교사에 대한 연구를 주로 했다. 주요 저서로《우리는 초등학교 선생님들》(1967), 프랑수아 퓌레와 함께 쓴《읽기와 쓰기: 칼뱅에서 쥘 페리까지의 프랑스인들의 문자교육》(1977), 부인과 함께 쓴《교사들의 공화국》(1992) 등이 있다.

모나 오주프(Mona Ozouf, 1931~)
파리고등사범학교를 졸업하고 철학교수자격을 획득했다. 소르본에서 자크 오주프를 만나 1955년 결혼하고 프랑스혁명과 학교 연구로 관심을 바꾸었으며 국립과학연구센터(CNRS) 연구원을 역임했다. 주요 저서로《학교·교회·공화국: 1780~1789》(1962),《혁명축제: 1780~1789》(1976),《프랑스의 학교: 혁명·유토피아·교육에 관한 시론》(1984) 등이 있다.

크리스티앙 아말비(Christian Amalvi, 1954~)
프랑스 국립도서관장을 역임하고 몽펠리에 제3대학에서 역사를 가르치고 있다. 18세기에서 20세기까지의 역사교육과 역사서술, 특히 중세에 관한 시각과 역사적 통속화의 문제를 연구했다. 저서로《역사서술·문학·조형예술에 나타난 에티엔 마르셀, 1789년 이래의 신화와 해석》(1982),《프랑스사의 영웅들》(1979) 등이 있다.

김인중

서울대학교 문리대 서양사학과를 졸업하고 동 대학원에서 문학박사 학위를 받았다. 현재 숭실대 사학과 교수로 재직중이다. 《1848년 프랑스 2월혁명》(1993), 《근대세계체제》(1999) 《영국노동계급의 형성》(2000) 등을 번역하였다.

유희수

고려대 사학과를 졸업하고 같은 과 대학원에서 석·박사 학위를 받았다. 경남대 사학과 교수를 거쳐 1996년부터 고려대 사학과 교수로 재직중이다. 지은 책으로《서양의 가족과 성》(2003, 공저), 《사제와 광대: 중세 교회문화와 민중문화》(2009) 등이 있고, 옮긴 책으로《몽타이유: 중세 말 남프랑스 어느 마을 사람들의 삶》(2006), 《서양 중세 문명》(2008, 개정판), 《거룩한 도둑질: 중세 성유골 도둑 이야기》(2010) 등이 있다.

문지영

숙명여자대학교 사학과와 동대학원을 졸업하고, 파리사회과학고등연구원(Ecole des Hautes Etudes en Sciences Sociales)에서 프랑스 현대사로 역사학 박사를 받았다. 현재 숙명여자대학교 역사문화학과 교수로 재직중이다. 주요 논문으로는 "1946년 프랑스 전력산업의 국유화", "1940~44년 비시 프랑스의 산업경제정책", "1919~1939년 프랑스 지식인과 반미주의 담론", "1794~1815년 프랑스 근대 공학교육의 요람: 에콜 폴리테크닉", 역서로는《시간의 종말》(2000), 《아동의 탄생》(2003) 등이 있다.

양희영

서울대학교 서양사학과를 졸업하고 동 대학원에서 프랑스혁명에 관한 연구로 박사학위를 받았다. 현재 서울대학교, 한신대학교, 중앙대학교에서 강의중이고, 저서로는《프랑스 구체제의 권력구조와 사회》(2009, 공저) 가 있으며, 역서로는《마르탱 게르의 귀향》(2000), 《로베스피에르, 혁명의 탄생》(2005) 이 있다.